施工企业财务管理

Shigong Qiye Caiwu Guanli

主　编　孔艳华
副主编　康建华　王雯渤
主　审　陈拥军

人民交通出版社
China Communications Press

内 容 提 要

本书较为完整地展现了施工企业招投标前、项目策划及项目施工中的财务管理全过程,以资金管理和利润管理两条主线为核心,深入浅出地阐述了工程财务管理的基本概念、基本原理和基本技能,在传统企业财务管理的基础上,与施工企业管理实际更加贴近,有利于学生的知识面的拓宽和成长。

本书适于高职高专土建施工类、工程造价类等相关专业学生用作教材使用,也可供施工企业财务管理人员参考使用。

图书在版编目(CIP)数据

施工企业财务管理/孔艳华主编. —北京:人民交通出版社,2013.10
ISBN 978-7-114-10918-8

Ⅰ.①施⋯ Ⅱ.①孔⋯ Ⅲ.①施工企业—财务管理—高等职业教育—教材 Ⅳ.①F407.967.2

中国版本图书馆 CIP 数据核字(2013)第 233150 号

书　　名:	施工企业财务管理
著 作 者:	孔艳华
责任编辑:	杜　琛　卢　珊
出版发行:	人民交通出版社股份有限公司
地　　址:	(100011)北京市朝阳区安定门外外馆斜街3号
网　　址:	http://www.ccpress.com.cn
销售电话:	(010) 59757973
总 经 销:	人民交通出版社股份有限公司发行部
经　　销:	各地新华书店
印　　刷:	北京市密东印刷有限公司
开　　本:	787×1092　1/16
印　　张:	20.5
字　　数:	490千
版　　次:	2013年10月　第1版
印　　次:	2016年7月　第3次印刷
书　　号:	ISBN 978-7-114-10918-8
定　　价:	44.00元

(有印刷、装订质量问题的图书由本社负责调换)

前言 Preface

本教材依据教育部课改要求,在编写上秉持以项目教学为导向,以任务来驱动核心思想安排教学内容,以培养高职学生财务职业岗位能力为目标,开展理论、实践一体化教学。本书较为完整地展现了施工企业在中标前期准备阶段、项目策划阶段和项目施工阶段财务管理的全过程,以资金管理和利润管理两条主线为核心,深入浅出地阐述了工程财务管理的基本概念、基本原理和基本技能。本书在传统企业财务管理知识基础上,注重与施工企业管理实际密切结合,有利于学生的知识面的拓宽和现场感的培养。

本教材在编写过程中主要突出了以下特点:

1. 采用校企合作的方式开发教材,力争做到教学内容贴近实际。与企业专家研讨教材编写大纲及编写内容,邀请了中铁三局集团公司工程财务部部长陈拥军高级会计师和会计科科长邵宗恩高级会计师参与编写,汲取企业在实际财务工作中的案例,使教材内容实务性更强,旨在培养可与实际工作岗位零距离对接的毕业生。

2. 本书既继承了传统财务管理教材的理论精华,又与时俱进,充分结合施工企业生产经营的特殊性,突出了施工企业预算管理的重要性。教材分别从资金价值测算、资金管理、存货管理、成本管理和利润管理等从几个方面对企业预算管理作出了解读,有利于学生全面地了解和掌握施工企业财务管理工作的实质。

3. 本书编写风格新颖,采用项目教学法,通过"案例导入、任务驱动、项目教学"三步骤令学生能够从企业管理的角度带着目标去学习,并通过案例分析,较好地避免了纯理论学习的枯燥性,强化了学生实践能力,增强了教材的实用性和可操作性,以适应应用型人才的培养要求。在每个学习任务中安排了"做中学"模块,以及时对所学知识有直观加强认识,同时,为了巩固知识,每个项目后设置了"项目小结"和"技能训练",进一步帮助学习者在理清思路的基础上,通过练习巩固所学知识。

本书由哈尔滨铁道职业技术学院孔艳华担任主编并负责统稿,康建华、王雯渤担任副主编。全书共分十二个项目,具体编写人员分工如下:孔艳华编写项目二、五、七、九、十二,康建华编写项目十一,王雯渤编写项目一、四和六,李曦明编写项目十,谭虹钰编写项目八,韦超逸编写项目三。参加编写的还有中铁三局集团公司财务部会计科科长邵宗恩高级会计师。

中铁三局集团公司工程财务部部长陈拥军高级会计师为本书担任主审,提出了中肯的意见和修改建议,在此表示感谢。

在本书的编写过程中,我们得到了有关专家、学者的支持和帮助,参考了相关教材和文献资料,在此向这些专家、学者和相关教材、文献的作者深表谢意。

由于水平有限,书中难免存在不妥之处,恳请有关专家、学者和广大读者批评指正。

编 者
2013 年 9 月

目录 Contents

项目一 工程财务管理导论 ·············· 1
    任务一　财务管理的概念 ·············· 1
    任务二　财务管理的目标 ·············· 5
    任务三　财务管理的环境 ·············· 10
    任务四　施工企业财务管理的内容 ·············· 14
    项目小结 ·············· 15
    技能训练 ·············· 15

项目二 工程项目财务管理的价值 ·············· 17
    任务一　认知资金时间价值 ·············· 18
    任务二　风险分析方法 ·············· 27
    项目小结 ·············· 31
    技能训练 ·············· 31
    知识拓展 ·············· 34

项目三 财务预算 ·············· 35
    任务一　财务预算的基础知识 ·············· 36
    任务二　财务预算编制方法 ·············· 40
    任务三　财务预算的执行与分析 ·············· 46
    项目小结 ·············· 48
    技能训练 ·············· 48

项目四 工程项目筹资管理 ·············· 54
    任务一　企业筹资概述 ·············· 55
    任务二　权益资金的筹集 ·············· 58
    任务三　债务资金的筹集 ·············· 62
    任务四　资金成本 ·············· 69

任务五　资金结构 ·· 74
　　　项目小结 ··· 77
　　　技能训练 ··· 78

项目五　工程项目投资管理 ·· 80

　　　任务一　认知项目投资的相关内容 ·· 80
　　　任务二　现金流量 ··· 84
　　　任务三　项目投资决策的评价指标 ·· 88
　　　任务四　项目投资决策评价指标的应用 ··· 97
　　　项目小结 ··· 105
　　　技能训练 ··· 105

项目六　工程营运资金的管理 ·· 111

　　　任务一　营运资金的含义与特点 ·· 112
　　　任务二　现金管理 ··· 113
　　　任务三　应收账款的管理 ·· 116
　　　任务四　存货管理 ··· 121
　　　任务五　已完工尚未结算款的管理 ··· 126
　　　项目小结 ··· 128
　　　技能训练 ··· 128

项目七　固定资产管理及其他资产的管理 ·· 130

　　　任务一　认知固定资产及其管理要点 ·· 131
　　　任务二　固定资产折旧管理 ··· 138
　　　任务三　固定资产日常管理 ··· 146
　　　任务四　无形资产管理 ··· 150
　　　项目小结 ··· 157
　　　技能训练 ··· 157
　　　知识拓展 ··· 158

项目八　工程成本费用管理 ·· 164

　　　任务一　工程成本费用管理概述 ·· 167
　　　任务二　工程项目成本管理 ··· 173
　　　任务三　工程项目成本的控制与考核 ··· 177
　　　项目小结 ··· 189

　　　　技能训练 ··· 189

项目九　施工企业职工薪酬管理 ······································ 194

　　　　任务一　企业职工薪酬概述 ··· 196
　　　　任务二　建筑施工企业劳动管理 ······································ 199
　　　　任务三　建筑施工企业工资管理 ······································ 206
　　　　任务四　建筑施工企业职工社会保险 ································ 209
　　　　任务五　建筑施工企业年金基金 ······································ 213
　　　　任务六　建筑施工企业激励机制 ······································ 217
　　　　任务七　施工企业薪酬管理的其他规定 ······························ 220
　　　　项目小结 ··· 220
　　　　技能训练 ··· 220
　　　　知识拓展 ··· 225

项目十　利润及其分配的管理 ·· 226

　　　　任务一　企业利润及其构成 ··· 227
　　　　任务二　工程结算利润的管理 ·· 230
　　　　任务三　利润的分配 ·· 238
　　　　项目小结 ··· 244
　　　　技能训练 ··· 244

项目十一　财务控制 ·· 248

　　　　任务一　工程企业财务控制概述 ······································ 249
　　　　任务二　责任中心设置 ··· 251
　　　　任务三　成本中心 ··· 253
　　　　任务四　收入中心 ··· 260
　　　　任务五　利润中心 ··· 262
　　　　任务六　投资中心 ··· 266
　　　　项目小结 ··· 269
　　　　技能训练 ··· 269
　　　　知识拓展 ··· 271

项目十二　工程财务分析 ·· 273

　　　　任务一　工程财务分析概述 ··· 273
　　　　任务二　施工企业财务分析方法 ······································ 275

任务三　施工企业财务报表 …………………………………………………… 281
　　任务四　施工企业偿债能力分析 ……………………………………………… 288
　　任务五　盈利能力分析 ………………………………………………………… 294
　　任务六　资产使用效率分析 …………………………………………………… 298
　　任务七　财务综合分析 ………………………………………………………… 302
　　项目小结 ………………………………………………………………………… 305
　　技能训练 ………………………………………………………………………… 305

附录 ……………………………………………………………………………………… 310
　　附录1　复利终值系数表 ……………………………………………………… 310
　　附录2　复利现值系数表 ……………………………………………………… 312
　　附录3　年金终值系数表 ……………………………………………………… 314
　　附录4　年金现值系数表 ……………………………………………………… 316

参考文献 ………………………………………………………………………………… 318

项目一　工程财务管理导论

【知识目标】
1. 掌握财务管理的概念。
2. 掌握财务管理的基本内容。
3. 了解财务管理的目标。

【能力目标】
1. 能够明确财务管理的内容。
2. 能够正确处理各方面的财务关系。
3. 能够明确财务管理目标的不同观点和环境变化对财务管理的影响。

> **扁鹊的医术**
>
> 扁鹊,是战国时渤海郡郑地人,原名秦越人。"扁鹊"一词原本是指古代传说中能为人解除病痛的一种鸟,秦越人医术高超,百姓敬他为神医,便说他是"扁鹊",史书中所载他以神奇医术诊病的故事流传久远。《鹖冠子》载,魏文侯问扁鹊:"你们三兄弟中谁的医术最好?"扁鹊说:"大哥医术最好,二哥次之,自己最差。"文侯说:"为什么呢?"扁鹊回答说:"大哥治病是治于病情发作之前,由于一般人不知道他事先能铲除病因,所以他的名气无法传出去。二哥治病,是治于病情初起之时,一般人以为他只能治轻微的小病,所以他的名气只及于乡里。而我是治于病情严重之时,在经脉上穿针管来放血,在皮肤上敷药,所以都以为我的医术最高明,名气因此响遍天下。"
>
> **思考:**
> (1)从故事中你体会到了什么?
> (2)在企业中,副总经理与财务总监谁在老板心目中分量更重些?
> (3)在财务管理工作中应该向谁学习?

任务一　财务管理的概念

财务管理是组织企业财务活动,处理财务关系的一项经济管理工作。为此,要了解什么是财务管理,必须先分析企业的财务活动和财务关系。

一、企业财务活动

企业财务活动是以现金收支为主的企业资金运动的总称。施工企业的资金,在实际运用过程中,经常发生形态上的变化。它们分布在企业施工生产经营过程的各个阶段,大部分经常处于物质形态,小部分处于货币形态。随着企业再生产的进行,企业资金处于不断运动的状态中。施工企业的这种资金运动,构成施工企业经济活动的一个独立方面,这就是施工企业的财务活动。因此,要了解施工企业的财务活动,必须对施工企业的资金运动进行全面的考察。企业的财务活动可分为以下四个方面。

1. 筹资活动

企业要想从事经营,首先必须筹集一定数量的资金。施工企业在设立时,首先必须向投资者筹集法定的资本金,然后根据施工生产经营的需要,向银行借款,或向社会发行股票、债券等方式来筹集资金,表现为企业资金的收入。施工企业偿还借款、支付利息、股利以及付出各种筹资费用等,则表现为企业资金的支出。这种因为资金筹集而产生的资金收支,便是企业的筹资活动。

2. 投资活动

企业筹集资金的目的是把资金用于生产经营活动以便取得盈利,不断增加企业价值。施工企业筹集的货币资金,一方面要用以购置施工机械、运输设备等施工生产所必需的劳动资料;另一方面要用以购买施工生产所需要的材料、结构件等劳动对象,这便形成企业的对内投资。施工企业把筹集到的资金投资用于购买其他企业的股票、债券或与其他企业联营进行投资,便形成企业的对外投资。无论是施工企业购买内部所需的各种生产资料,还是购买各种证券,都需支出资金。而当企业变卖其对内投资或收回其对外投资时,则会产生资金的收入。这种因企业投资而产生的资金的收支,便是企业的投资活动。

3. 营运活动

企业在正常的生产经营过程中,会发生一系列的资金收支。首先,企业要采购材料或商品,以便从事生产和销售活动,同时还要支付工资和其他费用;其次,施工企业在工程完工以后,要将已完工程点交给发包建设单位,并按合同造价(或工程标价)进行工程价款的结算,取得工程结算收入,收回资金;最后,如果企业现有资金不能满足企业经营的需要,还要采取短期借款方式来筹集所需资金。上述各方面都会产生企业资金的收支,此即属于企业的营运活动。

4. 分配活动

施工企业对于取得的工程结算收入,要加以分配。其中大部分用以弥补生产耗费,一部分以税金形式上缴国家财政和以利息形式支付给债权人,其余部分为企业净利润。企业净利润要按照规定在投资者和企业之间进行分配,其中一部分作为企业留用利润形成盈余公积金,大部分以利润或股利形式分配给投资者,作为投资的回报。企业留用利润中用于生产发展的部分,根据需要再投入生产周转,实现自我发展。上缴国家财政的税金、支付给债权人的利息和分配给投资者的利润,就从企业资金运动过程中退出。这种因利润分配而产生的资金收支便属于分配活动。

二、企业财务关系

企业财务关系是指企业在组织财务活动过程中与各有关方面发生的经济关系。施工企业的财务关系，概括起来主要有以下几个方面。

1. 企业同投资者之间的财务关系

这主要是企业同投资者（即企业所有者）之间关于资本金的收交和投资利润的分配关系。施工企业资本金和留存收益，属于投资者所有。凭借资本金所有权，投资者可以对企业重大财务活动（如筹资、投资、利润分配等）作出决策。企业自主经营、独立核算，在规定的经营范围内，有权使用资金，保证资金的安全完整和合理使用，并不断增值。对积累资金，在缴纳所得税、按公司法规定企业提取公积金后，再为投资者提供利润。企业同投资者之间的财务关系，是所有权和经营权在经济上的具体表现。

2. 企业同国家之间的财务关系

这主要是企业向国家财政缴纳营业税、所得税等税金的关系。依法经营、照章纳税，是每个企业的义务。国家作为社会管理组织者，要行使其政权：一方面要保护企业的合法权益，另一方面有权向企业征收税金。因此，企业与国家之间的财务关系，是国家对企业行使行政权力在经济上的具体表现。如果是国有施工企业，则国家兼有投资者的身份，既要向企业投入资本金，又要分享企业利润，行使其所有权，即企业与国家存在所有者同经营者的财务关系。

3. 企业同银行等金融机构之间的存款、借款、还款和结算关系

企业为了满足施工生产经营活动的资金需要，在国家信贷政策的许可范围内，可向银行等金融机构借到基本建设投资、更新改造和流动资金方面的资金，按照规定还本付息，并接受银行等金融机构的监督。企业资金在周转中暂时闲置的货币资金，要存入银行，在使用时随时提取并定期取得存款利息。企业对外的一切货币资金收支，除小额使用现金以外，都应通过银行办理转账结算。企业同银行等金融机构之间的财务关系，在性质上属于资金分配关系和资金融通关系，体现着国家宏观调控和企业自主经营的关系。

4. 企业同其他企业单位之间的财务关系

这主要是企业同发包建设单位之间关于取得预收工程款和结算工程款的结算关系，以及企业同供应单位之间关于取得材料、劳务时发生的结算关系。企业为了进行施工生产经营活动，必须同其他企业单位相互提供工程、产品和劳务。这样，就要按照等价交换原则，以货币资金相互支付价款，如果一方因资金短缺发生拖欠，就发生了债权、债务关系。为了发展横向经济联系，企业还可能向其他企业单位投资或与其他企业单位联合经营。这种在企业之间发生的资金结算关系、资金融通关系和对外投资关系，主要体现了企业同其他单位之间的社会主义分工协作关系。

5. 企业内部各单位之间的财务关系

这主要是包括企业同所属各施工生产经营单位之间的结算关系,企业供应部门、施工单位、辅助生产单位、附属工业企业相互之间的结算关系。企业在实行分级管理、分级核算的管理体制时,企业供应部、施工单位、辅助生产单位、附属工业企业相互之间提供产品和劳务,也要进行计价结算。这种在企业内部形成的资金结算关系,体现着企业各部门和各级单位在公司统一领导下的分工协作关系。

6. 企业同职工之间的财务关系

这主要是指企业在支付职工工资、津贴、奖金时所发生的结算关系,也是企业根据职工提供的劳动数量和质量来分配消费品的一种形式。它体现着社会主义的按劳分配关系。

施工企业的资金运动,从表面上看是钱与物、钱与钱的增减变动。其实,钱与物、钱与钱的增减变动只是资金运动的现象,而它所体现的是人与人之间的关系,这种关系的实质是经济利益关系。

施工企业要有效地进行施工生产经营,就必须根据企业资金运动的规律,合理组织企业各方面的财务活动,正确处理企业同各方面的财务关系,做好财务管理工作。

三、企业财务管理的特点

1. 财务管理是一项综合性管理工作

企业管理在实行分工、分权的过程中形成了一系列专业管理,有的侧重于使用价值的管理,有的侧重于价值的管理,有的侧重于劳动要素的管理。社会经济的发展,要求财务管理主要运用价值形式对经营活动实施管理。通过价值形式,把企业的一切物质条件、经营过程和经营结果都合理地加以规划和控制,达到企业效益不断提高、财富不断增加的目的。因此,财务管理既是企业管理的一个独立方面,又是一项综合性的管理工作。

2. 财务管理与企业各方面具有广泛联系

在企业中,一切涉及资金的收支活动,都与财务管理有关。事实上,企业内部各部门与资金不发生联系的现象很少见。因此,财务管理在企业经营中普遍存在。每一部门都会通过资金的使用与财务部门发生联系。每一个部门都要在合理使用资金、节约资金支出等方面接受财务部门的指导,受到财务制度的约束,以此来保证企业经济效益的提高。

3. 财务管理能迅速反映企业生产经营状况

在企业管理中,决策是否得当,经营是否合理,技术是否先进,产销是否顺畅,都可迅速地在企业财务指标中得到反映。财务部门应通过自己的工作,向企业领导及时通报有关财务指标的变化情况,以便把各部门的工作都纳入到提高经济效益的轨道,努力实现财务管理的目标。

任务二　财务管理的目标

财务管理目标又叫理财目标。它是指企业进行财务活动所需要达到的目的,是评价企业财务活动是否有效、合理的标准。明确财务管理目标,对优化企业理财行为,实现财务管理的良性循环,具有重要意义。

一、企业目标及其对财务管理的要求

企业是营利性组织,其出发点和归宿是获利。企业一旦成立,就会面临竞争,并始终处于生存和倒闭、发展和萎缩的矛盾之中。企业必须生存下去才可能获利,只有不断发展才能求得生存。因此,企业的目标有三个层次:首先是生存,其次是发展,最后才是获利。

1. 生存目标及其对财务管理的要求

生存是企业的首要目标。企业生存的条件主要有两个:第一,以收抵支。企业只有在经营过程中做到收入大于支出,企业的生产经营活动才能不断地重复进行,否则,企业的再生产活动将会因收不抵支而难以为继,将迫使投资者退出生产经营活动。第二,到期偿债。企业如果负债经营,则必须保证债务的按期付息、到期还本,或定期按照合约的约定偿还债务,否则,企业将由于不能偿还到期的债务,导致债权人申请企业破产。

2. 发展目标及其对财务管理的要求

企业不仅要生存,还要不断地发展,增强竞争能力。在市场经济中,竞争是社会发展的基础,在竞争激烈的市场上,各个企业此消彼长、优胜劣汰。一个企业如果不能发展,不能提高产品和服务的质量,不能扩大自己的市场份额,就会被其他企业挤出市场。企业发展目标的实现主要是再投资,不断地更新设备和工艺或投资新项目,扩大销售的数量和收入,提高竞争力,提高人员素质,改进技术和管理。任何一项措施都离不开资金的投入。因此,筹集企业发展所需的资金是对财务管理的第二个要求。

3. 获利目标及其对财务管理的要求

盈利是企业的出发点和归宿点。盈利目标对财务管理提出的要求:认识到资金是具有成本的,要求对企业正常经营产生的和从外部获得的资金加以有效利用,提高资金的利用效益,最终提高企业的收益。这是对财务管理的第三个要求。

二、财务管理的目标

1. 财务管理的总体目标

(1)净利润最大化

净利润也叫税后利润,是企业在一定期间内全部收入与全部成本、费用、税金的差额,而且

是按照收入与成本、费用、税金配比原则加以计算的,在一定程度上体现了企业经济效益的高低。净利润是资本报酬的来源,也是企业积累的源泉。净利润越多,表明企业积累和资本增值越多,也意味着剩余产品和社会财富越多。

在社会主义市场条件下,企业施工的建筑安装工程是按照商品的社会必要劳动时间即价值进行交换的。由于价值规律的作用,施工相同的建筑安装工程,有的施工企业因它的劳动耗费低于社会必要劳动耗费而获得平均利润或超额利润,有的施工企业因它的劳动耗费高于社会必要劳动耗费而得不到平均利润甚至亏损。激烈的市场竞争,使得达不到平均利润的施工企业被市场逐渐淘汰。所以,在市场经济中,企业获得净利润的多少,表明企业竞争能力的大小,决定了企业的生存和发展。正因为净利润对企业如此重要,人们常将净利润最大化作为企业财务管理的总体目标。

但是,用净利润最大化来表达企业财务管理总体目标,存在以下几个问题。

①净利润最大化是指净利润绝对额的最大化,没有说明所得净利润额与资本额之间的投入产出关系,不能科学地说明企业经济效益水平的高低,不利于不同资本规模企业之间的比较。

②净利润最大化的净利润是一定期间内实现的净利润,它没有说明企业净利润发生期间,没有考虑资金的时间价值。

③净利润最大化也没有考虑企业施工经营的风险。一般情况下,净利润越高的工程项目,风险越大,追求净利润最大化,也可能会增加企业风险,以致使企业不顾风险大小而片面追求净利润额的增加,最终导致企业经济效益滑坡。

(2)资本利润率最大化

资本利润率又称净资产收益率。它是企业净利润与资本(即净资产或所有者权益)的比率,用于反映企业运用资本获得利润的能力,说明企业所得利润与资本的直接投入产出关系,可用于在不同规模资本企业之间进行比较,评价他们的盈利水平和发展前景。因此,与净利润最大化相比较,资本利润率最大化更适宜作为企业财务管理的总体目标。

但是,资本利润率最大化指标仍存在以下的弊端。

①资本利润率没有考虑风险因素。对企业来说,要提高资本利润率,最简便的方法是利用负债经营提高资产负债率,降低资本在总资产中的比重,而这样做的结果是财务风险加大,特别在建筑市场不景气、企业经济效益不佳的情况下,很可能导致企业利润滑坡。

②资本利润率最大化也没有考虑资金的时间价值和投入资本获得利润的期间,它只说明企业当年的盈利水平,不能说明企业潜在的获利能力。

(3)企业价值最大化

企业价值又称企业市场价值。它是指企业在持续经营期间所能获得净利润的现值。企业价值最大化是指通过企业的合理经营,采用最优的财务手段,对经营期内净利润,在考虑风险和资金时间价值后加以计量,不断提高经济利益,使企业价值达到最大。

以企业价值最大化作为财务管理总体目标有如下几个特点。

①考虑了获得净利润的时间因素,并用资金时间价值的原理进行了科学的计量。

②能克服企业在追求利润上的短期行为。因为不仅当年的利润会影响企业的价值,预期未来年度利润的多少对企业价值的影响更大。

③科学地考虑了利润与风险之间的关系,能有效地克服企业财务管理人员不顾风险的大小,去片面追求当年利润的错误倾向。

④有利于社会财富的增加。

在股份制企业,企业价值可以用股票市场价值来计量,企业价值最大化也可表述为股东财富最大化。不过,用企业股票市场价值来计量企业价值,只有在理性的股票市场才能接近实值。

必须指出的是,由于建筑市场变化莫测,企业以后年度的净利润又难以预估,按上述方法计量企业价值,在应用时还有一定的难度。因此,人们往往仍将资本利润率最大化作为财务管理的总体目标。

2. 财务管理的具体目标

财务管理具体目标是指企业各项财务活动中在贯彻财务管理总体目标要求下的目标,它取决于企业财务活动的内容。以下从筹资、投资和分配三个方面的财务活动加以说明。

(1)筹资管理目标

企业筹资管理目标是在满足企业施工生产经营所需资金的前提下,不断降低资金成本和筹资风险。企业筹资的资金成本是指取得和使用资金所发生的资金筹集费用和资金占用费。其中,资金筹资费用主要是指股票、债券印刷费、委托金融机构代理发行股票、债券手续费和注册费等。资金占用费主要包括资金时间价值和投资者要考虑的投资风险价值。一般来说,长期占用和投资风险较大的资金,其占用费费率较高,如长期借款利率高于短期借款利率。又因借款和债券资金的利息计入当年财务费用,在企业盈利的情况下,可以少缴一部分所得税,因而资本金或股本的成本,要高于银行借款和债券资金成本。除了考虑资金成本外,企业在筹资时,还要考虑筹资风险,即由于筹资的原因给企业造成盈利水平下降和债券不能及时偿还的风险。因此,企业在筹资活动中,必须权衡资金成本和筹资风险,以较低的资金成本和较小的筹资风险,来获得施工生产经营所需的资金。

(2)投资管理目标

投资就是企业资金的投放和使用,包括对企业自身和对外两个方面。企业不论对企业自身还是对外投资,都是为了获取利润。企业进行投资,并不只是得到收益,也会产生风险。将资金投入施工项目即可能成功,获得利润,也可能失败收不回投入的资金带来亏损。投资收益与投资风险共存。

要在投资活动中贯彻财务管理总体目标的要求,必须在工程施工和固定资产投资项目中,以较少的资金投入获得较多的利润或收益。这就要求在工程施工过程中,一方面尽可能预售一部分工程款;另一方面要降低工程成本。根据某些建设单位长期拖欠工程款的现状,施工企业在参加工程投标以前,要对发包建设单位做好信用情况的调查,了解工程项目是否有投资缺口,防止在工程交工以后长期拖欠工程款,发生坏账风险。对企业自身投资项目,也要在开工以前做好可行性研究,在选择高收益项目的同时,必须是低风险。归纳以上两点,企业价值最大化在投资活动中的具体体现是:以较低的投资风险与投资投放和使用,获得较多的利润或收益。

至于在进行金融商品(如证券)投资的场合,其收入采取了两种形式;一是投资所分配的报酬,如利息、股利;二是证券售价大于买入价的差额,所以投资收益既包括投资多分配的利息、股利,又包括证券出售收入与购入成本的差额。企业在证券投资活动中,也要以较低的投资风险与投资支出获得较多的投资收益。

(3)分配管理目标

企业分配管理目标是在利润分配时,正确处理企业相互利益主体之间的经济利益,合理确定利润留存比例及分配方式,提高企业的潜在收益能力。企业在施工生产经营过程中获得的利润,要进行分配。利润的分配,既涉及企业现金流出量,影响流动资金周转和补偿能力,又涉及企业的净资产,影响企业价值。一般来说,把大部分利润以付现方式分配给投资者,会提高企业的即期付现风险,或必须扩大筹资规模,增加企业负债,影响企业未来的收益能力和市场价值。因此,要在企业分配利润时贯彻财务管理总体目标的要求,必须根据实际现金存量及今后现金净流量,正确处理企业与各利益主体的经济利益,确定留存比例和选择分配方式,要既能提高企业的即期市场评价,又不能影响流动资金周转和补偿能力,提高企业未来的盈利能力。

三、财务管理目标的协调

在企业价值最大化的财务管理总体目标上,财务活动所涉及的不同利益主体是否会达成一致,如果不一致,如何进行协调,是论述财务管理目标时必须解决的一个问题。

1. 投资者与经营者的矛盾与协调

企业价值最大化直接反映了企业投资者的利益,因为企业是投资者的企业,企业价值最终归投资者所有,它与企业经营者没有直接的利益关系。因为企业经营者取得的利益,正是投资者所要放弃的利益,企业经营者的报酬越高,企业投资者得到的利润越少。但要企业价值最大化,仅有投资者投入资本和做出正确的重大投资经营决策是不够的,还必须有一支稳定的经营队伍,要他们富有成效地进行施工生产经营,为企业价值最大化而奋斗。为了解决投资者与经营者之间在现实财务管理目标上的矛盾,就应该建立经营者的报酬与企业经济利益相联系的激励机制,使经营者在取得企业价值最大化的同时,也能体现自身的价值,获得更多的报酬。

激励主要可通过以下几种方式。

(1)在非股份制企业,一般可采取年终奖励的方式,即在年终全面完成各项经营、财务指标时按经营者的业绩大小,从税后利润中拿出一定比例的利润作为奖金,发给经营者,使经营者的报酬与其绩效挂钩,能自觉地采取满足企业价值最大化的措施。

(2)在股份制企业,可采取股票选择权和绩效股等方式。

①所谓股票选择权方式,就是允许经营者以固定的价格购买一定数量的企业股票。国外一些经营效益较好的股份公司的经营者,大都持有本公司的股票,公司高级管理人员持股比例多一些,一般员工少一些,但都高于他们的工资收入。因此,他们对公司的未来都抱有美好的期待,与公司的凝聚力也强得多。因为经营者为了获得股票涨价的好处,就必须采取能够提高公司经营业绩和股价的实际行动。

②所谓绩效股方式,是指公司运用每股利润、资本利润率等指标,来评估经营者的业绩,视其经营业绩的大小给予经营者数量不等的股票作为报酬。如果公司的经营业绩未能达到预期的目标或者离开公司时,经营者将部分甚至全部丧失其原先持有的绩效股。这种方式使经营

者不仅为了多得绩效股而不断采取提高公司经营业绩的行动,而且还可把经营者与企业发展的长远利益结合起来,稳定经营者队伍。

2. 投资者与债权人的矛盾和协调

企业在实现企业价值最大化财务管理总体目标时,还可能在投资者与债权人之间发生矛盾。如投资者要使企业价值最大化,在承包工程和投资时,往往优选高效益、高风险的项目。因为高风险项目一旦完成,债权人只能获得合同规定利率的利息,而投资者可获得全部超额利润;如果业绩不佳或投资失败,债权人与投资者共同负担由此而造成的损失。这对债权人来说,其风险与收益是不对称的。又如投资者未征得现有债权人的同意,要求经营者发行新的债券或向银行举借新债,必然相应增加偿债风险,使旧债权人必须与新债权人共同分配企业破产后的资产,在资产价值不足以清偿全部债务时,必使旧债权人蒙受损失。

债权人与投资者之间发生上述矛盾的协调,通常可采用以下方法解决:一是实行担保借债,企业在举债时,要将产权属己的财产设置抵押,并将抵押财产进行保险,或由符合法定条件具有偿还能力的第三方提供担保。二是在举债合同中规定举债单位的最高负债率。因为负债率提高,偿债风险增加,易使债权人蒙受损失。三是在举债合同上明确借款的用途及其投资利益与债款的用途及其投资利益加以限制。

四、财务管理目标与社会责任

企业财务管理目标除了要协调投资者与经营者、债权人之间的矛盾外,还要从社会是否受益出发考虑社会责任的履行问题。在一般情况下,企业财务管理目标的实现与社会责任的履行是基本一致的。原因如下。

①为了使企业价值最大化,企业必须保证工程、产品质量,这就在满足建设单位和用户需要的同时,也实现了企业工程、产品的价值。

②为了使企业价值最大化,企业必须扩大施工、生产规模。这就自然会增加职工人数,解决社会就业问题。

③为了实现企业价值最大化,企业必须尽可能实现利润最大化,这就必然为社会提供更多的税收。所以在实现企业价值最大化的过程中,内在地也实现了企业的社会责任。但是企业财务管理目标的实现,并不总是与社会责任的履行保持一致。有时承担了社会责任,如保证工程、产品的优良品质、防止环境污染,就要增加企业支出。所以,企业财务管理目标与社会责任之间,总是存在一定矛盾的。况且,每个企业究竟应承担多少社会责任,也没有一个明确的标准和界限,社会责任很难公平合理地在企业之间进行界定。因而企业财务管理目标完全以社会责任为前提也是困难的。在这种情况下,怎样才能使企业财务管理目标与社会责任一致呢?纵观各国经验,对于企业必须履行的社会责任应通过国家制定一定的法律和法规,如环境保护法、保护消费者权益法、工程质量管理条例等,来强制企业履行。

根据国务院国资委发布《关于中央企业履行社会责任的指导意见》,企业履行社会责任要重点把握好以下几个方面:一是坚持依法经营、诚实守信;二是不断提高持续盈利能力;三是切实提高产品质量和服务水平;四是加强资源节约和环境保护;五是保障生产安全;六是维护职工合法权益;七是参与社会公益事业。

任务三　财务管理的环境

人类社会的实践活动,总是在一定的环境下进行的,财务管理也不例外。如果把财务管理看做是一个系统,那么,财务管理以外的对财务管理系统有影响作用的一切系统的总和,就构成财务管理系统的环境。财务管理环境是一个多层次、多方位的复杂系统,诸如经济体制、市场、金融、财政税收、法律环境等,都纵横交错、相互制约,对企业财务管理有着重大影响。财务管理人员必须对环境进行认真的调查和分析,预测财务环境的发展变化趋势,并根据环境的发展变化,采取相应的对策措施,不断提高对环境的适应能力和应变能力。

一、经济体制环境

经济体制是一个国家的基本经济制度,它说明一个国家的经济以什么为基础和主体进行运作。经济体制又分为宏观经济体制和微观经济体制。宏观经济体制是指整个国家的基本经济制度。从世界各国和我国的历史来看,当今宏观经济体制基本分为计划经济体制和市场经济体制两种:计划经济体制是以国家计划为基础的主体进行经济的运作;市场经济体制是以市场为基础的主体进行经济运作。在这两种不同的经济体制下,财务管理存在着根本的差别。第一,财务管理的立足点不同:计划经济体制要求企业根据国家计划进行一切财务活动;市场经济体制要求企业面向市场需求进行一切财务活动。第二,财务管理的目标不同:计划经济体制要求企业以实现国家计划为目标;市场经济体制要求企业以实现企业价值最大化,或股东财富最大化为主要目标。第三,财务管理的主体不同:计划经济体制下,财务管理的主体是国家,企业的资金由国家拨款,投资、施工项目由国家决策,利润上缴国家,企业只不过是国家批准的财务计划的执行者,没有成为财务管理的主体;市场经济体制下,企业是财务管理的主体,企业的资金从市场筹措,投资、施工项目由企业自行决策,税后利润的分配由企业决定,国家不直接管理企业的财务活动,只是从宏观角度通过市场调节企业的财务行为。第四,财务管理的手段不同:计划经济体制下,财务管理的基本手段是财务计划,企业以国家下达的计划为基础,编制自身计划,组织施工计划,并以计划为依据,考核计划的完成情况;市场经济体制下,财务管理的基本手段是市场预测和决策,企业根据市场信息,预测市场变化,根据自身情况,作出财务决策,并组织实施。第五,财务管理从属于施工经营管理的关系不同:计划经济体制下,财务管理从属于施工经营管理、处于服务的地位,财务的根本任务就是为完成施工经营目标提供资金、分配资金;市场经济体制下,财务活动是企业一项相对独立的业务活动,企业财务部门可从企业价值最大化这个管理目标出发,完成筹资、投资、分配的财务活动。

财务管理的经济体制环境除了宏观经济体制环境外,还有微观经济体制环境。微观经济体制环境也叫企业体制环境。企业体制涉及企业与国家、企业与投资者的关系。在市场经济体制下,政资分开,政企分开,两权分离,是企业体制的基本特征。企业是一个自主经营、自负盈亏、权债利相结合的经济实体。在财务管理上,企业在筹资、投资、分配上有自主权利,相应企业也必须对企业的盈亏承担经济责任,投资者对破产承担风险。此外,企业两权分离,也表现在财务管理权在投资者与经营者之间划分的问题。股份制企业投资者与经营者的两权分离,使企业的财务管理也相应分离,企业财务主权被分属于投资者和经营者。基于防止稀释所有者权益的需要,企业投资者要对企业筹资作出决策;基于保护投资者财产的需要,投资者需要对企业的和财务状况进行财务监督;基于保护投资者权益不受损失,投资者需要对企业巨额投资进行干预;基于保护投资者的财产利益,投资者对涉及资本变动的企业合并、分立、破产、解散和清算的财产问题作出决策;基于资本增值的序言,投资者要对企业利润的分配作出决策。企业投资者对诸如上述有关涉及所有者权益变动的决策权,就使股份制企业财务管理客观地被所有权主体和经营权主体来分别进行。这些,都对企业管理产生了重大的影响。

我国目前还处于从计划经济体制向市场经济体制转轨的阶段,不论在宏观经济还是微观经济阶段,都还存在计划经济的烙印,需要根据我国国情深化改革和完善,经济体制的改革,必然对企业财务管理产生影响,企业财务管理部门和人员,必须密切注意经济体制的改革,开展财务管理的活动。

二、市场环境

在社会主义市场经济中,施工企业财务管理不仅置身于一定的经济体制中,而且处在一定的市场环境中。施工企业的财务管理,深受建筑市场、生产资料等环境的影响。

1. 建筑市场环境

建筑市场环境对施工企业财务的影响来说,主要是指建筑市场的竞争程度或景气度。在市场经济条件下,施工企业的工程任务,不再由建筑主管部门用行政手段分配,而是通过建筑市场的工程投标方式取得。企业在工程投标竞争中能否取胜,除了企业本身的施工技术、施工质量等因素外,还要有工程标价的优势。建筑安装工程的标价,很大程度上取决于建筑市场的竞争程度,即地区建筑市场中发包工程数量和承包施工力量的对比。一般来说,当地区发包工程数量多于施工力量时,市场竞争必然加剧,各施工企业为了获得施工任务,往往压低工程标价进行竞争;反之,如地区发包工程数量多于施工力量,由于参加招标、投标、施工企业较少,竞争必然趋缓,工程标价就会较高。因此工程标价的高低,是建筑市场竞争及其激烈程度的具体体现,它直接影响施工企业的盈利水平和财务状况。

所以施工企业在工程投标时,必须重视建筑市场的供求情况,了解所在地区建筑市场各个时期在新建、扩建、更新改造、房地产投资项目中的建筑安装工程数量;了解所在地区其他施工企业的施工力量,特别是相同资质等级竞争对手的施工力量和它们现有的在建工程任务,然后考虑企业的工程成本水平,制订投标策略。

2. 生产资料市场环境

对施工企业财务活动的影响来说,生产资料市场环境主要是指建筑材料采购环境。建筑材料采购环境,按建筑材料来源是否稳定可分为稳定的采购环境和波动的采购环境。前者对企业所需建筑材料有比较稳定的来源;后者则不稳定,有时能采购到,有时则采购不到。企业如果处于稳定的采购环境中,可少储备库存,减少建筑材料占用资金;如果处于波动的采购环境,则必须增加建筑材料的保险储备,以防止供应不及时而影响施工生产,这就要求财务人员把比较多的资金投于建筑材料的保险储备上。

建筑材料采购环境按价格变动情况,可分为价格上涨的采购环境和价格下跌的采购环境。在物价上涨的环境中,企业应尽量提前进料,以防价格进一步上涨而增加采购成本,这就要求在建筑材料储备上投入较多的资金;反之,在物价下降的环境中,应尽量随使用随采购,以便从价格下降中买到价格较低的建筑材料,并可在材料储备上少占用资金。

三、金融环境

金融环境又叫金融市场环境,金融市场是指资金供应者和需求者双方通过某种形式融通资金的领域。金融市场由金融市场主体、金融工具和交易场所三个要素组成。金融工具是资金供应者将资金转移给资金需求者的凭证和证明,如各种票据、证券等。不同的金融工具用于不同的金融场合,具有不同的法律效力和流通功能,企业为此而承担的风险和支付出的成本也不同。企业必须选择适合自身情况的金融工具作为资金交易的工具,以便相对降低风险和成本。

金融市场包括资金市场、外汇市场、黄金市场。按照金融市场所约定的期限,资金市场可分为货币市场和资本市场。货币市场也叫短期资金市场,它是指经营一年以内融通资金的货币市场,包括商业票据承兑及贴现市场、资金拆借市场、短期证券市场等。资本市场也叫长期资金市场,它是指经营一年以上资金信贷和证券业务的资金市场,包括长期贷款市场、长期证券市场等。

在金融市场,通过市场主体运用金融工具在各种交易场所进行的资金交易最终会形成金融市场的各种环境参数,包括市场利率、汇率、证券价格等。它们与企业财务活动直接相关,是进行财务决策的前提,在企业财务管理中,金融环境有着直接影响和决定的作用。

在企业筹资活动中,当市场利率下降、汇率上升、证券价格上涨,或者政府扩大货币发行,降低银行存款准备金率和再贴现率时,如果它们已经成为一种现实的影响,会使企业筹资变得更容易,筹资成本变得更低;如果他们是一种未来的预期,财务部门应采取一定的措施,采用浮动利率的长期投资等。当市场利率上升、汇率上升、证券价格下跌,或者政府控制货币发行,提高存款准备金率和再贴现率时,如果他们已经成为一种现实的影响,会使企业筹资变得困难,筹资成本提高,风险加大;如果他们是一种未来的预期,财务部门应提前采取措施,规避未来筹资成本上升和风险,采用固定利率的长期投资等。

在企业多余资金对外投资活动中,当政府控制货币发行、提高存款准备金率和再贴现率时,会使市场利率上升,企业可将资金存入银行或委托贷款,以获取较高的利息收入。因在市场利率上升、其他条件不变时,证券价格将趋于下降,企业不应投资于证券而投资于其他方向。当政府扩大货币发行时、降低存款准备资金率和再贴现率,会使市场利率下降,证券价格在其他条件不变时会趋于上升,企业可将存款和委托贷款转向证券投资。

在分配活动中,如何确定税后利润的存分比例和股利形式,也与金融市场参数和政府货币政策密切相关。当市场利率上升,或政府采取紧缩的货币政策、证券市场价格下跌时,企业筹资困难、筹资成本提高,如果企业有较多项目或对外投资机会需要资金时,应该扩大税后利润留存比例,或采用股票股利形式;反之,在市场利率下降,或政府采取宽松的货币政策,可以相对减少税后例如留存比例,采用现金股利形式。当市场利率上升,企业股票价格低迷时,为了稳住企业股票价格,股票企业可采用扩大税后利润的分配方式,使企业股票价格维持在较高位。

金融环境除了直接影响企业财务决策外,还会从施工工程成本、造价等方面影响企业的财务成果。就工程成本来说如市场利率上升,会增加企业借款利息负担,提高财务费用,减少企业利润;如市场利率下降,会减轻企业借款利息负担,降低财务费用,增加企业利润。

四、财税环境

财税环境是指财政、税收政策的变动对企业财务管理的影响和制约关系。国家财政一方面以税收形式将企业利润的相当份额予以征收;另一方面又以财政支出的形式,包括公共支出、投资支出、补贴支出等形式将财政收入加以分配。当国家采取紧缩的财政政策时,一方面国家会增加税目、提高税率、减少补贴支出,以增加财政收入;另一方面会减少公共支出和国家投资支出。当国家采取扩张的财政政策时,一方面会减少税目、降低税率、增加补贴支出;另一方面会增加公共支出和国家投资支出。对建筑业和施工企业的影响在于,当国家采取紧缩财政时,随着公共支出、国家投资支出和补贴支出的减少,会减少社会建筑安装工程投资额,促使建筑市场竞争加剧,降低工程标价,减少施工企业利润。当国家采取扩张的财政政策时随着公共支出、国家投资支出和补贴支出的增加,会增加社会建筑安装工程投资支出,有利于提高建筑市场工程标价,增加企业利润。

对建筑构件的税收政策也会形象施工企业的盈利水平。施工企业所需的钢筋混凝土等构件,可在施工现场制作,也可在企业所属建筑制品厂生产。一般来说,建筑构件在所属建筑制品厂生产,比在施工现场制作能降低一些成本。但如税法规定在所属建筑制品厂生产要征收流转税,则反而会提高工程成本,减少企业利润。因此,企业财务管理应适应这种政策导向,合理组织企业施工生产和财务活动。

五、法律环境

市场经济是法治经济。它是以法律规范来维系市场运转的经济。在市场经济条件下,企业总是在一定的法律环境下从事各项业务活动的。一方面,法律提出了企业从事各项业务活动必须遵守的法律规范,从而对企业的行为进行约束;另一方面,法律也为企业守法从事各项业务活动提供了保护。在市场经济中,通常要建立一个完整的法律体系来维护市场秩序。从企业的角度看,这个法律体系涉及企业设立、企业运转、企业合并、分立和解散破产清算。其中,企业运转又分为企业从事施工生产经营活动的法律、法规,以及企业从事财务活动的法律、法规。一般来说,企业设立、合并、分立和企业解散破产清算是通过公司法等进行约束的。企业施工生产经营活动主要是由经济合同法、建筑安装工程招标投标法、建筑安装工程承包合同条例、工程质量监督条例等进行约束。这些法律、法规,不仅对企业施工生产经营过程该履行的手续和应达到的标准进行了规定,而且为了保护与企业施工生产经营活动相关的利害关系人的利益,以及整体利益和整个市场体系的稳定性,也制定了相应的法律、法规。此外。企业财务活动是通过税法、证券交易法、票据法、结算法、银行法、会计法、会计准则、财务通则和企业会计制度等进行约束的。这些法律和法规不仅对企业筹资、投资、分配等财务活动过程的手续和应达到的目标进行了规定,而且为了保护与企业财务活动相关的利益关系人以及社会总资金的平衡运转,也规定了相关的法律、法规。值得指出的是,在企业设立、合并、分立、解散、破产清算相关法律和法规中,其主要的内容都直接与财务活动相联系,将这些内容与对财务活动运行过程进行规定的法律、法规联合起来,就形成了一个完整的有关财务活动的法律体系。它对企业财务管理产生的影响和制约都是直接和强制的。

施工企业财务管理环境,除了上述五个方面外,还可从企业财务管理的角度,把企业的施工生产经营及其管理作为环境。因为在施工企业里,相对于财务管理来说,施工生产经营管理还是主导的,只有工程、生产上去了,劳动生产率提高了,工程产品成本降低了,才能使工程、产品的价值得以顺利实现,资金运动保持良性循环;反之,财务管理工作必将步履艰难,企业必将陷入财务困境。

任务四 施工企业财务管理的内容

一、筹资管理

筹资管理是企业财务管理的首要环节,是企业投资活动的基础。筹资管理主要解决的问题是如何取得企业所需要的资金,即指在何时向谁融通多少资金。事实上,在企业发展过程中,筹资及筹资管理是贯穿始终的。无论在企业创立之时,还是在企业成长过程中追求规模扩张,甚至在日常经营周转过程中,都可能需要筹措资金。可见筹资是指企业为了满足投资和用资的需要,筹措和集中所需资金的过程。在筹资过程中,企业一方面要确定筹资的总规模,以保证投资所需要的资金;另一方面要选择筹资方式,降低筹资的代价和筹资风险。

二、投资管理

投资是指企业资金的运用,是为了获得收益或避免风险而进行的资金投资活动。在投资过程中,企业考虑投资规模;同时,企业还必须通过投资方向和投资方式的选择,确定合理的投资结构,以提高投资收益、降低投资风险。投资是企业财务管理的重要环节。投资决策的失败,对企业未来经营成败具有根本性的影响。

三、营运资金管理

营运资金管理主要是对企业流动资产的管理,包括对现金、应收账款、交易性金融资产和存货的管理。因为,流动资产在企业经营中随着经营过程的进行不断变换其形态,在一定时期内资金周转越快,利用相同数量的资金获得的报酬就越多,流动资产的周转速度和使用效率直接影响企业的经营收益。因此,企业必须对其流动资产周转速度和使用效率进行管理。

四、职工薪酬管理

主要介绍职工薪酬的概念和种类;职工薪酬的计量;职工劳动保险和企业职工年金。

五、工程成本管理

工程成本管理在此部分将介绍工程成本费用的概述、工程项目成本管理、工程成本费用的控制与考核。

六、分配管理

利润是指企业在一定会计期间内实现的收入减去费用后的净额，是企业最终经营成果的反映。企业实现的利润，必须在企业的各利益相关者之间进行合理的分配，这关系到国家、企业、企业所有者、债权人、经理、职工及社会各方面的利益。一方面，企业取得的净利润主要是在所有者和企业之间进行分配，不同的所有者由于投资目的不同，对待分配的利润和企业留存利润的态度也不尽相同，这将直接影响企业的利润分配政策。另一方面，随着利润分配过程的进行，资金退出或者留存企业，必然会影响企业的资金运动，这不仅表现在资金运动的规模上，而且表现在资金运动的结构上，如筹资结构。企业留存利润又是企业的内部筹资活动，对利润分配的管理又直接影响企业的筹资决策。因此，在国家法律、法规允许的范围内，如何合理确定企业税后利润的分配规模和分配方式，以提高企业的潜在收益能力，进而提高企业的总价值，是企业财务管理的又一项重要内容。

◀ 项目小结 ▶

财务管理是施工企业管理的重要组成部分，是有关资金的筹集、投放、收回、分配的管理。财务管理主要是一种价值管理，是运用价值形式来管理施工企业的财务活动和财务关系。

本项目首先介绍了施工企业财务活动，即施工企业在生产过程中所涉及资金的活动，即资金的筹集、投放、使用、收回及分配等一系列行为。在此基础上介绍了企业的财务关系，即施工企业在组织财务活动过程中与有关各方所形成的经济利益关系。重点介绍了施工企业财务目标和施工企业财务管理内容，为学生后续学习施工企业财务管理建立了知识框架；最后讲述了施工企业财务管理的影响因素。

技能训练

一、单项选择题

1. 财务关系是指企业在组织财务活动中与有关方面所发生的(　　)。
   A. 结算关系　　　　B. 货币关系　　　　C. 经济利益关系　　　　D. 往来关系
2. 反映企业价值最大化目标实现程度的指标是(　　)。
   A. 利润额　　　　B. 总资产报酬率　　　　C. 每股市价　　　　D. 市场占有率

3. 下列说法不正确的是(　　)。
   A. 高收益的投资机会必然伴随巨大的风险
   B. 风险小的投资机会必然只有较低的收益
   C. 如果资本市场是有效的,购买或出售金融工具的交易的净现值为零
   D. 货币时间价值是指货币在经过一定时间的投资和再投资之后的价值
4. 在对一个企业进行评价时,企业价值为(　　)。
   A. 企业的利润总额　　　　　　　B. 企业账面资产的总价值
   C. 企业每股利润水平　　　　　　D. 企业全部财产的市场价值
5. 在下列各项财务指标中,最能够反映上市公司财务管理目标实现程度的是(　　)。
   A. 扣除非经常性损益后的每股收益　　B. 每股净资产
   C. 每股市价　　　　　　　　　　D. 每股股利

二、多项选择题

1. 企业财务活动包括(　　)。
   A. 筹资活动　　　　　　　　　　B. 投资活动
   C. 资金营运活动　　　　　　　　D. 分配活动
2. 企业价值最大化目标的优点有(　　)。
   A. 考虑了资金的时间价值　　　　B. 考虑了投资的风险价值
   C. 反映了企业资产保值增值的要求　D. 直接揭示了企业的活力能力
3. 企业与其他企业之间的关系是(　　)。
   A. 货币结算关系　　　　　　　　B. 债权债务关系
   C. 经营权和所有权的关系　　　　D. 劳动成果上的分配关系
4. 企业管理目标对财务管理的主要要求是(　　)。
   A. 以收抵支,到期偿债,减少破产风险
   B. 筹集企业发展所需资金
   C. 合理、有效地使用资金,使企业获利
   D. 充分利用人力物力,获取更多的收益

三、简答题

1. 施工企业财务管理包括哪些主要内容?
2. 在施工企业财务管理工作中,经常发生哪些方面的财务关系?怎样正确处理这些财务关系?
3. 施工企业财务管理的总体目标有哪些?你同意哪种提法?为什么?
4. 在市场经济条件下,施工企业财务活动会受到哪些方面环境的影响?
5. 财务管理工作的环节有哪些?

项目二　工程项目财务管理的价值

【知识目标】
1. 理解资金时间价值的概念及表示方法。
2. 掌握资金时间价值的计算原理。
3. 了解风险和风险报酬的概念、种类以及衡量。

【能力目标】
1. 运用资金时间价值的计算方法对实际财务问题进行分析。
2. 掌握在财务活动中正确的认识和处理风险的能力。

案例

拿破仑的诺言

　　1797年3月,拿破仑在卢森堡第一国立小学演讲时说了这样一番话:"为了答谢贵校对我,尤其是对我夫人约瑟芬的盛情款待,我不仅今天呈上一束玫瑰花,并且在未来的日子里,只要我们法兰西存在一天,每年的今天我都将亲自派人送给贵校一束价值相等的玫瑰花,作为法兰西与卢森堡友谊的象征。"时过境迁,拿破仑穷于应付连绵的战争和此起彼伏的政治事件,最终惨败而流放到圣赫勒拿岛,把对卢森堡的诺言忘得一干二净。可卢森堡这个小国对这位"欧洲巨人与卢森堡孩子亲切、和谐相处的一刻"念念不忘,并载入他们的史册。1984年年底,卢森堡旧事重提,向法国提出违背"赠送玫瑰花"诺言的索赔:要么从1797年起,用3路易作为一束玫瑰花的本金,以5厘复利(即利滚利)计息全部清偿这笔"玫瑰花"债;要么法国政府在法国政府各大报刊上公开承认拿破仑是个言而无信的小人。起初,法国政府准备不惜重金赎回拿破仑的声誉,但却又被计算机算出的数字惊呆了:原本3路易的许诺,本息竟高达1375596法郎。经过苦思冥想,法国政府斟词酌句的答复是:"以后,无论在精神上还是在物质上,法国将始终不渝地对卢森堡大公国的中小学教育事业予以支持与赞助,来兑现我们的拿破仑将军那一诺千金的玫瑰花诺言。"这一措辞最终得到了卢森堡人民的谅解。

　　思考:

　　为何本案例中每年赠送价值3路易的玫瑰花相当于在187年后一次性支付1375596法郎?

　　(资料来源:徐璟:《财务管理实务》.北京理工大学出版社,2010)

 施工企业财务管理

任务一 认知资金时间价值

一、资金时间价值的含义

资金时间价值,也叫货币时间价值,是指资金经过一段时间的投资和再投资即将资金使用权让渡后所产生的货币资金的增值。

货币能够增值,首要的原因在于它是资本的一种形式,可以作为资本投放到企业的生产经营当中,经过一段时间的资本循环后,会产生利润。这种利润就是货币的增值。因此,如果货币不参与生产经营,则显然不会发生增值。

资金在不同的时点上,其价值是不同的,如今天的 100 元和一年后的 100 元是不等值的。今天将 100 元存入银行,在利息率 10% 的情况下,一年以后会得到 110 元,多出的 10 元利息就是 100 元经过一年时间的投资所增加了的价值,即货币的时间价值。显然,今天的 100 元与一年后的 110 元相等。由于不同时间的资金价值不同,所以,在进行价值大小对比时,必须将不同时间的资金折算为同一时间后才能进行大小的比较。在公司的生产经营中,公司投入生产活动的资金,经过一定时间的运转,其数额会随着时间的持续不断增长。公司将筹措的资金用于购建劳动资料和劳动对象,劳动者借以进行生产经营活动,从而实现价值转移和价值创造,带来货币的增值。资金的这种循环与周转以及因此实现的货币增值,需要一定的时间。随着时间的推移,资金不断周转使用,时间价值不断增加。通常用利息来衡量资金时间价值的大小,其实质内容是社会资金的平均利润。但是,我们在日常生活中所接触到的利息,如银行存、贷款利息,除了包含时间价值因素之外,还包括通货膨胀等因素。所以,在分析时间价值时,一般以社会平均资金利润为基础,而不考虑通货膨胀和风险因素。

资金的时间价值有两种表现形式,即相对数和绝对数。相对数即时间价值率,是指没有风险和通货膨胀的平均资金利润率或平均报酬率;绝对数即时间价值额,是指资金在运用过程中所增加的价值数额,即一定数额的资金与时间价值率的乘积。国库券利率,银行存、贷款利率,各种债券利率,都可以看做是投资报酬率,然而它们并非时间价值率,只有在没有风险和通货膨胀情况下,这些报酬才与时间价值率相同。由于国债的信誉度最高、风险最小,所以如果通货膨胀率很低就可以将国债利率视同时间价值率。为了便于说明问题,在研究、分析时间价值时,一般以没有风险和通货膨胀的利息率作为资金的时间价值,货币的时间价值是公司资金利润率的最低限度。

二、资金时间价值的计算

由于资金具有时间价值,因此同一笔资金,在不同的时间,其价值是不同的。计算资金的时间价值,其实质就是不同时点上资金价值的换算。

资金时间价值的大小取决于资金数量的多少、占用时间的长短、收益率的高低等因素。资金时间价值的计算涉及两组概念:终值和现值;单利和复利。

现值即现在的价值,是指以后某期收到或付出的资金的现在价值,英文名称 Present Value,

简写为 P；终值是指将来某一时点的价值，即本金在某期期末的本利和，英文名称 Future Value，简写为 F。

单利和复利是利息计算的两种方式，其中单利可总结为本金计算利息，利息不计算利息；复利是本金计算利息，利息也要计算利息，俗称"利滚利"。现分别介绍如下。

1. 单利

单利是一种本生利而利不生利的计息方法。单利的计息方式是：每期利息只按期初本金计算，各期利息即使不取出也不计入本金，各期计算利息的基础不变，各期利息随同本金到期时一同偿付。其利息计算公式为

$$I = P \times i \times n \tag{2-1}$$

式中：I——利息；

P——现值；

i——利率或贴现率，即年利息与本金之比；

n——计息期数。

(1) 单利终值

单利终值是本金与未来利息之和。

单利终值的计算公式为

$$F = P(1 + i \times n) \tag{2-2}$$

式中：F——终值。

【做中学 2-1】 将 100 元存入银行，利率假设为 10%，一年后、两年后、三年后的终值分别是多少？（单利计算）

【解】 一年后的终值：$F = 100 \times (1 + 10\% \times 1) = 110$（元）

两年后的终值：$F = 100(1 + 10\% \times 2) = 120$（元）

三年后的终值：$F = 100(1 + 10\% \times 3) = 130$（元）

【做中学 2-2】 某公司于 2006 年 6 月 5 日销售货物一批，收到购货方银行承兑汇票一张，票面金额为 100 万元，票面利率为 6%，期限 60 天到期。按单利计算。则票据的到期值为

$F = 1000000(1 + 6\% \times 60 \div 360) = 1010000$（元）

其中利息为

$I = 1000000 \times 6\% \times 60 \div 360 = 10000$（元）

从上例可以看出，计息期数(n)与利息率(i)应保持一致性。当按年计息时，利率应采用年利息率；当按季计息时，利率应采用季计息率；当按月计息时，利率应采用月利息率；当按日计息时，利率应采用日利息率。一般来说，各种利率之间关系如下

月利息率＝年利息率÷12

日利息率＝年利息率÷360

(2) 单利现值

单利现值是资金现在的价值。单利现值的计算就是确定未来终值的现在价值。现值的计算与终值的计算是互逆的，由终值求现值的过程又称折现。其计算公式如下

$$P = \frac{F}{1+i \times n} \tag{2-3}$$

【做中学 2-3】 假设银行存款利率为 10%，为了能在三年后获得 20000 元现金，某人现在应存入银行多少钱？

【解】 $P = \dfrac{2000}{1+10\% \times 3} = 15384.61(元)$

2. 复利

复利是一种本生利、利也生利的计算方法。它不同于单利，复利计息条件下，各期利息不仅按本金计算，以前各期产生的利息也要计入本金一起再计算利息，即通常所说的"利滚利"。在财务决策中，资金时间价值通常是按复利计算的。

（1）复利终值

复利终值是指一定数量的本金在一定的利率下按照复利的方法计算出的若干时期以后的本金和利息。例如公司将一笔资金 P 存入银行，年利率为 i，如果每年计息一次，则年后的本利和即复利终值如图 2-1 所示。

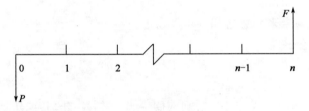

图 2-1 复利终值示意图

图 2-1 所示，一年后的终值为

$$F_2 = P + Pi = P(1+i)$$

两年后的终值为

$$F_2 = F_2 + F_2 i = F_2(1+i) = P(1+i)(1+i) = P(1+i)^2$$

…

由此可以推出 n 年后复利终值的计算公式为

$$F = P(1+i)^n \tag{2-4}$$

【做中学 2-4】 将 100 元存入银行，假设利率为 10%，一年后、两年后、三年后的终值分别是多少？（复利计算）

【解】 一年后：$F = 100 \times (1+10\%) = 110(元)$

两年后：$F = 100 \times (1+10\%)^2 = 121(元)$

三年后：$F = 100 \times (1+10\%)^3 = 133.1(元)$

式(12-4)中，$(1+i)^n$ 称为复利终值系数，用符号 $(F/P, i, n)$ 表示。例如，$(F/P, 8\%, 5)$ 表示利率为 8%，5 年期的复利终值系数。

复利终值系数可以通过查复利终值系数表获得。通过复利终值系数表，还可以在已知 F、i 的情况下查出 n；或在已知 F、n 的情况下查出 i。

（2）复利现值

复利现值是指未来一定时间的特定资金按复利计算的现在价值。即为取得未来一定本利和现在所需要的本金。例如，将 n 年后的一笔资金 F，按年利率折算为现在的价值，这就是复利现值，如图 2-2 所示。

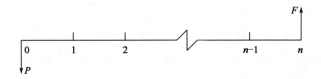

图 2-2 复利现值示意图

由终值求现值，称为折现，折算时使用的利率称为折现率。

复利现值的计算公式为

$$P = \frac{F}{(1+i)^n}$$
$$= F(1+i)^{-n} \tag{2-5}$$

【做中学 2-5】 某钢铁公司计划 4 年后进行技术改造，需要资金 120 万元，如果银行利率为 5%，公司现在应存入银行的资金为多少元？

【解】 $P = F(1+i)^{-n}$
$= 1200000 \times (1+5\%)^{-4}$
$= 1200000 \times 0.8227$
$= 987240（元）$

式(2-5)中，$(1+i)^{-n}$ 称为复利现值系数，用符号 $(P/F,i,n)$ 表示。例如，$(P/F,5\%,4)$，表示利率为 5%，4 年期的复利现值系数。

与复利终值系数表相似，通过现值系数表在已知 i、n 的情况下查出 P；或在已知 P、i 的情况下查出 n；或在已知 P、n 的情况下查出 i。

3. 年金

年金（Annuity）是指在一定时期内一系列相等金额的收付款项，通常记作 A。

年金具有 3 个特点：现金流量每次发生的时间间隔相同；现金流量每次发生的金额相等；现金流量每次发生的方向相同。在实践中，年金的形式多种多样，如分期付款赊购、分期偿还贷款、发放养老金、支付租金、提取折旧等都属于年金收付形式。按照收付的次数和支付的时间划分，年金可以分为普通年金、先付年金、递延年金和永续年金。

（1）普通年金

普通年金是指每期期末有等额的收付款项的年金，又称后付年金，如图 2-3 所示。

图 2-3 中，横轴代表时间，用数字标出各期的顺序号，竖线的位置表示支付的时刻，竖线下端数字表

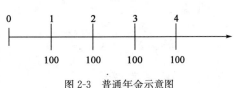

图 2-3 普通年金示意图

示支付的金额。图2-3表示4年期内每年100元的普通年金。

①普通年金的终值。普通年金终值是指一定时期内每期期末等额收付款项的复利终值之和。例如,按图2-3的数据,假如$i=6\%$,第四期期末的普通年金终值的计算如图2-4所示。

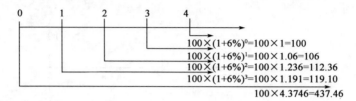

图2-4 普通年金终值计算示意图

从图2-4中可知,第一期期末的100元,有3个计息期,其复利终值为119.10元;第二期期末的100元,有2个计息期,其复利终值为112.36元;第三期期末的100元,有1个计息期,其复利终值为106元;而第四期期末的100元,没有利息,其终值仍为100元。将以上四项加总得437.46元,即为整个年金终值。

从以上的计算可以看出,通过复利终值计算年金终值比较复杂,但存在一定的规律性,由此可以推导出普通年金终值的计算公式。

根据复利终值的方法计算年金终值F的公式为

$$F = A + A(1+i) + A(1+i)^2 + \cdots + A(1+i)^{n-1} \tag{1}$$

等式两边同乘以$(1+i)$,则有

$$F(1+i) = A(1+i) + A(1+i)^2 + A(1+i)^3 + \cdots + A(1+i)^n \tag{2}$$

公式(2)—公式(1)得

$$F(1+i) - F = A(1+i)^n - A$$

$$Fi = A[(1+i)^n - 1]$$

$$F = A \frac{(1+i)^n - 1}{i} \tag{2-6}$$

式中:A——年金。

式(2-6)中,$\frac{(1+i)^n - 1}{i}$通常称为年金终值系数,用符号$(F/A, i, n)$表示。

年金终值系数可以通过查年金终值系数表获得。该表的第一行是利率i,第一列是计息期数n。相应的年金系数在其纵横交叉之处。例如,可以通过查表获得$(F/A, 6\%, 4)$的年金终值系数为4.3746,即每年年末收付1元,按年利率为6%计算,到第四年年末,其年金终值为4.3746元。

【做中学2-6】 某公司每年在银行存入4000元,计划在10年后更新设备,银行存款利率5%,到第10年年末公司能筹集的资金总额是多少?

【解】

$$F = A \frac{(1+i)^n - 1}{i}$$

$$= 4000 \times \frac{(1+5\%)^{10} - 1}{5\%}$$

$$= 4000 \times 12.578$$
$$= 50312(元)$$

在年金终值的一般公式中有四个变量 F、A、i、n，已知其中的任意三个变量都可以计算出第四个变量。

【做中学 2-7】 某公司计划在 8 年后改造厂房,预计需要 400 万元,假设银行存款利率为 4%,该公司在这 8 年中每年年末要存入多少万元才能满足改造厂房的资金需要?

【解】 该公司在银行存款利率为 4% 时,每年年末存入 43.41 万元,8 年后可以获得 400 万元用于改造厂房。具体计算公式为

$$F = A \frac{(1+i)^n - 1}{i}$$

$$400 = A \times \frac{(1+4\%)^8 - 1}{4\%}$$

$$400 = A \times 9.214$$

$$A = 43.41(万元)$$

②普通年金的现值。普通年金现值是指一定时期内每期期末收付款项的复利现值之和。例如,按图 2-3 的数据,假如 $i=6\%$,其普通年金现值的计算如图 2-5 所示。

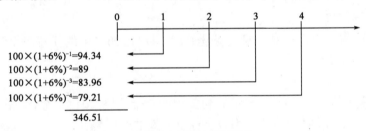

图 2-5 普通年金现值计算示意图

从图 2-5 可知,第一期期末的 100 元到第一期期初,经历了 1 个计息期,其复利现值为 94.34 元;第二期期末的 100 元到第一期期初,经历了 2 个计息期,其复利现值为 89 元;第三期期末的 100 元到第一期期初,经历了 3 个计息期,其复利现值为 83.96 元;第四期期末的 100 元到第一期期初,经历了 4 个计息期,其复利现值为 79.21 元。将以上四项加总得 346.51 元,即为四期的年金现值。

从以上计算可以看出,通过复利现值计算年金现值比较复杂,但存在一定的规律性,由此可以推导出普通年金终值的计算式。

根据复利现值的方法计算年金现值 P 的计算公式为

$$P = A \frac{1}{(1+i)} + A \frac{1}{(1+i)^2} + \cdots + A \frac{1}{(1+i)^{n-1}} + A \frac{1}{(1+i)^n} \tag{1}$$

等式两边同乘 $(1+i)$,则有

$$P(1+i) = A + A \frac{1}{(1+i)} + A \frac{1}{(1+i)^2} + \cdots + A \frac{1}{(1+i)^{n-2}} + A \frac{1}{(1+i)^{n-1}} \tag{2}$$

公式(2)—公式(1)得

$$P(1+i) - P = A - A \frac{1}{(1+i)^n}$$

$$Pi = A\left[1 - \frac{1}{(1+i)^n}\right]$$

$$P = A\frac{1-(1+i)^{-n}}{i} \tag{2-7}$$

式(2-7)中，$\frac{1-(1+i)^{-n}}{i}$ 通常称为年金现值系数，用符号$(P/A,i,n)$表示。年金现值系数可以通过查年金现值系数表获得。该表的第一行是利率i，第一列是计息期数n，相应的年金现值系数在其纵横交叉之处。例如，可以通过查表获得$(P/A,6\%,4)$的年金现值系数为3.4651，即每年年末收付1元，按年利率为6%计算，其年金现值为3.4651元。

【做中学2-8】 某公司预计在8年中，从一名顾客处收取6000元的汽车贷款还款，贷款利率为6%，该顾客借了多少资金，即这笔贷款的现值是多少？

【解】

$$P = A\frac{1-(1+i)^{-n}}{i}$$
$$=6000 \times \frac{1-(1+6\%)^{-8}}{6\%}$$
$$=6000 \times 6.2098$$
$$=37258.8(元)$$

在年金现值的一般公式中有四个变量P、A、i、n，已知其中的任意三个变量都可以计算出第四个变量。

(2) 先付年金

先付年金是指每期期初有等额的收付款项的年金，又称预付年金，如图2-6所示。

如图2-6所示，横轴代表时间，用数字标出各期的顺序号，竖线的位置表示支付的时刻，竖线下端数字表示支付的金额。图2-6所示为4年期内每年100元的先付年金。

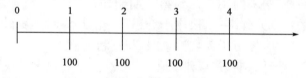

图2-6 先付年金示意图

①先付年金的终值。先付年金终值是指一定时期内每期期初等额收付款项的复利终值之和。例如，按图2-6的数据，假如$i=6\%$，第四期期末年金终值的计算如图2-7所示。

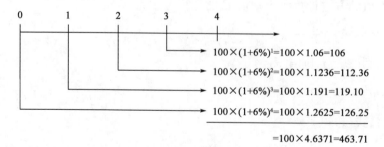

图2-7 先付年金终值计算示意图

从图 2-7 可知,第一期期初的 100 元,有 4 个计息期,其复利终值为 126.25 元;第二期期初的 100 元,有 3 个计息期,其复利终值为 119.10 元;第三期期初的 100 元,有 2 个计息期,其复利终值为 112.36 元;而第四期期初的 100 元,有 1 个计息期,其复利终值为 106 元。将以上四项加总得 463.71 元,即为整个的先付年金终值。从以上的计算可以看出,先付年金与普通年金的付款期数相同,但由于其付款时间的不同,先付年金终值比普通年金终值多计算一期利息。因此,在普通年金终值的基础上乘上(1+i)就是先付年金的终值。

先付年金的终值 F 的计算公式为

$$F = A\frac{(1+i)^n-1}{i}(1+i)$$
$$= A\frac{(1+i)^n-(1+i)}{i}$$
$$= A\left[\frac{(1+i)^{n+1}-1}{i} - 1\right] \quad (2-8)$$

式(2-8)中,$\frac{(1+i)^{n+1}-1}{i} - 1$ 常称为先付年金终值系数,它是在普通年金终值系数的基础上,期数加 1,系数减 1 求得的,可表示为 $[(F/A,i,n+1)-1]$,可通过查普通年金终值系数表得到 $(n+1)$ 期的值,然后减去 1 可得到对应的先付年金终值系数的值。例如 $[(F/A,6\%,4+1)-4]$,$(F/A,6\%,4+1)$ 的值为 5.6371,再减去 1,得到先付年金终值系数为 4.6371。

【做中学 2-9】 某公司租赁写字楼,每年年初支付租金 5000 元,年利率为 8%,该公司计划租赁 12 年,需支付的租金为多少?

【解】

$$F = A\left[\frac{(1+i)^{n+1}-1}{i}\right]$$
$$= 5000 \times \left[\frac{(1+8\%)^{12+1}-1}{8\%} - 1\right]$$
$$= 5000 \times 20.495$$
$$= 102475(元)$$

或

$$F = A[(F/A,i,n+1)-1]$$
$$= 5000 \times [(F/A,8\%,12+1)-1]$$

查年金终值系数表得

$(F/A,8\%,12+1) = 21.495$

$F = 5000 \times (21.495-1) = 102475(元)$

②先付年金的现值。先付年金现值是指一定时期内每期期初收付款项的复利现值之和。例如,按图 2-6 的数据,假如 $i=6\%$,其先付年金现值的计算如图 2-8 所示。

从图 2-8 可知,第一期期初的 100 元,没有计息期,其复利现值仍然为 100 元;第二期期初的 100 元到第一期期初,经历了 1 个计息期,其复利现值为 94.34 元;第三期期初的 100 元到第一期期初,经历了 2 个计息期,其复利现值为 89 元;第四期期初的 100 元到第一期期初,经历了 3 个计息期,其复利现值为 83.96 元。将以上四项加总得 367.3 元,即为四期的先付年余现值。

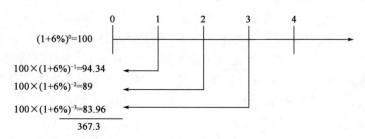

图 2-8 先付年金现值计算示意图

其复利现值为 89 元；第四期期初的 100 元到第一期期初，经历了 3 个计息期，其复利现值为 83.96 元。将以上四项加总得 367.3 元，即为四期的先付年金现值。

从以上的计算可以看出，先付年金与普通年金的付款期数相同，但由于其付款时间的不同，先付年金现值比普通年金现值少折算一期利息。因此，可在普通年金现值的基础上乘上 $(1+i)$ 就是先付年金的现值。

先付年金的现值 P 的计算公式为

$$P = A\frac{1-(1+i)^{-n}}{1}(1+i)$$
$$= a\left[\frac{(1+i)-(1+i)^{-(n-1)}}{1}\right]$$
$$= A\left[\frac{1-(1+i)^{-(n-1)}}{i}+1\right] \tag{2-9}$$

式(2-9)中，$\frac{1-(1+i)^{-(n-1)}}{i}+1$ 通常称为先付年金现值系数，先付年金现值系数是在普通年金现值系数的基础上，期数减 1，系数加 1 求得的，可表示 $[(P/A,i,n-1)+1]$ 为，可通过查年金现值系数表，得到 $(n-1)$ 期的值，然后加上 1 可得到对应的先付年金现值系数的值。例如 $[(P/A,6\%,4-1)+1]$，$(P/A,6\%,4-1)$ 的值为 2.673，再加上 1，得到先付年金现值系数为 3.673。

【做中学 2-10】 某人分期付款购买住宅，每年年初支付 6000 元，20 年还款期，假设银行借款利率为 5%，该项分期付款如果现在一次性支付，需支付现金多少？

【解】
$$P = A\left[\frac{1-(1+i)^{-(n-1)}}{i}+1\right]$$
$$=6000\times\left[\frac{1-(1+5\%)^{-(20-1)}}{5\%}+1\right]$$
$$=6000\times 13.0853$$
$$=78511.8(元)$$

或　　$P=A\times[(P/A,i,n-1)+1]$
$$=6000\times[(P/A,5\%,20-1)+1]$$

查年金现值系数表得
$$(P/A,5\%,20-1)=12.0853$$

$P = 6000 \times (12.0853 + 1) = 78511.8(元)$

任务二 风险分析方法

一、风险和报酬的含义

施工企业的财务管理工作,几乎都是在风险和不确定的情况下进行的。离开了风险因素,就无法正确评价企业报酬的高低。风险报酬原理正确地揭示了风险和报酬之间的关系,是财务决策的基本依据。因此,讨论企业财务活动就必须对风险问题予以充分的认识。

财务管理中的风险,一般是指某一项目或事件在一定条件下和一定时间内可能发生的收益或损失的变动程度。例如,参加某一工程投标、预计工程项目利润时,对工程标价、工程成本估计在事前不可能十分准确,如果工程成本超支、工程标价低估时,都可能使企业达不到预期利润,甚至发生亏损。

风险是在一定条件下的风险。在参加工程项目投标时,选择什么地区、哪一类工程项目,其风险是不一样的。但一旦中标以后,风险大小就无法加以改变。所以特定工程项目的风险是客观的,但是否要冒风险及冒多大风险,是可以选择的,是主观决定的。

风险的大小随时间延续而变化,是一定时间内的风险。我们对一个工程项目的施工成本,事前的估算可能不很准确,越接近完工,越容易估算。随着时间的延续,工程成本的不确定性在缩小。因此,风险总是一定时间内的风险。

根据西方财务管理理论,衡量项目或事件的收益或损失可能性程度时,主张使用风险与不确定性两个相关的概念。从程度上看,风险是对事件可能结果的描述,即决策者一般能预测项目或事件的各种可能结果,但不能确定到底会发生哪种结果,因此是一个概率分布的问题。而不确定性是决策者在没有任何可供依据的资料和历史数据情况下来对项目或事件可能发生结果所作的预测,因此不可能对未来最终结果作出准确判断。可见这两者之间的差别主要在于程度不同,不确定性比风险更难以预测。在实际工作中,往往视为同义语。

企业财务管理中的风险,主要是指资金风险,即资金筹集和使用过程中的风险。企业如果冒着风险筹集和使用资金,就必须要求获得超过资金成本和资金时间价值以外的收益。这种由于冒着风险筹集资金和使用资金而取得的额外收益,就是资金的风险价值,或叫风险收益、风险报酬。

施工企业财务管理中的资金风险价值,分为以下两种类型。

1. 筹资风险价值

筹资风险价值是指由于冒着风险筹集资金而取得的超过资金成本以外的收益或损失。这里所说的资金筹集中的风险,主要是指长期资金的筹资风险。因为在短期资金筹集中,各种情况一般比较明朗,即使一旦发现决策失误,也比较容易纠正。而在长期资金筹集中,由于较长时间内的经营状况存在着较多的不确定性,一旦决策失误,就难以纠正,会使企业在长时期内蒙受损失。因此,长期资金筹集比短期资金筹集具有更大的风险。长期资金筹集风险主要包括利率变动风险、汇率变动风险、无力偿债风险、再筹资风险、长期资金用于短期使用风险等。不同的筹资方式会产生不同的筹资风险,而且筹资额越多,其风险也越大。

2. 投资风险价值

投资风险价值是指由于冒着风险进行投资(包括使用资金从事建筑安装工程施工、购建固定资产和购买有价证券等)而获得的超过资金时间价值以外的收益或损失。这种超过资金时间价值以外的收益,是投资收益的重要组成部分。投资收益由两部分组成:一部分是资金时间价值,又叫无风险投资收益;另一部分是投资风险价值,即风险补偿收益。投资收益额、资金时间价值和投资风险价值与投资额的比率,分别叫做投资收益率、无风险投资收益率和投资风险收益率,它们之间的关系是

$$
\text{投资收益率} = \text{无风险投资收益率} + \text{投资风险收益率}
$$

$$
= \frac{\text{资金时间价值}}{\text{投资额}} \times 100\% + \frac{\text{投资风险价值}}{\text{投资额}} \times 100\% \qquad (2-10)
$$

二、风险衡量

概率分析法是风险衡量最基本的方法之一,也是最常见的方法之一。它是利用统计学中的概率分布、期望值、离散程度(方差与标准离差)、标准离差率等来计量风险程度的一种方法。可用于进行所有风险程度的计量。

1. 概率

在经济活动中,某一事件在相同的条件下可能发生也可能不发生,这类事件称为随机事件。概率就是用来表示随机事件发生可能性大小的数值。通常把必然发生的事件的概率定为1,把不可能发生的事件的概率定为0,而一般随机事件的概率是介于0~1之间的一个数值。概率越大表示该事件发生的可能性越大。

【做中学 2-11】 某企业有投资生产甲产品和投资生产乙产品两种财务方案(或称经营项目)可供选择。其中,甲产品是一个高科技产品,预计会受到未来经济状况的强烈影响,即经济繁荣时,获利会很大,经济萧条时,亏损也会很大;乙产品是一个老产品且属人民生活必需品,预计未来经济状况不会对其获利水平产生太大影响。假设未来经济只有繁荣、正常、萧条三种状况。不同经济状况的概率分布和两种产品收益率的可能值如表2-1所示。

不同经济状况的概率分布和两种产品收益率的可能值 表2-1

经济状况	发生概率	甲产品收益率的可能值	乙产品收益率的可能值
繁荣	0.3	80%	30%
正常	0.5	20%	20%
萧条	0.2	−70%	5%
合计	1.0		

在这里,概率表示每一种经济状况出现的可能性,也就是各种不同收益率出现的可能性。就本例而言未来三种经济状况的概率分别是0.3、0.5和0.2,此时企业若执行生产甲产品的

方案,则可获得80%、20%和-70%三种收益率的可能性分别是30%、50%和20%;企业若执行生产乙产品的方案,则可获得30%、20%和5%三种收益率的可能性分别是30%、50%和20%。当然,收益率作为一种随机变量,受多种因素的影响。在这里,为了简化问题,假设收益率只受未来经济状况这一因素的影响。

2. 期望值

随机变量的各个取值,以相应的概率为权数的加权平均数,叫做随即变量的期望值(数学期望或均值),它反映随即变量取值的平均化。在这里,我们是以收益率作为随机变量的,因而,随机变量的预期值应是收益率的期望值。其计算公式为:

$$收益率的期望值(K) = \sum_{i=1}^{N}(P_i K_i) \qquad (2-11)$$

式中:P_i——收益率的第i种可能值出现的概率;

K_i——收益率的第i种可能值;

N——收益率可能值的数目。

据此,可以计算得到本例中生产甲、乙两种产品的预期收益率分别为:

期望收益率(甲) = 0.3×80% + 0.5×20% + 0.2×(-70%) = 20%

期望收益率(乙) = 0.3×30% + 0.5×20% + 0.2×(5%) = 20%

可以看出,生产甲、乙两种产品收益率的期望值相同,但这并不代表生产甲、乙两种产品的风险相同,所以,仍需作进一步计算。

3. 标准离差

表示随机变量离散程度的指标包括平均差、方差、标准离差、全距等,最常用的是方差和标准离差。

方差是表示随机变量的各个可能值与预期值之间离散程度的指标。其计算公式为:

$$方差(\sigma^2) = \sum_{i=1}^{N}(K_i K)^2 P_i \qquad (2-12)$$

式中:K——收益率的预期值;

K_i——收益率的第i种可能值;

P_i——收益率的第i种可能值出现的概率;

N——收益率可能值的数目。

标准离差也称为均方差,是方差的平方根,也是表示随机变量的各个可能值与预期值之间离散程度的指标,但较前者更准确。其计算公式为:

$$标准离差(\sigma) = \sqrt{\sum_{i=1}^{N}(K_i - K)^2 P_i} \qquad (2-13)$$

式中:K——收益率的预期值;

K_i——收益率的第i种可能值;

P_i——收益率的第i种可能值出现的概率;

N——收益率可能值的数目。

标准离差越小说明离散程度越小,其风险也就越小。

根据以上公式,可以计算得到本例中生产甲、乙两种产品预期收益率的标准离差分别为:

$$\sigma_甲 = \sqrt{(80\%-20\%)^2 \times 0.3 + (20\%-20\%)^2 \times 0.5 + (-7\%-15\%)^2 \times 0.2}$$
$$= 50.25\%$$

$$\sigma_乙 = \sqrt{(30\%-20\%)^2 \times 0.3 + (20\%-20\%)^2 \times 0.5 + (-5\%-20\%)^2 \times 0.2}$$
$$= 8.66\%$$

可以看出,生产甲产品的预期收益率的标准离差是50.25%,生产乙产品的预期收益率的标准离差是8.66%,这说明生产甲产品的风险比生产乙产品的风险要大。

4. 标准离差率

标准离差是反映随机变量离散程度的重要指标,但由于它是绝对数,所以只能用来比较预期收益率相同的各个财务方案的风险程度。对于预期收益率不同的财务方案的风险程度的比较,应该计算标准离差与预期收益率的比值,即预期收益率的标准离差率。它的计算公式为:

$$V = \frac{\sigma}{K} \times 100\% \tag{2-14}$$

式中:V——预期收益率的标准离差率。

预期收益率的标准离差率越小,风险越小;反之,风险越大。同样,可以算得该例中生产甲、乙两种产品的预期收益率的标准离差率分别为:

$$V_甲 = \frac{50.25\%}{20\%} \times 100\% = 251.25\%$$

$$V_甲 = \frac{8.66\%}{20\%} \times 100\% = 43.3\%$$

生产甲产品的预期收益率的标准离差率大于生产乙产品的预期收益率的标准离差率,所以生产甲产品的风险要比生产乙产品的风险大。

综上所述,可以将概率分析法的操作步骤概括为以下几个。
(1)计算不同财务方案的预期收益率或称收益率的预期值。
(2)计算不同财务方案预期收益率的方差和标准离差。
(3)计算不同财务方案预期收益率的标准离差率。
(4)比较标准离差或标准离差率,得出结论。

三、风险报酬

货币的时间价值一般是指无风险进行投资所要求的报酬或报酬率(假设不考虑通货膨胀)。在风险普遍存在的条件下,能够使投资者进行风险投资的就是风险报酬。风险报酬有两种表示方法:风险报酬额和风险报酬率。风险报酬额,是指投资者因冒风险进行投资而获得的超过时间价值的那部分额外报酬。风险报酬率,是投资者因冒风险进行投资而获得的超过时间价值率的那部分额外报酬率,即风险报酬额与原投资额的比率。在财务管理中,风险报酬通常用相对数——风险报酬率来加以计量。如果不考虑通货膨胀的因素,投资报酬率是指时间价值和风险报酬率之和。即:

$$期望的投资报酬率 = 货币的时间价值率(无风险报酬率) + 风险报酬率 \tag{2-15}$$

前面计算的标准离差率可正确地评价投资风险程度的大小,但还不是风险报酬率,计算风险报酬率需要借助一个风险报酬系数 β。计算公式为:

$$风险报酬率 = \beta \times V \qquad (2\text{-}16)$$

风险报酬系数 β 是指将标准离差率转化为风险报酬的一种系数,风险报酬系数一般可以根据以往的同类项目加以确定,或由企业领导组织有关专家确定,或由国家有关部门组织专家确定。

◁ **项目小结** ▷

本项目主要讲述了资金时间价值,包括资金时间价值、单利、复利、普通年金、即付年金,主要针对各种年金讲解了计算方法,其中需要注意的是普通年金、即付年金的支付时间点。然后,讲述了项目投资过程中的风险问题和资金的时间价值。首先,讲述了项目投资的风险,主要包括风险的概念、分类,随机事件的风险的计算和资本资产定价模型。

技能训练

一、单项选择题

1. 普通年金是指( )。
   A. 各期期初收付款的年金　　　B. 各期期末收付款的年金
   C. 即付年金　　　　　　　　　D. 预付年金

2. 下列不属于可分散风险的是( )。
   A. 经济衰退　　B. 罢工　　C. 诉讼失败　　D. 失去销售市场

3. 投资者由于冒风险进行投资而获得的超过资金时间价值的额外收益,称为投资的( )。
   A. 时间价值率　　B. 期望报酬率　　C. 风险报酬率　　D. 必要报酬率

4. 假设以 10% 的年利率借得 30000 元,投资于某个寿命为 10 年的项目,为使该投资项目成为有利的项目,每年至少应收回的现金数额为( )元。
   A. 6000　　B. 3000　　C. 5374　　D. 4882

5. 某项永久性奖学金,每年计划颁发 50000 元奖金。若年复利率为 8%,该奖学金的本金应为( )元。
   A. 625000　　B. 500000　　C. 125000　　D. 400000

6. 已知 $(P/A, 10\%, 4) = 3.1699$,$(P/F, 10\%, 4) = 0.6830$,$(P/F, 10\%, 5) = 0.6209$,则 $(P/A, 10\%, 5)$ 为( )。
   A. 2.5490　　B. 3.7908　　C. 3.8529　　D. 5.1053

7. 在利息不断资本化的条件下,资金时间价值的计算基础应采用( )。
   A. 单利　　B. 复利　　C. 年金　　D. 普通年金

8. 与年金终值系数互为倒数的是( )。
   A. 年金现值系数　　　　　　　　B. 资本回收系数
   C. 复利现值系数　　　　　　　　D. 偿债基金系数

9. 某企业为归还5年后的一笔债务,从现在起,每年年初存入10000元,若年利率为10%,该笔存款的到期本利和为( )元。
   A. 77156　　　　B. 67156　　　　C. 37908　　　　D. 41670

二、多项选择题

1. 下列各项中,属于经营性风险的是( )。
   A. 开发新产品不成功而带来的风险
   B. 消费者偏好发生变化而带来的风险
   C. 自然气候恶化而带来的风险
   D. 原材料价格变动而带来的风险

2. 下列说法不正确的是( )。
   A. 风险越大,获得的风险报酬应该越高
   B. 风险是无法预测和控制的,其概率也不可预测
   C. 由于劳动力市场供求关系的变化而给企业带来的风险不属于经营风险
   D. 有风险就有损失,两者是相伴相生的

3. 在财务管理中,经常用来衡量风险大小的指标有( )。
   A. 标准离差　　　B. 边际成本　　　C. 风险报酬率　　　D. 标准差系数

4. 关于财务风险,下列说法正确的有( )。
   A. 风险程度大小受借入资金与自有资金比例的影响
   B. 自有资金比例越大,风险程度越大
   C. 借入资金比例越小,风险程度越小
   D. 加强财务风险管理,关键在于要维持适当的负债水平

5. 下列各项年金中,既有现值又有终值的年金是( )。
   A. 普通年金　　　B. 即付年金　　　C. 永续年金　　　D. 先付年金

6. 下列表述中,正确的有( )。
   A. 复利终值系数和复利现值系数互为倒数
   B. 普通年金终值系数和普通年金现值系数互为倒数
   C. 普通年金终值系数和偿债基金系数互为倒数
   D. 普通年金现值系数和资本回收系数互为倒数

7. 下列关于普通年金现值正确的表述为( )。
   A. 普通年金现值是指为在每期期末取得相等金额的款项,现在所需要投入的金额
   B. 普通年金现值是指未来一定时间的特定资金按复利计算的现值
   C. 普通年金现值是一定时期内每期期末收付款项的复利现值之和
   D. 普通年金现值是指为在一定时期内每期期初取得相等金额的款项,现在所需要投入的金额

8. 风险的构成因素主要包括（   ）。
   A. 风险因素　　　B. 风险收益　　　C. 风险事件　　　D. 风险损失

三、计算分析题

1. 某企业年初决定连续 5 年于每年年初存入 100 万元作为住房基金,银行存款利率为 10%,求若按复利计算 A 企业第 5 年年末一次能取出的本利和。

2. 小张年初存入一笔资金,存满 5 年后每年年末取出 1000 元,至第 10 年年末取完,银行存款复利率为 10%,求小张最初一次存入银行的数额。

3. 某公司打算购置一套房产,房主提出两种付款方案：
   (1) 从现在起每年年初支付 20 万元,连续支付 10 次,共 200 万元；
   (2) 从第 5 年起,每年年初支付 25 万元,连续支付 10 次,共 250 万元。

   已知公司的资金成本率为 10%,则该公司应该选择哪个方案？

4. 某企业有 A、B 两个备选投资项目,计划投资额为 1000 万元,其收益的概率分布见表 2-2。

概率分布（单元:万元）　　　　表 2-2

市场状况	概　率	A 项目的净收益	B 项目的净收益
好	0.2	200	300
一般	0.6	100	100
差	0.2	50	−50

   (1) 计算 A、B 项目净现值的期望值。
   (2) 计算 A、B 项目期望值的标准差。
   (3) 判断两个投资项目的优劣。

5. 滨海公司在建设银行天津塘沽支行设立一个临时账户,2002 年 6 月 1 日存入 15 万元,银行存款年利率为 3.6%。因资金比较宽松,该笔存款一直未予动用。2004 年 6 月 1 日滨海公司拟撤销该临时账户,与银行办理销户时,银行共付给滨海公司 16.08 万元。

   阅读上述资料,分析讨论以下问题。
   (1) 如何理解资金时间价值,写出 16.08 万元的计算过程。
   (2) 如果滨海公司将 15 万元放在单位保险柜里,存放至 2004 年 6 月 1 日,会取出多少钱？由此分析资金产生时间价值的根本原因。
   (3) 资金时间价值为什么通常用无风险无通货膨胀情况下的社会平均利润率来表示？

四、简答题

1. 什么是复利？复利和单利有何区别？
2. 什么是年金？如何计算年金的终值和现值？
3. 何谓风险报酬？怎么理解风险与报酬的关系？
4. 风险有几种类型？试各举出一个实例。
5. 什么是资金时间价值？

知识拓展

企业年金制度带来的好处

年金源自自由市场经济比较发达的国家,是一种属于企业雇主自愿建立的员工福利计划,即由企业退休金计划提供的养老金。其实质是以延期支付方式存在的职工劳动报酬的一部分或者是职工分享企业利润的一部分。

企业年金是指在政府强制实施的公共养老金或国家养老金之外,企业在国家政策的指导下,根据自身经济实力和经济状况建立的,为本企业职工提供一定程度退休收入保障的补充性养老金制度。企业年金基金是指根据企业年金计划筹集的资金及其投资运营收益形成的企业补充养老保险基金。我国正在完善的城镇职工养老保险体系,是由基本养老保险、企业年金和个人储蓄性养老保险三部分组成的。因此,企业年金被称为城镇职工养老保险体系"三个支柱"的重要组成部分之一。

在实行现代社会保险制度的国家中,企业年金已经成为一种较为普遍实行的企业补充养老金计划,又称为企业退休金计划或职业养老金计划,并且成为所在国养老保险制度的重要组成部分。年金与企业福利有本质上的不同。福利是当期消费,年金是未来消费,年金的消费权利发生在退休之后;福利体现公平,年金体现效率;企业的福利项目一般与生活需求等物质条件直接相关,与人的地位、级别没有关系,福利标准对事不对人,年金则不同,重点体现效率,企业经济效益好坏、个人贡献大小等,都可以导致年金水平不同;福利属于再分配范畴,年金仍然属于一次分配范畴。所以说年金是一种更好的福利计划,它在提高员工福利的同时,为企业解决福利中的难题提供了有效的管理工具,真正起到了增加企业凝聚力、吸引力的作用。

(1)建立年金制度,有利于树立良好的企业形象,吸引和留住优秀人才。

(2)企业根据员工的贡献,设计具有差异性的年金计划,有利于形成公平合理的分配制度,充分发挥员工的潜能。

(3)通过年金计划中"权益归属"的设定,利用福利沉淀实现有效激励,留住人才。很多企业在用高薪酬福利制度实现激励的同时,用期权的形式作一些规定以起到留住人才、长期规划的目的。在年金的计划中,设定权益归属方案,规定服务满一定的年限后方可获得相应的年金权益,与即时兑现的奖金福利相比,年金既使员工得到了鼓励,又达到了类似期权的良好效果,而且操作上又比期权要简单、方便得多。同时,设置权益归属还将与未来国家可能设立的递延纳税政策很好地衔接。

(4)建立年金制度,在提高员工福利的同时,利用国家有关税收政策,为企业和个人合理节税。可将年金分成两个阶段,通过避税增加企业福利。第一阶段为缴费、增值期间。假定企业购买年金保险,除了可充分利用国家财税政策,无须缴纳企业所得税;与假定企业进行其他投资形式相比,在假定投资收益率相同的情况下,由于保险作为复利计算,只在最终扣除相关税金,而其他投资每年都将扣除相应的所得税,因此年金保险与其他投资形式相比,将会获取更大收益。第二阶段为领取期间,将保险储蓄转换为养老金。个人收入一生均匀化可使企业福利最大化。假设企业给其员工一生的福利费用总额一定,其员工建立的年金由于权益归属或权益实现的原因,在年金领取之前是不交个人收入调节税的。根据现行的个人收入调节税征缴办法来看,个人收入调节税将在年金领取时征收。如果市场利率与资金增值率相同,现值相同的资金分不同时期的现金流入,最后的终值必然相等。但由于退休后总收入(基本养老保险收入+年金收入)相对下降从总量上看,可节约相当数量的税金。

项目三　财务预算

【知识目标】
1. 理解财务预算的含义、分类与作用。
2. 掌握财务预算编制的步骤。
3. 掌握弹性预算、现金预算和零基预算的编制方法。
4. 掌握财务预算的执行与分析。

【能力目标】
1. 要求学生能够了解财务预算的作用、财务预算在全面预算体系中的地位。
2. 能够运用财务预算中弹性预算和零基预算等预算方法的编制方法。
3. 熟练掌握财务预算的执行与分析。

深圳市××股份有限公司 2011 年度财务预算报告

各位董事：
　　现在我向董事会作公司 2011 年度财务预算报告，请审议。
　　一、预算编制说明
　　本预算报告是公司本着求是稳健的原则，结合市场和业务拓展计划，在充分考虑公司现实业务各项基础、经营能力，在市场、国家政策等因素无重大变化的假设前提下，依据 2011 年预计的合同收入和公司发展计划及公司经营目标编制的。
　　二、2011 年经营目标
　　本年度国家和各地方政府均有相应"十二五"期间生态环境建设相关的政策出台，且本年度深圳举办世界大学生运动会，这些政策背景给公司均提供了大量商业机会。2011 年公司预计完成合同收入比 2010 年度将有较大增长。2011 年经营目标预计：实现营业收入 68600 万元，较上年同期 41613 万元增长 65%，扣除非经常损益后实现净利润 10329 万元，较上年同期 6250 万元增长 65%。
　　三、利润预算表（见表 3-1）

利润预算表（单位：万元）　　　　　　　　　　表 3-1

项　　目	2011 年度 A	2010 年度 B	增长额 C=A−B	增长率 D=C/B
一、营业收入	68600	41613	26987	65%
减：营业成本	47600	28473	19127	67%
营业税金及附加	2300	1373	927	68%
销售费用	0	0	0	0

案例

续上表

项　　目	2011年度 A	2010年度 B	增长额 C=A-B	增长率 D=C/B
管理费用	7360	4270	3090	72%
财务费用	-700	195	-895	-459%
资产减值损失	100	74	26	35%
加:公允价值变动收益	—	—	—	—
投资收益	—	—	—	—
其中:对联营企业和合营企业的投资收益	—	—	—	—
二、营业利润	11940	7228	4712	65%
加:营业外收入	500	319	181	57%
减:营业外支出	100	72	28	39%
三、利润总额	12340	7475	4865	65%
减:所得税费用	1671	1015	656	65%
四、净利润	10669	6460	4209	65%
五、扣除非经常损益后净利润	10329	6250	4079	65%
基本每股收益	1.73	1.40	0.33	24%
扣除非经常损益后基本每股收益	1.68	1.36	0.32	24%

注:1."每股收益"指标计算。2011年按发行后股本6156.06万股测算,2010年按总股本4606.06万股计算,增加股本1550万股为公开发行股本。

2.管理费用中暂估了发行上市相关的应计入当期损益的其他费用。

四、特别提示

本预算报告不代表公司盈利预测,仅为公司经营计划,能否实现取决于经济环境、市场需求等诸多因素,具有不确定性。

以上是公司2011年度财务预算报告,请公司董事会审议。

深圳市××股份有限公司
董事会
2011年4月27日

思考:

通过该公司2011年度财务预算报告的解读,我们应该如何编制财务预算报告?财务预算的编制有哪些方法?

任务一　财务预算的基础知识

一、财务预算的含义

预算是用货币及其他数量形式表示的企业经营决策所确定各项目标的货币表现和具体

化。预算的实质是一种计划,但它不包括计划中只能用文字表述的目标,是计划目标的数字化和具体化。实施财务(资本)预算管理,便于对企业全部的经营活动进行全面控制,是企业现代化管理的重要手段。

企业的生产经营活动是一个非常复杂的动态系统,各生产经营环节及各有关部门间存在密切的相互制约、相互协调的关系。企业的某一经营阶段的经营目标确定以后,就应该按目标进行层层分解,制定出一个能够协调企业内部各部门的工作业绩,从而确保企业经营目标的实现。财务预算就是以货币形式表示的财务方面的经营计划。由于企业在一定期间内生产经营活动内容十分广泛,企业生产经营计划与财务预算所涉及的内容也是多方面的,这些预算会形成一个十分完整的体系,该体系一般称为企业全面预算或总预算。狭义的财务预算是指企业在现金收支预算、预计的资产负债表、利润表及现金流量表等;广义的财务预算除狭义财务预算内容之外,还应包括销售预算、生产预算、直接材料预算、直接人工预算、制造费用预算,以及销售及管理费用预算,还要包括现金收支预算。这些预算对某一生产经营环节或某一部门来说是独立的、具体的计划项目和控制内容,但对于整个企业来说是相互关联、相互制约的,这种以货币形式表现的,反映企业财务目标,控制企业财务活动、保证财务目标顺利实现的各种具体预算的有机整体称为企业全面预算或总预算。

企业全面预算包括的内容及各具体预算之间的关系可用图 3-1 表示。

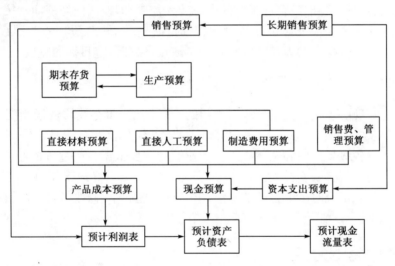

图 3-1　企业全面预算的内容

二、财务预算的作用

财务预算在企业经营管理和实现目标利润中发挥着重大作用,概括起来有以下四点:

1. 财务预算是企业各级各部门工作的奋斗目标

财务预算是以各项业务预算和专门决策预算为基础编制的综合性预算,整个预算体系全面、系统地规划了企业主要技术经济指标和财务指标的预算数。因此,通过编制财务预算,不仅可以确定企业整体的总目标,而且也明确了企业内部各级部门的具体目标,如销售目标、生产目标、成本目标、费用目标、收入目标和利润目标等。各级各部门根据自身的具体目标安排各自的经济活动，设想达到各目标采取的方法和措施，为实现具体目标努力奋斗。如果各级各部门都完成了自己的具体目标，企业的总目标也就有了保障。

2. 财务预算是企业各级各部门工作协调的工具

企业内部各级各部门因其职责不同，对各自经济活动的考虑可能会带有片面性，甚至会出现相互冲突的现象。例如，销售部门根据市场预测提出一个庞大的销售计划，生产部门可能没有那么大的生产能力。生产部门可以编制一个充分发挥生产能力的计划，但销售部门却可能无法将这些产品推销出去。克服片面、避免冲突的最佳办法是进行经济活动的综合平衡。财务预算具有高度的综合能力，编制财务预算的过程也是企业内部各级各部门的经济活动密切配合、相互协调、统筹兼顾、全面安排、做好综合平衡工作的过程。如编制生产预算一定要以销售预算为依据，编制材料、人工、费用预算必须与生产预算相衔接，预算各指标之间应保持必须的平衡等。只有企业内部各级各部门协调一致，才能最大限度地实现企业的总目标。

3. 财务预算是企业各级各部门工作控制的标准

财务预算在使企业各级各部门明确奋斗目标的同时，也为其工作提供了控制依据。预算进入实施阶段以后，各级各部门管理工作的中心转入控制，即设法使经济活动按预算进行。各级各部门应以各项预算为标准通过计量对比，及时提供实际偏离预算的差异数额，并分析原因，以便采取有效措施，挖掘潜力，巩固成绩，纠正缺点，保证预定目标的完成。

4. 财务预算是企业各级各部门工作考核的依据

现代化企业管理必须建立健全各级各部门的责任制度，而有效的责任制度离不开工作业绩的考核。预算实施过程中，实际偏离预算的差异，不仅是控制企业日常经济活动的主要标准，也是考核、评定各级各部门和全体职工工作业绩的主要依据。通过考核各级各部门和评价全体职工，并据此实行奖惩、安排人事任免等，促使工作人员更好地工作，从而完成奋斗目标。为了使有关部门和职工及时了解自己的业绩，财务预算经起草、修改、定稿以后，必须发给各级各部门和全体职工。

三、财务预算的分类

企业预算可以按照不同标准进行多种分类。

1. 按预算内容不同划分

根据预算内容不同，可以分为业务预算（即经营预算）、专门决策预算和财务预算。

业务预算是指与企业日常经营活动直接相关的经营业务的各种预算。它主要包括销售预算、生产预算、材料采购预算、直接材料消耗预算、直接人工预算、制造费用预算、产品生产成本预算、经营费用预算和管理费用预算等。

专门决策预算是指企业不经常发生、一次性的重要决策预算。专门决策预算直接反映相关决策的结果，是实际中选择方案的进一步规划。如资本支出预算，其编制依据可以追溯到决策前搜集到的有关资料,只不过预算比决策估计更细致、更准确。例如,企业对一切固定资产购置都必须在事先做好可行性分析的基础上来编制预算,具体反映投资额需要多少,何时进行投资,资金从何筹得,投资期限多长,何时可以投产,未来每年的现金流量多少。

财务预算是指企业在计划期内反映有关预计现金收支、财务状况和经营成果的预算。财务预算作为全面预算体系的最后环节,它是从价值方面总括地反映企业业务预算与专门决策预算的结果,也就是说,业务预算和专门决策预算中的资料都可以用货币金额反映在财务预算内,这样一来,财务预算就成为了各项业务预算和专门决策预算的整体计划,故也称为总预算,其他预算则相应称为辅助预算或分预算。显然,财务预算在全面预算中占有举足轻重的地位。

2. 按预算覆盖指标覆盖的时间长短划分

从预算指标覆盖的时间长短划分,企业预算可分为长期预算和短期预算。通常将预算期在1年以内(含1年)的预算称为短期预算,预算期在1年以上的预算则称为长期预算。预算的编制时间可以视预算的内容和实际需要而定,可以是1周、1月、1季、1年或若干年等。在预算编制过程中,往往应结合各项预算的特点,将长期预算和短期预算结合使用。一般情况下,企业的业务预算和财务预算多是1年为期的短期预算,年内再按季度或月份细分,而且预算期间往往与会计期间保持一致。

3. 按预算的编制方法划分

财务预算按其编制方法,可以分为固定预算、弹性预算、滚动预算、概率预算和零基预算。在大多数企业中,常运用各种方法编制成混合预算,以适应企业管理的需要。

四、财务预算的编制程序和编制期

1. 财务预算的编制程序

企业编制预算一般应按照上下结合、分级编制、逐级汇总的程序进行。

(1)下达目标

企业董事会或经理办公室根据企业发展战略和预算期经济趋势的初步预测,在决策的基础上,提出下一年度企业预算目标,包括销售或营业目标、成本费用目标、利润目标和现金流量目标,并确定预算编制的政策,由预算委员会下达各预算执行单位。

(2)编制上报

各预算执行单位按照企业预算委员会下达的预算目标和政策,结合自身特点以及预测的执行条件,提出详细的本单位预算方案,上报企业财务管理部门。

(3)审查平衡

企业财务管理部门对各预算执行单位上报的财务预算方案进行审查、汇总,提出综合平衡的建议。在审查、平衡过程中,预算委员会应当进行充分协调,对发现的问题提出初步调整意见,并反馈给有关预算执行单位予以修正。

(4)审议批准

企业财务管理部门在有关预算执行单位修正调整的基础上,编制出企业预算方案,报财务预算委员会讨论。对于不符合企业发展战略或者预算目标的事项,企业预算委员会应责成有关预算执行单位进一步修订、调整。在讨论、调整的基础上,企业财务管理部门正式编制企业年度预算方案,提交董事会或经理办公室审议批准。

(5)下达执行

企业财务管理部门对董事会或经理办公室审议批准的年度总预算,一般在次年3月底以前,分解成一系列的指标体系,由预算委员会逐级下达各预算执行单位执行。

2. 财务预算的编制期

财务预算的编制期和会计期一般保持一致,为1年,这样便于对预算执行情况进行分析、评价和考核。但企业资本预算一般要根据投资项目的具体情况而定。按年度编制的财务预算为了便于执行,可将其进一步分解为季度、月度的财务预算;还可以编制编制期与会计期间不同的滚动预算。

任务二　财务预算编制方法

企业可以根据不同的预算项目,分别采用固定预算、弹性预算、增量预算、零基预算、定期预算和滚动预算等方法编制各种预算。

一、固定预算与弹性预算

1. 固定预算的编制方法

固定预算,又称静态预算,是根据预算期内正常、可实现的某一既定业务量水平为基础来编制的预算。一般适用于固定费用或者数额比较稳定的预算项目。

固定预算的缺点表现在:一是过于呆板,因为编制预算的业务量基础是实现假定的某个业务量。在这种方法下,不论预算期内业务量水平实际可能发生哪些变动,都只按事先确定的某一个业务量水平作为编制预算的基础。二是可比性差。当实际的业务量与编制预算所依据的业务量发生较大差异时,有关预算指标的实际数与预算数就会因业务量基础不同而失去可比性。

2. 弹性预算的编制方法

弹性预算是在按照成本(费用)习性分类的基础上,根据量、本、利之间的依存关系,考虑到计划期间业务量可能发生的变动,编制出一套适应多种业务量的费用预算,以便分别反映在不同业务量的情况下所应支出的成本水平。该方法是为弥补固定预算的缺点而产生的。编制弹性预算所依据的业务量可能是生产量、销售量、机器工时、材料消耗量和直接人工工时等。

弹性预算的优点表现在:一是预算范围宽,二是可比性强。弹性预算一般适用于与预算执行单位业务量有关的成本(费用)、利润等预算项目。

弹性预算的编制,可以采用公式法、列表法和图示法。

(1) 公式法

公式法是假设成本和业务量之间存在线性关系,成本总额、固定成本总额、业务量和单位变动成本之间的变动关系可以表示为:

$$Y = a + bx \qquad (3\text{-}1)$$

式中:Y——成本总额;

a——不随业务量变动而变动的那部分固定成本;

b——单位变动成本;

x——业务量。

某项目成本总额 Y 是该项目固定成本总额和变动成本总额之和。这种方法要求按上述成本与业务量之间的线性假定,将企业各项成本总额分解为变动成本和固定成本两部分。

【做中学 3-1】 某企业制造费用项目单位变动费用和固定费用资料如表 3-2 所示。

某企业制造费用项目单位变动费用和固定费用　　　　表 3-2

费用明细项目	单位变动费用/(元·工时$^{-1}$)	费用明细项目	固定费用/元
变动费用		固定费用	
间接人工	0.5	维护费	
间接材料	0.6	折旧费	12000
维护费	0.4	管理费	30000
水电费	0.3	保险费	20000
机物料	0.2	财产税	5000
小计	2.0	小计	77000

假设该企业预算期可能的预算工时变动范围为 49000~51000 工时,制造费用弹性预算如表 3-3 所示。

某企业制造费用弹性预算表(公式法)(工时变动范围:49000~51000h)　　表 3-3

项目	a/元	b/(元·工时$^{-1}$)	项目	a/元	b/(元·工时$^{-1}$)
固定部分			变动部分		
维护费	12000	—	间接人工	—	0.5
折旧费	30000	—	间接材料	—	0.6
管理费	20000	—	维护费	—	0.4
保险费	10000	—	水电费	—	0.3
财产税	5000	—	机物料	—	0.2
小计	77000	—	小计	—	2.0
			总计	77000	2.0

公式法的优点是在一定范围内预算可以随业务量变动而变动,可比性和适应性强,编制预算的工作量相对较小;缺点是按公式进行成本分析比较麻烦,对每个费用子项目甚至细目逐一进行成本分解,工作量很大。

(2)列表法

列表法是通过列表的方式,将与各种业务量对应的预算数列示出来的一种弹性预算编制方法。

【做中学 3-2】 假定有关资料同表 3-3。预算期企业可能的直接人工工时分别为 49000 工时、49500 工时、50000 工时、50500 工时和 51000 工时。用列表法编制制造费用弹性预算如表 3-4 所示。

某企业制造费用弹性预算(列表法) 表 3-4

费用明细项目	单位变动费用/(元·工时$^{-1}$)	业务量(元)				
		49000	49500	50000	50500	51000
变动费用:						
间接人工	0.5	24500	24750	25000	25250	25500
间接材料	0.6	29400	29700	30000	30300	30600
维护费	0.4	19600	19800	20000	20200	20400
水电费	0.3	14700	14850	15000	15150	15300
机物料	0.2	9800	9900	10000	10100	10200
小计	2.0	98000	99000	100000	101000	10200
固定费用:						
维护费	12000	12000	12000	12000	12000	12000
折旧费	30000	30000	30000	30000	30000	30000
管理费	20000	20000	20000	20000	20000	20000
固定费用:						
保险费	10000	10000	10000	10000	10000	10000
财产税	5000	5000	5000	5000	5000	5000
小计		77000	77000	77000	77000	77000
制造费用合计		175000	176000	177000	178000	179000

列表法的主要优点是可以直接从表中查得各种业务量下的成本费用预算,不用再另行计算,直接、简便;缺点是编制工作量较大,而且由于预算数不能随业务量变动而任意变动,弹性仍然不足。

(3)图示法

就是把各种业务量水平下的预算成本,用直线或曲线的形式表示在直角坐标系上,这种方法称为图示法。优点是直观形象,缺点是不够准确,因此一般与其他方法结合运用。

二、零基预算与增量预算

1. 零基预算的编制方法

(1)零基预算的概念与特点

零基预算是指在编制成本费用预算时,不考虑以往会计期间所发生的费用项目或费用数额,而是以所有的预算支出为零作为出发点,一切从实际需要与可能出发,逐项审议预算期内各项费用的内容及其开支标准是否合理,在综合平衡的基础上编制费用预算的一种方法。

零基预算法与传统的调整预算法截然不同,有以下三个特点。

①预算的基础不同。调整预算法的编制基础是前期结果,本期的预算额是根据前期的实绩调整确定的。零基预算的基础是零,本期的预算额是根据本期经济活动的重要性和可供分配的资金量确定的。

②预算编制分析的对象不同。调整预算法重点对新增加的业务活动进行成本效益分析,而对性质相同的业务活动不作分析研究,零基预算法则不同,它要对预算期内所有的经济活动进行成本—效益分析。

③预算的着眼点不同。调整预算法主要以金额高低为重点,着重从货币角度控制预算金额的增减。零基预算除重视金额高低外,主要的是从业务活动的必需性以及重要程度来分配有限的资金。

(2)零基预算的编制程序

零基预算编制有以下五个程序:

①划分和确定基层预算单位:企业里各基层业务单位通常被视为能独立编制预算的基层单位。

②编制本单位的费用预算方案:由企业提出总体目标,然后各基层预算单位根据企业的总目标和自身的责任目标出发,编制本单位为实现上述目标的费用预算方案,在方案中必须详细说明提出项目的目的、性质、作用,以及需要开支的费用数额。

③进行成本—效益分析:基层预算单位按下达的预算年度业务活动计划,确认预算期内需要进行的业务项目及其费用开支后,管理层对每一个项目的所需费用和所得收益进行比较分析,权衡轻重,区分层次,划出等级,挑出先后。基层预算单位的业务项目一般分为三个层次:第一层次是必要项目,即非进行不可的项目;第二层次是需要项目,即有助于提高质量、效益的项目;第三层次是改善工作条件的项目。进行成本效益分析的目的在于判断基层预算单位各个项目费用开支的合理程度、先后顺序以及对本单位业务活动的影响。

④审核分配资金:根据预算项目的层次、等级和次序,按照预算期可动用的资金及其来源,依据项目的轻重缓急次序,分配资金,落实预算。

⑤编制并执行预算:资金分配方案确定后,制定零基预算正式稿,经批准后下达执行。执行中遇有偏离预算的地方要及时纠正,遇有特殊情况要及时修正,遇有预算本身问题要找出原因,总结经验加以提高。

【做中学3-3】 某公司采用零基预算编制2011年销售及管理费用预算。

第一步,由销售及管理部门的全体职工,根据预算期全公司的总体目标和本部门的具体目标,进行反复讨论,提出预算期可能发生的一些费用项目及金额,如表3-5所示。

预算期可能发生的一些费用项目及金额(单位:元)　　　　表3-5

项　目	金　额	项　目	金　额
广告费	2600	业务招待费	3000
差旅费	1400	房屋租金	3000
培训费	1000	办公费	2000

第二步,将广告费和业务招待费根据历史资料进行成本—效益分析,作出评价。其结果如下:广告费:投入成本1元,可获收益20元;业务招待费:投入成本1元,可获收益30元。至于差旅费、培训费、房屋租金、办公费,经研究列入不可避免成本费用项目,应全额得到保证。

第三步,假定该公司在预算期内可用于销售及管理费用的资金为10000元,则该部门分配资金时首先满足差旅费、培训费、房屋租金、办公费四项不可避免成本费用支出,共计7400(3000+2000+1400+1000)元,剩余2600(10000-7400)元,按其收益大小在广告费和业务招待费之间进行分配:

费用分配率=2600/(20+30)=52

广告费项目可分配的资金=20×52=1040(元)

招待费项目可分配的资金=30×52=1560(元)

第四步,编制零基预算表,如表3-6所示。

2011年某公司销售及管理费用零基预算(单位:元) 表3-6

项目	房屋租金	办公费	差旅费	培训费	招待费	广告费	合计
预算额	3000	2000	1400	1000	1560	1040	10000

2. 增量预算的编制方法

增量预算是指以基期成本费用水平为基础,结合预算期业务量水平及有关降低成本的措施,通过调整有关费用项目而编制预算的方法。增量预算以过去的费用发生水平为基础,主张不需要在预算内容上作较大的调整,它的编制遵循如下假定。

(1)企业现有业务活动是合理的,不需要进行调整。

(2)企业现有各项业务的开支水平是合理的,在预算期予以保持。

(3)以现有业务活动和各项活动的开支水平,确定预算期各项活动的预算数。

【做中学3-4】 某企业上年的制造费用为50000元,考虑到本年生产任务增大10%,按增量预算编制计划年度的制造费用。

计划年度制造费用预算=50000×(1+10%)=55000(元)

增量预算编制方法的缺点是可能导致无效费用开支项目无法得到有效控制,企业不加以分析地保留或接受原有的成本费用项目,可能使原来不合理的费用继续开支而得不到控制,形成不必要的开支,造成预算上的浪费。

三、定期预算与滚动预算

1. 定期预算的编制方法

定期预算,也称为阶段性预算,是指在编制预算时以不变的会计期间(如日历年度)作为预算期的一种编制预算的方法。

定期预算的唯一优点是能够使预算期间与会计年度相配合,便于考核和评价预算的执行结果。

按照定期预算方法编制的预算主要有以下几方面缺点：

(1)盲目性。由于定期预算往往是在年初甚至提前两三个月编制的,对于整个预算年度的生产经营活动很难作出准确的预算,尤其是对后期的预算只能进行笼统地估算,数据笼统含糊,缺乏远期指导性,给预算的执行带来很多困难,不利于对生产经营活动的考核与评价。

(2)滞后性。由于定期预算不能随情况的变化及时调整,当预算中所规划的各种活动在预算期内发生重大变化时(如预算期临时中途转产),就会造成预算滞后过时,使之成为虚假预算。

(3)间断性。由于预算期间的限制,致使经营管理者的决策视野局限于本期规划的经营活动,通常不考虑下期。例如,一些企业提前完成本期预算后,以为可以松一口气,其他事等来年再说,形成人为的预算间断。因此,按固定预算方法编制的预算不能适应连续不断的经营过程,从而不利于企业的长远发展。为了克服定期预算的缺点,在实践中可采用滚动预算的方法编制预算。

2. 滚动预算的编制方法

(1)滚动预算的概念

滚动预算又称连续预算或永续预算,是指在编制预算时,将预算期与会计年度脱离,随着预算的执行不断延伸补充预算,逐期向后滚动,使预算期始终保持为一个固定期间的一种预算编制方法。

(2)滚动预算的特点

①能保持预算的完整性、继续性,从动态预算中把握企业的未来。

②能使各级管理人员始终保持对未来一定时期的生产经营活动作周详的考核和全盘规划,保证企业的各项工作有条不紊地进行。

③由于预算能随时间的推进不断加以调整和修订,能使预算与实际情况相适应,有利于充分发挥预算的指导和控制作用。采用滚动预算的方法,预算编制工作比较繁重。为了适当简化预算的编制工作,也可采用按季度滚动编制预算。

④有利于管理人员对预算资料作经常性的分析研究,并根据当前的执行情况及时加以修订,保证企业的经营管理工作稳定而有秩序地进行。

(3)滚动预算的编制过程

滚动预算的编制,可采用长计划、短安排的方式进行,即在编制预算时,可先按年度分季,并将其中第一季度按月划分,编制各月的详细预算。其他三个季度的预算可以粗一些,只列各季总数,到第一季度结束前,再将第二季度的预算按月细分,第三、四季度及下年度第一季度只列各季总数,依次类推,使预算不断地滚动下去。

预算执行过1个周期后,即根据前1周期的经营成果,结合执行中发生的变化等信息,对剩余的周期加以修订,并自动后续1个周期,重新编制1年的预算。这样逐期向后滚动,连续不断地以预算的形式规划未来的经营活动。

按月滚动的滚动预算编制方式如图 3-2 所示。

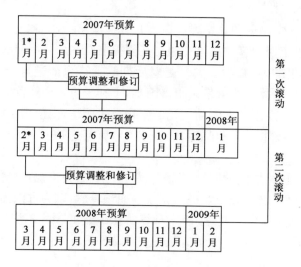

图 3-2 滚动预算示意图
注：* 表示预算执行期

任务三　财务预算的执行与分析

一、财务预算的执行

企业预算已经批复下达，各预算执行单位就必须认真组织实施，将预算指标层层分解，从横向到纵向落实到内部各部门、各单位、各环节和各岗位，形成全方位的预算执行责任体系。

企业应当将预算作为预算期内组织、协调各项经营活动的基本依据，将年度预算细分为月份和季度预算，以分期预算控制确保年度预算目标的实现。

企业应强化现金流量的预算管理，严格执行销售、生产和成本费用预算，努力完成利润指标，建立预算报告制度，要求各预算执行单位定期报告预算的执行情况，利用财务报表监控预算的执行情况，及时向预算执行单位、企业财务预算委员会乃至董事会或经理办公室提供财务预算的执行进度、执行差异及其对企业预算目标的影响等财务信息，促进企业完成预算目标。

二、财务预算的分析

1. 财务预算分析概述

财务预算分析是指在预算正式确定、下达之前进行的对预算指标的分析调整工作，也就是在预算执行前所进行的预算分析工作，这一环节有别于预算差异分析。

预算管理的首要任务是预算的编制，如果没有科学的预算编制，就谈不上管理和控制，调整和评价也只不过是数字游戏。企业应从预算编制的流程及方法等方面规范企业的预算管理工作，而预算分析工作正是这一流程当中的一个重要环节，同时也是预算机制作用发挥的关键。企业预算管理作为落实企业战略的具体行动方案，是企业对未来整体生产经营活动的规划和安排，其目标应与企业发展的目标相一致，而预算管理目标的实现应有助于企业长远战略目标的实现。编制预算就是制定目标和方向，并通过执行使预算管理的目标落到实处，促使企业充分地挖掘与合理利用一切人力、物力和财力，从而取得最大的经济效益。通过周密的预算分析，科学确定企业预算管理目标对于企业加强全面预算管理、提高企业经济效益起着先决作用。

2. 财务预算分析的基本要求

(1) 提出课题，明确目标

在进行财务预算分析之前，应根据本企业年度预算目标，及财务预算执行过程中发现的问题，确立分析的课题和要求，明确分析的目标，拟订分析工作的纲要，做好适当的安排，以便有计划、有步骤地开展分析工作。

(2) 收集资料，掌握情况

在进行财务预算分析时，必须先收集内容真实、数字正确的资料。收集有关生产、经营等加工、业务方面的资料。不仅要收集数据、文字资料，还要收集活动情况和资料，这些是进行财务预算分析的重要基础工作。

(3) 对比差距，揭露矛盾

在进行财务预算分析时，主要运用对比的方法，揭露矛盾，寻找差距，发现问题。通过对比可以找出差距，分清先进和落后、成绩和问题、节约和浪费等。

(4) 分析原因，抓住关键

在进行财务预算分析时，通过对比，揭露矛盾，一般只能看出数量上、现象上的差异，还不能说明差异实质。因此在进行预算分析时，还必须深入相关的职能部门（车间）分析差异形成的多种原因，找出主要原因，抓住主要矛盾。

首先，要从总差距着手，按其发生的时间、项目、部门（车间），研究这些结果形成的过程。如利润与预算发生差异，看时间：各月利润完成程度；看项目：是销售问题还是成本问题；看部门：问题出现在哪一个部门。

其次，进行因果分析，要注意一个原因并不总是产生一个结果，而一个结果又并不总是由一个原因形成的，将有关因素加以分类，衡量诸因素对预算完成结果的影响程度，在相互关系中找出起决定作用的主要因素。

最后要进行全面综合分析，抓住主要问题关键。

(5) 提出措施改进工作

揭露矛盾，分析矛盾，是为了解决矛盾。企业要根据具体职能部门生产经营中的关键问题和薄弱环节，提出措施，改进工作，提高企业经济效益。财务会计分析不必面面俱到，应有详有略、突出重点、提出观点。

3. 财务预算分析的功能

首先，确定预算管理的预算目标后，一方面建立在对企业内部价值链分析、外部价值链分析上；另一方面借助于对企业的历史数据的分析。通过对历史数据的深层次挖掘和分析，找到真正有助于企业价值创造的活动、作业或项目,使得依据预算分析结果所确定的预算目标能更加有效地支撑企业价值最大化目标的实现。

其次,辅助预算的编制。预算分析可以判断在价值链分析的基础上所做的相关决策是否合理,进而影响下一次的预算编制,从而使下一次的预算编制更为合理。

最后是保障预算的实时控制,在预算执行过程中,通过企业管理信息系统的核算功能与预算功能的相互协调,从而实现自动获取实际发生数,并实现从不同角度进行分析,包括预算与实际对比分析、近几年实际数据的趋势分析、实际业务数据按不同角度进行分析等。

◀ 项目小结 ▶

本项目介绍了财务预算的基本理论。企业编制财务预算是企业财务管理的基本环节。首先,阐述了财务预算的概念、作用及其在全面预算体系中的地位,其次,重点讲述了弹性预算和零基预算编制的基本方法以及现金预算和预计财务报表的编制方法。通过本项目学习,要求学生了解财务预算的编制过程;理解和掌握财务预算的概念、弹性预算和零基预算的概念及其编制方法;熟练掌握现金预算的编制方法,能够灵活运用有关资料编制企业现金预算。

技能训练

一、单项选择题

1. 固定预算编制方法的致命缺点是(　　)。
   A. 过于机械呆板　　　　　　　　B. 可比性差
   C. 计算量大　　　　　　　　　　D. 可能导致保护落后
2. 关于预算的编制方法下列各项中正确的是(　　)。
   A. 零基预算编制方法适用于非盈利组织编制预算时采用
   B. 固定预算编制方法适用于产出较难辨认的服务性部门费用预算的编制
   C. 固定预算编制方法适用于业务量水平较为稳定的企业预算的编制
   D. 零基预算编制方法适用于业务量水平较为稳定的企业预算的编制
3. 增量预算方法的假定条件不包括(　　)。
   A. 现有业务活动是企业必需的　　B. 原有的各项开支都是合理的
   C. 增加费用预算是值得的　　　　D. 所有的预算支出以零为出发点
4. 定期预算的优点是(　　)。
   A. 远期指导性强　　　　　　　　B. 连续性好
   C. 便于考核预算执行结果　　　　D. 灵活性强
5. 关于销售预算中某期经营现金收入的计算公式,下列表述正确的是(　　)。
   A. 某期经营现金收入=该期期初应收账款余额+该期含税销售收入-该期期末应收

账款余额

B. 某期经营现金收入＝该期含税收入×该期预计现销率

C. 某期经营现金收入＝该期预计销售收入＋该期销项税额

D. 某期经营现金收入＝该期期末应收账款余额＋该期含税销售收入－该期期初应收账款余额

6. （　　）是只使用实物量计量单位的预算。
   A. 产品成本预算　　B. 生产预算　　C. 管理费用预算　　D. 直接材料预算

7. 下列说法错误的是（　　）。
   A. 应交税金及附加预算需要根据销售预算、生产预算和材料采购预算编制
   B. 应交税金及附加＝销售税金及附加＋应交增值税
   C. 销售税金及附加＝应交营业税＋应交消费税＋应交资源税＋
      应交城市维护建设税＋应交教育费及附加
   D. 应交增值税可以使用简捷法和常规法计算

8. 某企业编制直接材料预算，预计第四季度期初存量600kg，该季度生产需用量2400kg，预计期末存量为400kg，材料单价（不含税）为10元，若材料采购货款有60％在本季度内付清，另外40％在下季度付清，增值税税率为17％，则该企业预计资产负债表年末应付账款项目为（　　）元。
   A. 8800　　B. 10269　　C. 10296　　D. 13000

9. 某企业编制销售预算，已知上上期的含税销售收入为600万元，上期的含税销售收入为800万元，预计预算期含税销售收入为1000万元，含税销售收入的20％于当期收现，60％于下期收现，20％于下期收现，假设不考虑其他因素，则本期期末应收账款的余额为（　　）万元。
   A. 760　　B. 860　　C. 660　　D. 960

10. 某企业编制应交税金及附加预算，预算期的应交增值税为20万元，应交消费税为10万元，应交资源税为3万元，城建税及教育费附加的征收率分别为7％和3％，预交所得税20万元，计入管理费用的印花税0.1万元，则预计发生的应交税金及附加数额为（　　）万元。
    A. 56　　B. 36　　C. 36.1　　D. 56.1

11. （　　）编制的主要目标是通过制定最优生产经营决策和存货控制决策来合理地利用或调配企业经营活动所需要的各种资源。
    A. 投资决策预算　　B. 经营决策预算　　C. 现金预算　　D. 生产预算

12. （　　）就其本质而言属于日常业务预算，但是由于该预算必须根据现金预算中的资金筹措及运用的相关数据来编制，因此将其纳入财务预算范畴。
    A. 管理费用预算　　B. 经营决策预算　　C. 投资决策预算　　D. 财务费用预算

二、多项选择题

1. 下列各项中属于总预算的是（　　）。
   A. 投资决策预算　　B. 销售预算　　C. 现金预算　　D. 预计利润表

2. 弹性预算编制方法的优点是（　　）。
   A. 预算范围宽　　B. 可比性强　　C. 及时性强　　D. 透明度高

3. 弹性成本预算的编制方法包括( )。
   A. 公式法　　　　　B. 因素法　　　　　C. 列表法　　　　　D. 百分比法
4. 增量预算编制方法的缺点包括( )。
   A. 可能导致保护落后　　　　　B. 滋长预算中的"平均主义"
   C. 工作量大　　　　　　　　　D. 不利于企业未来发展
5. 滚动预算按照预算编制和滚动的时间单位不同分为( )。
   A. 逐月滚动　　　　B. 逐季滚动　　　　C. 逐年滚动　　　　D. 混合滚动
6. 滚动预算的优点包括( )。
   A. 透明度高　　　　B. 及时性强　　　　C. 连续性好　　　　D. 完整性突出
7. 现金预算的编制基础包括( )。
   A. 销售预算　　　　B. 投资决策预算　　C. 销售费用预算　　D. 预计利润表
8. 下列选项中,( )是在生产预算的基础上编制的。
   A. 直接材料预算　　B. 直接人工预算　　C. 产品成本预算　　D. 管理费用预算
9. 下列关于本期采购付现金额的计算公式中错误的是( )。
   A. 本期采购付现金额=本期采购金额(含进项税)+期初应付账款－期末应付账款
   B. 本期采购付现金额=本期采购金额(含进项税)+期初应收账款－期末应收账款
   C. 本期采购付现金额=本期采购本期付现部分(含进项税)+前期赊购本期付现的部分
   D. 本期采购付现金额=本期采购金额(含进项税)－期初应付账款+期末应付账款
10. 应交税金及附加预算中的应交税金不包括( )。
    A. 应交增值税　　　　　　　　B. 应交资源税
    C. 预交所得税　　　　　　　　D. 直接计入管理费用的印花税

三、判断题

1. 财务预算具有资源分配的功能。　　　　　　　　　　　　　　　　　　　　( )
2. 滚动预算又称滑动预算,是指在编制预算时,将预算期与会计年度脱离,随着预算的执行不断延伸补充预算,逐期向后滚动,使预算期永远保持为一个固定期间的预算编制方法。
　　　　　　　　　　　　　　　　　　　　　　　　　　　　　　　　　　　( )
3. 弹性利润预算编制的百分比法适用于单一品种经营或采用分算法处理固定成本的多品种经营的企业。　　　　　　　　　　　　　　　　　　　　　　　　　　　　　( )
4. 增量预算与零基预算相比,能够调动各部门降低费用的积极性。　　　　　　( )
5. 生产预算是预算编制的起点。　　　　　　　　　　　　　　　　　　　　　( )
6. 根据"以销定产"原则,某期的预计生产量应当等于该期预计销售量。　　　( )
7. 经营决策预算除个别项目外,一般不纳入日常业务预算,但应计入与此有关的现金预算与预计资产负债表。　　　　　　　　　　　　　　　　　　　　　　　　　　( )
8. 预计资产负债表是以货币形式综合反映预算期内企业经营活动成果计划水平的一种财务预算。　　　　　　　　　　　　　　　　　　　　　　　　　　　　　　　( )

9.弹性成本预算编制的列表法不能包括所有业务量条件下的费用预算,适用面较窄。
（ ）

四、计算分析题

1.某公司制造费的成本性态如表3-7所示。

某公司制造费的成本性态　　　　　　　　　　　表3-7

成本项目	间接人工	间接材料	维修费用	折旧费用	其他费用
固定部分	6000	1000	220	100	880
单位变动率/(元·小时$^{-1}$)	1.0	0.6	0.15	—	0.05

（1）若企业正常生产能力为10000h,试用列表法编制该企业生产能力在70%～110%范围内的弹性制造费用预算（间隔为10%）？

（2）若企业5月实际生产能力只达到正常生产能力的80%,实际发生的制造费用为23000元,则其制造费用的控制业绩为多少？

2.A公司2002年1月31日的资产负债表部分数据如表3-8所示：

A公司资产负债数据　　　　　　　　　　　表3-8

项　　目	金　　额	项　　目	金　　额
现金(元)	40000	存货(元)	160000
应收账款(元)	80000	固定资产(元)	32000
减:坏账准备(元)	400	资产总额(元)	599600
应收账款净额(元)	79600		

补充资料如下：
（1）销售额的预算数：2月120000元,3月140000元。
（2）预计销售当月可收回货款60%,次月收回39.8%,其余的0.2%收不回来。
（3）毛利为销售额的30%,每月进货为下月计划销售额的70%,假设不考虑坏账准备对利润的影响。
（4）每月用现金支付的其他费用为20000元,每月折旧6000元。

根据上述资料回答下列问题：
（1）确定2002年2月预算的现金期末余额。
（2）2002年2月预计利润总额是多少？
（3）2002年2月28日应收账款的计划净额是多少？

3.远华公司生产甲、乙两种产品2003年的预计价格分别为100元和50元。假定2002年12月31日该公司的简略式资产负债如表3-9所示。

已知2003年下列有关预测材料：
（1）每季度甲产品预计销售量均为100件,1～4季度各季度乙产品预计销售量分别为400个、500个、600个和500个；甲产品的现销比例为100%,乙产品的现销比例为70%；以现金形式支付的销售环节税金及附加为销售收入的5%。

远华公司资产负债表(单位:元)　　　　　　　　　表3-9

资　　产		负债与股东权益	
现金	1000	短期借款	2000
应收账款	7000	应付账款	5000
存货:材料	4110		
产成品	6100	股本	35000
固定资产净值	38240	留存收益	14450
合计	56450	合计	56450

(2)预计产成品存货量资料如下:甲产品2002年年末存货量为50件,单位变动成本为91.6元,每季末存货量均为50件;乙产品2003年年末存货量为60个,其余每季末存货量均为下季销量的10%,存货按先进先出计价。

(3)直接材料和直接人工的消耗定额及单价如表3-10所示。

直接材料和直接人工的消耗定额及单价　　　　　　　　表3-10

项　　目	直 接 材 料		直 接 人 工	
	A材料	B材料	一车间	二车间
单位甲产品消耗定额	10kg/件	5kg/个	3h/件	2h/个
单位乙产品消耗定额	3kg/件	2kg/个	2h/件	1h/个
材料单价	2元/kg	7元/kg	—	—
小时工资率	—	—	4元/h	4元/h

(4)预计材料存货量及付款方式如下:2002年年末A材料存货量669kg,B材料396kg;预计2003年A材料存货量840kg,B材料510kg。各种材料的季末存货量均为下季生产总耗用量的30%。每季购买A、B材料只需支付60%现金,余款下季内付清。根据特种预算,企业拟于2003年第四季度用现金购买10000元C材料,以备下年开发新产品之用。

(5)预计制造费用、销售费用及管理费用如下:2003年全年变动性制造费用为16120元;固定性制造费用为12000元,其中固定资产折旧为4000元,其余均为各季均衡发生的付现成本;销售费用及管理费用合计为8000元。

(6)其他资料如下:企业每季度预分500元股利;免交所得税;各季末现金余额分别为下季预计现金收入的5%,第四季度余额为2000元;各季季末应收账款均在下季收回;各季度现金余缺可通过归还短期借款或取得短期借款解决。

要求:编制下列预算销售预算、生产预算、直接材料消耗及采购预算、直接工资及其他直接支出预算、制造费用预算(简略式)、产品生产成本预算、经营费用及管理费用预算(简略式)、现金预算、预计利润表、2003年12月31日预计资产负债表。

4.某企业年预算资料如下:

(1)该企业3~7月的销售收入分别为40000元、50000元、60000元、70000元、80000元。每月销售收入中,当月收到现金30%,下月收到现金70%。

(2)各月直接材料采购成本按下一月销售收入的60%计算,所购材料款于当月支付现金50%,下月支付现金50%。

(3)该企业4~6月的制造费用分别为4000元、4500元、4200元,每月制造费用中包括折旧费1000元。

(4)该企业4月购置固定资产,需要现金15000元。

(5)该企业在现金不足时,向银行借款(为1000元的倍数);现金有多余时,归还银行借款(为1000元的倍数)。借款在期初,还款在期末,借款年利率为12%。

(6)该企业期末现金余额最低为6000元,其他资料见现金预算。

要求:根据以上资料,完成该企业4~6月现金预算的编制工作。

现金预算见表3-11。

现 金 预 算   表3-11

月份	4	5	6
(1)期初现金余额	7000		
(2)经营现金收入			
(3)直接材料采购支出			
(4)直接工资支出	2000	3500	2800
(5)制造费用支出			
(6)其他付现费用	800	900	750
(7)预交所得税			8000
(8)购置固定资产			
(9)现金余额			
(10)向银行借款			
(11)归还银行借款			
(12)支付借款利息			
(13)期末现金余额			

五、简答题

1. 什么是财务预算?它与日常业务预算和专门决策预算有什么关系?
2. 编制财务预算的步骤有哪些?
3. 财务预算的作用是什么?
4. 什么是弹性预算?什么是零基预算?与传统预算的编制方法相比,它们具有哪些优点?
5. 编制零基预算的程序有哪些?
6. 财务预算如何分类?

项目四　工程项目筹资管理

【知识目标】
1. 了解筹资的概念及目的。
2. 掌握企业筹资的渠道和方式。
3. 熟悉权益资金的特点、筹资。
4. 掌握债务资金的各种筹资形式。
5. 掌握资金成本的计量。
6. 掌握资金结构决策。

【能力目标】
1. 能够选择合理的筹资渠道和方式为企业筹措资金。
2. 能够掌握权益资金和负债资金的各种筹资形式的特点,以便合理地降低成本、规避风险。
3. 能够计量资金成本。
4. 能够确定企业的最佳资金结构。

> **案例**
>
> 　　永盛光学仪器厂是国家光学仪器主要生产厂之一。现有职工800余人,固定资产1500万元,自有流动资金320万元。近几年该厂工业总产值、实现利润、上缴税利、企业留存都有很大增长。该厂生产的E型仪器2006年被评为部优产品。现考虑利用国家配套贷款,引进德国Y2制造技术设备。
>
> 　　自2008年下半年以来,国家紧缩银根,控制信贷资金投放,企业间往来款项出现相互拖欠,该厂面对引进设备需要大量付款的局面,资金紧张。具体情况有以下几个方面。
>
> 　　(1)流动资金于2008年下半年开始紧张。2008年年初,银行核对该厂的周转贷款为90万元。1~6月贷款75万元,由于紧缩贷款,从7月起一次性地扣还15万元,实际生产周转贷款受到影响。
>
> 　　(2)1~6月该厂购进材料月平均30万元,从7月份起月平均为38万元,最高到40万元,因为外协单位资金紧张,就将外购件大量交货,一交货就催该厂汇款,至2008年年底,已欠外协单位货款约28万元。
>
> 　　(3)物价上涨,计划内电力不足,不得不使用议价电,材料费、运输费提价,职工工资增加等更加剧资金的紧张程度。
>
> 　　(4)与德国Y2制造及设备的协议已于2007年10月生效,随之将发生出国考察培训费、技术转让费,共需支付约40万美元。

> 面对企业资金紧张局面,生产计划部门认为:国家紧缩银根,解决资金紧张的局面,要采取预收货款,占用他人资金来解决。技术部门认为:厂里流动资金紧张的根源是由引进项目支付软件费用造成的,要缓和资金紧张,就必须停止引进项目。销售部门认为:目前市场产品升级换代很快,企业很难预测今后的销售量及销售收入,资金回笼是个问题。
>
> **思考:**
> 对该厂资金紧张的现状,你作为一个财务人员有什么看法,你的意见和建议是什么?

任务一 企业筹资概述

企业筹资,是指企业根据施工生产经营、对外投资和调整资金结构的需要,通过筹资渠道和金融市场,运用筹资方式,经济有效地筹措和集中资金的活动。企业筹资活动是施工企业的一项基本财务活动,企业筹资管理是企业财务管理的主要内容之一。

一、企业筹资的动机

1. 新建性筹资动机

新建性筹资动机是在施工企业新建时为满足正常生产经营活动所需的资本金。按照我国企业登记管理条例的规定,企业申请开业,必须要有法定的资本金,即国家规定开办企业必须筹集的最低资本金数额。

2. 扩张性筹资动机

扩张性筹资动机是企业因扩大生产经营规模或追加额外投资而产生的筹资动机。例如,随着施工规模的不断扩大,需要不断对机械设备、构件加工厂等进行投资,增加对资金的需求量。同时为了降低施工成本,谋求相关企业(如建筑材料生产企业等配合企业)的施工生产,也需要筹集资金对其他企业投资控股,以参与其生产经营决策。

3. 调整性筹资动机

调整性筹资动机是企业因调整现有资本结构的需要而产生的筹资动机。资本结构是指企业各种筹资方式的组合及其比例关系。一个企业在不同时期由于筹资方式的不同会形成不尽相同的资本结构。随着相关情况的变化,现有的资本机构可能不再合理,需要相应地加以调整,使之趋于合理。

4. 混合性筹资动机

企业既需要扩大经营的长期资金,又需要偿还债务的现金而形成的筹资动机,即混合筹资动机。在这种混合性筹资动机的驱使下，企业通过筹资，既扩大了资产和筹资的规模，又调整了资本结构。

二、企业筹资的渠道与方式

企业筹资需要通过一定的筹资渠道，运用一定的筹资方式来进行。不同的筹资渠道和筹资方式各有特点和适用性，为此需要加以分析研究。

1. 企业筹资渠道

企业的筹资渠道是指企业筹集资本来源的方向与通道。企业的筹资渠道可以归纳为如下七种。

(1) 国家财政资金

我国现有的股份制企业大都由原来的国有企业改制而成，其股份总额中的国家股就是国家以各种方式向原国有企业投入的资本。公司制企业实现了政企分开、两权分离，国家一般不再向企业拨款。但是我国对于符合国家发展规划和产业政策的重点建设项目，国家通过低息或无息贷款的方式向企业提供资金。

(2) 银行信贷资金

银行信贷资金是各类企业筹资的重要来源。银行一般分为商业性银行和政策性银行。商业性银行可以为各类企业提供各种商业性贷款；政策性银行主要为特定的企业提供一定的信贷资金。

(3) 非银行金融机构资金

非银行金融机构是指除银行以外的提供金融服务的金融机构，包括保险公司、信托投资公司、金融租赁公司、证券公司等。非银行金融机构是经济体制改革的产物，并随着市场经济的发展而不断发展和健全，已成为企业一条重要的筹资渠道。

(4) 其他企业的资金

企业在生产经营过程中，往往有一部分暂时闲置或多余的资金。在本企业产品市场饱和的情况下，为了充分利用这些资金，他们愿意向其他企业进行投资，或直接投资，或购买其发行的股票、债券等，以便获得更多的投资收益。

(5) 民间资金

民间资金是指我国城乡广大居民的闲散资金。民间资金已成为股份制企业的一条广阔的筹资渠道。

(6) 企业内部资金

企业内部资金主要是指通过提留盈余公积和保留未分配利润而形成的资金。这是企业内部形成的筹资渠道，比较便捷，有盈利的企业通常可以加以利用。

(7) 境外资金

境外资金通常是指我国大陆以外的资金，包括我国台湾、我国香港、我国澳门地区的资金，外国银行、国际金融组织以及外国厂商的资金。

2. 企业筹资方式

企业筹资方式是指企业筹集资金所采取的具体形式和工具,体现着筹资的方法特性。一般而言,企业筹资的方式有以下几种:吸收直接投资、发行股票、发行企业债券、银行借款、融资租赁、商业信用等。

3. 筹资渠道与筹资方式的对应关系

企业的筹资渠道与筹资方式有着密切的关系。一定的筹资方式可能仅适用于某一特定的筹资渠道;但同一筹资渠道的资金往往可以采取不同的筹资方式取得,而同一筹资方式又往往可以适用于不同的筹资渠道。它们间的对应关系,可以用表4-1来表示。

企业筹资渠道与筹资方式的对应关系　　表4-1

方式＼渠道	吸收直接投资	发行股票	发行债券	银行借款	融资租赁	商业信用
国家财政资金	●	●				
银行信贷资金				●		
非银行金融机构资金	●	●	●		●	●
其他企业的资金	●	●	●		●	●
民间资金						
企业内部资金	●	●				
境外资金	●	●		●	●	●

三、企业筹资的基本原则

企业筹资是一项重要而复杂的工作,为了有效地筹集企业所需资金,必须遵循以下基本原则。

1. 规模适当原则

不同时期企业的资金需求量并不是一个常数,企业人员要认真分析科研、生产、经营状况,采用一定的方法,预测资金的需要数量,合理确定筹资规模。这样,既能避免因资金筹集不足,影响生产经营的正常进行,又可防止资金筹集过多,造成资金闲置。

2. 筹措及时原则

企业财务人员在筹集资金时必须熟知资金时间价值的原理和计算方法,以便根据资金需求的具体情况,合理安排资金的筹集时间,适时获取所需资金。这样,既能避免过早筹集资金形成资金投放前的闲置,又能防止取得资金的时间滞后,错过资金投放的最佳时间。

3. 来源合理原则

资金的来源渠道和资金市场为企业提供了资金的源泉和筹资场所,它反映资金的分布状况和供求关系,决定着筹资的难易程度。不同来源的资金,对企业的收益和成本有不同的影响。因此,企业应认真研究资金来源渠道和资金市场,合理选择资金来源。

4. 方式经济原则

在确定筹资数量、筹资时间、资金来源的基础上,企业在筹资时还必须认真研究各种筹资方式。企业筹集资金必然要付出一定的代价,在不同筹资方式条件下的资金成本有高有低。为此,就需要对各种筹资方式进行分析、对比,选择经济、可行的筹资方式。

任务二　权益资金的筹集

一、吸收直接投资

吸收直接投资是指企业按照"共同投资、共同经营、共担风险、共享利润"的原则直接吸收国家、法人、个人投入资金的一种筹资方式。吸收投资与发行股票、留存收益都是企业筹集自有资金的重要方式,发行股票要有股票作媒介,而吸收直接投资则无需公开发行证券。吸收投资中的出资者都是企业的所有者,他们对企业具有经营管理权。企业经营状况好,盈利多,各方可按出资额的比例分享利润,但如果企业经营状况差,连年亏损,甚至被破产清算,则各方要在其出资的限额内按出资比例承担损失。

1. 吸收投资中的出资方式

企业在采用吸收投资方式筹集资金时,投资者可以用现金、厂房、机器设备、材料物资、无形资产等作价出资。现分别说明。

(1)以现金出资

以现金出资是吸收投资中一种最重要的出资方式。有了现金,便可获取其他物资资源。因此,企业应尽量动员投资者采用现金方式出资。吸收投资中所需投入现金的数额,取决于投入的实物、工业产权之外尚需多少资金来满足建厂的开支和日常周转需要。外国公司法或投资法对现金投资占资本额的多少,一般都有规定,我国目前尚无这方面的规定,所以,需要在投资过程中由双方协商加以确定。

(2)以实物出资

以实物出资就是投资者以厂房、建筑物、设备等固定资产和原材料、商品等流动资产所进行的投资。一般来说,企业吸收的实物应符合如下条件:确为企业科研、生产、经营所需;技术性能比较好;作价公平合理。

(3)以工业产权出资

以工业产权出资是指投资者以专有技术、商标权、专利权等无形资产所进行的投资。一般来说,企业吸收的工业产权应符合以下条件。

①能帮助研究和开发出新的高科技产品。

②能帮助生产出适销对路的高科技产品。

③能帮助改进产品质量。
④能帮助大幅度降低各种消耗。
⑤作价比较合理。

(4)以土地使用权出资

投资者也可以用土地使用权来进行投资。土地使用权时按有关法规和合同的规定使用土地的权利。企业吸收土地使用权投资应符合以下条件。

①企业科研、生产、销售活动所需要的。
②交通、地理条件比较适宜。
③作价公平合理。

2. 吸收投资的程序

(1)确定筹资数量

吸收投资一般是在企业开办时所使用的一种筹资方式。企业在经营过程中,如果发现自有资金不足,也可采用吸收投资的方式筹集资金,但在吸收投资之前,都必须确定所需资金的数量,以利于正确筹集所需资金。

(2)寻找投资单位

企业在吸收直接投资之前,需要作一些必要的宣传,以便使出资单位了解企业的经营状况和财务情况,有目的地进行投资。这将有利于企业在比较多的投资者中寻找最适合的合作伙伴。

(3)协商投资事项

寻找到投资单位后,双方便可进行具体的协商,以便合理确定投资的数量和出资方式。在协商过程中,企业应尽量说服投资者以现金方式出资。如果投资者的确拥有较先进的适用于企业的固定资产、无形资产等,也可用实物、工业产权和土地使用权进行投资。

(4)签署投资协议

双方经初步协商后,如没有太大异议,便可进一步协商。这里关键问题是以实物投资、工业产权投资、土地使用权投资的作价问题。这是因为投资的报酬、风险的承担都是以由此确定的出资额为依据的。一般而言,双方应按公平合理的原则协商定价。如果争议比较大,可聘请有关资产评估的机构来评定。当出资数额、资产作价确定后,便可签署投资的协议或合同,以明确双方的权利和责任。

(5)共享投资利润

出资各方有权对企业进行经营管理。但如果投资者的投资占企业资金总额的比例较低,一般不参与经营管理,他们最关心的还是其投资报酬问题。因此,企业在吸收投资之后,应按合同中的有关条款,从实现利润中对吸收的投资支付报酬。投资报酬是企业利润的分配去向之一,也是投资者利益的体现,企业要妥善处理,以便与投资者保持良好关系。

3. 吸收投资的优缺点

(1)吸收投资的优点

①有利于增强企业信誉。吸收投资所筹集的资金属于自有资金,能增强企业的信誉和借

款能力,对扩大企业经营规模、壮大企业实力具有重要作用。

②有利于尽快形成生产能力。吸收投资可以直接获取投资者的先进设备和先进技术,有利于尽快形成生产能力,尽快开拓市场。

③有利于降低财务风险。吸收投资可以根据企业的经营状况向投资者支付报酬,企业经营状况好,要向投资者多支付一些报酬,企业经营状况不好,就可不向投资者支付报酬或少付报酬,比较灵活,所以财务风险较少。

(2)吸收投资的缺点

①资金成本较高。一般而言,采用吸收投资方式筹集资金所需负担的资金成本较高,特别是企业经营状况较好和盈利较强时,更是如此。因为向投资者支付的报酬是根据其出资的数额和企业实现利润的多寡来计算的。

②容易分散企业控制权。采用吸收投资方式筹集资金,投资者一般都要求获得与投资数量相适应的经营管理权,这是接受外来投资的代价之一。

二、发行普通股

股票是股份公司为筹措股权资本而发行的有价证券。它代表了股东对股份公司的所有权。发行普通股是股份公司筹集权益资金最常见的方式之一。

1.股票的分类

根据不同标准,可以对股票进行不同的分类,现介绍几种主要的分类方式。

(1)按股东权利和义务分类

以股东享受权利和承担义务的大小为标准,可把股票分为普通股和优先股。普通股是股份公司依法发行的具有管理权、股利不固定的股票。优先股是股份公司依法发行的具有一定优先权的股票。

(2)按股票票面是否记名分类

以股票票面上有无记名为标准,可把股票分为记名股票和无记名股票。记名股票是在股票上载有股东姓名或名称并将其记入公司股东名册的一种股票。它的转让、继承都要办理过户手续。无记名股票是指在股票上不记载股东姓名或名称的股票。凡持有无记名股票,都可成为公司股东。

(3)按股票票面有无金额分类

以股票票面上有无金额为标准,可把股票分为面值股票和无面值股票。面值股票是指在股票的票面上记载每股金额的股票。股票面值的主要功能是确定每股股票在公司所占有的份额。无面值股票是指股票票面上不记载每股金额的股票。无面值股票仅表示每一股在公司全部股票中所占有的比例。

(4)按发行对象和上市地区分类

以发行对象和上市地区为标准,可将股票分为A股、B股、H股和N股等。在我国内地,有A股、B股。A股是以人民币标明票面金额并以人民币认购和交易的股票。B股是以人民币标明票面金额,以外币认购和交易的股票。另外,还有H股和N股。其中,H股在香港上市的股票,N股是在纽约上市的股票。

2. 普通股股东的权利

(1) 公司管理权

普通股股东具有对公司的管理权。对大公司来说，普通股股东的管理权主要体现为董事会选举中有选举权和被选举权。具体来说，主要表现为投票权、查账权、阻止越权。

(2) 分享盈利权

分享盈利权是普通股股东的一项基本权利。盈余的分配方案由股东大会决定，每一个会计年度由董事会根据企业的盈利数额和财务状况来决定分发股利的多少并经股东大会批准通过。

(3) 出让股份权

股东有权出售或转让股票。股东出让股票的原因可能有：对公司的选择；对报酬的考虑；对资金的需求。

(4) 优先认股权

当公司增发普通股时，原有股东有权持有公司股票的比例，优先认购新股票。这主要是为了使现有股东保持其在公司股份中原来所占的百分比，以保证他们的控制权。

(5) 剩余财产要求权

当公司解散、清算时，普通股股东对剩余财产有要求权。但是，公司破产清算时，财产的变价收入，首先要用来清偿债务，然后支付优先股股东，最后才能分配给普通股股东。

3. 股票的发行

(1) 股票发行的条件

虽然股份公司和股票市场是商品经济条件下极为普遍的现象，而且也是商品经济发达程度的重要标志，但股票的发行必须遵循一定的法律和规定。现对我国股票发行的条件作适当的说明。

① 新设立的股份公司申请公开发行股票，应当符合以下条件：生产经营符合国家产业政策；发行普通股限于一种，同股同权，同股同利；在募集方式下，发起人认购的股份不少于公司拟发行股份总数的 35%；发起人在最近 3 年内没有重大违法行为；证监会规定的其他条件。

② 股份公司增资申请发行股票，必须具备下列条件：前一次发行的股份已募足，并间隔 1 年以上；公司在最近 3 年内连续盈利，并可向股东支付股利；公司在最近 3 年内财务文件无虚假记载；公司预期利润率可达同期银行存款利率。

(2) 股票发行的基本程序

公开发行股票的基本程序如下。

① 公司作出新股发行决议。

② 公司做好发行新股的准备工作，编写必备的文件资料和获取有关的证明材料。

③ 提出发行股票的申请。

④ 有关机构进行审核。

⑤ 签署承销协议。

⑥ 公布招股说明书。

⑦按规定程序招股。
⑧认股人缴纳股款。
⑨向认股人交割股票。
⑩改选董事、监事。

4. 股票上市

(1) 股票上市的条件

公司公开发行股票进入证券交易所交易必须受严格的条件限制。《中华人民共和国公司法》规定,股份有限公司申请股票上市,必须符合下列条件。

①股票经国务院证券管理部门批准已向社会公开发行。
②公司股本总额不少于人民币5000万元。
③开业时间在3年以上,最近3年连续盈利。
④持有股票面值人民币1000元以上的股东不少于1000人,向社会公开发行的股份达股份总数的25%以上。
⑤公司在最近3年内无重大违法行为,财务报告无虚假记载。
⑥国务院规定的其他条件。具备上述条件的股份公司经申请,由国务院或国务院授权的证券管理部门批准,其股票方可上市。股票上市公司必须公告其上市报告,并将其申请文件存放在指定的地点供公众查阅。

(2) 股票上市的暂停与终止

股票上市公司有下列情形之一的,由国务院证券管理部门决定暂停其股票上市。

①公司股本总额、股权分布等发生变化不再具备上市条件。
②公司不按规定公开其财务状况,或者对财务报告作虚假记载。
③公司有重大违法行为。
④公司最近3年连续亏损。

任务三 债务资金的筹集

施工企业除了筹集权益资金外,还要根据施工生产经营和投资等需要,进行债务资金的筹集。债务资金的筹集也叫负债筹资。负债筹资主要包括银行借款、发行企业债券、融资租赁、商业信用。

一、银行借款

施工企业在施工生产经营过程中,如要扩大施工生产经营规模,进行基本建设、更新改造工程和补充流动资金,在自有资金不足的情况下,可向银行或其他金融机构借款。银行借款按其用途,分为基本建设投资借款、技措借款和流动资金借款;按照借款期限的长短,分为长期借款和短期借款。凡借入的期限在1年以下的各种借款,叫做短期借款,属于流动负债。凡借入期限在1年以上的各种借款,叫做长期借款,属于长期负债。

1. 基本建设投资借款

基本建设投资借款是施工企业借入用于新建、改建等建设项目的投资借款。企业要向银行或其他金融机构申请基本建设投资借款，必须有批准的项目可行性研究报告和初步设计，同时还须符合以下条件。

(1) 产品有销路，工艺已过关。

(2) 建设条件已经具备，包括建设用地、拆迁、设备、材料等已作安排。

(3) 投产后的生产条件已经落实，包括生产所需资源、原材料、燃料动力、水源、运输等已作安排，"三废"治理已有可靠方案。

(4) 具有偿还借款本息并按期归还的能力。

(5) 借款项目必须经过有资格的咨询公司评估，经济效益好。

(6) 借款项目总投资中，各项建设资金来源必须落实，要有不少于总投资 30% 的自筹资金或其他资金。

(7) 借款企业有较高的管理水平和资信度。

施工企业向经办银行提出借款申请书并经审查同意后，即可与贷款银行签订借款合同。借款合同要规定借款项目的名称、用途、借款金额、借款期限及分年用款计划、还款期限与分年还款计划、还款资金来源与还款方式、保证条件及违约责任，以及双方商定的其他条款。通过签订借款合同，明确双方的经济责任。

借款合同签订后，借款企业在核定的贷款指标范围内，按银行对贷款的管理方法，根据用款计划支用借入资金。贷款银行如对基本建设投资借款采用分次转存支付的办法，则在按照合同分次取得借款时，先存入企业存款户，再从存款户中支付使用。贷款银行如对基本建设投资借款采用指标管理的办法，借款企业应按规定用途，支一笔借一笔。在这种情况下，借款企业支用基本建设投资借款时，应根据银行核定的年度借款指标，按照订货合同、工程进度、工程建设支出的需要，向经办银行支用借款。为了便于经办银行对支用借款进行监督，借款企业应将设备订货合同副本、工程进度计划等送经办银行。

2. 技措借款

技措借款也叫更新改造借款，是施工企业在施工生产经营过程中为了固定资产更新改造的需要而向银行和其他金融机构借入的款项。施工企业的技措借款，主要用于以下几方面。

① 原有固定资产的更新，包括陈旧的施工机械、运输设备、生产设备、计量测试手段等机械设备的工薪和房屋建筑物的改造。

② 在原有固定资产的基础上进行的技术改造工程。

③ 节约能源和降低原材料消耗的措施。

④ 治理"三废"污染和综合利用原材料的措施。

⑤ 劳动保护和安全生产措施。

⑥ 试制新产品和科研成果推广的措施，其目的在于提高企业施工生产能力，降低工程和产品成本，改善劳动条件和环境保护等。

技措借款进行的技措工程如果规模较大、工期较长，要在 1 年以上还本付息的，属于长期借款。如果借款进行的是小型技措工程,能在短期内完工,并在1年以内还本付息的,属于短期借款。

3. 流动资金借款

施工企业的流动资金借款,可分为以下两个部分:一部分是用以补充正常施工生产经营所需流动资金的不足;一部分是用以补充季节性储备所需超定额流动资金的不足。前一部分流动资金借款,起着企业正常生产经营所需铺底资金的作用,只要企业继续经营,就得占用这笔资金,在企业没有其他资金来源时,就需继续借用。因此,属于长期借款。后一部分季节性储备超定额流动资金借款,是用以补充季度工作量扩大超定额储备和季节性材料超定额储备所需要的流动资金,是临时性的,一般在6个月内就能归还。因此,属于短期借款。因为施工生产、大都在露天进行,要受气候的影响,在有些季节,施工生产比较集中,所需材料储备就要增加。这样,施工企业在某一时期实际需要的流动资金,就会超出定额流动资金,如果企业没有多余的流动资金,就得向银行或其他金融机构举借季节性储备贷款。

无论何种借款,都应坚持有借有还的原则。借款到期,借款企业应按照合同规定按期偿还借款本息或续签合同。如不能归还,经办银行可按合同规定,从借款企业的存款中扣回借款本息及罚息。借款企业如因资金调度困难需要延期归还借款时,应向经办银行提出延期还款计划,经审查同意后,按照计划归还借款。逾期期间一般按逾期借款计划收息。

二、发行企业债券

企业债券又称公司债券,它是指企业依照法定程序发行的、约定在一定期限还本付息的有价证券。

1. 债券的基本要素

(1)债券的面值

债券的面值是指债券的票面价值,也是企业对债券持有人在债券到期后应偿还的本金数额。债券面值包括两个基本内容:一是币种,二是票面金额。债券的面值与债券实际的发行价格并非一致,企业可以在特定情况下溢价或折价发行企业的债券。

(2)债券的期限

债券都有明确的到期日,债券从发行之日起,至到期日之间的时间称为债券的期限。近些年来,由于利率和汇率大幅度波动,许多投资者都不愿投资于还本期限太长的债券,因而,债券的期限有日益缩短的趋势。在债券的期限内,公司必须定期支付利息,债券到期时,必须偿还本金。

(3)债券的利率

债券上通常都载明利率,一般为固定利率,近些年也有浮动利率。债券上标注的利率一般是年利率,在不计复利的情况下,面值与利率相乘可得出年利息。

(4)债券的价格

理论上,债券的面值就应是它的价格,事实上并非如此。由于发行者的种种考虑或资金市场上供求关系、利息率的变化,债券的市场价格常常脱离它的面值,有时高于面值,有时低于面值,但其差额并不是很大,不像普通股那样相差甚远。

2. 债券的种类

债券可以从各种不同的角度进行分类,现说明其主要的分类方式。

(1) 按有无抵押担保分类

①信用债券。它又称无抵押债券,是仅凭债券发行者的信用发行的、没有抵押品作抵押或担保人作担保的债券。

②抵押债券。它是指以一定抵押品作抵押而发行的债券。抵押债券按抵押物品的不同又分为不动产抵押债券、设备抵押债券和证券抵押债券等。

③担保债券。它是指由一定担保人作担保而发行的债券。

(2) 按债券是否记名分类

①记名债券。它是指要在企业发行的债券上记录债券持有人的姓名和住址等。

②不记名债券。它是指在债券上不记录债券购买者的姓名和地址等,债券的持有者就是其所有者,发行或代理机构不作登记的债券。不记名债券可以随意转让,到时仅凭债券便可作为领取利息和本金的凭证。

(3) 按可否转换为公司股票分类

①可转换债券。它是指根据发行公司债券募集办法的规定,债券持有人可将其转换为发行公司的股票。发行可转换债券的企业,除具备发行企业债券的条件外,还应符合发行普通股票的条件。

②不可转换债券。它是指不能转换为公司股票的债券。

3. 企业债券的发行

(1) 发行债券的条件

根据《中华人民共和国公司法》的规定,发行公司债券必须符合以下条件。

①股份有限公司的净资产不低于人民币 3000 万元,有限责任公司的净资产不低于人民币 6000 万元。

②累计债券总额不超过企业净资产额的 40%。

③最近 3 年平均可分配利润足以支付企业债券 1 年的利息。

④筹集的资金投向符合国家产业政策。

⑤债权的利率不得超过国务院限定的利率水平。

⑥国务院规定的其他条件。

此外,发行债券所筹集资金,必须按审批机关批准的用途使用,不得用于弥补亏损和非生产性支出。发行公司发生下列情形之一的,不得再次发行公司债券。

①前一次发行的公司债券尚未募足的。

②对已发行的公司债券或者其债务由违约或者延迟支付利息的事实,且仍处于继续状态的。

(2) 债券的发行价格

从理论上讲,债券发行价格由债券到期还本面值按市场利率折现的现值与债券各期利息

的现值两部分组成。对到期一次性还本付息的债券发行价格,可按下列计算公式:

债券发行价格＝到期票面金额按市场利率折算的现值＋各期利息按市场利率折算的现值

即:
$$P=F\times\left(\frac{P}{F},i,n\right)+A\left(\frac{P}{A},i,n\right) \tag{4-1}$$

式中:P——债券发行价格;

F——债券到期值;

i——市场利率;

n——期限;

A——债券利息。

【做中学 4-1】 如某施工企业发行债券面值为 1000 元,市场年利率为 8%,债券期限为 3 年,每年年末付息一次,则在票面利率为 10%、8%、6% 时的发行价格分别如表 4-2 所示。

票面利率为 10%、8%、6% 时的发行价格(单位:元)　　表 4-2

各年利息及还本现值	票面利率为 10%	票面利率为 8%	票面利率为 6%
第 1 年年末利息现值	92.592	74.074	55.556
第 2 年年末利息现值	85.734	65.587	51.440
第 3 年年末利息现值	79.384	63.507	47.630
第 3 年年末还本现值	793.840	793.840	793.840
债券发行价格	1051.550	1000.008	948.466

从表 4-2 可知,由于债券票面利率与市场利率的差异,债券发行价格可能出现三种情况,即溢价、等价和折价。当票面利率高于市场利率时,债券高于其面值溢价发行;当票面利率等于市场利率时,债券等于其面值等价发行;当票面利率低于市场利率时,债券低于其面值折价发行。

必须指出的是,上述债券发行价格的计算,没有考虑风险因素和通货膨胀等。如期限较长,要承担较大投资风险;如存在通货膨胀情况,会使今后还本付息贬值,这些都应通过贴现率的调整加以考虑。

三、融资租赁

1. 融资租赁的含义

租赁是指出租人在承租人给予一定报酬的条件下,授予承租人在约定的期限内占有和使用财产权利的一种契约性行为。

融资租赁就是由租赁公司按承租单位要求融通资金购买机械设备,在较长的契约或合同期内提供承租单位使用的租赁业务。

2. 融资租赁的形式

(1)直接租赁

直接租赁是承租人直接租赁出租人所需要的资产,并付出租金。直接租赁的出租人主要是制造厂商、租赁公司。

(2) 回租租赁

根据协议,企业将某资产卖给出租人,再将其租回使用。资产的售价大致为市价。采用这种租赁形式,出售资产的企业可得到相当于售价的一笔资金,同时仍然可以使用资产。当然,在此期间,该企业要支付租金,并失去了财产所有权。

(3) 杠杆租赁

杠杆租赁要涉及承租人、出租人和资金出借者三方当事人。从承租人的角度来看,这种租赁与其他租赁形式并无区别,同样是按合同的规定,在基本租赁期内定期支付定额租金,取得资产的使用权。但对出租人却不同,出租人只出购买资产所需的部分资金,作为自己的投资;另外,以该资产作为担保向资金出借者借入其余资金。因此,它既是出租人又是借款人,同时拥有对资产的所有权,既收取租金又要偿还债务。

3. 融资租赁租金的计算

(1) 平均分摊法

平均分摊法是先以商定的利息率和手续费率计算出租赁期间的利息和手续费,然后连同设备成本按支付次数平均。这种方法没有充分考虑时间价值因素。每次应付租金的计算公式可列示如下:

$$A = \frac{(C-S) + I + F}{N} \tag{4-2}$$

式中:A——每次支付租金;

C——租赁设备购置成本;

S——租赁设备预计残值;

I——租赁期间利息;

F——租赁期间手续费;

N——租期。

【做中学 4-2】 某企业与 2012 年 1 月 1 日从租赁公司租入一套设备,价值 50 万元,租期为 5 年,预计租赁期满时的残值为 1.5 万元,归租赁公司,年利率按 9% 计算,租赁手续费率为设备价值的 2%。租金每年年末支付一次。该设备租赁每次支付租金可计算如下:

$$\frac{(50-1.5) + [50 \times (1+9\%)^5 - 50] + 50 \times 2\%}{5} = 15.29$$

(2) 等额年金法

等额年金法是利用年金现值的计算公式经变换后计算每期应付租金额的方法。在这种方法下,通常以租赁公司的融资成本、手续费综合率为贴现率,分为每期期末支付(后付租金)和每期期初支付(先付租金)两种情况。

若租金在每期期末支付,表现为普通年金形式,则有公式:

$$A = P / \left(\frac{P}{A}, i, n\right) \tag{4-3}$$

式中:A——每期期末支付的租金额;

P——租赁设备购置成本;

i——贴现率；

n——租期。

【做中学 4-3】 某企业采用融资租赁方式从租赁公司租入一套设备，设备价值 60 万元，租期 5 年，到期后设备归企业所有。租赁公司规定的年利息率为 10%，租赁手续费为设备价值的 2%，租金每年年末支付一次。则租赁设备的年租金为：

$$A = 60/\left(\frac{P}{A},12\%,5\right) = 16.55(万元)$$

若租金在每期期初支付，表现为即付年金形式，则有公式：

$$A = P/\left[\left(\frac{P}{A},i,n-1\right)+1\right] \tag{4-4}$$

仍依据上例，假设贴现率为 12%，则租赁设备每年初租金支付额可计算如下：

$$A = 60/\left[\left(\frac{P}{A},12\%,5-1\right)+1\right] = 18.65(万元)$$

4. 融资租赁筹资的优缺点

(1) 融资租赁筹资的优点

① 筹资速度快。租赁往往比借款购置设备更迅速、更灵活，因为租赁是筹资与设备购置同时进行，可以缩短设备的购进、安装时间，使企业尽快形成生产能力，有利于企业尽快占领市场和打开销路。

② 限制条款少。债券和长期借款都有相当多的限制条件，虽然类似的限制在租赁公司中也有，但一般较少。

③ 设备淘汰风险小。当今，科学技术在迅速发展，固定资产更新周期日趋缩短。企业设备陈旧过时的风险很大，利用租赁集资可以减少这一风险。这是因为融资租赁的期限一般为资产使用年限的 75%，不会像自己购买设备那样整个期间都承担风险；并且多数租赁协议都规定由出租人承担设备陈旧过时的风险。

④ 财务风险小。租金在整个租期内分摊，不用到期归还大量本金。许多借款都在到期日一次偿还本金，这会给财务基础较弱的公司造成相当大的困难，有时会造成不能偿付的风险。而租赁则把这种风险在整个租期内分摊，可适当减少不能偿付的风险。

⑤ 税收负担轻。租金可在税前扣除，具有抵免所得税的效用。

(2) 融资租赁的缺点

融资租赁筹资的最主要缺点就是资金成本较高。一般来讲，其租金要比举借银行借款或发行债券的利息高得多。在企业财务困难时，固定的租金也会构成一项较沉重的负担。

四、商业信用

商业信用是企业在商品购销活动过程中因预收货款或延期付款而形成的借贷关系。它是由商品交易中因货与钱在时间上的分离而形成的企业间的直接信用行为。因此，在西方国家又称为自然筹资方式。由于商业信用是企业间相互提供的，因此在大多数情况下，商业信用筹资属于免费资金。

1. 预收工程款

预收工程款是因建筑安装工程建设周期长、造价高，施工企业难以垫支施工期间所需流动资金的情况下，向发包建设单位预收的工程款。

在一般情况下，采用按月结算工程价款的施工企业，可在每月月中预收上半年的工程款。采用分段结算工程价款或竣工后一次结算工程价款的施工企业，可按月预收当月工程款。预收工程款在结算工程价款时从应收工程款中扣除。

施工企业如承包交通不便、建筑材料市场不发达地区的工程，还可向发包建设单位预收主要建筑材料所需要的备料款。不过随着生产资料市场的开放，施工企业所需的建筑材料，大都可从当地市场随时采购，一般也就没有必要再向发包建设单位预收备料款了。

预收工程款和预收备料款，都是企业之间的直接信用行为。它不但可以缓和施工企业经营收支不平衡的矛盾，而且可以解决发包建设单位在投资留有缺口、或因通货膨胀导致投资不足时拖欠工程款，给施工企业流动资金周转带来的困难。

2. 应付账款

应付账款是赊购商品或延期支付劳务款时的应付欠款，是一种典型的商业信用形式。施工企业向销货单位购买设备、材料，延期在收到货物后一定时期内付款，在这段时期内，等于施工企业向销货单位借了款。这种方式可以弥补企业暂时的资金短缺。对于销货单位来说，也易于推销商品。应付账款不同于应付票据，它采用欠账方式，买方不提供正式借据，完全依据企业之间的信用来维系。一旦买方资金紧张，就会造成长期拖欠，甚至形成连环拖欠。所以这种方式，一般只在卖方掌握买方财务信誉的情况下采用。

3. 应付票据

应付票据时买方根据购销合同，向卖方开出活承兑的商业票据。应付票据的付款期限，一般为1~6个月，最长不超过9个月，如属分期付款，应一次签发若干不同期限的票据。应付票据分为带息和不带息两种，带息票据要加计利息，不属于免费资金。

应付票据筹资，其基本属性和应付账款相似，所不同的只是其期限比应付账款长些。从西方企业结算业务看，一般是企业在无力按期支付应付账款时，才由买方开出带息票据。因此，它是在应付账款逾期未付时，以票据方式重新建立信用的一种做法，与我国商业票据的应用不完全相同。

任务四 资 金 成 本

一、资金成本的概念与作用

1. 资金成本的概念

资金成本是指企业为筹集和使用资金而发生的代价。施工企业筹集资金的资金成本就是企业为取得和使用资金而支付的各种费用。它包括资金占用费用和资金筹集费用。资金占用费用主要包括资金时间价值和投资者要考虑的投资风险。投资风险大的资金,其占用费率也较高。资金占用费用同筹集资金额、资金占用期有直接联系,可看做资金成本的变动费用。资金筹集费用是指向银行借款支付的手续费、股票和债券的印刷费、委托金融机构代理发行股票债券的手续费和注册费用等。筹资费用同筹集资金额、资金占用期一般没有直接的联系,可看做资金成本的固定费用。

在不同条件下筹集资金的成本并不相同。为了便于分析比较,资金成本通常以相对数表示。施工企业的资金成本和筹集资金总额、筹资费用、占用费用的关系,可用下列公式表示:

$$资金成本率 = \frac{资金占用费用}{筹集资金总额 - 资金筹集费用} \tag{4-5}$$

2. 资金成本的作用

资金成本在许多方面都可以加以应用,主要用于筹资决策和投资决策。

(1) 资金成本在企业筹资决策中的作用

资金成本是企业选择资金来源、拟定筹资方案的依据。不同的资金来源,具有不同的成本。为了以较少的支出取得企业所需资金,就必须分析各种资金成本的高低,并加以合理配置。资金成本对企业筹资决策的影响主要有以下几个方面。

① 资金成本是影响企业筹资总额的重要因素。随着筹资数额的增加,资金成本不断变化。当企业筹资数额较大,资金的边际成本超过企业承受能力时,企业便不能再增加筹资数额。因此,资金成本是限制企业筹资数额的一个重要因素。

② 资金成本是企业选择资金来源的基本依据。企业的资金可以从许多方面来筹集,就长期借款来说,可以向商业银行借款,也可向保险公司或其他金融机构借款,还可向政府申请借款。企业究竟选用哪种来源,首先要考虑的因素是资金成本高低。

③ 资金成本是企业选用筹资方式的参考标准。企业可以利用的筹资方式是多种多样的,在选用筹资方式时,需要考虑的因素很多,但必须考虑资金成本这一经济标准。

④ 资金成本是确定最优资金结构的主要参数。不同的资金结构,会给企业带来不同的风险和成本,从而引起股票价格的变动。在确定最优资金结构时,考虑的因素主要有资金成本和财务风险。

资金成本并不是企业筹资决策中所要考虑的唯一因素。企业筹资还要考虑财务风险、资金期限、偿还方式、限制条件等。但资金成本作为一项重要的因素,直接关系到企业的经济效益,是筹资决策时需要考虑的首要问题。

(2) 资金成本在企业投资决策中的作用

资金成本在企业评价投资项目的可行性、选择投资方案时也有重要作用。

① 在计算投资评价指标净现值指标时,常以资金成本作折现率。当净现值为正时,投资项目可行;反之,如果净现值为负,则该项目不可行。因此,采用净现值指标评价投资项目时,离不开资金成本。

② 在利用内部收益率指标进行项目可行性评价时,一般以资金成本作为基准收益率。即只有当投资项目的内部收益率高于资金成本时,投资项目才可行;反之,当投资项目的内部收

益率低于资金成本时,投资项目不可行。因此,国际上通常资金成本视为投资项目的最低收益率或是否采用投资项目的取舍,是比较、选择投资方案的主要标准。

二、个别资金成本的计算

1. 债务资金成本的计算

(1) 借款的资金成本

施工企业向国内银行借款,只要支付按规定利率计算的利息,不要支付其他手续费。由于借款利息可以计入财务费用,在税前利润列支。因此,在企业盈利的情况下,就可少缴一部分所得税。这样,企业实际负担的借款利息就应扣除少缴所得税部分。国内借款资金成本的计算公式为:

$$K = [I \times (1-T)]/L = [L \times i \times (1-T)]/L = i \times (1-T) \tag{4-6}$$

式中:K——国内借款资金成本;
I——借款利息;
T——企业所得税率;
L——国内借款总额;
i——银行借款利率。

【做中学 4-4】 施工企业向国内银行借款 500 万元,年利率为 10%,所得税率为 33%,则:
国内借款成本 = 10% × (1 − 33%) = 6.7%

企业如向国外银行借款,除了支付利息外,还要支付诸如手续费、代理费、担保费、承诺费等。手续费是借款人按贷款额一定比例支付给贷款银行,属于银行在业务经营中的成本开支,包括房租、水电、人员工资、各种税金等。代理费是由牵头银行向借款人收取的电报、电传、办公、联系等费用开支。杂费是由银团贷款中的牵头银行向借款人收取的为在借贷双方从谈判到签订贷款协议期间而支付的差旅费、律师费等。担保费是按借款金额的一定比例支付给担保人的费用。承诺费是借款人在借贷双方签订协议后没有按期使用贷款,造成贷款银行资金闲置而由借款人给予补偿的一种费用。上列各项费用,不一定在每项借款时都会发生,要根据贷款银行或银团的有关规定估算,一般可估算一个筹资费率。由于国外银行借款利息可以计入财务费用,在税前利润列支,在企业盈利的情况下少缴一部分所得税。因此,国外借款的资金成本的计算公式为:

$$K = [L \times i \times (1-T)]/L(1-F) = [i \times (1-T)]/(1-F) \tag{4-7}$$

式中:K——国内借款资金成本;
T——企业所得税率;
L——国内借款总额;
i——银行借款利率;
F——筹资费率。

如某施工企业因进口国外建筑机械向某国外银行借款 200 万元,筹资费率为 2%,年利率为 8%，所得税率为 33%，则：

$$\text{国外银行借款资金成本}=[8\%\times(1-33\%)]/(1-2\%)=5.47\%$$

(2) 债券资金成本

债券成本中的利息在税前支付，具有减税效应。债券的筹资费用一般较高，这类费用主要包括申请发行债券的手续费、债券注册费、印刷费、上市费及推销费用等。债券资金成本的计算公式为：

$$K_b=[I\times(1-T)]/B_0(1-F)=[B\times i\times(1-T)]/B_0(1-F) \tag{4-8}$$

式中：K_b——债券成本；
  I——债券每年支付的利息；
  T——所得税率；
  B——债券面值；
  i——债券票面利率；
  B_0——债券筹资额，按发行价格确定；
  F——债券筹资费率。

【做中学 4-5】 某施工企业因扩大施工生产经营规模的需要，经有关部门批准，按票面价值向社会发行债券 1000 万元，票面利率为 12%，发行费率为 3%，所得税率为 40%，则：

$$\text{债券资金成本}=\frac{[500\times12\%\times(1-40\%)]}{500(1-3\%)}=7.42\%$$

2. 权益资金成本的计算

(1) 优先股资金成本

企业发行优先股，既要支付筹资费用，又要定期支付股利。它与债券不同的是股利在税后支付，且没有固定到期日。优先股资金成本的计算公式为：

$$K_P=D/p_0(1-F) \tag{4-9}$$

式中：K_P——优先股资金成本；
  D——优先股每年的股利；
  p_0——发行优先股总额；
  F——优先股筹资费率。

【做中学 4-6】 某施工企业按面值发行 100 万元的优先股，筹资费率为 4%，每年支付 2% 的股利，则：

$$\text{优先股资金成本}=100\times12\%/100\times(1-4\%)=12.5\%$$

企业破产时，优先股股东的求偿权位于债券持有人之后，优先股股东的风险大于债券持有人的风险，这就使得优先股的股利率一般要大于债券的利息率。另外，优先股股利要从净利润中支付，减少公司的所得税，所以，优先股资金成本要高于债券资金成本。

(2) 普通股资金成本

普通股是构成股份公司原始资本和权益的主要成分。其特征与优先股相比，除了具有参与公司经营决策权外，主要表现为股利的分配是不确定的。从理论上分析，人们认为普通股的成本是普通股股东在一定风险条件下所要求的最低投资报酬。而且在正常情况下,这种最低投资报酬率应表现为逐年增长。因此,基于以上基本假设,需要对最低投资报酬率以及股利的逐年增长率加以合理估计。普通股的资金成本计算公式如下:

$$K_C = D/P(1-F) + G \tag{4-10}$$

式中:K_C——普通股资金成本;

D——普通股第一年股利;

P——普通股股金;

G——预计股利增长率。

【做中学 4-7】 某施工企业发行普通股股金总额为 1000 万元,筹资费率为 2%,第一年发放的股利率为 15%,以后每年增长 2%,则:

普通股资金成本 = 1000×15%/1000×(1−2%) + 2% = 17.31%

(3) 留存收益资金成本

企业的税后利润,除用以支付股息外,总要留存一部分用以发展生产,追加投资。这部分不作为分配的留用利润,叫做留存收益。它是企业内部形成的资金来源,实际上是普通股股金的增加额。普通股股东虽没有以股息形式取得这部分收益,但可以从股票价值的提高中得以补偿,等于股东对企业追加了投资。对普通股股东,这一部分追加投资也要给以相同比率的报酬。留存收益资金成本的计算方法,基本上与普通股股金相同。由于留存收益用于扩大企业投资不需要支付筹资费,所以它的资金成本要略低于普通股资金成本。留存收益的资金成本计算公式为:

$$留存收益资金成本 = D/P + G \tag{4-11}$$

式中:D——留存收益的年报酬;

P——留存收益的总额。

以上介绍的几种主要资金来源的资金成本计算方法,是用来说明影响有关资金来源的资金成本的基本因素,以及计算时应考虑的一些问题。但在实践中,资金成本的计算,要远比上述复杂。原因如下。

① 资金来源不限于以上几种。

② 每一种资金来源的资金成本的计算方法又可能多种多样。

③ 对未来时期的资金占用费(如股利、利息)的计算,还应考虑资金时间价值的因素,即把未来支出的终值换算成现值。

④ 在有通货膨胀时,还要考虑通货膨胀和汇率变动等因素。这些都还需要在实践中加以进一步研究。

三、综合资金成本的计算

施工企业从不同来源取得资金,其成本是各不相同的。由于种种条件的限制,企业往往不可能只从某种资金成本较低的来源来筹集资金,有时从多种来源取得资金以形成各种筹资方式的组合可能更为有利。这样,为了进行筹资决策和投资决策,就需要计算各种资金来源的综合资金成本,即加权平均的资金成本。综合资金成本的计算公式为:

$$综合资金成本 = \sum W_i \times K_i \qquad (4\text{-}12)$$

式中：W_i——第 i 种资金来源所占全部资金的比重；

K_i——第 i 种资金来源的资金成本。

如某施工企业的各种资金来源及其资金成本如表 4-3 所示。

各种资金成本数据　　　　　　　　　表 4-3

资金来源	资金额/万元	资金成本(%)
国内借款	100	10
公司债券	500	6.5
普通股	2000	13.2
优先股	800	12
留存收益	600	11.3
合计	4000	

则各种资金来源占全部资金的比重和综合资金成本计算见表 4-4。

各种资金来源占全部资金的比重和综合资金成本(单位:%)　　表 4-4

资金来源	占全部资金的比重	资金成本(%)	综合资金成本(%)
国内借款	2.5	10	0.25
公司债券	12.5	6.5	0.8125
普通股	50	13.2	6.6
优先股	20	12	2.4
留存收益	15	11.3	1.695
合计			11.7575

任务五　资金结构

一、资金结构概述

1. 资金结构的概念

资金结构也叫资本结构，是指企业各种资金的构成及其比例关系。资金结构是企业筹资决策的核心问题。企业应综合考虑有关影响因素，运用适当的方法确定最佳资金结构，并在以后追加筹资中继续保持。企业现有资金不合理，应通过筹资活动进行调整，使其趋于合理化。

资金结构有广义和狭义之分。广义的资金结构是指全部资金的来源构成。狭义的资金结构是指自有资金即资本与长期债务资金的构成及其比例关系。考虑到多数施工企业的长期债务不多，在研究资金结构时，不能撇开短期债务资金，所以采用广义的概念。

2. 资金结构中的几个比例关系

(1) 自有资金在全部资金中所占的比例

要研究企业资金结构,首先要研究自有资金在全部资金中所占的比例。企业自有资金不但是设立企业的前提,也是负债经营的前提条件。因为自有资金是否充足,与债权人的安全密切相关。对债权人来说,如果自有资金中所占比例过小,债权人的债权就不安全。从我国施工企业向银行借款的条件来看,大都要求投资项目先有30%的自身资金,这说明施工企业的自有资金在全部资金的比例,应在30%以上。至于它应占有多大的比例,与建筑市场的景气度和能否向承包建设单位收到预收工程款等有关。

(2) 债务资金中长期债务资金所占的比例

施工企业债务资金中长期债务资金所占的比例,取决于企业长期资产特别是固定资产投资支出的多少。如所需的固定资产投资支出较多,长期债务资金在债务资金中所占的比例必然相应增加。如固定资产投资支出不多,长期债务资金在债务资金中所占的比例相对少些,有的甚至没有。

(3) 短期债务资金中有息短期债务资金所占的比例

施工企业的短期债务资金中,除银行短期借款和带息应付票据外,其他短期债务资金都是无息的。有息短期债务资金的多少,不仅取决于施工生产所需资金的多少,而且取决于施工项目的预期收益。如果施工项目的预期收益高于债务资金成本,多借用资金,可在财务杠杆作用下提高企业的资本利润率,其借用资金的比例可以高些。

二、资金结构的决策方法

所谓最佳资金结构是指企业在一定时期内,使综合资金成本率最低、企业资本利润率最高、企业价值最大时的资金结构。其判断标准有以下几点。

① 有利于最大限度地增加所有者财富,能使企业价值最大化。
② 综合资金成本率最低。
③ 资金保持适当的流动,资金结构具有弹性。

资金结构的决策方法,一般可采用比较综合资金成本法和税后资本利润率平衡点法。

1. 比较综合资金成本法

比较资金成本法是通过计算不同资金结构的综合资金成本,并以此为标准,选择其中综合资金成本最低的资金结构。其决策过程包括以下几方面。

① 确定各方案的资金成本。
② 确定各结构的综合资金成本。
③ 进行比较,选择综合资金成本最低的结构为最优结构。

【做中学 4-8】 某施工企业需筹集 2000 万元,可以通过银行借款、发行债券、发行普通股股票三种方式筹措,其个别资金成本分别测定,并且在该融资规模内保持不变,有关资料如表 4-5 所示。

某施工企业资金结构与资金成本数据(单位:%)　　　　表 4-5

融资方式	资金结构			个别资金成本
	A方案	B方案	C方案	
长期借款	40	30	20	6
债券	10	15	20	8
普通股	50	55	60	9
合计	100	100	100	

根据表 4-5,分别计算三种方案的综合资金成本:

A 方案:$K_w=40\%×6\%+10\%×8\%+50\%×9\%=7.7\%$

B 方案:$K_w=30\%×6\%+15\%×8\%+55\%×9\%=7.95\%$

C 方案:$K_w=20\%×6\%+20\%×8\%+60\%×9\%=8.2\%$

由以上计算可以看出,A 方案的综合资金成本最低,这就表明该施工企业最佳资金结构应为长期借款 800 万元、债券 200 万元、股票 1000 万元。

2. 税后资本利润率平衡点分析法

税后资本利润率平衡点又称无差异点。它是指各种资金结构下税后资本利润率相等时的息税前利润点。根据税后资本利润率平衡点,可分析判断在筹资时,应选择何种方式筹集资金,并优化资金结构。

【做中学 4-9】 某施工企业目前的资金总额为 1000 万元,其资金结构为自有资金 500 万元,有息债务资金 300 万元,无息债务资金为 200 万元。现拟追加筹资 200 万元,有两种筹资方案:(1)增加自有资金;(2)增加银行借款即有息债务资金。已知有息债务资金的利息率为 10%,企业所得税税率为 33%。增资后息税前利润率可达到 20%,就可通过表 4-6 的计算,选择其中一个筹资方案。

方　案　比　选（单位:万元）　　　　表 4-6

项　目	方案1	方案2	项　目	方案1	方案2
资金总额	1200	1200	减:利息(利息率10%)	30	50
其中:自有资金	500+200	500	税前利润	210	190
有息债务资金	300	300+200	减:所得税(税率33%)	69.3	62.7
无息债务资金	200	200	税后净利润	140.7	127.3
息税前利润(利润率20%)	240	240	税后资本利润率	20.1%	25.46%

从表 4-6 可知,当息税前利润率为 20%时,增加银行借款筹资后的资本利润率为 25.46%,高于增加自有资金筹资后的资本利润率的 5.36%。也就是说,在增资后息税前利润达到 240 万元时,采用负债筹资更为有利,能提高企业资本利润率,促使企业价值最大化。

那么,当息税前利润达到哪一点时,采用两种筹资方式都是相同或无差异的呢?这可通过下列公式来计算:

$$(E-I_1)×(1-T)/C_1 = (E-I_2)×(1-T)/C_2 \qquad (4-13)$$

式中:E——息税前利润;

I_1、I_2——两种增资方式下的年利息；

C_1、C_2——两种增资方式下的自有资金总额；

T——所得税税率。

将有关数据代入公式：

$$(E-300\times10\%)\times(1-33\%)/500+200=(E-500\times10\%)\times(1-33\%)/500$$

息税前利润 E 为 100 万元，将 100 万元代入上式，求得资本成本率为 6.7%。它表明以下几种情况。

(1) 当息税前利润 100 万元时，选择增加自有资金方式与选择增加银行借款方式，筹资的资本利润率都是相同的。

(2) 当息税前利润预计大于 100 万元时，则增加银行借款方式筹资更为有利。

(3) 当息税前利润预计效益小于 100 万元时，则增加自有资金方式筹资更有利。

税后资本利润率平衡点分析法优选的资金结构，以税后资本利润率最大为分析起点，将资金结构的优选与企业财务目标结合起来，是企业在增资时常用的一种决策方法。

三、资金结构的调整

施工企业资金结构，在综合资金成本过高、筹资风险较大、筹资期限弹性不足时，应及时进行调整。资金结构的调整，一般可在增加投资、减少投资、企业盈利较多或债务重组时进行。

在自有资金比例过高或债务资金比例过低时，可通过下列方式进行调整。

(1) 减少资本金。在股份有限公司收购本公司的股票，在有限责任公司按比例发还股东投入部分资金。

(2) 用企业留存收益偿还债务；

(3) 在企业盈利水平较高时，增加负债筹资规模。

在债务资金比例过高或自有资金比例过低时，可通过下列方式进行调整：

(1) 将长期债务(如企业债券)收兑或提高偿还；

(2) 在股份有限公司将可转换债券转换为普通股股票；

(3) 在企业财务困难时，通过债务重组，将债务转为资本金；

(4) 增加资本金。在股份有限公司发行新股或向普通股股东配股，在有限责任公司增加资本金。

◀ **项目小结** ▶

本项目主要讲述了企业的筹资管理，这是企业最基本的财务活动。首先，介绍了企业筹资渠道和筹资方式，在此基础上系统介绍了权益资金筹集和债务资金筹集；其次，讲述了个别资金成本，包括债券成本、银行借款成本、优先股成本、普通股成本和留存收益成本的计算；在个别资本成本的计算基础上，重点介绍了已筹资资金的加权平均资金成本和新增资金的边际资金成本。最后，讲述了企业资本结构问题、最佳资金结构的确定评价方法。

技能训练

一、单项选择题

1. 从施工企业财务管理的角度看,与长期借款筹资相比较,债券筹资的优点是( )。
   A. 筹资速度快　　B. 筹资风险小　　C. 筹资成本小　　D. 筹资弹性大

2. 下列权利中,不属于普通股股东权利的是( )。
   A. 公司管理权　　　　　　　　　B. 分享盈余权
   C. 优先认股权　　　　　　　　　D. 优先分享剩余财产权

3. 企业在制定信用标准时不予考虑的因素是( )。
   A. 同行业竞争对手的情况　　　　B. 企业自身的资信程度
   C. 客户的资信程度　　　　　　　D. 企业承担违约风险的能力

4. 某公司发行面值为1000元、利率为12%、期限为2年的债券,当市场利率为10%,发行价格为( )元。
   A. 1150.8　　　　B. 1000　　　　C. 1030　　　　D. 985

5. 某公司发行面额为500万元的10年期债券,票面利率12%,发行费用率为5%,公司所得税率为33%。该债券采用溢价发行,发行价格为600万元,该债券的资金成本为( )。
   A. 8.46%　　　　B. 7.05%　　　　C. 10.24%　　　　D. 9.38%

6. 公司增发的普通股市价为10元/股,筹资费用率为市价的5%,最近刚发放的股票为每股0.5元,已知该股票的股利年增长率为6%,则该股票的资金成本为( )。
   A. 11%　　　　B. 11.58%　　　　C. 10%　　　　D. 11.26%

7. 出租人既出租某项资产,又以该项资产为担保借入资本的租赁方式是( )。
   A. 直接租赁　　B. 杠杆租赁　　C. 经营租赁　　D. 售后回租

二、多项选择题

1. 我国施工企业筹集资金的渠道主要有( )。
   A. 财政资金　　B. 银行信贷资金　　C. 其他企业单位资金
   D. 居民个人资金　　E. 企业留存收益

2. 吸收直接投资的优点有( )。
   A. 有利于降低企业资金成本　　　B. 有利于产权明晰
   C. 有利于迅速形成企业的经营能力　D. 有利于降低企业财务风险
   E. 有利于企业分散经营风险

3. 影响债券发行价格的因素( )。
   A. 债券面额　　B. 市场利率　　C. 票面利率
   D. 债券期限　　E. 通货膨胀率

4.下列选项中,用于长期资金筹措的方式主要包括（　　）。
  A.预收账款　　B.吸收直接投资　　C.发行股票
  D.发行长期债券　　E.应付票据

三、计算分析题

1.某建筑股份有限公司的资金来源及其结构如下：普通股股本1000万元,留存收益250万元,债券资金750万元,银行借款500万元。该公司股票按面值发行,筹资费率为1%,第一年发放的股利率为10%,以后每年增长2%。该公司发行债券的年利率为10%,债券筹资费率为0.5%。该公司银行借款年利率为8%,所得税率为33%。
  要求：计算该建筑企业的综合资金成本。

2.某施工企业现有资金总额为1000万元,其中自有资金600万元；债务资金400万元。因施工规模扩大,拟再筹资400万元,有如下两种筹资方案：方案甲为增加资本金；方案乙为向银行借款。银行借款年利息率为8%,增资厚息税前利润率可达到20%,企业所得税税率为33%。

  计算要求：
  (1)方案甲:筹资后的净利润和税后资本利润率；
  (2)方案乙:筹资后的净利润和税后资本利润率；
  (3)不同资金结构下的税后资本利润率平衡点；
  (4)对筹资方案加以优选。

四、简答题

1.施工企业筹资的渠道和方式有哪些？
2.施工企业的权益资金主要包括哪些？它们是怎样筹集的？
3.施工企业的负债筹资的形式有哪些？
4.什么叫做资金成本？资金成本同资金时间价值有哪些联系和区别？
5.什么叫做资金结构？施工企业在考虑各种资金的比例关系时,应注意哪些方面的问题？在对最佳资金结构决策时,可采用哪些方法？

项目五　工程项目投资管理

【知识目标】
1. 理解项目投资的概念、了解项目投资的种类和程序。
2. 理解和掌握项目投资决策的基本方法。
3. 熟悉投资决策基本方法的应用。
4. 了解工程项目投资风险的种类。

【能力目标】
1. 能准确理解项目投资的概念、特点。
2. 在熟悉现金流量内容的基础上，能掌握施工企业现金流量估算。
3. 能正确运用非贴现评价指标和贴现评价指标在工程项目投资决策中的应用。

> **案例**
>
> 金鑫建筑公司拟在某高校建一个体育场田径跑道，考虑了两个拟选方案。有位财务总监对这两个方案作了如下的费用估算。一个方案是水泥混凝土跑道方案，其初期投资为600万元，使用年限为90年，年维修费为5.25万元；另一个方案是修建聚氨酯塑胶跑道方案，整个工程的初期投资为1000万元，每隔3年需修补PU颗粒一次，其费用为30万元，跑道将使用90年。试按使用年限为90年，资金折现率等于10%，比较这两个方案经济效果的优劣。作为财务管理人员，你将会向公司管理层提出何种建议？
>
> 同样用途的建筑产品，结构类型不同或者施工方法不同，或是工期不同，投资的效果就会不同。
>
> **思考：**
> (1) 若按使用年限为90年，资金折现率等于10%，比较这两个方案经济效果的优劣。
> (2) 作为财务管理人员，你将会向公司管理层提出何种建议？

任务一　认知项目投资的相关内容

投资活动是施工企业整个生产经营活动的中心环节。从财务活动的进程来看，施工企业筹集到所需资金后，就要进行资金的投放和使用，这不仅对筹资活动提出要求，而且投资成功与否将影响企业资金的收益和分配。投资是指特定经济主体为了在可预见的未来获得收益或使资金增值，在一定时期向一定领域的标的物投放足够数额的资金或实物等货币等价物的经济行为。简单地说，投资是企业为获得收益或为控制其他企业而向一定对象投放资金的过程。投资分为证券投资、营运投资和项目投资等。本章将重点介绍项目投资。

一、施工企业工程项目投资的概念和种类

1. 项目投资的含义

项目投资是一种以特定建设项目为对象,直接与新建项目或更新改造项目有关的长期投资行为。从性质上看,项目投资是直接的、生产性的对内实物投资,项目投资包括固定资产项目投资、无形资产项目投资、开办费投资和流动资金投资等。本章主要介绍固定资产项目投资。

2. 项目投资的种类

企业的固定资产项目投资,可按不同标准进行分类。

(1)新建企业投资、简单再生产投资和扩大再生产投资

根据投资在再生产过程中的作用可把固定资产项目投资分为新建企业投资、简单再生产投资和扩大再生产投资。新建企业投资是指为一个新企业建立生产、经营、生活条件所进行的投资,其特点是投入的资金通过建设形成企业的原始资产。简单再生产投资是指为了更新生产经营中已经老化的物质资源和人力资源所进行的投资,其特点是把原来生产经营过程中收回的资金再重新投入生产过程。扩大再生产投资是指为扩大企业现有的生产经营规模所进行的投资,其特点是追加资金投入,扩大企业资产数量。

(2)战术性投资和战略性投资

按投资项目对企业未来的影响可把固定资产项目投资分成战术性投资和战略性投资两大类。战术性投资是指不牵涉整个企业前途的投资,如为提高劳动生产率而进行的投资、为改善工作环境而进行的投资等。战略性投资是指对企业全局有重大影响的投资,例如企业转产投资、增加新产品投资等。战略性投资一般所需资金多、回收时间长、风险大、对企业未来发展影响大。

(3)相关性投资和非相关性投资

根据投资项目之间的相互关系,可把企业固定资产项目投资分成相关性投资和非相关性投资两大类。如果采纳或放弃某一项目并不显著地影响另一项目,则可以说这两个项目在经济上是不相关的。如一家建筑公司在专用起重机上的投资和它在某些办公设施上的投资,就是两个不相关的投资项目。如果采纳或放弃某个投资项目,可以显著地影响另外一个投资项目,则可以说这两个项目在经济上是相关的。如对工程项目和施工现场道路的投资便属于相关投资。

(4)扩大收入的投资与降低成本的投资

根据增加利润的途径,可把企业固定资产项目投资分成扩大收入的投资与降低成本的投资两类。扩大收入的投资是指通过扩大企业生产经营规模,以增加利润的投资。降低成本的投资则是指通过降低营业支出,以增加利润的投资。

二、工程项目投资的特点

与建筑施工企业其他形式的投资相比,项目投资一般具有如下特点。

1. 大额性

建设项目往往规模巨大,其投资数额动辄百万元、上千万元、甚至达到数百亿元,投资规模巨大的设备工程关系到国家、行业或地区重大经济利益,对宏观经济利益可能会产生重大影响。

2. 单件性

对每一个工程项目,用户都有特殊的功能要求。建设项目及其计价方式的特殊性,使其不能像一般工业产品那样按品种、规格、质量成批定价,而只能根据各个建设项目的具体情况单独确定投资。

3. 阶段性

建设项目周期长、规模大、投资大,因此需要按程序分成相应的阶段依次完成。相应地,也应在工程建设的过程中多次进行投资数额的确定,以适应建立建设项目各方经济关系、进行有效投资控制的要求。其过程如图 5-1 所示。

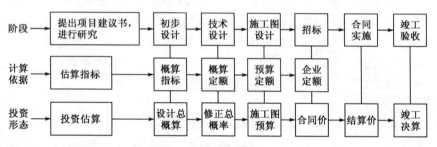

图 5-1 建设项目投资确定过程

4. 投资回收期长

项目投资一般会在较长时间内影响企业,固定资产项目所投资金一般都需要几年甚至十几年才能收回。因此,固定资产项目投资对企业今后长期的经济效益,甚至对企业的命运都有着决定性的影响。这就要求企业进行固定资产项目投资时必须进行认真的可行性研究。

5. 投资确定的层次性

投资分建设项目、单项工程、单位工程、分部工程、分项工程。

6. 投资风险大

由于项目投资回收期较长,在长回收期内不确定因素较多,加之项目投资不容易变现,所以项目投资的风险一般较大。

三、项目投资的程序

固定资产项目投资的特点决定了其投资具有较大的风险,一旦决策失误,就会严重影响企业的财务状况和现金流量,甚至会使企业走向破产。因此,固定资产项目投资必须按特定的程序,运用科学的方法进行可行性分析,以保证决策的正确有效。固定资产项目投资的一般程序包括以下几个步骤。

1. 提出投资项目

建筑施工企业的各级管理人员都可提出新的投资项目。企业的高级管理人员提出的投资项目一般是大规模的战略性投资,其方案一般由生产、市场、财务等各方面专家组成的专门小组提出。企业中基层人员提出的主要是战术性投资项目,其方案由主管部门组织人员拟订。

2. 评价投资项目的财务可行性

投资项目的财务可行性评价主要是计算有关项目的预计收入和成本,预测投资项目的现金流量,运用科学的投资评价方法,把各项目投资按优劣顺序进行排列,完成评价报告提请上级批准。

3. 投资项目的决策

投资项目评价后,企业领导者要作出最后决策。投资额较小的项目,一般中层经理就有决策权,投资额较大的投资项目一般由总经理决策,投资额特别大的投资项目,要由董事会甚至股东大会投票表决。投资决策的结论主要有:接受项目,进行投资;拒绝项目,不投资;重新调查研究后再决定。

4. 投资项目的执行

决定对某项目进行投资后,应积极筹措资金,实施投资。

5. 投资项目的再评价

在投资项目的具体执行过程中,还应注意审查原来的决策是否正确、合理。一旦出现新的情况,就要随时根据变化的情况作出新的评价。如果情况发生重大变化,原来投资决策已变得不合理,那么就要对投资决策是否中途停止作出决策,以避免更大的损失。

四、项目投资期

项目投资期是指投资项目从投资建设开始到最终清理结束为止整个过程所需的全部时间,包括建设期和运营期。项目建设期是指项目投资建设开始到项目建成投产为止所需的时间。项目运营期是指从项目建成投产开始到项目报废清理为止所需的时间。项目投资期、建设期和运营期之间的关系为

$$项目投资期(n) = 项目建设期 + 项目运营期 \qquad (5\text{-}1)$$

【做中学 5-1】 天力建筑施工企业拟建一项固定资产,预计使用寿命 12 年,要求根据以下情况分别计算该项目的投资期。

(1)在建设初投资,当年就完工并投产。
(2)建设期为 2 年。

【解】 (1)项目投资期=0+12=12(年)
(2)项目投资期=2+12=14(年)

任务二 现　金　流　量

一、现金流量的内容

现金流量(Cash Flow)也称现金流动量,是指与投资项目有关的各项现金流入和现金流出的数量,或由投资项目引起的现金收入、现金支出增加的数量。这里的"现金"不仅包括各种货币资金,还包括项目投资需要投入的企业现有的非货币资源的变现价值。它是评价投资项目是否可行的一项基础数据。项目投资的现金流量包括现金流入量、现金流出量和现金净流量。

1. 现金流入量

投资项目的现金流入量(Cash Flow－in,CI)是指投资项目引起的现金收入的增加额,简称现金流入,具体包括以下内容。

(1)营业收入

营业收入是项目建成投产后每年增加的销售收入或劳务收入。营业收入是经营期主要的现金流入项目。

(2)回收的固定资产余值

回收的固定资产余值是指固定资产在终结点报废清理时所回收的残料价值。

(3)回收的流动资金

回收的流动资金是指当投资项目有效期结束后,收回原先垫支在各项流动资产上的运营资金等。

(4)其他现金流入量

其他现金流入量是指凡不属于以上3项指标的现金流入量项目。

2. 现金流出量

投资项目的现金流出量(Cash Flow-out,CO)是指投资项目引起的现金支出的增加额,简称现金流出,具体包括以下内容。

(1)建设投资(包括更改投资)

①固定资产投资,是指项目建设过程中购置设备或生产线的价款、运输成本和安装成本、项目建设工程支出项目投产前垫支的流动资金、项目投产后每年增加的付现成本(材料费、人工费等)、项目有效期满支付的清理费等。

②无形资产投资,是指项目建设过程中如职工培训支出、技术购入支出等递延资产和无形资产的增加。建设投资是建设期发生的主要现金流出量。

(2)垫支的流动资金

垫支的流动资金是指投资项目建成后,为开展正常经营活动而投放在流动资产(如存货、应收账款)上的营运资金。当工程项目报废时,该流动资金便可自动收回。建设项目投资与垫支的流动资金统称为工程项目的原始投资。

(3) 付现成本

付现成本(又称经营成本)是指在经营期内为满足正常施工生产而需用现金支付的成本。它是施工生产期内最主要的现金流出量。具体分成如下：

$$\begin{aligned}付现成本 &= 变动成本 + 付现固定成本 \\ &= 总成本 - 折旧额及摊销额\end{aligned} \quad (5-2)$$

(4) 各项税款

各项税款是指项目投产后，向国家依法缴纳单独列示的各项税款，主要有所得税、营业税、消费税等。

(5) 其他现金流出量

其他现金流出量是指凡不属于以上 4 项指标的现金流出量项目。

3. 现金净流量

现金净流量(Net Cash Flow,NCF)是指某一项目(一定时期)现金流入量与现金流出量的净额。用公式表示为：

$$\begin{aligned}现金净流量 &= 现金流入量 - 现金流出量 \\ NCF &= CI - CO\end{aligned} \quad (5-3)$$

当现金流入量大于现金流出量时，现金净流量为正值；反之，现金净流量为负值。

二、现金净流量的估算

1. 现金流量的构成

任一投资项目，从投资的准备阶段到项目结束，投资项目均经历了建设期、生产经营期和项目终结期 3 个阶段。项目投资的现金流量也包括初始现金流量、营业现金流量、终结现金流量。其计算公式为：

$$\begin{aligned}现金净流量 &= 现金流入量 - 现金流出量 \\ &= 初始现金净流量 + 营业现金净流量 + 终结现金净流量\end{aligned} \quad (5-4)$$

(1) 初始现金净流量

初始现金净流量是指项目建设过程中发生的现金流入量和现金流出量，包括现金流出量如下的几个部分。

① 固定资产上的投资，包括固定资产的购入或建造成本、运输成本和安装成本等。

② 流动资产上的投资，包括对材料、在产品、成品和现金等流动资产的投资。

③ 其他投资费用，是指与项目投资有关的职工培训费、谈判费、注册费用等。

④ 原有固定资产的变价收入，是指固定资产更新时，旧固定资产的变卖所得的现金收入。

初始现金净流量一般没有现金流入量，所以建设期现金净流量为负值。即：

$$现金净流量 = -该年投资额 \quad (5-5)$$

(2) 营业现金净流量

营业现金净流量是指投资项目投入使用后，在其有效期内由于生产经营所带来的现金净流量。这种现金流量一般按年度进行计算。这里现金流入一般是指营业现金收入,主要指销售有关的现金收入,现金流出是指营业现金支出(主要是指年付现成本)和缴纳的税金。如果一个投资项目的每年销售收入等于营业现金收入,那么付现成本(是指不包括折旧的成本)等于营业现金支出。年营业现金净流量的计算公式为:

$$年营业现金净流量(NCF)＝年营业收入－年付现成本－所得税 \quad (5-6)$$

或

$$年营业现金净流量(NCF)＝净利＋折旧 \quad (5-7)$$

(3)终结现金净流量

终结现金流量是指投资项目有效期满时所发生的现金流量,主要包括以下几个部分。

①固定资产的残值收入或变价收入。

②原来垫支在各种流动资产上的资金的收回。

③停止使用的土地的变价收入等。

④固定资产的清理支出等。

终结现金净流量的计算公式为:

$$终结现金净流量(NCF)＝回收垫支的流动资金＋残值或变价收入 \quad (5-8)$$

2.净现金流量的估算

现金流量是投资决策的基础,为了正确地评价投资项目的优劣,必须正确地计算现金流量。

(1)现金流量估算必须注意的问题

要正确计算投资项目的现金流量,首先必须注意以下问题。

①分清相关成本和非相关成本。相关成本是指与特定项目有关的,在项目分析评价时必须考虑的成本,如差量成本、重置成本、可避免成本等。非相关成本是指与特定项目无关的,在项目分析评价时无需考虑的成本,如沉没成本、账面成本、不可避免成本等。

②重视机会成本。在项目投资决策中,如果选择了某一项目,往往要放弃其他项目的投资机会,放弃其他项目的预计投资收益即为采纳该项目的机会成本。

③考虑项目对原有项目的影响。投资项目经常会对企业原有的生产经营项目产生有利或不利的影响。如当新项目投资生产的新产品上市后,若新产品与老产品功能相近或新产品功能更全面,可能会使企业原来生产的产品的销售收入下降;反之,若新产品与原老产品功能互补,可以配套销售,则新产品上市后,可能会进一步扩大原有产品的销量和销售收入。在进行新项目投资决策时,必须考虑新项目投资可能会对企业原有经营项目的影响。

④必须重视对净营运资金的影响。当企业新投资项目建成投产后,企业的存货、应收账款等经营性流动资产一般会增加,与此同时,由于企业业务扩大,也会引起应付账款、应付费用等经营性流动负债的增加,从而降低企业流动资金的实际需要。净营运资金即指增加的经营性流动资产和增加的经营性流动负债的差。当投资项目建成投产时,企业就必须筹措资金以满足净营运资金增加的需求。当投资项目有效期满时,与项目有关的存货、应收账款又可以变现,应付账款、应付费用也随之偿还,项目投产时垫支的净营运资金又可以收回。

(2)投资项目现金流量的估算

为了正确地评价投资项目的优劣,必须正确地估算现金流量。

①现金流入量的估算。

a. 营业现金收入的估算。按照项目经营期内有关产品的各年预计单价和预测销售量进行估算。

b. 回收固定资产余值的估算。按照主要固定资产原值乘以净残值率估算出终结点回收的固定资产余值。

c. 回收流动资产的估算。在经营期如果不发生提前回收流动资金的情况下,一次在终结点回收的流动资金应等于各年垫支的流动资金投资额的合计数。

②现金流出量的估算。

a. 建设期投资的估算。根据项目的规模和投资计划所确定的各项建设工程费用、设备购置费、运输费和安装工程费等来计算。

b. 流动资金投资的估算。首先根据确定的本年流动资金需用量,再考虑流动资金占用额来确定本年的流动资金增加额。

c. 经营成本的估算。年经营成本等于当年的总成本费用减去该年的折旧额、无形资产和开办费的摊销额,以及财务费用中的利息支出后的差额。

d. 各项税金的估算。新建项目在进行决策时,一般只估算所得税,更新改造项目还需要估算因变卖固定资产应交纳的营业税。

【做中学 5-2】 大禹公司有一投资项目,原始投资为 250 万元,其中固定资产投资 200 万元,开办费投资 10 万元,流动资金投资 40 万元,建设期 1 年,建设期资本化利息 20 万元。固定资产投资和开办费投资均在建设期点投入,流动资金于完工时(第 1 年年末)投入。该项目固定资产寿命期为 10 年,按直线法计提折旧,期末有净残值 20 万元,开办费于投产当年一次摊销完毕。从经营期第 1 年连续 4 年每年归还借款 21 万元,流动资金在期末一次回收。投产后第 1~4 年每年利润 30 万元,第 5~10 年利润为每年 40 万元。要求,计算项目计算期各年的净现金流量。

【解】 (1)项目建设期=建设期+经营期=1+10=11(年)

(2)固定资产原值=固定资产投资+建设期资本化利息=200+20=220(万元)

(3)固定资产年折旧额=(固定资产原值−净残值)/使用年限
$$=(220-20)/10=20(万元)$$

(4)寿命终结年回收额=回收固定资产余值+回收流动资金
$$=20+40=60(万元)$$

(5)建设期各年的净现金流量(NCF)

$NCF_0=-(200+20)=-220$(万元)

$NCF_1=-40$(万元)

$NCF_2=30+20+10+21=81$(万元)

$NCF_{3\sim5}=30+20+21=71$(万元)

$NCF_{6\sim10}=40+20=60$(万元)

$NCF_{11}=40+20+60=120$(万元)

【做中学 5-3】 长江公司现有一个投资项目,项目投资总额 1000 万元,分 5 年在年初等额支付工程款,2 年建成投产,有效期 5 年,投产时垫付流动资金 200 万元,有效期满时收回,项目投产后每年增加销售收入1000万元,付现成本700万元,所得税率25%。

【解】 该项目在直线折旧法下的各年营业现金净流量、各年现金净流量、各年累计现金净流量分别计算见表5-1。

年折旧＝1000/5＝200(万元)

年营业现金净流量(NCF)＝(1000－200－700)＋200＝100＋200＝300(万元)

投资项目现金流量计算表(单位:万元)　　　　　　表5-1

项 目	0	1	2	3	4	5	6	7	合计
初始现金流量	－200	－200	－400	－200	－200				－1200
终结现金流量								200	200
年折旧				200	200	200	200	200	1000
各年净利				100	100	100	100	100	500
营业现金流量				300	300	300	300	300	1500
各年现金流量	－200	－200	－400	300	300	300	300	500	1100
累计现金流量	－200	－400	－800	－500	－200	100	400	900	

任务三　项目投资决策的评价指标

施工企业投资决策就是运用筹集到的资金,确定最佳的投资项目,以获取投资收益。企业在进行投资决策时,需要特定的指标对投资方案的可行性进行分析和评价。投资决策指标是用于衡量和比较投资项目优劣的标准和尺度。对投资项目评价时使用的指标有两类:一类是没有考虑资金时间价值的指标,即非贴现指标,主要从财务评价的角度介绍投资利润率和静态投资回收期两项指标;另一类是考虑了资金时间价值的指标,即贴现指标,主要包括净现值、获利指数、内部报酬率等指标。

一、非贴现现金流量指标

非贴现现金流量指标是指不考虑资金的时间价值,直接根据不同时期的现金流量分析项目的经济效益的投资决策指标,又称静态指标。这类指标的优点是计算简单、易于理解和掌握。但由于未考虑资金的时间价值,很难正确地反映投资项目的经济效益,通常只适用于对项目的初选评估,只作为项目投资评价的辅助方法。其主要有以下两个指标。

1.静态投资回收期

投资回收期(Payback Period,PP)又称静态投资回收期,是指收回全部初始投资所需要的时间。投资回收期一般以年为单位,该指标在20世纪60年代之前应用较为广泛。

投资回收期的计算因每年的营业净现金流量是否相等而有所不同,主要有以下两种方法。

(1)年金法

初始投资在投产时一次投入,不包括建设期且投资后每年的现金净流量均相等,投资回收期可按下式计算:

$$投资回收期(PP) = \frac{初始投资额(P)}{年营业现金净流量(NCF)} \tag{5-9}$$

【做中学 5-4】 长城公司有一投资项目,无建设期,需一次投资 2000 万元,寿命周期 20 年,每年现金净流量 380 万元,试计算项目的投资回收期。

【解】 投资回收期计算如下:

投资回收期(PP) = 2000/380 = 5.26(年)

(2)累计法

所谓累计法,是指通过列表计算"累计净现金流量"的方式,来确定包括建设期的投资回收期,进而再推算出不包括建设期的投资回收期的方法。此法适用于初始投资额分次投入或有建设期或投产后各年的营业现金净流量不相等的情况。首先逐年计算到每年末为止累计的现金净流量。

该法的原理是:

逐年计算到每年末为止累计的现金净流量。

①假设第 M 年年末累计现金净流量等于零,则包含建设期的回收期就等于 M。

②若无法计算"累计净现金流量"等于零,但从第 M 年年末开始累计现金净流量大于零,则投资回收期可按下列公式计算:

$$包括建设期投资回收期(PP) = (m-1) + \frac{第 M-1 年年末收回的投资}{第 M 年现金净流量(NCF)} \tag{5-10}$$

【做中学 5-5】 天力公司准备购入一套设备以扩充生产能力。现有甲、乙、丙 3 个方案可供选择,甲方案需投资 10000 元,使用寿命为 5 年,采用直线法计提折旧,5 年后设备无残值。5 年中每年销售收入为 6000 元,每年付现成本为 2000 元。乙方案需投资 11000 元,使用寿命为 5 年,采用直线法计提折旧,5 年后设备残值 1000 元。5 年中每年销售收入为 6000 元,每年付现成本为 2000 元。丙方案需投资 12000 元,采用直线折旧法计提折旧,使用寿命也为 5 年,5 年后有残值收入 2000 元。5 年中每年的销售收入为 8000 元,付现成本第一年为 3000 元,以后随着设备陈旧,逐年将增加修理费 400 元,另需垫支营运资金 3000 元,假设所得税率为 25%,试计算 3 个方案的回收期。

【解】 据现金流量编制各方案的全部现金流量表,见表 5-2。

方案的静态投资回收期计算如下:

甲方案投资回收期(PP)=10000÷3500=2.857(年)

乙方案投资回收期(PP)=11000÷3500=3.143(年)

丙方案投资回收期(PP)=(5-1)+200÷8050=4.025(年)

利用投资回收期法进行决策,应事先确定一个要求的回收期,在单方案比较时,若项目的投资回收期小于或等于要求的回收期,方案能够接受;反之,方案则不能接受,而在多个项目进行比较时,每个方案自身满足投资回收期小于或等于要求的回收期时,投资回收期越短项目投资额收回的速度越快,投资风险越小投资方案越优。

投资回收期法的主要优点是计算过程比较简单、易于理解。主要不足是没有考虑项目初始投资额收回后的现金流量状况,也没有考虑资金的时间价值,这会使投资项目评价和决策有片面性。投资回收期法主要用来测定方案的流动性,不能计量方案的盈利性,只能作为辅助方法使用。

投资项目现金流量计算表(单位:元) 表 5-2

项　目	0	1	2	3	4	5
甲方案 　固定资产投资 　营业现金流量	−10000	3500	3500	3500	3500	3500
现金流量合计	−10000	3500	3500	3500	3500	3500
乙方案 　固定资产投资 　营业现金流量 　固定资产残值	−11000	3500	3500	3500	3500	3500 1000
现金流量合计	−11000	3500	3500	3500	3500	4500
丙方案 　固定资产投资 　营运资金垫付 　营业现金流量 　固定资产残值 　营运资金回收	−12000 −3000	4250	3950	3650	3350	3050 2000 3000
现金流量合计	−15000	4250	3950	3650	3350	8050

2. 平均投资报酬率

年均报酬率(Average Rate of Return,ARR)是在投资项目寿命周期内平均每年的投资报酬率,也称平均投资报酬率。年均报酬率有多种计算方法,其计算方法如下:

方法一： $$\text{投资报酬率(ARR)} = \frac{\text{年均现金流量}}{\text{项目初始投资总额}} \times 100\% \quad (5-11)$$

方法二： $$\text{投资报酬率(ARR)} = \frac{\text{年均现金流量}}{\text{项目年均占用资金额}} \times 100\% \quad (5-12)$$

方法三： $$\text{投资报酬率(ARR)} = \frac{\text{年均净利}}{\text{项目初始投资总额}} \times 100\% \quad (5-13)$$

方法四： $$\text{投资报酬率(ARR)} = \frac{\text{年均净利}}{\text{项目年均占用资金额}} \times 100\% \quad (5-14)$$

上述式中,项目年均占用资金额一般可用"(初始投资总额+项目终结现金流量)÷2"进行计算。

上面介绍了 4 种计算年均报酬率的基本方法,在同一次决策中使用的方法应该一致。

【做中学 5-6】 根据【做中学 5-5】中天山公司的资料(见表 5-2),用方法一计算 3 个方案的年均报酬率。

【解】 投资报酬率计算如下：

甲方案投资报酬率(ARR) = $\frac{3500}{1000} \times 100\% = 35\%$

乙方案投资报酬率(ARR) = $\frac{(3500 \times 5 + 1000) \div 5}{11000} \times 100\% = 34\%$

丙方案投资报酬率(ARR) = $\frac{(4250+3950+3650+3350+8050) \div 5}{15000} \times 100\% = 31\%$

从以上3个方案投资报酬率的计算可知,甲方案投资报酬率最大,且达到必要投资报酬率,故甲方案最优。

投资报酬率是反映投资获利能力的相对指标,在进行决策时,应事先确定一个要求达到的投资报酬率又称必要投资报酬率。单方案比较时,只有高于必要投资报酬率的方案最优而在多个互斥方案进行决策时若每个方案均满足投资报酬率大于或等于要求的投资报酬率时,则选用投资报酬率最高的方案。

采用投资报酬率选择方案的主要优点是投资报酬率便于理解、简单易懂,且不受建设期的长短、投资的方式、回收额的有无净现金流量大小等条件的影响,能够说明各投资方案的收益水平。投资报酬率不足之处是:没有考虑资金的时间价值因素,不能正确反映建设期长短及投资方式不同对项目的影响;该指标的分子、分母的时间特征不一致(分子是时期指标分母是时点指标),因而在计算口径上可比性基础较差;该指标无法直接利用现金流量信息进行计算,只能作为辅助方法使用,有时会作出错误的决策,需与其他方法结合起来使用。

二、贴现现金流量指标

贴现现金流量指标又称动态指标,是指考虑了资金时间价值的指标,并把未来各年的现金流量统一折算为现在价值再进行分析评价的指标。这类指标计算全面、精确,并且考虑了投资项目整个寿命周期内的报酬情况,一般适用于对投资项目详细的可行性研究,这类指标主要有净现值、现值指数、内含报酬率等。

1. 净现值

净现值(Net Present Value,NPV)是指项目投产后未来年现金净流量的现值之和与初始投资额的现值的差额。

用公式表示为:

$$\text{净现值(NPV)} = \sum_{t=1}^{n} \frac{\text{NCF}_t}{(1+K)^t} - C \tag{5-15}$$

式中:NPV——净现值;
NCF$_t$——第t年的现金净流量;
K——贴现率(资本成本率或企业要求的报酬率);
n——项目预计使用年限;
C——初始投资总额。

净现值还有另外一种表述方法,即净现值是从投资开始至项目寿命终结时所有净现金流量(包括现金流出和现金流入)的现值之和。其计算公式为:

$$\text{净现值(NPV)} = \sum_{t=0}^{n} \frac{\text{NCF}_t}{(1+K)^t} \tag{5-16}$$

式中:NCF$_t$——第t年的现金流量;

n——开始投资至项目寿命终结时的年数;
K——贴现率(资本成本率或企业要求的报酬率)。

(1)计算过程

①计算每年的现金净流量。

②计算项目投产后未来每年营业现金净流量及终结现金净流量的总现值。这又可分成如下3步。

a.将每年的营业净现金流量折算成现值。如果每年的营业现金净流量相等,则按年金法折成现值,如果每年的营业现金净流量不相等,则先对每年的营业现金净流量进行贴现,然后加以合计。

b.将终结现金流量折算成现值。

c.计算未来现金净流量的总现值。

③计算初始投资额的现值。

a.无建设期,初始投资额在项目投产时一次投入,初始投资额的现值就等于初始投资额。

b.有建设期,初始投资额分次投入。若初始投资分期等额投入,则按年金计算现值;若初始投资分期不等额投入,则先对每年的投资额分别进行贴现,然后加以合计。

④计算净现值。计算公式为:

$$净现值 = 投产后未来每年现金净流量的总现值 - 初始投资额的现值 \quad (5-17)$$

(2)判别规则

在单一方案采纳与否的决策中,净现值大于零,方案可以接受,净现值小于零,方案不可以接受。在多个方案的选优决策中,净现值为正数且净现值越大,方案越优。

【做中学 5-7】 根据【做中学 5-5】中天力公司的资料(见表 5-2),假设资本成本率为 10%,试计算 3 个方案的净现值。

【解】 甲方案投产后各年的现金净流量(A)相等,可用公式计算:

$$NPV_甲 = A \times (A/P, i, n) - C$$
$$= 3500 \times (A/P, 10\%, 5) - 10000$$
$$= 3500 \times 3.791 - 10000$$
$$= 13268.5 - 10000$$
$$= 3268.5(元)$$

乙方案的年营业现金净流量(A)相等,有终结现金流量(S),可用公式计算:

$$NPV_乙 = [(A(P/A, 10\%, 5) + S(P/F, 10\%, 5)] - C$$
$$= [3500 \times (P/A, 10\%, 5) + 1000 \times (P/F, 10\%, 5)] - 11000$$
$$= (3500 \times 3.791 + 1000 \times 0.621) - 11000$$
$$= 13889.5 - 11000$$
$$= 2889.5(元)$$

丙方案的各年营业现金净流量不相等。

丙方案净现值=未来各年现金净流量的现值之和-初始投资额

列表进行计算,见表 5-3。

丙方案净现值计算表(单位:元)   表 5-3

年 度	各年的 NCF①	现值系数($P/F,10,n$)②	现值③=①×②
1	4250	0.908	3863.25
2	3950	0.826	3262.7
3	3650	0.751	2741.15
4	3350	0.683	2288.05
5	8050	0.621	4999.05
未来报酬的总现值		17154.2	
减初始投资		15000	
净现值(NPV)		2154.2	

从以上计算中可以看出:3个方案的净现值均大于零,故都是可行的。但甲方案的净现值最大,若天力公司只能选择一个方案,则应选用甲方案。

净现值法的优点是考虑了资金的时间价值,计算了项目寿命期内全部现金净流量,能够反映各种投资方案的净收益,理论上比投资回收期完善,因而是一种广泛采用的方法。缺点是净现值是一个绝对数,指标不利于原始投资额不同的方案的比较,折现率和现金流量很难准确确定,所以实际应用上受到很大限制。

2. 现值指数

现值指数又称获利指数(Profitability Index,PI),是投资项目投产后未来各年现金流量的现值之和与原始投资额的现值之比。

其计算公式为:

$$现值指数(PI) = \frac{净现值(NPV)}{一次投入的初始投资总额(C)} \tag{5-18}$$

式中:PI——现值指数;

NPV——项目净现值;

C——一次投入的初始投资总额。

(1)计算过程

①计算未来的年投资报酬的总现值。与净现值法的计算相同。

②计算初始投资额的现值。

a. 无建设期,初始投资额在项目投产时一次投入,初始投资额的现值就等于初始投资额。

b. 有建设期,初始投资额分次投入。若初始投资分期等额投入,则按年金计算现值,若初始投资分期不等额投入,则先对每年的投资额分别进行贴现,然后加以合计。

③计算现值指数。

(2)判别规则

$$现值指数(PI) = \frac{净现值(NPV)}{一次投入的初始投资总额(C)}$$

在单一方案采纳与否的决策中,现值指数大于1,方案可以接受,现值指数小于1,方案不可以接受。在多个方案的选优决策中,现值指数大于1且现值指数越大,方案越优。

【做中学 5-8】 根据【做中学 5-5】中天力公司的资料见表 5-2,假设资本成本率为 10%,试计算 3 个方案的现值指数。

【解】 甲方案投资后各年现金净流量(A)相等,可用公式计算:

$$甲方案的现值指数(PI_甲) = \frac{A \times (A/P, i, n)}{C} = \frac{3500 \times (AP, 10\%, 5)}{11000} = \frac{3500 \times 3.791}{11000}$$

$$= 1.33$$

乙方案的年营业现金净流量(A)相等,有终结现金流量(S),可用以下公式计算:

$$乙方案的现值指数(PI_乙) = \frac{A \times (A/P, i, n) + S \times (P/F, i, n)}{C}$$

$$= \frac{3500 \times (A/P, 10\%, 5) + 1000 \times (P/F, 10\%, 5)}{11000}$$

$$= \frac{3500 \times 3.791 + 1000 \times 0.621}{11000}$$

$$= 1.26$$

丙方案的各年 NCF 不相等,列表进行计算,见表 5-3。

$$丙方案的现值指数(PI_丙) = \frac{丙方案净现值(NPV)}{C} = \frac{17154}{15000} = 1.14$$

从以上计算中可以看出,3 个方案的现值指数均大于 1,但甲方案的现值指数最大,故应选用甲方案。

现值指数法的优点是考虑了资金的时间价值,能够真实地反映投资项目的盈亏程度。由于现值指数是用相对数值来表示的,所以能从动态角度反映项目投资的资金投入与产出之间关系,有利于在初始投资额不同的投资方案之间进行对比。现值指数法的缺点是不能反映投资项目的真实报酬率,指标计算的分子分母口径不一致。

3. 内含报酬率

内含报酬率(Internal Rate of Return,IRR)又称内部报酬率,是指能够使未来现金流入量现值等于未来现金流出量现值的折现率,或者说是使投资方案净现值等于零时的贴现率。

内含报酬率实际上反映了投资项目的真实报酬率,目前越来越多的企业运用该项指标对投资项目进行评价。内含报酬率的计算公式为:

$$内涵报酬率(IRR) = \sum_{t=1}^{n} \frac{NCF_t}{(1+IRR)} - C = 0 \tag{5-19}$$

式中:NCF_t——第 t 年的未来现金净流量总现值;
    IRR——内含报酬率;
    n——项目预计使用年限(项目有效期);
    C——初始投资总额。

(1)内涵报酬率的计算步骤

①年金法

无建设期,初始投资一次投入,并且项目投产后每年的 NCF 相等时,按下列步骤计算。

第一步,计算年金现值系数。

$$\text{年金现值系数} = \frac{\text{初始投值}}{\text{年现金净流量}} = \frac{C}{NCF} \quad (5\text{-}20)$$

因为，$\quad A \times (P/A, IRR, n) - C = 0$

所以，$\quad (P/A, IRR, n) = C/A \quad (5\text{-}21)$

第二步，查年金现值系数表。在相同的期数(n)内，找出与上述年金现值系数相邻近的较大和较小两个年金现值系数(E_1、E_2)及其对应的贴现率(i_1、i_2)。

第三步，根据上述两个邻近的贴现率和已求得的年金现值系数，采用插值法计算出该投资方案的内含报酬率(IRR)。

则 $\quad IRR = i_1 + (i_2 - i_1) \times \dfrac{E_1}{(E_1 - E_2)} \quad (5\text{-}22)$

根据上式，解方程即可求出内含报酬率 IRR。

【做中学 5-9】 天力公司的详细资料见【做中学 5-5】，其中甲方案的现金流量的计算见表 7-2。则甲方案的内含报酬率计算如下：

$[3500 \times (P/A, IRR_{甲}, 5)] - 10000 = 0$

$(P/A, IRR, 5) \approx 2.857$

查年金现值系数表得：

$(P/A, 20\%, 5) = 2.991$

$(P/A, 25\%, 5) = 2.689$

$\dfrac{(20\% - IRR)}{(20\% - 25\%)} = \dfrac{(2.991 - 2.85)}{(2.991 - 2.689)}$

则 $IRR_{甲} \approx 20.02\%$

甲方案的内含报酬率为 20.02%。

②逐次测试法。

如果每年的 NCF 不相等，则按下列步骤计算。

第一步，先预估一个贴现率，并按此贴现率计算净现值。如果计算出的净现值大于零，则表示预估的贴现率小于该项目的实际内含报酬率，应提高贴现率，再进行测算；如果计算出的净现值小于零，则表明预估的贴现率大于该方案的实际内含报酬率，应降低贴现率，再进行测算。经过如此反复测算，找到净现值由正到负并且比较接近于零的两个贴现率。

第二步，根据上述两个邻近的贴现率再使用式(7-21)中的插值法，计算出方案的实际内含报酬率。插值法求解 IRR 如图 5-1 所示。

$IRR = i_1 + (i_2 - i_1) + NPV_1 / (NPV_1 - NPV_2)$

$IRR = i_1 + (i_2 - i_1) \times \dfrac{NPV_1}{NPV_1 - NPV_2} \quad (5\text{-}23)$

(2)判别规则

在单一方案采纳与否的决策中，内含报酬率大于资金成本率，方案可行；内含报酬率小于资金成本率，方案不可行。如果多个方案的内含报酬率都大于其资金成本率，且各方案的投资额相同，则内含报酬率越大，方案越优；若各方案的投资额不相同，则投资额×(内含报酬率－资金成本率)的值最大的方案为最优方案。

【做中学 5-10】 天力公司的详细资料见【做中学 5-5】，其中的乙方案、丙方案的现金流量的计算见表 5-4。乙方案、丙方案投产后未来每年的现金流量不完全相等,必须用逐次测算法计算内含报酬率。

【解】 乙方案内含报酬率计算如下。

当贴现率为 20% 时:

则 $NPV_乙 = 3500 \times (A/P, 20\%, 5) + 1000 \times (P/F, 20\%, 5) - 11000 = -129.5(元)$

当贴现率为 19% 时:

则 $NPV_乙 = 3500 \times (A/P, 19\%, 5) + 1000 \times (P/F, 19\%, 5) - 11000 = 122(元)$

现用插值法计算,则:

$$\frac{(20\% - IRR_乙)}{(20\% - 19\%)} = \frac{(-129.5 - 0_乙)}{(-129.5 - 122)}$$

$IRR_乙 \approx 19.49\%$

即乙方案内含报酬率为 19.49%

丙方案内含报酬率的测算过程详见表 5-4。

丙方案内含报酬率测算表(单位:元) 表 5-4

年度	NCF/元	测试 14%		测试 15%		测试 16%	
		复利现值系数 $(P/F, 14\%, n)$	现值/元	复利现值系数 $(P/F, 15\%, n)$	现值/元	复利现值系数 $(P/F, 16\%, n)$	现值/元
0	−1500	1.000	−15000	1.000	−15000	1.000	−15000
1	0	0.877	3727.25	0.870	3697.5	0.862	3663.5
2	4250	0.769	25	0.756	2986.2	0.743	2934.8
3	3950	0.675	3037.55	0.658	2401.7	0.641	5
4	3650	0.592	2463.75	0.572	1916.2	0.552	2339.6
5	3350	0.519	1983.2	0.497	4000.85	0.476	5
	8050		4177.95				1849.2
							3831.8
NPV/元	___	___	389.7	___	2.45	___	−381

在表 5-4 中,先按 14% 的贴现率进行测算,净现值为正数,再把贴现率调高到 15%,进行第二次测算,净现值为 2.45 元,说明内含报酬率比 15% 稍大。为计算其精确数,又把贴现率调高到 16% 进行测算,净现值为负数。这说明该项目的内含报酬率一定在 15%~16%。

现用插值法计算丙方案的内含报酬率 $IRR_丙$ 如下:

$$\frac{(15\% - IRR_丙)}{(15\% - 16\%)} = \frac{(2.45 - 0)}{[2.45 - (-381)]}$$

即丙方案的内含报酬率 $IRR_丙 = 15.01\%$。

从以上计算 3 个方案计算的内含报酬率可以看出,甲方案的内含报酬率较高,故甲方案效益最好。

内含报酬率法的优点是考虑了资金的时间价值,能从动态角度直接反映投资项目的真实收益水平,且不受行业基准收益率高低的影响,比较客观,概念也易于理解。但这种方法的缺点是计算过程比较复杂,当经营期大量追加投资时,有可能出现多个 IRR,会偏高或偏低失去现实意义。

三、投资决策指标的比较

1. 净现值和现值指数的比较

由于净现值和现值指数使用的是相同的信息，在评价投资项目的优劣时，它们常常是一致的，但当初始投资额不同时，净现值和现值指数也有可能产生差异。由于净现值是用各期现金流量现值减初始投资额的，而现值指数是用现金流量现值除以初始投资额的，因而，评价的结果可能会不一致。

最大的净现值符合企业的最大利益，也就是说，净现值越高，企业的收益越大，而现值指数只反映投资回收的程度，不反映投资回收的多少，在没有资本限量的情况下的互斥选择决策中，应选用净现值较大的投资项目，而在资本有限量或独立选优决策中，以现值指数作为评价标准可能更好。

2. 净现值和内含报酬率的比较

在多数情况下，运用净现值和内含报酬率这两种方法得出的结论是相同的。但在如下两种情况下，有时会产生差异，具体如下：初始投资不一致，一个项目的初始投资大于另一个项目的初始投资；现金流入的时间不一致，一个在最初几年流入得较多，另一个在最后几年流入得较多。尽管在这两种情况下两者产生了差异，但引起差异的原因是共同的，即两种方法假定用前期或中期产生的现金流入量再投资时，会产生不同的报酬率。净现值法假定产生的现金流入量重新投资会产生相当于企业资本成本的利润率，而内含报酬率法却假定现金流入重新投资产生的利润率与此项目的特定的内含报酬率相同。

在无资本限量或互斥选择的情况下，净现值法是一个比较好的方法，而在资本有限量或独立选优决策中，内含报酬率法则比较好。

总之，在无资本限量或互斥选择的情况下，利用净现值法在所有的投资评价中都能作出正确的决策，而利用内部报酬率和现值指数在采纳与否决策中也能作出正确的决策，但在互斥选择决策中有时会作出错误的决策。因而，在这3种评价方法中，净现值是最好的评价方法。

任务四　项目投资决策评价指标的应用

上节介绍了投资决策的基本指标，本节结合具体实例研究项目投资决策基本指标的应用问题。

一、使用年限相等的互斥方案决策

若有两个或两个以上的投资项目，各项目可供使用年限（项目经营期）相等，但只能投资其中一个项目。这时要根据各项目每年的生产能力是否相同，分别采用不同的方法。

1. 每年各项目的生产能力无差别

若项目经营期内每年中不同项目的生产能力相同，即投资决策并不影响各年的销售收入，只影响投资额和年付现成本额，这时可通过比较各项目投资期内现金净流出量的总现值进行项目投资决策，即现金净流出量现值法。

【做中学 5-11】 东方公司有一台 3 年前购置的旧设备，现考虑是否进行更新。该公司所得税率为 25%，其他资料见表 5-5。

旧设备有关资料表（单位：元）　　　　　　　　　　　表 5-5

项　　目	旧　设　备	新　设　备
原价	80000	50000
税法规定的残值	8000	5000
税法规定使用年限/年	6	4
已使用年限	3	0
尚可使用年限	4	4
每年付现成本	8600	5000
两年后大修成本	28000	
最终报废残值	8500	10000
目前变现价值	10000	
年折旧额	（直线法）	（年数总和法）
第 1 年	12000	18000
第 2 年	12000	13500
第 3 年	12000	9000
第 4 年		4500

继续使用旧设备和购入新设备方案的各年的现金流量及其现值计算见表 5-6。

各年的现金流量及其现值计算表　　　　　　　　　　　表 5-6

项　　目	现金流量/元	时间/年次	系数（10%）	现值/元
继续使用旧设备				
旧设备变现价值	−10000	0	1	−10000
旧设备更新损失减税	(10000−44000)×25%=−8	0	1	−8500
每年付现操作成本	500	1—4	3.170	−20446.5
每年折旧抵税	8600×(1−25%)=−6450	1—3	2.487	7461
两年后大修成本	12000×25%=3000	2	0.826	−17346
残值变现收入	28000×(1−25%)=−21000	4	0.683	5805.5
残值变现净收入纳税	8500	4	0.683	−85.38

续上表

项　　目	现金流量/元	时间/年次	系数(10%)	现值/元
合计	(8500−8000)×25%=−125			−43111.38
更新设备				
购置成本	−50000	0	1	−50000
每年付现操作成本	5000×(1−25%)=−3750	1—4	3.170	−11887.5
每年折旧抵税				
第1年	18000×25%=4500	1	0.909	4090.5
第2年	13500×25%=3375	2	0.826	2787.75
第3年	9000×25%=2250	3	0.751	1689.75
第4年	4500×25%=1125	4	0.683	768.38
残值收入	10000	4	0.683	6830
残值净收入纳税	(10000−5000)×25%=−1	4	0.683	−853.75
合计	250			−46574.87

继续使用旧设备方案的现金净流出量的总现值为 43111.38 元,而更新设备方案的现金净流出量的总现值为 46574.87 元,所以继续使用旧设备较好,公司应继续使用旧设备。

2. 每年各项目的生产能力有差别

若项目经营期内每年各项目的生产能力不一样,即投资决策不但影响投资额和年付现成本额,而且也影响各年的销售收入,这时可用差量净现值法或净现值法进行投资决策。

【做中学 5-12】 大华公司现准备用一台新设备来代替旧设备,以减少成本,增加收益。旧设备原购置成本为 40000 元,预计使用期满后无残值,使用年限为 10 年,已使用 5 年,若现在销售该设备可得价款 20000 元,若继续使用该设备每年可获收入 50000 元,每年的付现成本为 30000 元。该公司现准备用一台新设备来代替该旧设备,新设备的购置成本为 60000 元,估计可使用 5 年,期满有残值 10000 元,使用新设备后,每年收入可达 80000 元,每年付现成本为 40000 元。假设该公司的资本成本率为 10%,所得税率为 25%,新、旧设备均用直线法计提折旧。试作出大华公司是继续使用旧设备还是对其进行更新的决策。

【解】 本案例包含两个投资方案:一个方案是继续使用旧设备(相当于花 20000 元购置一台旧设备),另一个方案是出售旧设备而购置新设备。项目经营期均为 5 年,每年各项目的收入和成本费用都不同,可以采用差量净现值法或净现值法进行决策。

(1)差量净现值法。从设备以旧换新的角度计算两个方案的差量现金流量。

①差量初始投资额与差量折旧额。

$\Delta_{初始投资}=60000−20000=40000(元)$

$\Delta_{年折旧额}=[(60000−10000)/5]−[40000/10]=6000(元)$

②利用表 5-7 来计算各年营业现金流量的差量。

各年营业现金流量的差量计算表(单位:元) 表5-7

项 目	第1~5年
Δ销售收入①	30000
Δ付现成本②	10000
Δ折旧额③	6000
Δ税前净利④＝①－②－③	14000
Δ所得税⑤＝④×25%	3500
Δ税后净利⑥＝④－⑤	10500
Δ营业现金净流量⑦＝⑥＋③＝①－②－⑤	16500

③利用表5-8来计算两个方案现金流量的差量。

现金流量的差量计算表(单位:元) 表5-8

项目	第0年	第1年	第2年	第3年	第4年	第5年
Δ初始投资	－40000					
Δ营业净现金流量		16500	16500	16500	16500	16500
Δ终结现金流量						10000
Δ现金流量	－40000	16500	16500	16500	16500	26500

④计算差量净现值。

$$\Delta_{NPV} = 16500 \times (P/A, 10\%, 4) + 26500 \times (P/F, 10\%, 5) - 40000$$
$$= 16500 \times 3.170 + 26500 \times 0.621 - 40000$$
$$= 28761.50(元)$$

投资项目更新后,有差量净现值28761.50元,故应进行更新。

(2)净现值法。分别从继续使用旧设备和购置新设备(出售旧设备)的角度计算两个方案的净现值。

①分别计算继续使用旧设备和购置新设备方案的初始投资额和年折旧额。

继续使用旧设备方案初始投资＝20000(元)

购置新设备方案初始投资＝60000(元)

继续使用旧设备方案年折旧额＝40000/10＝4000(元)

购置新设备方案年折旧额＝(60000－10000)/5＝10000(元)

②利用表5-9来计算各年营业现金流量。

各年营业现金流量表(单位:元) 表5-9

项 目	继续使用旧设备	购买新设备
销售收入①	50000	80000
付现成本②	30000	40000
折旧额③	4000	10000
税前净利④＝①－②－③	16000	30000
所得税⑤＝④×25%	4000	7500
税后净利⑥＝④－⑤	12000	22500
营业净现金流量⑦＝⑥＋③＝①－②－⑤	16000	32500

③利用表 5-10 来计算两个方案现金流量。

现金流量计算表(单位:元)　　　　表 5-10

项　　目	第 0 年	第 1 年	第 2 年	第 3 年	第 4 年	第 5 年
继续使用旧设备 初始投资 营业净现金流量	－20000	16000	16000	16000	16000	16000
现金流量	－20000	16000	16000	16000	1000	16000
购入新设备 初始投资 营业现金净流量 终结现金流量	－60000	3250	3250	3250	3250	3250
现金流量	－60000	3250	3250	3250	3250	3250

④计算净现值。

$NPV_{旧} = 16000 \times PVIFA_{10\%,5} - 20000$

$\quad\quad = 16000 \times 3.791 - 20000$

$\quad\quad = 40656(元)$

$NPV_{新} = 32500 \times PVIFA_{10\%,5} + 10000 \times PVIFA_{10\%,5} - 60000$

$\quad\quad = 32500 \times 3.791 + 10000 \times 0.621 - 60000$

$\quad\quad = 69417.5(元)$

购入新设备的净现值大于继续使用旧设备的净现值,故应进行更新。

二、使用年限不等的互斥方案决策

若有两个或两个以上的投资项目,各项目可供使用年限(项目经营期)不同,但只能投资其中一个项目。这时仍要根据各项目每年的生产能力是否相同,分别采用不同的方法进行投资决策。

1. 每年各项目的生产能力相同

若项目经营期内每年中不同项目的生产能力相同,即投资决策没有影响各年的销售收入,只影响投资额、年成本额和项目经营期,这时可通过比较各项目投资期内平均每年的现金净流出量进行项目投资决策,即年均成本法。计算公式如下:

$$NAV = \frac{\sum_{t=1}^{n} NCF_t (P/F,i,)}{(P/A,i,n)} \quad\quad (5-24)$$

某项目年均成本 = 该项目各年现金净流出量的总现值 $/(P/A,i,n)$

式中:NAV——年均成本;

i——企业的资金成本率或投资者要求的报酬率;

n——项目有效期。

【做中学 5-13】【做中学 5-11】东方公司旧设备的尚可使用年限为 3 年,其他资料见表 5-8。继续使用旧设备和购入新设备方案的各年的现金流量及其现值计算见表 5-11。

两种方案现金流量及其现值计算　　　　　　　　　　　表 5-11

方案一				
项　目	现金流量/元	时间/年次	系数(10%)	现值/元
继续使用旧设备				
旧设备变现价值	−10000	0	1	−10000
旧设备更新损失减税	(10000−44000)×25%=−8	0	1	−8500
每年付现操作成本	500	1−3	2.487	−16041.15
每年折旧抵税	8600×(1−25%)=−6450	1−3	2.487	7461
两年后大修成本	12000×25%=3000	2	0.826	−17346
残值变现收入	28000×(1−25%)=−21000	3	0.751	6383.5
残值变现净收入纳税	8500	3	0.751	−93.88
合计	(8500−8000)×25%=−125			−38136.53

方案二				
项　目	现金流量/元	时间/年次	系数(10%)	现值/元
更新设备				
购置成本	−50000	0	1	−50000
每年付现操作成本	5000×(1−25%)=−3750	1−4	3.170	−11887.5
每年折旧抵税				
第 1 年	18000×25%=4500	1	0.909	4090.5
第 2 年	13500×25%=3375	2	0.826	2787.75
第 3 年	9000×25%=2250	3	0.751	1689.75
第 4 年	4500×25%=1125	4	0.683	768.38
残值收入	10000	4	0.683	6830
残值净收入纳税	(10000−5000)×25%=−1250	4	0.683	−853.75
合计				−46574.87

继续使用旧设备方案的年均成本=38136.53/(P/A,10%,3)=15334.35(元)

更新设备方案的年均成本=46574.87/(P/A,10%,4)=14692.39(元)

继续使用旧设备方案的年均成本为 15334.35 元,更新设备方案的年均成本为 14692.39 元,所以更新设备方案较好,东方公司应购入新设备,出售旧设备。

2. 每年各项目的生产能力不同

若不同投资项目不仅经营期限不同,每年各项目的生产能力也不一样,即投资决策不但影响投资额和年成本额,而且也影响各年的销售收入,这时可用年均净现值法进行投资决策。计算公式为:

$$NAV = NPV/(P/A, i, n) \qquad (5-25)$$

式中：NAV——某项目年均成本；
　　　NPV——该项目净现值；
　　　i——企业资金成本率或投资者要求的报酬率；
　　　n——项目有效期。

【做中学 5-14】 兴旺公司准备上一条生产线，现有两个投资项目可供选择。一是半自动化的 A 项目，需要一次投资 160000 元，项目投资后每年将产生销售收入 150000 元，每年需支付付现成本 50000 元，项目的使用寿命为 4 年，4 年后必须更新且无残值；二是全自动化的 B 项目，需要一次投资 240000 元，使用寿命为 6 年，项目投产后每年将产生 50000 元的净利润，6 年后必须更新且无残值。设 A、B 两项目均无建设期，该公司固定资产均采用直线法计提折旧，企业所得税率为 25%，企业的资本成本率为 10%。该公司应如何决策呢？

【解】 (1) 计算两个项目的年营业现金净流量。
A 项目：
NCF = (150000 − 50000 − 160000/4) × (1 − 25%) + 160000/4
　　 = 85000(元)

B 项目：
NCF = 50000 + 240000/6
　　 = 90000(元)

(2) 计算两个项目的净现值。
NPV_A = 85000 × (P/A, 10%, 4) − 160000
　　　 = 85000 × 3.170 − 160000
　　　 = 109450(元)

NPV_B = 90000 × (P/A, 10%, 6) − 240000
　　　 = 90000 × 4.355 − 240000
　　　 = 151950(元)

(3) 计算 A、B 两项目的年均净现值。
A 项目年均净现值 = 109450/(P/A, 10%, 4) = 34526.81(元)
B 项目年均净现值 = 151950/(P/A, 10%, 6) = 34890.93(元)

A 项目年均净现值为 34526.81 元，B 项目年均净现值为 34890.93 元，所以兴旺公司应投资全自动化的 B 项目。

三、资本有限量的独立选优决策

资本有限量是指企业资金有一定限度，不能投资于所有可接受的项目。也就是说，有很多财务上可行的项目可供投资，但无法筹集到足够的资金。这种情况是在许多公司都存在，特别是那些以内部融资为经营策略或外部融资受到限制的企业。在资金有限的情况下，为提高企业的投资收益率，应投资于一组使净现值最大的项目。这样的一组项目必须用适当的方法进行选择。常用的有两种方法——加权平均现值指数法和净现值法。

1. 组合的现值指数法

组合的现值指数法是指对可供投资的项目进行不同的投资组合（每一投资组合所需投资总额不能大于可供投资资金总额），以每一组合中各项目的投资比重为权数，计算各投资组合的加权平均的现值指数，并据此作出投资决策的方法。

组合的现值指数法的决策程序如下。

（1）计算所有项目的现值指数，并列出每一个项目的初始投资额。

（2）接受PI＞1的项目，如果所有可行（PI＞1）的项目所需资金总额小于或等于可供投资资金总额，则说明资本没有限量，所有现值指数大于1的项目都可以投资，并可以按照现值指数从大到小的顺序进行投资。

（3）如果资金不能满足所有PI＞1的项目，那么就要对所有项目在资本限量内进行各种可能的组合（每一投资组合所需投资总额不能大于可供投资资金总额），然后计算出各种组合的加权平均现值指数。

需要注意的是，若某一投资组合所需资金总额小于可供投资资金总额，则假设剩余资金可以保值，即剩余资金的净现值等于零，现值指数等于1。

$$组合的现值指数 = \sum 组合中某项目的现值指数 \times 该项目投资额 / 可供投资资金总额 \tag{5-26}$$

（4）选择加权平均现值指数最大的一组项目进行投资。

2. 组合的净现值法

组合的净现值法是指对可供投资的项目进行不同的投资组合（每一投资组合所需投资总额不能大于可供投资资金总额），将每一投资组合中各项目的净现值分别进行加总，计算各投资组合的净现值总额，并据此作出投资决策的方法。

组合的净现值法的决策步骤如下。

（1）计算所有项目的净现值，并列出项目的初始投资。

（2）接受NPV＞0的项目，如果所有NPV＞0的项目所需资金总额小于等于可供投资资金总额，则说明资本没有限量，所有净现值大于0的项目都可以投资。

（3）如果资金不能满足所有的NPV＞0的投资项目，那么就要对所有可行的项目在资本限量内进行各种可能的组合（每一投资组合所需投资总额不能大于可供投资资金总额），然后计算出各种组合的净现值总额。

$$组合的净现值 = \sum 组合中各项目的净现值 \tag{5-27}$$

（4）选择净现值总额最大的一组项目进行投资。

【做中学5-15】 三环公司有5个可供选择的投资项目A、B、C、D、E，该公司可供投资的资金总额为400000元。各项目的初始投资额、净现值、现值指数见表5-12。

计算所有能使可供投资资金得以充分利用的可能项目组合的加权平均获利指数和净现值合计数，见表5-13。

各项目的初始投资额、现值指数和净现值　　　　　　　　　　　表5-12

投资项目	初始投资额/元	现值指数(PI)	净现值(NPV)/元
A	120000	1.56	67000
B	150000	1.53	79500
C	300000	1.37	111000
D	125000	1.17	21000
E	100000	1.18	18000

所有可能项目组合的加权平均获利指数和净现值　　　　　　表5-13

投资项目	初始投资额/元	现值指数(PI)	净现值(NPV)/元
ABD	395000	1.42	167500
ABE	370000	1.412	164500
ADE	345000	1.129	106000
BDE	375000	1.412	164700
CE	400000	1.322	129000

在表5-13中,ABE组合中有30000元资金没有用完,假设这30000元可投资于有价证券获利指数为1,净现值为0(其他组合也如此)。则ABE组合的加权平均现值指数可按以下方法计算:

(120000/400000)×1.56+(150000/400000)×1.53+(100000/400000)×1.18+
(30000/400000)×1≈1.412

从表5-13中可以看出,三环公司应选用ABD组合,其净现值为167500元,加权平均现值指数为1.42,资金利用率最高。

◁ 项目小结 ▷

本项目主要阐述项目投资及其决策方法。首先,介绍了项目投资的概念、特点、种类和决策程序,然后重点介绍了项目投资的基本决策方法,主要包括非贴现的投资回收期法、年均报酬率法、贴现的净现值法、现值指数法和内含报酬率法;最后简单介绍了投资决策方法的应用。

技能训练

一、单项选择题

1.下列属于企业短期投资的是(　　)。
　A.厂房　　　　B.应收账款　　　　C.预收账款　　　　D.无形资产

2. 下列属于企业长期投资的是（　　）。
   A. 现金　　　　　　B. 应收账款　　　　　C. 存货　　　　　　D. 无形资产
3. 投资决策方法中，对于互斥方案来说，最好的评价方法是（　　）。
   A. 净现值法　　　　　　　　　　　　　B. 获利指数法
   C. 内部报酬率法　　　　　　　　　　　D. 平均报酬率法
4. 某投资项目原始投资为 12 万元，当年完工投产，有效期 3 年，每年可获得现金净流量 4.6 万元，则该项目内部报酬率为（　　）。
   A. 6.68%　　　　　B. 7.33%　　　　　C. 7.68%　　　　　D. 8.32%
5. 当贴现率与内部报酬率相等时（　　）。
   A. 净现值小于零　　　　　　　　　　　B. 净现值等于零
   C. 净现值大于零　　　　　　　　　　　D. 净现值不一定
6. 若净现值为负数，表明该投资项目（　　）。
   A. 投资报酬率小于零，不可行
   B. 为亏损项目，不可行
   C. 投资报酬率不一定小于零，因此也有可能是可行方案
   D. 投资报酬率没有达到预定的贴现率，不可行
7. 若某投资项目的建设期为零，则直接利用年金现值系数计算该项目内部收益率指标所要求的前提条件是（　　）。
   A. 投产后净现金流量为普通年金形式　　B. 投产后净现金流量为递延年金形式
   C. 投产后各年的净现金流量不相等　　　D. 在建设起点没有发生任何投资
8. 某企业拟进行一项固定资产投资项目决策，设定折现率为 12%，有 4 个方案可供选择。其中，甲方案的项目计算期为 10 年，净现值为 1000 万元，$(A/P,12\%,10)=0.177$，乙方案的净现值率为 -15%，丙方案的项目计算期为 11 年，每年等额净回收额为 150 万元，丁方案的内部收益率为 10%。最优的投资方案是（　　）。
   A. 甲方案　　　　　B. 乙方案　　　　　C. 丙方案　　　　　D. 丁方案
9. 某投资方案，当贴现率为 16% 时，其净现值为 338 元。当贴现率为 18% 时，其净现值为 -22 元。该方案的内含报酬率为（　　）。
   A. 15.88%　　　　B. 16.88%　　　　C. 17.88%　　　　D. 18.88%
10. 运用肯定当量法进行投资风险分析，需要调整的项目是（　　）。
    A. 有风险的贴现率　　　　　　　　　　B. 无风险的贴现率
    C. 有风险的现金收支　　　　　　　　　D. 无风险的现金收支

二、多项选择题

1. 下列各项投资属于短期投资的是（　　）。
   A. 应收账款　　　　B. 机器设备　　　　C. 预收账款　　　　D. 存货
2. 下列投资属于对外投资的是（　　）。
   A. 股票投资　　　　B. 固定资产投资　　C. 债券投资　　　　D. 联营投资
3. 对于同一投资方案，下列说法正确的是（　　）。

A. 资本成本越高,净现值越低
B. 资本成本越高,净现值越高
C. 资本成本相当于内部报酬率时,净现值为零
D. 资本成本高于内部报酬率时,净现值小于零

4. 在投资决策分析中使用的贴现现金流量指标有(　　)。
A. 净现值　　　　B. 内部报酬率　　　　C. 投资回收期　　　　D. 获利指数

5. 在长期投资决策中,初始现金流量包括(　　)。
A. 固定资产上的投资　　　　　　　　B. 流动资产上的投资
C. 原有固定资产的变价收入　　　　　D. 其他投资费用

6. 在项目计算期不同的情况下,能够应用于多个互斥投资方案比较决策的方法有(　　)。
A. 差额投资内部收益率法　　　　　　B. 年等额净回收额法
C. 最短计算期法　　　　　　　　　　D. 方案重复法

7. 下列关于内含报酬率说法中正确的是(　　)。
A. 它是未来现金流出量与现金流入量相等时的贴现率
B. 它是未来现金流入量现值与现金流出量现值相等时的贴现率
C. 它是能使净现值数为零的贴现率
D. 它是能使净现值数为1的贴现率

8. 与财务会计使用的现金流量相比,项目投资决策所涉及的现金流量的特点有(　　)。
A. 只反映特定投资项目的现金流量　　B. 在时间上包括整个项目的使用寿命
C. 所依据的数据是实际信息　　　　　D. 所依据的数据是预计信息

9. 下列项目中,属于现金流入项目的有(　　)。
A. 建设投资　　　　　　　　　　　　B. 营业收入
C. 回收流动资金　　　　　　　　　　D. 经营成本的节约额

10. 用现金流量作为衡量投资项目效益的依据,是因为(　　)。
A. 现金流量能准确反映企业未来期间盈利状况
B. 体现了资金的时间价值观念
C. 可以排除主观因素的影响
D. 体现了风险、收益之间的关系

三、计算分析题

1. 某公司因业务发展需要,准备购入一套设备。现有甲、乙两个方案可供选择,其中甲方案需投资 20 万元,使用寿命为 5 年,采用直线法计提折旧,5 年后设备无残值。5 年中每年销售收入为 8 万元,每年的付现成本为 3 万元。乙方案需投资 24 万元,也采用直线法计提折旧,使用寿命也为 5 年,5 年后有残值收入 4 万元。5 年中每年的销售收入为 10 万元,付现成本第一年为 4 万元,以后随着设备不断陈旧,逐年将增加日常修理费 2000 元,另需垫支营运资金 3 万元。假设所得税率为 40%。

要求:(1)试计算两个方案的现金流量。
(2)如果该公司资本成本为 10%,试用净现值法对两个方案作出取舍。

2. 某公司决定进行一项投资,投资期为3年。每年年初投资2000万元,第4年年初开始投产,投产时需垫支500万元营运资金,项目寿命期为5年。5年中会使企业每年增加销售收入3600万元,每年增加付现成本1200万元。假设该企业所得税率为30%资本成本为10%,固定资产无残值,平均年限法计提折旧。

要求:计算该项目投资回收期、净现值、现值指数。

3. 大华公司有甲、乙两种固定资产投资方案。

甲方案的一次投资额为100000元,有效使用期为5年,期末无残值,投产后每年可获税后利润10000元。乙方案的一次性投资额为80000元,有效使用期为4年,期末有残值8000元,各年的税后利润分别为7000元、8000元、9000元、10000元。若该企业的资金成本为10%,平均年限法计提折旧。

要求:计算上述两方案的净现值、内含报酬率、现值指数,并做出投资决策。

4. 某公司原有设备一套,购置成本为150万元,预计使用10年,已使用5年。预计残值为原值的10%,该公司用直线法提取折旧;现该公司拟购买新设备替换原设备,以提高生产率降低成本。新设备购置成本为200万元,使用年限为5年,同样用直线法提取折旧,预计残值为购置成本的10%,使用新设备后公司每年的销售额可以从1500万元上升到1650万元,每年付现成本将从1100万元上升到1150万元;公司如购置新设备,旧设备出售可得收入100万元。该企业的所得税税率为33%,资本成本为10%。

要求:通过计算说明该设备是否应该更新。

四、案例分析题(某建筑公司模板项目投资决策分析)

某建筑公司是生产施工模板的中型生产企业,该厂生产的模板质量优良,价格合理,长期以来供不应求。为扩大生产能力准备新建一条生产线。负责这项投资决策工作的总会计师经过调查研究后,得到如下有关资料。

(1)该生产线的原始投资为12.5万元,分两年投入。第一年年初投入10万元,第二年年初投入2.5万元。第二年年末项目完工可正式投产使用。投产后每年可生产模板1000个,每个销售价格为300元,每年可获销售收入30万元,投资项目可使用5年,5年后残值2.5万元。在投资项目经营期初要垫支流动资金2.5万元,这笔资金在项目结束时可全部收回。

(2)该项目生产的产品总成本构成如下,材料费用20万元,制造费用2万元,人工费用3万元,折旧费用2万元。总会计师通过对各种资金来源进行分析,得出该厂加权平均资金成本为10%。所得税率33%。

讨论:

(1)分析确定影响长河模板投资项目决策的各因素。

(2)假设你是该厂的总会计师,如何确定长河模板项目投资决策?

分析要点:

(1)影响长河模板投资项目决策的因素有材料费用、人工费用、制造费用、产品销售收入和年折旧费用。

(2)计算该投资项目的营业现金流量计算表见5-14,现金流量计算表见表5-15,净现值量计算表见表5-16。

投资项目营业现金流量计算表(单位:元) 表 5-14

项　目	第 1 年	第 2 年	第 3 年	第 4 年	第 5 年
销售收入	300000	300000	300000	300000	300000
付现成本	250000	250000	250000	250000	250000
其中:材料费	200000	200000	200000	200000	200000
人工费	30000	30000	30000	30000	30000
制造费用	20000	20000	20000	20000	20000
折旧费用	20000	20000	20000	20000	20000
利润总额	30000	30000	30000	30000	30000
所得税(33%)	9900	9900	9900	9900	9900
净利润	20100	20100	20100	20100	20100
现金流量	40100	40100	40100	40100	40100

投资项目现金流量计算表(单位:元) 表 5-15

项　目	建设期			经营期				
初始投资	0	1	2	3	4	5	6	7
流动资金投资	100000	25000						
营业现金流量			25000	40100	40100	40100	40100	40100
流动资金回收								
设备残值								25000
现金流量合计	100000	25000	25000	40100	40100	40100	40100	90100

投资项目净现值量计算表(单位:元) 表 5-16

时　间	现金流量	复利现值系数(10%)	现　值
0	−100000	1.0000	−100000
1	−25000	0.9091	−22727.50
2	−25000	0.8264	−20660.00
3	40100	0.7531	30127.13
4	40100	0.6830	27388.30
5	40100	0.6209	24898.09
6	40100	0.5645	22636.45
7	90100	0.5123	46239.32
		净现值	7901.79

(总会计师经过以上测算后,得出净现值为 7901.79 大于零,认为该长河模板项目投资是可行的。)

五、简答题

1. 什么是项目投资？项目投资有什么特征？
2. 投资决策指标的计算为什么要以现金流量为基础？
3. 贴现的投资决策方法主要有哪几种？各有什么优缺点？
4. 互斥选择的投资项目应如何决策？
5. 独立选优的投资项目应如何决策？

项目六　工程营运资金的管理

【知识目标】
1. 了解营运资金管理的内容。
2. 掌握施工企业持有现金的动机、成本及最佳现金持有量的计算。
3. 掌握应收账款成本及应收账款信用标准、信用条件、收账策略的确定。
4. 掌握存货成本及已完工尚未结算工程款。
5. 掌握在建工程的管理

【能力目标】
1. 能够具备计算施工企业最佳现金持有量的能力。
2. 能够使学生运用营运资金管理的基本要求和营运资金决策方法,掌握应收账款、存货等流动资产项目的管理。

> 美国安然公司,成立于1958年,总部设在美国休斯敦。曾是一家位于美国得克萨斯州休斯敦市的能源类公司。在2001年宣告破产之前,安然拥有21000名雇员,曾是世界上最大的电力、天然气及电信公司之一,2000年披露的营业额达1010亿美元。这家拥有上千亿资产的公司2002年在几周内破产,爆出持续多年精心策划、乃至制度化系统化的财务造假丑闻。安然欧洲分公司于2001年11月30日申请破产,美国本部于两日后同样申请破产保护。但在其破产前的资产规模为498亿美元,并有312亿美元的沉重债务。
>
> 一夜之间,在全球拥有3000多家子公司,每列《财富》杂志"美国500强"的第七名,掌控着美国20%的电能和天然气交易,被誉为"华尔街宠儿"的美国安然公司在世界惊讶声中崩塌,它的倒下,成为破产案中的典型案例。
>
> 安然公司破产的原因是多方面的,但其中陷入危机最直接原因都是因为现金及信用不足而导致的流动性不足。安然公司虽拥有遍布全球的发电厂和输油管线,但却没有足够的现金及信用偿还债务,无法保证公司的流动性,公司不能正常运转。财务危机爆发时,安然也曾许诺其流动资产处于稳定态势中,但是其现金还是在不到三周的时间内耗尽。安然公司的个案,使得美国监管部门密切注意公布了巨额利润但营运现金收入很少的公司。
>
> 通过以上案例可以看到,企业的生存和发展,离不开资金。特别是企业的日常经营,需要依靠营运资金来维系。若企业在资金管理方面不到位,资金营运能力低,资金短缺,就会影响到企业效益的提高,甚至危机企业的生存,因此解决好营运资金管理中存在的问题,提高资金使用效率,是实现企业财务管理目标的一个重要方面。可以想象,如果安然公司当时能设法解决流动性问题,该公司就会有起死回生的一线生机,而不必被迫匆匆进行清算。

> 思考:
> 为实现财务管理目标,企业在正常的生产经营过程中,如何加强营运资金管理?

任务一　营运资金的含义与特点

一、营运资金的含义

营运资金又称营运资本,是指流动资产减去流动负债后的差额。这里所说的流动资产是指可以在一年或超过一年的一个营业周期内变现或耗用的资产,主要包括现金、有价证券、应收账款和存货等。这里所说的流动负债是指将在一年或超过一年的一个营业周期内必须清偿的债务,主要包括短期借款、应付账款、应付票据、预收账款、应计费用等。

企业应控制营运资金的持有量,既要防止营运资金不足,也要避免营运资金过多。这是因为企业营运资金越大,风险越小,但收益率也越低;相反,营运资金越小,风险越大,但收益率也越高。企业需要在风险和收益率之间进行权衡,从而将营运资金的数量控制在一定范围之内。

二、营运资金的特点

1. 流动资产的特点

流动资产又称经营性投资,与固定资产相比,有如下几方面特点。

(1)投资回收期短

投资于流动资产的资金一般在一年或一个营业周期内收回,对企业影响的时间比较短。因此流动资产投资所需要的资金一般可通过商业信用、短期银行借款等加以解决。

(2)流动性强

流动资产在循环周转过程中,经过供产销三个阶段,其占用形态不断变化,即按现金、材料、在产品、产成品、应收账款、现金的顺序转化。这种转化循环往复。流动资产的流动性与其变现能力相关,如遇意外情况,可迅速变卖流动资产,以获取现金。这对于财务上满足临时性资金需求具有重要意义。

(3)具有并存性

在流动资产的周转过程中,每天不断有资金流入,也有资金流出,流入和流出总要占用一定的时间,从供产销的某一瞬间看,各种不同形态的流动资产同时存在。因此合理地配置流动资产各项目的比例,是保证流动资产得以顺利周转的必要条件。

(4)具有波动性

占用在流动资产的投资并非一个常数,随着供产销的变化,其资金占用时高时低,起伏不定,季节性企业如此,非季节性企业也如此。随着流动资产占用量的变动,流动负债的数量也会相应发生变化。

2. 流动负债的特点

与长期负债融资相比,流动负债融资具有如下几方面特点。

(1)速度快

申请短期借款往往比申请长期借款更容易、更便捷,通常在较短时间内可获得。长期借款的借贷时间长,贷方风险大,贷款人需要对企业的财务状况评估后方能作出决定。因此,当企业急需资金时,往往首先寻求短期借款。

(2)弹性高

与长期债务相比,短期贷款给债务人更大的灵活性。长期债务债权人为了保护自己的利益,往往要在债务契约中对债务人的行为加以种种限制。而短期借款契约中的限制条款比较少,使企业有更大的行动自由。对于季节性企业,短期借款比长期借款具有更大的灵活性。

(3)成本低

在正常情况下,短期负债筹资所发生的利息支出低于长期负债筹资的利息支出。而某些"自然融资"没有利息负担。

(4)风险大

尽管短期债务的成本低于长期债务,但其风险则大于长期债务。这主要表现在两个方面:一方面,长期债务的利息相对比较稳定,即在相当长一段时间内保持不变。而短期债务的借款利率则随市场利率的变化而变化,时高时低,使企业难以适应。另一方面,如果企业过多筹措短期债务,当债务到期时,企业不得不在短期内筹措大量资金还债,这极易导致企业财务状况恶化,甚至会因无法及时还债而破产。

任务二 现 金 管 理

一、现金及其管理的意义

现金是指在生产过程中暂时停留在货币形态的资金,包括库存现金、银行存款、银行本票和银行汇票等。

现金是变现能力最强的资产,可以用来满足生产经营开支的各种需要,也是还本付息和履行纳税义务的保证。因此,拥有足够的现金对于降低企业的风险,增强企业资产的流动性和债务的可清偿性有着重要的意义。但是,现金属于非盈利资产,即使是银行存款,其利率也非常低。现金持有量过多,它所提供的流动性边际效益便会随之下降,进而导致企业的收益水平降低。因此,企业必须合理确定现金持有量,使现金收支不但在数量上,而且在时间上相互衔接,以便在保证企业经营活动所需现金的同时,尽量减少企业闲置的现金数量,提高资金收益率。

二、现金的持有动机与成本

1. 现金的持有动机

(1)交易动机

即企业在正常生产经营秩序下应当保持一定的现金支付能力。企业为了组织日常生产经营活动,必须保持一定数额的现金余额,用于购买原材料、支付工资、缴纳税款、偿付到期债务等。一般来说,企业为满足交易动机所持有的现金余额主要取决于企业销售水平。企业销售扩大,销售额增加,所需现金余额也随之增加。

(2)预防动机

即企业为应付紧急情况而需要保持的现金支付能力。由于市场行情的瞬息万变和其他各种不测因素的存在,企业通常难以对未来现金流入量和流出量作出准确的估计和预期。一旦企业对未来现金流量的预期与实际情况发生偏离,必然对企业的正常经营秩序产生极为不利的影响。因此,在正常业务活动现金需要量的基础上,追加一定数量的现金余额以应付未来现金流入和流出的随机波动,是企业在确定必要现金持有量时应当考虑的因素。企业为应付紧急情况所持有的现金余额主要取决于以下三个方面:一是企业愿意承担风险的程度;二是企业临时举债能力的强弱;三是企业对现金流量预测的可靠程度。

(3)投机动机

即企业为了抓住各种瞬息即逝的市场机会,获取较大的利益而准备的现金余额。如利用证券市价大幅度跌落购入有价证券,以期在价格反弹时卖出证券获取高额资本利得等。投机动机只是企业确定现金余额时所需考虑的次要因素之一,其持有量的大小往往与企业在金融市场的投资机会及企业对待风险的态度有关。

2. 现金的成本

现金的成本通常由以下三个部分组成。

(1)持有成本

现金的持有成本是指企业因保留一定现金余额而增加的管理费用及丧失的再投资收益。

企业保留现金,对现金进行管理,会发生一定的管理费用,如管理人员工资及必要的安全措施费等。这部分费用具有固定成本的性质,它在一定范围内与现金持有量的多少关系不大,是决策无关成本。

再投资收益是企业不能同时用该现金进行有价证券投资所产生的机会成本,这种成本在数额上等同于资金成本。放弃的再投资收益即机会成本属于变动成本,它与现金持有量成正比例关系。

(2)转换成本

转换成本是指企业用现金购入有价证券以及转让有价证券换取现金时付出的交易费用,即现金同有价证券之间相互转换的成本,如委托买卖佣金、委托手续费、证券过户费、实物交割手续费等。严格地讲,转换成本并不都是固定费用,有的具有变动成本的性质,如委托买卖佣金或手续费。这些费用通常是按照委托成交金额计算的。因此,在证券总额既定的条件下,无论变现次数怎样变动,所需支付的委托成交额是相同的。因此,那些依据委托成交额计算的转换成本与证券变现次数关系不大,属于决策无关成本。这样,与证券变现次数密切相关的转换成本便只包括其中的固定性交易费用。固定型转换成本与现金持有量成反比例关系。

(3)短缺成本

现金短缺成本是指在现金持有量不足而无法及时通过有价证券变现加以补充而给企业造成的损失,包括直接损失与间接损失。现金的短缺成本与现金持有量成反方向变动关系。

三、最佳现金持有量

基于交易、预防、投机等动机的需要,企业必须保持一定数量的现金余额。对于如何确定最佳现金持有量,这里只介绍存货模式。

存货模式又称为鲍莫模式,它是由美国经济学家 William. J. Baumol 首先提出的,他认为公司现金持有量在许多方面与存货类似,存货经济定货批量模型可用于确定目标现金持有量,并以此为出发点,建立了鲍莫模式。

存货模式的着眼点也是现金相关总成本最低。在这些成本中,管理费用因其相对稳定,与现金持有量的多少关系不大,因此在存货模式中将其视为决策无关成本而不予考虑。由于现金是否发生短缺、短缺多少、概率多大以及各种短缺情形发生时可能的损失如何,都存在很大的不确定性和无法计量性。因而,在利用存货模式计算现金最佳持有量时,对短缺成本也不予考虑。在存货模式中,只对机会成本和固定性转换成本予以考虑。换言之,能够使现金管理的机会成本与固定性转换成本之和保持最低的现金持有量,即为最佳现金持有量。

运用存货模式确定最佳现金持有量时,是以下列假设为前提的:企业所需要的现金可通过证券变现取得,且证券变现的不确定性很小;企业预算期内现金总需要量可以预测;现金的支出过程比较稳定、波动较小,而且每当现金余额降至零时,均可通过部分证券变现得以补足;证券的利率或报酬率以及每次固定性交易费用可以获悉。如果这些条件基本得到满足,企业便可以利用存货模式来确定现金的最佳持有量。

设 T 为一个周期内现金总需求量;F 为每次转换有价证券的固定成本;Q 为最佳现金持有量;K 为有价证券利息率;TC 为现金管理总成本。

则:

$$\text{现金管理相关总成本} = \text{持有机会成本} + \text{固定性转换成本}$$

即
$$TC = (Q/2) \times K + (T/Q) \times F \tag{1}$$

现金管理的相关总成本与现金持有量呈凹形曲线关系。持有现金的机会成本与证券变现的交易成本相等时,现金管理的相关总成本最低,此时的现金持有量为最佳现金持有量,即:

$$Q = \sqrt{2TB/K} \tag{2}$$

将公式(2)代入公式(1)中得:

$$\text{最低现金管理相关总成本}(TC) = \sqrt{2TFK} \tag{6-1}$$

【做中学 6-1】 某企业现金收支状况比较稳定,预计全年需要现金 200000 元,现金与有价证券的转换成本为每次 400 元,有价证券的年利率为 10%,则:

$$Q = \sqrt{2 \times 200000 \times 400 \div 10\%} = 40000(\text{元})$$

四、现金日常管理

现金日常管理的目的在于加速现金周转速度,提高现金的使用效率。提高现金使用效率的途径主要有两个:一是尽量加速收款;二是严格控制现金支出。

1. 加速收款

(1) 建立多个收款中心

根据客户地理位置的分布情况以及收款额大小,设立多个收款中心,以代替通常在公司总部设立的单一收款中心的做法。具体做法是:企业销售商品时由各地分设的收款中心开出账单,当地客户收到销售企业的账单后,直接汇款或邮寄支票给当地的收款中心,中心收款后,立即存入当地银行或委托当地银行办理支票兑现;当地银行在进行票据交换处理后,立即转给企业总部所在地银行。这种做法的优点表现在:一是缩短了账单和支票的往返邮寄时间;二是缩短支票兑现所需的时间。

(2) 锁箱法

企业可以在各主要城市租用专门的邮政信箱,并开立分行存款户,授权当地银行每日开启信箱,在取得客户支票后立即予以结算,并通过电汇再将贷款拨给企业所在地银行。在锁箱法中,客户将支票直接寄给客户所在地的邮箱而不是总部,不但缩短了支票邮寄时间,还免除了公司办理收账、货款存入银行等手续,因而缩短了支票邮寄以及在企业的停留时间,但这种方法成本较高。

2. 控制现金支出

(1) 延缓应付款的支付

企业在不影响自身信誉的前提下,可以尽量推迟应付款的支付期,此外,企业还可以利用汇票这一结算方式来延缓现金支出的时间。因为汇票必须经购货单位承兑后方能付现,所以企业的实际付款时间迟于开出汇票的时间。

(2) 使用现金浮游量

所谓浮游量是指企业从银行存款户上开出的支票总额超过其银行存款账户的余额。出现现金浮游的主要原因是企业开出支票、收款人收到支票并将其送交银行直至银行办理完款项的划转通常需要一定的时间。因此,"浮游量"实际上是企业与银行双方出账与入账的时间差造成的,也就是在这段时间里,虽然企业已开出支票却仍可动用银行存款账上的这笔资金,以达到充分利用现金的目的,但是企业使用现金浮游量应谨慎行事,要预先估计好这一差额,并控制使用的时间,否则会发生银行存款的透支。

任务三 应收账款的管理

一、应收账款及其管理的意义

应收账款是企业因对外赊销产品、材料、供应劳务等而应向购货或接受劳务的单位收取的款项。

商品与劳务的赊销与赊供,在强化企业市场竞争能力、扩大销售、增加收益、节约存货资金占用,以及降低存货管理成本方面有着其他任何结算方式都无法比拟的优势。但相对于现销方式,赊销商品毕竟意味着应计现金流入量与实际现金流入量时间上的不一致,所以产生拖欠甚至坏账损失的可能性自然也比较高。不仅如此,应收账款的增加,还会造成资金成本和管理费用的增加。因此,企业应在发挥应收账款强化竞争、扩大销货功能的同时,尽可能降低应收账款投资的机会成本,减少坏账损失与管理成本,提高应收账款投资的收益率。

二、应收账款的功能与成本

1. 应收账款的功能

(1) 促进销售

在竞争激烈的市场经济条件下,赊销是企业使用的一种重要的促销手段。在赊销方式下,由于企业在销售产品的同时向对方提供了相当于货款金额的信用资金,这对买方而言具有极大的吸引力;对赊销一方也可以强化市场竞争的地位和实力,扩大销售,增加收益,节约资金占用,降低存货管理成本,尤其在卖方产品销售不畅、竞争力不强的情况下,对于增加销售具有十分重要的意义。

(2) 减少存货

企业持有产成品存货不仅占用资金,而且还会发生仓储保管费、保险费等支出,同时还可能承担毁损、变质等损失,然而,企业持有应收账款虽然也会占用资金,却无须支付上述费用和损失,因此,当产成品存货较多时,企业可以采用较为优惠的信用条件进行赊销,尽快地实现存货向销售收入的转化,变持有存货为持有应收账款,以节约各项存货管理支出。

2. 应收账款的成本

企业在采取赊销方式促进销售的同时,会因持有应收账款而付出一定的代价,这种代价,即为应收账款的成本。其内容包括以下几项。

(1) 机会成本

应收账款的机会成本是指因资金投放在应收账款上而丧失的其他收入,如投资于有价证券便会有利息收入。这一成本的大小通常与企业维持赊销业务所需要的资金数量、资金成本率有关。其计算公式为:

$$应收账款机会成本 = 维持赊销业务所需要的资金 \times 资金成本率 \quad (6-2)$$

式中,资金成本率一般可按有价证券利息率计算;维持赊销业务所需要的资金数量可按下列步骤计算。

① 计算应收账款平均余额:

$$应收账款平均余额 = \frac{年赊销额}{360} \times 平均收账天数 \quad (6-3)$$

② 计算维持赊销业务所需要的资金:

$$维持赊销业务所需要的资金 = 应收账款平均余额 \times \frac{变动成本}{销售收入}$$

$$= 应收账款平均余额 \times 变动成本率 \quad (6-4)$$

在上述分析中,假设企业的成本水平保持不变,因此随着赊销业务的扩大,只有变动成本随之上升。

【做中学 6-2】 假设某企业预测的年度赊销额为 30000000 元,应收账款平均收账天数为 60 天,变动成本率为 60％,资金成本率为 10％,则应收账款机会成本可计算如下:

应收账款平均余额＝3000000/360×60＝500000(元)

维持赊销业务所需要的资金＝500000×60％＝300000(元)

应收账款机会成本＝300000×10％＝30000(元)

上述计算表明,企业投放 300000 元的资金可维持 30000000 元的赊销业务,相当于垫支资金的 10 倍之多。这一较高的倍数在很大程度上取决于应收账款的收账速度。在正常情况下,应收账款天数越少,一定数量资金所维持的赊销额就越大;应收账款收账天数越多,维持相同赊销额所需要的资金数量就越大。而应收账款机会成本在很大程度上取决于企业维持赊销业务所需要资金的多少。

(2)管理成本

应收账款的管理成本是指企业对应收账款进行管理而耗费的开支,主要包括对客户的资信调查费用、收账费用和其他费用。

(3)坏账成本

应收账款基于商业信用而产生,存在无法收回的可能性,由此给应收账款持有企业带来的损失,即为坏账成本。这一成本一般与应收账款数量同方向变动,即应收账款越多,坏账成本也越多。基于此,为规避发生坏账成本给企业生产经营活动的稳定性带来不利影响,企业应合理提取坏账准备。

三、信用政策

制定合理的信用政策,是加强应收账款管理,提高应收账款投资效益的重要前提。信用政策即应收账款的管理政策,是指企业为对应收账款投资进行规划与控制而确立的基本原则与行为规范,包括信用标准、信用条件和收账政策三部分内容。

1. 信用标准

信用标准是客户获得企业商业信用所应具备的最低条件,通常以预期的坏账损失率表示。

(1)影响信用标准的因素分析

企业在信用标准的确定上,面临着两难的选择。其实,这也是风险、收益、成本的对称性关系在企业信用标准制定方面的客观反映。因此,必须对影响信用标准的因素进行定性分析。企业在制定或选择信用标准时,应考虑三个基本因素:其一,同行业竞争对手的情况;其二,企业承担违约风险的能力;其三,客户的资信程度。

(2)确立信用标准的定量分析

对信用标准进行定量分析,旨在解决两个问题:一是确定客户拒付账款的风险,即坏账损失率;二是具体确定客户的信用等级,以作为给予或拒绝信用的依据。这主要通过以下三个步骤来完成。

①设定信用等级的评价标准

即根据对客户信用资料的调查分析,确定评价信用优劣的数量标准,以一组具有代表性、能够说明付款能力和财务状况的若干比率作为信用风险指标,根据数年最坏年景的情况,分别找出信用好和信用差两类顾客的上述比率的平均值,依次作为比较其他顾客的信用标准。

【做中学6-3】 按照上述方法确定的信用标准如表6-1所示。

信用标准参考表 表6-1

指　标	信用标准	
	信用好	信用差
流动比率	2.5:1	1.6:1
速动比率	1.1:1	0.8:1
现金比率	0.4:1	0.2:1
产权比率	1.8:1	4:1
已获利息倍数	3.2:1	1.6:1
有形净值负债率	1.5:1	2.9:1
应收账款平均收账天数	26	40
存货周转率	6	4
总资产报酬率	35	20
赊购付款履约情况	及时	拖欠

②利用既有或潜在客户的财务报表数据,计算各自的指标值,并与上述标准比较。

比较的方法是:若某客户的某项指标值等于或低于差的信用标准,则该客户的拒付风险系数增加10个百分点;若客户的某项指标值介于好与差的信用标准之间,则该客户的拒付风险系数增加5个百分点;当客户的某项指标值等于或高于好的信用标准时,则视该客户的这一指标无拒付风险。最后,将客户的各项指标的拒付风险系数累加,即作为该客户发生坏账损失的总比率。

【做中学6-4】 甲客户的各项指标及累计风险系数如表6-2所示。

甲客户的各项指标及累计风险系数 表6-2

指　标	指标值	拒付风险系数
流动比率	2.6:1	0
速动比率	1.2:1	0
现金比率	0.3:1	5
产权比率	1.7:1	0
已获利息倍数	3.2:1	0
有形净值负债率	2.3:1	5
应收账款平均收账天数	36	5
存货周转率	7	0
总资产报酬率	35	0
赊购付款履约情况	及时	0
累计拒付风险系数		15

当然，企业为了能够更详尽地对客户的拒付风险作出准确的判断，也可以设置并分析更多的指标数值，如增为20项，各项最高的坏账损失率为5%，介于信用好与信誉差之间的，每项增加2.5%的风险系数。

③进行风险排队，并确定各有关客户的信用等级。

依据上述风险系数的分析数据，按照客户累计风险系数由小到大进行排序。然后，结合企业承受违约风险的能力及市场竞争的需要，具体划分客户的信用等级，如累计拒付风险系数在5%以内的为A级客户，在5%～10%之间的为B级客户等。对于不同信用等级的客户，分别采用不同的信用政策，包括拒绝或接受客户信用定单，以及给予不同的信用优惠条件或附加某些限制条款等。

对信用标准进行定量分析，有利于企业提高应收账款投资决策的效果。但由于实际情况错综复杂，不同企业的同一指标往往存在着很大差异，难以按照统一的标准进行衡量。因此，要求企业财务决策者必须在更加深刻地考察各指标内在质量的基础上，结合以往的经验，对各项指标进行具体分析、判断。

2. 信用条件

信用标准是企业评价客户等级，决定给予或拒绝客户信用的依据。一旦企业决定给予客户信用优惠时，就需要考虑具体的信用条件。因此，所谓信用条件就是指企业接受客户信用定单时所提出的付款要求，主要包括信用期限、折扣期限及现金折扣率等。信用条件的基本表现形式如"2/10，n/45"，意思是：若客户能够在发票开出后的10日内付款，可以享受2%的现金折扣；如果放弃折扣优惠，则全部款项必须在45日内付清。因此，45天为信用期限，10天为折扣期限，2%为现金折扣率。

（1）信用期限

信用期限是指企业许可客户从购货到支付货款的时间间隔。企业产品销售量与信用期限之间存在着一定的依存关系。通常，延长信用期限，可以在一定程度上扩大销售，从而增加毛利。但不适当地延长信用期限，会给企业带来不良后果：一是使平均收账期延长，占用在应收账款上的资金相应增加，引起机会成本增加；二是引起坏账损失和收账费用的增加。因此，企业是否给客户延长信用期限，应视延长信用期限增加的边际收入是否大于增加的边际成本而定。

（2）现金折扣和折扣期限

延长信用期限会增加应收账款占用的时间和金额。许多企业为了加速资金周转，及时收回货款，减少坏账损失，往往在延长信用期限的同时，采用一定的优惠措施。即在规定的时间内提前偿付货款的客户可按销售收入的一定比率享受折扣。如上例，"2/10，n/45"表示赊销期限为45天，若客户在10天内付款，则可享受2%的折扣。现金折扣实际上是对现金收入的扣减，企业决定是否提供以及提供多大程度的现金折扣，着重考虑的是提供折扣所得的收益是否大于现金折扣的成本。

3. 收账政策

收账政策是指信用条件被违反时，企业采取的收账策略。企业可以采取积极的收账政策，当账款被客户拖欠或拒付时，首先应对客户的信用状况进行重新调查评价，对信用品质低劣的客户应当从企业信用名单中剔除,对其拖欠的款项可以采取信函、电信甚至派人当面催收等方法,仍然无法收回,可通过法院仲裁解决;对于信用记录一向较好的客户,可具体情况具体对待,弄清客户拖欠的原因之后,可在去电去函的基础上,派人与客户直接协商,彼此沟通达成谅解妥协,既使相互关系更密切,又有助于较为理想地解决账款拖欠问题。如果双方无法达成谅解,也只好通过法律途径解决。

对于拖欠或拒付账款的催收,企业可以采取积极的收账政策,这可能会减少坏账损失,减少应收账款占用资金,但是会增加收账成本。企业也可以采取消极的收账政策,可能会因此而增加坏账损失,增加应收账款投资成本,但是会减少收账费用,可见,组织催收账款,也必须权衡收账费用与预期收益的关系问题。一般而言,收账费用支出越多,坏账损失越少,但两者不一定存在线性关系。

四、应收账款的日常管理

应收账款的催收,是应收账款管理中的一项重要工作,包括应收账款的账龄分析、确定收账程序和收账方法。

客户的应收账款,有的尚未超过信用期限,有的则已逾期拖欠。一般来说,逾期拖欠时间越长,账款催收难度越大,越有可能成为坏账。因此,进行账龄分析,密切注意账款回收情况,是提高应收账款收现率的重要环节。

应收账款账龄分析也叫应收账款账龄结构分析。它是指企业在某一时点,将各笔应收账款按照合同签订日期进行归类,并算出各账龄应收账款余额占总计余额比重所做的分析。在分析账龄时,可将它分为:信用期内,超过信用期 1 个月、6 个月、1 年、2 年、3 年等。对不同拖欠时间账款、不同信用状况的客户,企业应查明拖欠原因,制定不同的收账程序和方法。

客户拖欠工程款的原因,要分析是工程项目竣工前拖欠,还是工程项目竣工后拖欠。前者要分析其是否由于投资缺口发生的拖欠,后者要分析其是项目投产后有经济效益有还款能力的拖欠,还是项目投产后经济效益不好没有还款能力的拖欠。对故意拖欠账款的客户,在催收后仍不还的,可由企业的律师采取法律行动。

对因经营管理不善、财务出现困难,但经过一定时期努力即可偿还的,企业应帮助客户渡过难关,同意延期偿还,或同意客户进行债务重组,将应收账款债权转为长期投资。如客户遇到的不是暂时性困难,而是已经是债台高筑、资不抵债、达到破产界限的,应及时向法院起诉,以期在破产清算时获得债权的部分清偿。

不论企业采用怎样的应收账款政策和管理方法,只要有商业信用行为的存在,坏账损失的发生就是难以避免的,企业都应根据有关规定和实际情况,提前进行坏帐准备,并进行对发生的坏账损失、冲销提取的坏账准备。

任务四 存货管理

一、存货及其管理的意义

存货是指企业在日常生产经营过程中为生产或销售而储备的物资。

企业持有充足的存货,不仅有利于生产过程的顺利进行,节约采购费用与生产时间,而且能够迅速地满足客户各种定货的需要,从而为企业的生产与销售提供较大的机动性,避免因存货不足带来机会损失。然而,存货的增加必然要占用更多的资金,将使企业付出更大的持有成本,而且存货的储存与管理费用也会增加,影响企业获利能力的提高。因此,如何在存货的功能与成本之间进行利弊权衡,在充分发挥存货功能的同时降低成本、增加收益,实现它们的最佳组合,成为存货管理的基本目标。

二、存货的分类

根据存货的性质、用途不同,存货分类见表 6-3~表 6-5。

存 货 的 分 类　　　　　　　　　　　　表 6-3

分　类	范　围
原材料	企业在生产过程中经加工改变其形态或性质并构成产品主要实体的各种原料及主要材料、辅助材料、外购半成品(外购件)、修理用备件(备品备件)、包装材料、燃料等
在产品	企业正在制造尚未完工的产品,包括正在各个生产工序加工的产品,以及已加工完毕但尚未检验或已检验但尚未办理入库手续的产品
半成品	经过一定生产过程并已检验合格交付半成品仓库保管,但尚未制造完工成为产成品,仍需进一步加工的中间产品
库存商品	企业自制完工、委托加工返回或外购的已经完成验收入库可直接用于销售的产品或商品
周转材料	不包括低值易耗品和符合固定资产定义和确认条件的价值较高的周转件,仅指企业能够多次使用、逐渐转移其价值但仍保持原有形态的材料,主要包括建造承包商的钢模板、木模板、脚手架等其他周转材料
低值易耗品	企业在生产、管理以及其他跟生产经营有关的活动中不可缺少的劳动资料,主要包括各种工具、管理用具、玻璃器皿、劳动保护用品以及在经营过程中周转使用的容器等,就其用途可分为一般工具、专用工具、管理用具、劳动防护用品、仪器仪表和其他等类别
委托加工商品	企业委托外单位加工的各种材料、商品等各种物资
受托代销商品	企业接受其他单位委托代为销售的商品
抵债资产	金融企业依法行使债权或担保物权而受偿于债务人、担保人或第三人的实物资产或财产权利

其中:

(1)为加强对代销商品的核算和管理,受托代销商品作为存货核算;

(2)为建造固定资产、进行项目建设等而储备的各种材料、工器具等应作为工程物资而不作为企业的存货来管理和核算;

(3)项目建设中使用的周转材料符合固定资产定义的,作为固定资产处理,例如使用寿命超过单个项目周期、可以周转多个项目使用的钢模板(将与财政部沟通);

(4)项目建设中自用的临时设施符合固定资产定义并达到资本化条件的,自达到预定可使用状态时作为固定资产核算,并于投入使用次月计提折旧;

(5)房地产开发企业在开发过程中所发生的各项费用支出,按开发用途可分为土地开发成本、房屋开发成本、配套设施开发成本和代建工程开发成本,填列报表时计入存货。

部分业务板块存货范围示例 表6-4

业务类型	范围
建筑施工	原材料(包括合同内的甲供材料)、低值易耗品、周转材料、已完工尚未结算款、包装物、委托加工物资、自制半成品等
房地产开发	开发成本、开发产品和各种材料物资等。房地产开发企业自用或对外出租的开发产品,应分别转作固定资产或投资性房地产
勘察设计	材料物资、低值易耗品和未完工项目成本等

施工企业周转材料分类示例 表6-5

周转材料分类	范围
模板类	大型定型钢模,如预制箱梁模板(含芯模)、T梁模板;板梁侧芯模、现浇箱梁侧芯模、各类底模、立柱护桶模板、承台盖梁模板、护栏肋板模板、木胶板、竹胶板、橡胶芯模、预压用橡胶水袋、定型小钢模、定型塑模
支架类	轮扣支架
钢材类	铁板、槽钢、工字钢、钢管、钢筋
木材类	大尺寸方木、枕木、圆木
桁架类	贝雷架、加强桁杆、横梁、纵梁、销子等

三、存货的功能与成本

1. 存货的功能

(1)保持生产的连续进行

由于企业的采购受市场等客观因素的影响,并不能保证只要生产过程需要,材料就能即时入库,所以为了生产过程不被中断,企业必须储备必要的原材料。

(2)保证销售的需要

企业储备适量的产成品存货,能够及时供应市场,满足客户的需要,相反,若企业产成品库存不足,会坐失许多销售良机,从而影响企业的利润水平。

(3)降低进货成本

大批量进货可以降低进货成本和其他费用,只要增量进货节约的成本费用大于增加的存货投资成本,储存适量原材料存货就是必要的。

(4)便于均衡生产,降低产品成本

有的企业生产属于季节性生产,或者说有的企业的产品需求很不稳定,如果根据市场需求,产量时高时低地进行生产,有时生产能力会被闲置,有时又会出现超负荷生产,这都会使生产成本提高,为了降低生产成本,最好的办法就是实行均衡生产,这必然会产生一定的产品存货。

2. 存货成本

为充分发挥存货的固有功能,企业必须储备一定的存货,但也会由此而发生各项支出,这就是存货成本。具体包括以下内容。

(1) 进货成本

进货成本是指存货的取得成本，主要由存货的进价成本和进货费用两个方面构成。其中，进价成本又称购置成本，是指存货本身的价值，等于采购单价与采购数量的乘积。在一定时期进货总量既定的条件下，无论企业采购次数如何变动，存货的进价成本通常是保持相对稳定的，因而属于决策无关成本。进货费用又称订货成本，是指企业为组织进货而开支的费用，如与材料采购有关的办公费、差旅费、邮资、运输费、检验费等支出。进货费用有一部分与进货次数成正比例变动，这类变动性进货费用属于决策的相关成本；另一部分与订货次数无关，这类固定性进货费用则属于决策的无关成本。

(2) 储存成本

企业为持有存货而发生的费用即为存货的储存成本，主要包括：存货资金占用费或机会成本、仓储费用、保险费用等。与进货费用一样，储存成本可以按照与储存数额的关系分为变动性储存成本和固定性储存成本两类。其中，固定性储存成本与存货储存数额的多少没有直接的联系，这类成本属于决策的无关成本；而变动性储存成本则随着存货储存数额的增减成正比例变动关系，这类成本属于决策的相关成本。

(3) 缺货成本

缺货成本是因存货不足而给企业造成的损失。如果生产企业能够以替代材料解决库存材料供应中断之急，缺货成本便表现为替代材料紧急采购的额外开支。缺货成本能否作为决策的相关成本，应视企业是否允许出现存货短缺的不同情形而定。若允许缺货，则缺货成本便与存货数量反向相关，即属于决策相关成本；反之，若企业不允许发生缺货情形，此时缺货成本为零，也就无需加以考虑。

四、存货经济批量模型

1. 存货经济批量的含义

经济进货批量是指能够使一定时期存货的相关总成本达到最低点的进货数量。通过上述对存货成本分析可知，决定存货经济进货批量的成本因素主要包括变动性进货费用、变动性储存成本及允许缺货时的缺货成本。不同的成本项目与进货批量呈现着不同的变动关系。减少进货批量，增加进货次数，在影响储存成本降低的同时，也会导致进货费用与缺货成本的提高；相反，增加进货批量，减少进货次数，尽管有利于降低进货费用与缺货成本，但同时会影响储存成本的提高。因此，如何协调各项成本间的关系，使其总和保持最低水平，是企业组织进货过程需解决的主要问题。

2. 经济进货批量基本模式

经济进货批量基本模式以如下假设为前提：①企业一定时期的进货总量可以较为准确地予以预测；②存货的耗用或者销售比较均衡；③存货的价格稳定，且不存在数量折扣，进货日期完全由企业自行决定，并且每当存货量降为零时，下一批存货均能马上一次到位；④仓储条件及所需现金不受限制；⑤不允许出现缺货情形；⑥所需存货市场供应充足，不会因买不到所需存货而影响其他方面。

由于企业不允许缺货,即每当存货数量降至为零时,下一批订货便会随即全部购入,故不存在缺货成本。此时与存货订购批量、批次直接相关的就只有进货费用和储存成本两项。则有:

$$存货相关总成本 = 相关进货费用 + 相关存储成本$$
$$= 存货全年计划进货总量 / 每次进货批量 \times 每次进货费用 +$$
$$每次进货批量 /2 \times 单位存货年储存成本 \tag{6-5}$$

当相关进货费用与相关储存成本相等时,存货相关总成本最低,此时的进货批量就是经济进货批量。

假设:Q 为经济进货批量;A 为某种存货年度计划进货总量;B 为平均每次进货费用;C 为单位存货年度单位储存成本;P 为进货单价。则:

$$经济进货批量(Q) = \sqrt{2AB/C} \tag{6-6}$$
$$经济进货批量的存货相关总成本(TC) = \sqrt{2AB/C} \tag{6-7}$$
$$经济进货批量平均占用资金(W) = PQ/2 \tag{6-8}$$
$$年度最佳进货批次(N) = A/Q \tag{6-9}$$

【做中学6-5】 某施工企业年度耗用甲材料720kg,该材料的单位采购成本20元,单位储存成本4元,平均每次进货费用40元,则:

$$Q = \sqrt{2AB/C} = \sqrt{2 \times 720 \times 40/4} = 120(kg)$$
$$TC = \sqrt{2AB/C} = \sqrt{2 \times 720 \times 40/4} = 480(元)$$
$$W = PQ/2 = 120 \times 20/2 = 1200(元)$$
$$N = A/Q = 720/120 = 6(次)$$

上述计算表明,当进货批量为120kg时,进货费用与储存成本总额最低。

五、存货的控制

任何企业,其商品或原材料一旦入库,便会发生存储成本,存货的存储成本本身会给企业造成较多的资金占用费和仓储管理费,存货存储的时间越长,发生的存储成本越多,因此,企业应尽力缩短存货储存时间,加速存货周转,以便节约资金占用、降低成本费用、提高企业获利水平。

在通常情况下,企业常用的方法是ABC控制法。ABC控制法是在存货的日常管理中,根据存货的重要程度,将其分为A、B、C三种类型。A类存货品种占全部存货的10%~15%,资金占存货总额的80%左右,实行重点管理,如大型备品备件等。B类存货为一般存货,品种占全部存货的20%~30%,资金占全部存货总额的15%左右,适当控制,实行日常管理,如日常生产消耗用材料等。C类存货品种占全部存货的60%~65%,资金占存货总额的5%左右,进行一般管理,如办公用品、劳保用品等随时都可以采购。通过ABC分类后,抓住重点存货,控制一般存货,制定出较为合理的存货采购计划,从而有效地控制存货库存,减少储备资金占用,加速资金周转。

任务五　已完工尚未结算款的管理

一、已完工尚未结算款的成因

根据《企业会计准则第 15 号——建造合同准则》的规定，财务报告上所反映的已完工未结算款为：

已完工未结算款 ＝ 合同成本 － 工程结算
　　　　　　　＝ 开工累计实际发生的合同成本 ＋ 开工累计确认的合同毛利 － 工程结算
　　　　　　　＝ 开工累计实际发生的合同成本 ＋ 开工累计确认的合同收入 －
　　　　　　　　开工累计确认的用 － 工程结算
　　　　　　　＝（开工累计实际发生的合同成本 － 开工累计确认的合同费用）＋
　　　　　　　　开工累计确认的合同收入 － 工程结算
　　　　　　　＝ 已发生未确认为费用的成本挂账 ＋
　　　　　　　　已完工未获得业主签订的工作量所对应的收入　　　　　　　　　　　（6-10）

由此可见，已完工尚未结算款由已发生但未进入利润表费用项目的成本和已确认未获业主批复的收入两部分构成。

在成本法下，按实际发生的成本占预计总成本的比例确认完工百分比，在这种情况下，开工累计确认费用＝预计总成本×实际发生合同成本/预计总成本＝实际发生合同成本。也就是说在成本法下，实际发生的合同成本将全部确认为合同费用，不存在实际发生成本挂账的问题。所以，成本法下已完工尚未结算款＝开工累计确认收入中未获得业主计量批复的部分。

已完工作量法下，开工累计确认的收入是通过现场已完工作量的测量来确认的。在这种情况下，实际完成工作量和业主的批复签证总是存在一个时间差。另外，实际确认的合同费用＝预计合同总成本×完工百分比＝预计合同总成本×实际已完工作量/预计总收入。由于一个合同下的各项具体工作内容（分项、分部工程）的毛利率不同，而建造合同的一个重要目的就在于在整个合同建设期内均衡地确认收入费用和利润，避免项目毛利的大起大落。这一情况导致项目的收入和实际发生的成本不同步，这样，必然导致一个项目实际发生的总成本不完全被确认为费用。这种情况下，已完工尚未结算款由两部分构成：一部分是已完工并确认收入，但未取得业主的计量签证导致的；一部分是实际发生但未确认为合同费用的成本挂账。前者是计量的时间导致的，后者是因为合同各分部工程毛利率差异造成的。

由于已完工作量法中已包含了成本法下的情况，所以以下将就实物工作量法进行论述。

二、已完工尚未结算款的影响

施工企业的已完工尚未结算款在施工企业中所占的比例较大，已完工尚未结算款的变现能力足以严重影响一个企业的资产质量、盈利水平和未来的偿债能力。而且建造合同准则的应用，使施工企业凭没有充分的实际发生的支持证据来预计合同的执行情况，而且预测结果在资产负债表里不像应收账款、银行存款、投资等资产项目那样可以通过函证、文件、证券市场价格等实在证据支持，这使得已完工尚未结算款在很大的主观性，让习惯于记载历史的会计工作者难以适应,也让施工企业有很大的空间去多计收入,少计费用来人为操纵利润。同时,由于新准则按实际完成的工作量确认收入,比原来施工企业会计制度下按业主的批复价值确认收入多出一笔收入,客观上增加了企业的总资产和所有者权益,降低了企业的资产周转率,提高了企业的资产负债率。在以净资产为预算依据的企业中,还客观上增加了企业的预算目标。正因为如此,已完工尚未结算款的质量、变现能力成为施工企业财务报表审计中会计师事务所关注的重点,也是企业经营管理者加强资产周转、提高企业效率、提高企业净资产收益率的着力点,也是企业所有者评估企业资产质量、考核保值增值责任的重要事项,是企业债权人考察企业变现能力的重点。

三、已完工尚未结算款的评价

已完工尚未结算款作为一种资产应该具有资产的一半特征。根据会计准则,资产是指由过去交易事项形成的,由企业拥有或控制的能给企业带来未来经济利益的资源。我们评价资产的质量,关键在于该项资产能否给企业带来未来经济利益。新的会计准则甚至引入了公允价值来客观反映企业的资产价值。因此,在评价已完工尚未结算款时,关键要看已完工尚未结算款的未来先进流量。结合已完工尚未结算款的成因,具体分析如下。

(1)计量滞后原因形成的部分,能否及时得到业主的批复签证,能否形成工程结算。这一部分要对照合同的工程量清单和计量规则来看,合同内的部分一般没有问题,只要看一下期后计量即可,一般滞后1~3个月。可以要求施工企业提供资产负债表后的第一期正式计量批复文件即可。合同外的变更索赔等内容,可要求施工企业说明具体项目、原因及金额,同时要求提供监理签认、业主批复、会谈纪要等支持文件,并依据经验来检算。

(2)实际发生成本未出账费用而产生的成本挂账部分,要看后续工序或分项分部工程中是否有比已完工作量更高的毛利率,较大的利润空间,来弥补这项成本。可以要求施工企业编制未完工作量部分的收入、成本预算表来合理框量。依目前的建筑市场现状和投标报价情况,一般来讲,由于不平衡报价的存在,施工企业前期工作的报价会较高,以便及早收回资金,且便于从变更索赔中获取较大利润。所以项目前期如果有这种开工累计确认的合同费用小于开工累计实际发生成本的情况,则要高度关注,存在故意少计费用、抬高利润的可能。

四、已完工尚未结算款的管理

作为施工企业经营者,要加强已完工尚未结算款的管理,使资产及时变现,控制已完工尚未结算款的总量规模,不断提高企业的效益。

当前,净资产收益率成为许多施工企业业绩考核的重要控制性指标。净资产收益率=销售利润率×总资产周转率×权益乘数。总资产周转率是驱动企业净资产收益率的重要因素之一。由于已完工尚未结算款占施工企业总资产比重较大,已完工尚未结算款的周转速度对总资产周转率影响巨大,进而进一步影响企业的净资产收益率。

加强已完工尚未结算款管理,提高转产周转率,是企业增加效益的重要手段。已完工尚未结算款可以设置已完工尚未结算款周转率=主营业收入/已完工尚未结算款,来考核企业的总体周转情况。

针对具体的建造合同项目，施工企业要加强合同管理，及时办理对业主的合同结算，尽量缩短计量的时间差。对于因计量规则导致的滞后计量，应在生产安排时，尽量考虑计量的需要，及时完备计量条件，及时结算。对于合同外的变更，索赔收入要及时完备手续，督促业主清算。

对于成本挂账的部分，企业要在施工组织时，尽量考虑企业资金周转的需要，尽量先安排产值高、毛利率高的工序施工。在投标报价时，可以采取不平衡的报价方式，在总价已定的情况下，将必须先施工的项目单价提高，后施工的项目单价调低，总合同价不变，以便尽早收回资金，控制已完工尚未结算款的总量规模。

◀ 项目小结 ▶

本项目重点介绍了企业营运资金的管理，是企业用资活动的表现。首先，介绍了营运资金的的基本概念和特点，营运资金管理的主要内容，营运资金管理的要求；其次，重点介绍了企业现金管理的目标，最佳现金持有量模式，应收账款管理，存货管理和已完工尚未结算工程款的成因与管理等内容。

技能训练

一、计算分析题

1.某企业2011年的赊销额为5000万元，应收账款平均收账天数为45天，无变动成本率为60%，资金成本率为10%，一年按360天计算。

要求：

(1)计算企业2011年度应收账款的平均余额。

(2)计算企业2011年度维持赊销业务所需要的资金额。

(3)计算企业2011年度应收账款的机会成本。

2.A公司由于目前的信用条件过于苛刻，不利于扩大销售，该公司正在研究修改现行的信用条件。现有甲、乙、丙三个放宽信用条件的备选方案，有关数据如表6-6所示。

信用条件的备选方案 表6-6

项目	甲($n/60$)	乙($n/90$)	丙($2/30, n/90$)
年赊销额/万元年$^{-1}$	1440	1530	1620
收账费用/万元年$^{-1}$	20	25	30
固定成本/万元	32	35	40
坏账损失率(%)	2.5	3	4

A公司的变动成本率为80%,资金成本率为10%。坏账损失率是指预计年度坏账损失和赊销额的百分比。考虑到有一部分客户会拖延付款,因此预计在甲方案中,应收账款平均收账天数为90天;在乙方案中应收账款平均收账天数为120天;在丙方案中,估计有40%的客户会享受现金折扣,有40%的客户会在信用期内付款,另外20%的客户延期60天付款。

要求:

(1)计算应收账款平均收账天数、应收账款机会成本、现金折扣。

(2)通过计算选择一个最佳的方案。

二、简答题

1. 什么是流动资金?什么是营运资金?它们各具有哪些特征?

2. 应收账款管理的目标是什么?应收账款的成本包括哪些?在建筑市场不景气时,施工企业应采取什么应收账款政策?

3. 施工企业在对存货进行管理时,应采用哪些手段,怎样加以管理?

4. 如何对已完工尚未结算工程款进行管理?

项目七　固定资产管理及其他资产的管理

【知识目标】
1. 掌握固定资产需求量的预测、固定资产折旧的计提范围和固定资产折旧的计算。
2. 了解固定资产管理的相关知识。
3. 了解无形资产的计价、摊销和减值准备。
4. 理解如何加强长期待摊费用和临时设施的管理。

【能力目标】
1. 熟悉固定资产折旧的计提范围。
2. 熟练掌握固定资产折旧方法。
3. 熟悉无形资产的计价。
4. 了解无形资产、其他资产的特点、摊销和减值准备。
5. 理解无形资产、长期待摊费用和临时设施的概念。

案例

合理计提机械设备折旧费，促进设备更新

机械设备折旧是一种物质损耗的价值转移，是产品成本的一个重要组成部分，作为机械设备在使用过程中发生磨损、变形、老化和损坏的补偿，合理计提折旧费并予以使用，对企业发展和国家建设都有重要意义。

1. 存在问题

施工企业长期以来折旧实行年限法，施工机械为10～13年、运输车辆为10年，按原值不变、新旧程度一样计提折旧，这种方法的特点是计算简单，但折旧率偏低，没有与设备的磨损程度和企业的成本相联系。我公司于1991年对道路养护施工翻斗车全部更新成为1.5T小型自卸车，分10年折旧，由于这种车维修量大，尾气排放超标，加之工作条件差，短短几年车体绣蚀、腐烂，导致部分自卸车提前报废，报废时只提取了原值的50%～70%。还有一些小型生产设备如平板振动器、立式打夯机、混凝土搅拌机、路面切缝机等由于使用频繁、工作环境差，往往是原值未折旧完，已提前报废和损坏。部分施工机械折旧年限见表7-1。

在工作实践中，设备折旧方法与实际情况往往有差距，折旧率偏低，造成后备资金不足，设备更新慢，机型旧，效率低。施工企业由于作业条件不同，机械操作手的技术水平不同，设备的维护保养不同，都可能造成设备磨损程度差异。如何较准确地确定设备使用价值减耗和价值转移的真正速度，是我们面临的一个重要问题。

表 7-1 部分施工机械折旧年限表

设备名称	型号规格	数量	购置时间	报废时间	折旧年限 原定	折旧年限 实际	购置原值（元）	已提折旧（元）	报废原因
小型自卸车	CD3040	14	2001.05	2006.09	10	5	568400	272832	残旧,腐蚀
小型自卸车	CD3040	6	2001.05	2008.09	10	7	243600	163699	残旧,腐蚀
液压压砖机	HQ—100B	4	2001.08	2006.04	8	5.5	120000	79200	残旧
混凝土搅拌机	JS—SDD	3	2003.10	2008.05	10	5	130320	62553.5	残旧
立式打夯机	BSS2Y	5	2005.10	2008.12	8	3	70375	25335	无修复价值

2.企业选择折旧方法的必要性

随着社会主义市场经济的高速发展和机械化程度的不断提高,对施工机械的要求也越来越高,平均年限折旧法显然已无法满足生产对机械设备品种、数量和技术性能的要求。为了使固定资产得到及时的补偿,折旧费的提取应按照设备新旧程度不同和实际使用状况不同适当缩短折旧年限,提高折旧率,加速回收固定资产的投资。企业可以逐步加快更新换代的步伐,同时实现计提的折旧费和机械设备的磨损程度及经济效益相统一,必须选取一种科学合理的折旧计提方法,来合理计算设备的折旧,真实反映机械设备的磨损规律。使用年数总和法,这样使用早期设备摊提得多,随着后期设备逐渐劣化,故障增多摊提的少。通过新旧经济效益的不同,采用不同折旧率的计提方法,不仅可以起到加速折旧的作用,使固定资产得到及时的补偿,企业可以逐步加快更新换代的步伐,同时也使计提的折旧费和机械设备的磨损程度及经济效益相统一。另外,实行快速折旧还可以迫使施工企业加强机械设备的各项管理工作,减少浪费,充分提高设备的利用率,最大限度地发挥机械化施工的效能。

思考:

根据上述案例分析:

(1)企业施工机械计提折旧的方法有哪些?

(2)作为施工机械设备管理者,如何提高设备的综合利用效率?

任务一 认知固定资产及其管理要点

一、固定资产的概念

固定资产,是指同时具有下列特征的有形资产。

(1)为生产商品、提供劳务、出租或经营管理而持有。

(2)使用寿命超过一个会计年度,使用寿命是指企业使用固定资产的预计期间,或者该固定资产所能生产产品或提供劳务的数量。

(3)单位价值在 5000 元以上的房屋、建筑物、机器、机械、运输工具及其他与生产经营有关的设备、器具、工具等。

施工企业所持有的模板、挡板、架料等周转材料,尽管具有上述固定资产特征,但由于数量多、单价低,考虑到成本效益原则,不作为固定资产核算。但符合固定资产定义和确认条件的,如企业的高价周转件等应当确认为固定资产。

二、固定资产范围

施工企业固定资产的范围,包括以下几个方面。

(1)固定资产包括房屋及建筑物、施工设备、工业生产设备、试验设备及仪器、运输设备、其他设备等几大类;。

(2)施工企业使用的高价周转件,包括各种钢模板、木模板、贝雷架、脚手架等,由于价格高、周转多个项目使用给企业持续带来经济利益,符合固定资产定义,应当作为固定资产核算,并入施工设备。

(3)临时设施是指企业为保证施工和管理的正常进行建造和购置的各种临时性生产和生活设施,如施工人员的临时宿舍、机具棚、材料室、化灰池、储水池、临时给水、排水、供电、供热和管道、简易料棚、工具储藏室等。

投标文件的工程量清单中明确立项的临时设施,如临时道路、临时工程用地、临时供电供水设施、承包人驻地建设等计入工程施工成本。直接记入工程施工成本以外的临时设施符合固定资产标准的列报于固定资产,不符合固定资产标准的列报于存货。

三、固定资产的确认

1. 固定资产确认的条件

固定资产在同时满足以下两个条件时,才能加以确认。

(1)固定资产包含的经济利益很可能流入企业,即该固定资产所有权相关的风险和报酬已转移到了企业。

(2)固定资产的成本能够可靠地计量,即在确定固定资产成本时必须取得确凿证据或进行合理的估计。

2. 固定资产的具体确认方法

各单位在对资产进行确认时,应当按照固定资产定义和确认条件,考虑本单位的具体情形加以判断。

(1)融资租入的固定资产,应确认为承租方的固定资产;经营租入的固定资产不应确认为承租方的资产。

(2)安全或环境的要求购入设备等,虽然不能直接给企业带来未来经济利益,但有助于企业从其他相关资产的使用获得未来经济利益,也应确认为固定资产。

(3)在确定一项包含无形和有形要素的资产,应以哪个要素更重要作为判断的依据,来加以确定该资产性质。例如,计算机控制的机械工具没有特定计算机软件就不能运行时,因该软件是构成相关硬件不可缺少的组成部分,应作为固定资产处理。

(4)企业固定资产的各组成部分,如果各自具有不同的使用寿命或者以不同的方式为企业提供经济利益,必须使用不同的折旧率或折旧方法,应单独确认为固定资产核算。

四、固定资产需要量的查定

1. 固定资产需要量查定的要求

固定资产需要量的查定是指施工企业根据生产经营发展方向、工程任务量和现有生产能力,测定计划期内固定资产正常合理的需用数量。

固定资产需要量的查定是进行固定资产投资决策的重要依据。通过预测,施工企业可以及时掌握现有固定资产的余缺情况。预测固定资产需要量是一项综合性很强的工作。它同企业的生产经营发展方向、生产规模、市场状况、协作关系等有着密切关系,因此,企业财务部门应当与企业的计划、设备、生产等部门紧密配合,共同做好这项工作,固定资产需要量预测需要做好以下几个方面的工作。

(1)做好固定资产的清查工作,查清固定资产的实有数量,做到账实相符。

(2)查定固定资产的质量,按照国家规定的技术质量标准,逐项进行鉴定,把所有机械设备分为完好、带病运转、停机检修、不配套、待调拨处理、待报废等。

(3)核实现有生产设备的生产能力。对机械设备,要根据各类机械设备的技术规范、能开班(或班次)和台班产量定额,分别查明单台设备生产能力,或完成某项工种工程有关机械设备综合生产能力,并计算设备的利用率。凡能达到计划年产量定额或设计能力且正常运转的机械设备,均可按计划年产量定额或设计能力计算;对超过计划年产量定额或设计能力的机械设备,按已达到年产量或改造后的能力计算。

(4)以企业的生产经营发展方向和生产任务为依据,在保证正常经营需要的基础上尽可能地减少固定资产占用量。

2. 固定资产需要量的查定

在预测固定资产需要量时,要注意结合企业生产技术和生产组织的具体情况,抓住重点,分清主次。在企业固定资产中,生产设备是进行生产经营活动的主要物质技术基础,是决定产品产量和质量的重要因素,它的品种多,数量大,占用的投资额最多,因此,应将其列为重点预测对象。其他配套性设备,如厂房、动力设备、运输设备等的需要量,可根据其与生产设备间一定的比例关系加以确定。至于非生产性固定资产,如职工宿舍、集体福利设施等,由于它们不直接服务于企业的生产经营过程,只能按照企业的实际需要和可能条件来确定其需要量,而不能以生产任务为依据来测定,预测固定资产的需用量的常用方法有以下几种。

(1)施工机械设备需要量的查定

施工企业要完成一定的工程任务,必须配备一定数量的施工机械和运输设备。如要完成一定量的土方工程,就要有相应数量的挖土机、推土机、转载机、井点设备、运土汽车、经纬仪和水准仪等。要完成一定量的混凝土工程,要有相应的混凝土搅拌机、后台上料的单斗装载机、前台运送混凝土的翻斗车等。只有这些施工机械与工种工程保持一定的比例,即与一定工程任务的土方工程量、混凝土工程量相适应的情况下,才能发挥机械设备的效能,提高机械设备的利用率。

施工企业在查定施工机械设备需要量时,其方法如下。

①要先,施工企业根据所承担施工任务的特点,即工程结构、施工工艺、集中分散情况,结合以往年度历史资料,确定万元工作量的主要实物工程量。

②其次,根据各种施工机械设备单位能力年产量定额,计算完成所承担工程任务量所需要的机械设备。计算公式为:

$$施工机械设备需要量 = 年度工种工程量 / 施工机械设备单位能力年产量定额 \quad (7-1)$$

③最后,根据现有机械设备所承担的工程任务量,计算机械设备需要量。其公式为:

$$某种设备多余(+) 或不足(-) 数量 = 现有机械设备能承担的工程任务量 - 某种机械设备需要完成的工程量 \quad (7-2)$$

当然,在计算施工机械设备需要量时,还应根据企业往年机械设备生产能力利用情况,以及计划财务的各种提高机械设备完好率的措施,充分挖掘生产潜力,不断提高机械设备单位能力年产量定额。在计算各种主要施工机械设备需要量的同时,还要计算各种配套机械设备的需要量。如计算挖土和推土机械设备需要量的同时,还要计算装土用的装载机,平土用的推土机,压土用的压路机和打夯机,抽水用的井点设备,测量用的经纬仪、水准仪等。

【做中学 7-1】 某施工企业根据所承担的施工任务和历史资料,测算出每万元工作量的土方工程量为 $20m^3$,其中:挖土工程量为 $15m^3/万元$,还土工程量为 $5m^3/万元$;假定挖出的土全部运出,土方平均运距为 3km,每立方米土平均重 $1.6t/m^3$,挖土方工程量为 8000 万元,还土工程量为 $8000m^3$,假设,1 立方米斗容量单斗挖土机的平均单位能力年产量定额为 48000 斗容量/立方米,自卸汽车的单位能力年产量定额为 10000 吨公里/吨。该企业现有挖土机和自卸汽车见表 7-2。

该企业现有挖土机和自卸汽车　　　　表 7-2

单斗挖土机			自卸汽车		
斗容量/立方米	数量/台	总斗容量	转载重量/吨	数量/量	总载重量
1	1	1	3.5	12	42
0.5	4	2	7	4	28
合计	5	3	合计	16	70

要求:计算挖土、运土所需施工机械和运输设备量。

【解】

(1)计算土方工程量

挖土工程量 $= 8000 \times 15m^3 = 120000m^3$

还土工程量 $= 8000 \times 5m^3 = 40000m^3$

土方工程总量 = 挖土工程量 + 还土工程量 = $(120000 + 40000)m^3 = 160000m^3$

土方运输量 = $160000m^3 \times 1.6m^3 \times 3tkm = 768000tkm$

(2)计算机械设备需要量

单斗机需要量＝120000/48000m³ 斗容量≈2.5m³ 斗容量

自卸汽车需要量＝768000/10000＝76.8t

(3)挖土机多余(＋)或不足(－)数量＝(3－2.5)m³＝0.5m³ 斗容量

自卸机车多余(＋)或不足(－)数量＝(70－76.8)m³＝－6.8t

由上可知,挖土机不但已能满足挖土工程任务的需要,而且还闲置1台0.5m³ 斗容量的挖土机;自卸汽车尚缺6.8t,即需要增加3.5t自卸汽车2辆或7t自卸汽车1辆,才能满足运土任务的需要。

(2)生产设备需要量的查定

施工企业附属生产单位,如机修厂、木材加工厂、混凝土构件预制厂等生产设备需要量的预测,一般可采用直接查定法。

直接查定法就是通过施工企业所承担的工程任务量与各类设备现有的生产能力相平衡,来直接确定固定资产需用量的方法。其计算公式为:

$$某项生产设备需要量 = 计划生产任务量 / 单台生产设备的生产能力 \quad (7-3)$$

①测算计划年度生产任务量

施工企业计划期生产任务量,是测算完成计划生产任务所需固定资产数量的重要依据。可以用实物量表示,也可以用台时表示。

a. 用实物量表示时,可按下列公式计算:

$$计划年度总产量 = \sum(某种产品的计划产量 \times 该产品的换算系数) \quad (7-4)$$

当企业生产的产品品种单一时,可直接以生产计划规定的计划产量为计划生产任务。如果企业生产的品种较多,其计划总产量应按上述公式计算,换算系数的公式为:

$$某产品换算系数 = 某产品单位定额台时 / 代表产品单位定额台时 \quad (7-5)$$

b. 若企业生产的产品品种多且差异大,则计划任务不宜用实物量表示,而应采用台时数表示。用台时表示,应将工程实物量按单位产品定额台时换算成预测定额总台时,其计算公式为:

$$计划年度总产量 = \sum(计划产量 \times 单位产品定额台时) \times 定额改进系数 \quad (7-6)$$

单位产品定额台时是指现行定额,定额改进系数是指预计新定额占现行定额的百分比。定额改进系数的大小标志着计划年度采用技术措施,使企业劳动生产率可能提高的程度。用公式表示为:

$$定额改进系数 = (计划年度新定额台时 / 现行规定定额台时) \times 100\% \quad (7-7)$$

若定额改进系数＞100％,说明劳动生产率下降。

若定额改进系数＜100％,说明劳动生产率提高。

②测算单台设备的生产能力

a. 如果单台设备生产能力用台时量表示,其计算公式为:

单台设备计划年度生产能力 ＝ 全年有效工作日数 × 每日开工班次 × 每班工作台时

$$(7-8)$$

式中:全年有效工作日数＝全年计划工作日数－维修停工天数

b. 如果单台设备年生产能力按实物量计算,其计算公式为:

单台设备年生产能力 = 单台设备全年有效工作日数×每日开工班次×台班产量

(7-9)

(3)测定生产设备的需用量

预测生产设备需用量的方法是将计划年度总产量(计划生产任务)与生产能力进行比较，即在测定企业生产能力的基础上，与生产任务相平衡来测算需用量。其计算公式为：

某种生产设备需用量 = 预测定额总台时 / 单台设备全年有效台时　　(7-10)

生产设备需要量的预测还可以采用设备的负荷系数来计算，其计算公式为：

某种生产设备需用量 = 现有设备台数×某项设备预测负荷系数　　(7-11)

其中：某种设备预测负荷系数 = 该种设备预测定额总台时/该设备全年有效台时

某设备全年有效台时 = 设备现有数量×单台设备全年有效台时　　(7-12)

若负荷系数＞1，表明该设备不足(只进不舍)。

若负荷系数＜1，表明该设备多余(只舍不进)。

某种设备多余(＋)或不足(－)数量 = 设备现有数量 － 某种生产设备预计需要量

(7-13)

生产设备多余(＋)或不足(－)的生产能力 = 计划年度生产设备多余(＋)或不足(－)数×
该设备单台年生产能力　　(7-14)

现有设备多余或不足，表明企业的生产设备负荷不足或超负荷运转。企业对多余的生产能力，应在产品适销对路、原材料、燃料动力等供应充足的条件下，适当增加产品产量或承接对外加工，对于生产能力不足的设备，应首先充分地挖掘企业内部潜力，采取有效措施，如合理增加班次、保证修理质量、缩短修理时间、消除计划外停工、减少无效运作，以及采用新技术、新工艺，提高工人的技术水平和熟练程度等，以提高生产能力，当以上措施采用后，仍不能满足需要时，则应考虑适当新增固定资产。

【做中学7-2】 某施工企业附属机械工具加工车间共有各种机床21台，其中：车床17台，铣床7台，钻床4台。全年生产任务为：加工甲、乙两种机械和A、B、C三种工具。该车间生产实行一班制，每天有效工作时间为7.5h。全年制度工作天数为228天，该车间各种机床的修理平均停工天数为16天。

各种加工产品的加工数量和所需各种机床加工台时(即单位产品定额台时)和定额台时见表7-3。

各种加工产品加工数量和所需各种机床加工台时、定额台时　　表7-3

产品名称	加工数量	单位产品定额台时数		
		车床	铣床	钻床
甲机械	5	300	150	60
乙机械	3	280	140	60
A工具	100	100	45	20
B工具	50	120	50	25
C工具	120	80	35	18

要求：计算各种机床的需用量。

【解】 (1)各种机床全年有效工作台时=(228-16)×7.5×1=1590(台时)

(2)各种机床全年定额总台时见表7-4。

各种机床全年定额总台时 表7-4

产品名称	加工数量	车床 单位产品定额台时	车床 定额台时	铣床 单位产品定额台时	铣床 定额台时	钻床 单位产品定额台时	钻床 定额台时
甲机械	5	300	1500	150	750	60	300
乙机械	3	280	840	140	420	60	180
A工具	100	100	1000	45	4500	20	2000
B工具	50	120	6000	50	2500	25	1250
C工具	120	80	9600	35	4200	18	2160
定额台时合计	—	—	27940		12370	—	5890

车床=5×300+3×280+100×100+50×120+120×80=27940(台时)
铣床=5×150+3×140+100×45+50×50+120×35=12370(台时)
钻床=5×600+3×60+100×20+50×25+120×18=5890(台时)

(3)各种机床需要量
车床需要量=27940/1590≈18(台)
铣床需要量=12370/1590≈8(台)
钻床需要量=5890/1590≈4(台)
各种机床的余缺数量为:
车床数量=17-18=-1(不足)
铣床数量=7-8=-1(不足)
车床数量=4-4=0(不足)
由上可知,机床设备缺少数量为2台。

【做中学7-3】 某机械制造厂计划年度生产模具3000台,单位产品定额台时为50h,定额改进系数为95%,生产车床的车间每班工作7.5h,实行两班工作制。全年制度工作日数为254天,年维修保养停工14天,该企业现有机床41台。要求:预测机床需用量。

【解】 (1)单台设备生产能力=(254-14)×7.5×2=3600(台时)
该设备全年有效台时=3600×41=147600(台时)
(2)预测年度生产任务
预测定额总台时=3000×50×90%=142500(台时)
(3)预测设备需用量
设备需用量=142500/3600=39.58≈40(台)
余缺数量=41-40=1(台)
若用设备负荷系数计算
设备负荷系数=142500/147600=0.97
设备需用量=41×0.97=39.77≈40(台)

余缺数量＝41－40＝1（台）

任务二　固定资产折旧管理

一、固定资产的损耗

建筑施工企业的固定资产在使用过程中虽然保持其原有的实物形态，但由于使用和自然力侵蚀等结果，会不断发生损耗，使其价值逐渐减少。这部分损耗价值，应算作使用该项固定资产期间的生产费用，按受益的各项工程和产品对象，将它计入工程和产品成本，这种由于固定资产的损耗而逐渐转移到工程和产品中去的价值，叫做折旧。正确计提固定资产折旧，是正确计算工程和产品成本、保证固定资产再生产的前提。

建筑施工企业的固定资产可以长期参加生产经营而仍保持其原有的实物形态，但其在使用过程中，会不断发生损耗。固定资产的损耗分为有形损耗和无形损耗。

1. 固定资产的有形损耗

固定资产有形损耗是指由于使用而发生的机械磨损以及由于自然力作用所引起的实体性损耗，称为固定资产的有形损耗。如房屋、机器设备等随着使用年限的增加而逐渐陈旧老化，它与固定资产使用年限成正比。

固定资产自全新投入使用起，直到完全报废为止的使用年限称为固定资产的物理使用年限。固定资产物理使用年限的长短取决于固定资产本身的质量和使用条件。正确确定固定资产的物理使用年限，是正确计提折旧的前提。

2. 固定资产的无形损耗

固定资产的无形损耗是指在科学技术进步和劳动生产率不断提高的条件下引起的固定资产价值损失。如新构件、新材料代替旧构件、旧材料而引起机械设备提前报废等。固定资产的无形损耗有两种形式：一种是由于劳动生产率提高，生产同样效能的设备花费的社会必要劳动量减少，成本降低，同样效能的设备价格降低，使原有设备的价值相应降低所造成的损失；另一种是由于科学技术进步，出现新的效能更高的设备，使原有设备不得不提前报废所造成的损失，这种损耗只有通过缩短固定资产的使用期限才能避免。企业必须在固定资产使用年限内计提一定数额的折旧费，以正确反映期间损益和保证有能力重置固定资产。

考虑无形损耗后确定的折旧年限，称为固定资产的经济折旧年限。固定资产的经济折旧年限比物理折旧年限短。建筑施工企业在确定固定资产的使用寿命时，主要应当考虑下列因素。

（1）该资产的预计生产能力或实物产量。

（2）该资产的有形损耗，如设备使用中发生磨损、房屋建筑物受到自然侵蚀等。

（3）该资产的无形损耗，如因新技术的出现而使现有的资产技术水平相对陈旧、市场需求变化使产品过时等。

(4)法律或者类似规定对资产使用的限制。

3. 固定资产折旧的影响因素

施工企业计算固定资产各期折旧额的依据或者说影响折旧的因素主要有以下三个方面。

(1)固定资产的原始价值

计算固定资产折旧的基数一般为取得固定资产的原始成本,即固定资产的账面原值。企业已经入账的固定资产除发生下列情况外,不得任意变动。

①根据国家规定对固定资产进行重新估价。
②增加补充设备或改良设备。
③将固定资产的一部分拆除。
④根据实际价值调整原来的暂估价值。
⑤发现原记固定资产价值有错误。

(2)固定资产的净残值

固定资产的净残值是指预计的固定资产报废时可以收回的残余价值扣除预计清理费用后的数额。由于在计算折旧时,对固定资产的残余价值和清理费用只能人为估计,就不可避免存在主观性。为了避免人为调整净残值的数额从而人为地调整计提折旧额,国家有关所得税暂行条例及其细则规定,残值比例在原价的5%以内,由施工企业自行确定,由于情况特殊需调整残值的比例的,应报主管税务机关备案。

(3)固定资产使用年限

固定资产使用年限的长短直接影响各期应提的折旧额。在确定固定资产使用年限时,不仅要考虑固定资产的有形损耗,还要考虑固定资产的无形损耗。由于固定资产的有形损耗和无形损耗也很难估计准确。因此,固定资产的使用年限也只能预计,同样具有主观随意性。企业应根据国家的有关规定,结合本企业的具体情况,合理地确定固定资产的折旧年限。

企业应当根据固定资产的性质和使用方式,合理确定固定资产的使用寿命和预计净残值,并根据科技发展、环境及其他因素,选择合理的固定资产折旧方法。按照管理权限,经股东大会或董事会或经理(厂)会议或类似机构批准,作为计提折旧的依据。同时,按照法律、行政法规的规定报送有关各方备案,同时备置于企业所在地,以供股东等有关各方查阅。企业已经确定并对外报送或备置于企业所在地的有关固定资产预计使用寿命和预计净残值、折旧方法等。一经确定不得随意变更,如需变更,仍然应当按照上述程序,经批准后报送有关各方备案,并在会计报表附注中予以说明。

二、固定资产折旧政策

1. 折旧政策及其种类

固定资产折旧政策是指企业根据自身的财务状况及其变动趋势,对固定资产折旧方法和折旧年限所作的选择。因为固定资产的折旧方法和折旧年限直接关系企业提取的折旧,不仅影响工程和产品成本,而且影响企业利润和利润分配,影响固定资产更新资金的现金流量和应纳所得税等,从而影响企业的财务状况,所以产生了财务管理中的折旧政策。建筑施工企业的折旧政策，主要可归纳为如下三种。

(1)快速折旧政策

快速折旧政策要求固定资产的折旧在较短年限内平均提取完毕，使固定资产投资的回收均匀分布在较短折旧年限内。

(2)递减折旧政策

递减折旧政策要求固定资产折旧的提取在折旧年限内依时间的顺序先多后少，使固定资产投资的回收在前期较多、后期逐步递减。

(3)慢速折旧政策

慢速折旧政策要求固定资产的折旧在较长年限内平均提取完毕，使固定资产投资的回收均匀分布在较长折旧年限内。

2.折旧政策对企业财务的影响

固定资产折旧政策对企业筹资、投资和分配都会产生较大的影响。

(1)对筹资的影响

对企业某一具体会计年度而言，固定资产提取折旧越多，意味着企业可用于以后年度的固定资产更新资金越多。这笔资金在没有用于固定资产更新以前，企业可用资金就越多，就可相应减少对外筹集资金。反之，固定资产提取折旧越少，意味着企业可用于以后年度的固定资产更新资金越少，企业可用资金就越少，就会相应增加对外筹集资金。

(2)对投资的影响

固定资产折旧政策对投资的影响主要表现在以下两个方面。

①它会影响固定资产投资的规模。因为折旧政策影响提取的折旧和固定资产更新资金的多少。采用快速折旧政策，企业留用固定资产更新资金较多，有利于扩大企业固定资产投资规模；采用慢速折旧政策，企业留用固定资产更新资金较少，不利于扩大企业固定资产投资规模。

②它会影响固定资产的更新速度。采用快速和递减折旧政策，折旧年限短，固定资产更新速度快；采用慢速折旧政策，折旧年限长，固定资产更新速度慢。固定资产折旧政策，还能对固定资产投资风险产生影响。

(3)对分配的影响

固定资产折旧政策的选择，直接影响计入工程、产品成本和管理费用中的折旧费。采用快速折旧政策提取的固定资产折旧费多，在其他条件不变的情况下，企业的利润和可分配利润就会减少；采用慢速折旧政策，企业的利润和可分配利润就会相应增加。

三、固定资产折旧的计算方法

1.固定资产折旧的范围

施工企业除以下情况外，各单位应对所有固定资产计提折旧：

(1)已提足折旧仍继续使用的固定资产。

固定资产提足折旧后，不论能否继续使用，均不再提取折旧。所谓提足折旧是指已经提足该项固定资产应提的折旧总额。应提的折旧总额为固定资产原价减去预计残值。

(2)按照规定单独计价作为固定资产入账的土地。
(3)以融资租赁方式租出的固定资产和以经营租赁方式租入的固定资产。
(4)由于更新改造等原因转入在建工程期间的固定资产。
(5)由于处置等原因进入固定资产清理阶段或提前报废的固定资产。

2. 固定资产折旧的具体规定

(1)当月增加的固定资产,当月不计提折旧;当月减少的固定资产,从下月起不计提折旧。

(2)各单位应按单项固定资产计提折旧,并根据固定资产用途分别计入相关成本或当期费用。

(3)已达到预定可使用状态但尚未办理竣工决算的在建工程,应当按照估计价值确定其转入固定资产成本,并计提折旧。待办理竣工决算后再按实际成本调整原来的暂估价值,但不需要调整原已计提的折旧额。

(4)各单位利用按规定范围使用提取的安全生产费购置的安全防护设备、设施等固定资产,按照形成固定资产的成本冲减专项储备,并确认相同金额的累计折旧。该固定资产在以后期间不再计提折旧。

(5)以融资租入方式取得的固定资产,采用与自有固定资产相一致的折旧政策。能够合理确定租赁期届满时将会取得租赁固定资产所有权的,应在租赁固定资产的尚可使用年限内计提折旧;无法合理确定租赁期届满后企业是否能够取得该租赁固定资产的所有权,则应以租赁期与租赁资产尚可使用年限两者中较短者作为折旧期间。

(6)符合固定资产确认条件的固定资产装修费用,应当在两次装修期间与固定资产剩余使用寿命两者中较短的期间内计提折旧;融资租赁方式租入的固定资产发生的装修费用,符合固定资产确认条件的,应当在两次装修期间、剩余租赁期与固定资产剩余使用寿命三者中较短的期间内计提折旧。

(7)在费用化处理的大修理间隔期间、季节性停用的、不需用的、未使用的固定资产应当照提折旧,计提的折旧额应计入相关的资产成本或当期损益。

(8)发生减值的固定资产,应当按照该项固定资产的账面价值及预计尚可使用年限(预计工作量总额)重新按年限平均法(工作量法)计提折旧。

(9)计提固定资产折旧同时需计提减值准备的,应按照计提折旧在先、计提减值准备在后的顺序进行。

(10)各单位至少应当于每年年度终了,对固定资产的使用寿命、折旧方法、预计净残值进行复核。如果固定资产包含的经济利益的预期实现方式有重大改变,并经上级主管单位批准的,应当相应改变固定资产折旧政策,并作为会计估计变更处理。

3. 固定资产折旧的计算方法

建筑施工企业可选用的固定资产的折旧方法包括平均年限法、工作量法、双倍余额递减法和年数总和法。由于固定资产折旧方法的选用直接影响企业成本、费用的计算,也影响企业的利润和国家的财政收入。因此,建筑施工企业各单位固定资产一般应采取年限平均法或工作量法在使用寿命、预计总工作量内计提折旧,采用工作量法计提折旧的单位需报经上级主管单位批准后方可执行。折旧方法一经确定不得随意变更。施工企业应当根据固定资产的性质和使用情况,合理确定固定资产的使用寿命和预计净残值。固定资产的使用寿命、预计净残值一经选定,一般不得随意调整。

(1)年限平均法

平均年限法又称直线法,是将固定资产的折旧均衡地分摊到各期的方法。采用这种方法计算的每期折旧额均是等额的。计算公式如下:

$$年折旧率 = (1-预计净残值率)/预计使用年限 \times 100\% \tag{7-15}$$

$$月折旧率 = 年折旧率/12 \tag{7-16}$$

$$月折旧额 = 固定资产原值 \times 月折旧率$$

$$或者:年折旧额 = (原值-净残值)/使用年限$$

$$= 原值 \times (1-预计净残值率)/预计使用年限 \tag{7-17}$$

其中:

①预计净残值率=预计净残值/固定资产原值。

②预计净残值,是指假定固定资产预计使用寿命已满并处于使用寿命终了时的预期状态,企业目前从该项资产处置中获得的扣除预计处置费用后的金额。

【做中学 7-4】 某施工企业新购一台设备,原价为 200000 元,预计可使用 10 年,按照有关规定该设备报废时的净残值率为 2%。

要求:计算该设备的折旧率和折旧额。

【解】 年折旧率=(1-2%)/10×100%=9.8%

月折旧率=9.8%÷12=0.82%

月折旧额=20000×0.82%=164(元)

①折旧政策具体列示

施工企业采用年限平均法的各类固定资产的使用寿命和预计残值率见表 7-5。

采用年限平均法的各类固定资产的使用寿命和预计残值率　　表 7-5

类　别	折旧年限/年	残值率(%)
房屋及建筑物	20	5
施工设备	8	5
工业生产设备	8	5
试验设备及仪器	5	5
运输设备	5	5
其他设备	5	5

注:1.对于为特定业务购置的固定资产,未来周转他类业务使用困难的,预计使用年限为该特定业务年限,如海外项目使用的固定资产,该项目周期和使用年限孰短者即为预计使用年限。

2.符合固定资产定义的临时设施按预计可使用年限进行折旧。

②折旧率的分类

折旧率包括个别折旧率、分类折旧率和综合折旧率。

a.个别折旧率是指某项固定资产在一定期间的折旧额与该项固定资产原价的比率,是按个别固定资产单独计算的。

b. 分类折旧率是指固定资产分类折旧额与该类固定资产原价的比率。采用这种方法应先把性质、结构和使用年限接近的固定资产归为一类,再按类计算平均折旧率,用该类折旧率对该类固定资产计提旧。如将房屋建筑物划分为一类,将机械设备划分为一类等。

分类折旧率的计算公式如下:

$$某类固定资产分类折旧率 = \frac{该类规定资产折旧额之和}{该类固定资产原值之和} \times 100\% \quad (7-18)$$

采用分类折旧率计算固定资产折旧,其优点是计算方法简单,但准确性不如个别折旧率。

c. 综合折旧率是指某一期间企业全部固定资产折旧额与全部固定资产原价的比率。

计算公式如下:

$$固定资产综合折旧率 = \frac{各项固定资产折旧额之和}{各项固定资产原值之和} \times 100\% \quad (7-19)$$

与采用个别折旧率和分类折旧率计算固定资产折旧相比,采用综合折旧率计算固定资产折旧,其计算结果的准确性较差。

③平均年限法的缺陷

采用平均年限法计算固定资产折旧虽然比较简便,但它也存在着一些明显的局限性。

a. 固定资产在不同使用年限提供的经济效益是不同的。一般来讲,固定资产在其使用前期工作效率相对较高,所带来的经济利益也就多;而在其使用后期,工作效率一般呈下降趋势,因而所带来的经济利益也就逐渐减少。平均年限法不考虑这一事实明显是不合理的。

b. 固定资产在不同的使用年限发生的维修费用也不一样。固定资产的维修费用将随着其使用时间的延长而不断增大,而平均年限法也没有考虑这一因素。当固定资产各期的负荷程度相同,各期应分摊相同的折旧费,这时采用平均年限计算折旧是合理的。但是,若固定资产各期负荷程度不同,采用平均年限法计算折旧则不能反映固定资产的实际使用情况,提取的折旧数与固定资产的损耗程度也不相符。

(2)工作量法

工作量法是根据实际工作量计提折旧额的一种方法。这种方法弥补平均年限法只重使用时间,不考虑使用强度的缺点。其计算公式为:

$$单位工作量折旧率 = \frac{固定资产原值 \times (1 - 净残值率)}{预计工作总量} \times 100\% \quad (7-20)$$

$$某项固定资产月折旧额 = 该项固定资产当月工作量 \times 单位工作量折旧额 \quad (7-21)$$

【做中学 7-5】 某企业的一台机器的原价为 250000 元,预计该机器使用 10 年,运转 8 万 h,其报废时的残值率为 3%。本月满负荷运转,共运转 720h。

要求:计算该机器的月折旧额。

【解】 每小时折旧额 $= \dfrac{250000 \times (1 - 3\%)}{80000} = 3.03$

本月折旧额 $= 720 \times 3.03 = 2181.6$(元)

施工企业折旧政策具体列示如下:对于施工企业使用的掘进、通风、水上、运架提设备,考虑此类设备的折旧、损耗同完成工作量直接相关,可以使用工作量法计提折旧,参照分类见表 7-6。

参 照 分 类　　　　　　　　　　表 7-6

资产大类	明细分类	设备名称	总工作量标准
施工设备	掘进设备	TBM/盾构机	6~10km
施工设备	通风设备	通风系统	10000m
施工设备	水上设备	水上起重/施工设备	（大桥局/港航局）
施工设备	运架设备	运梁车	1200 片
施工设备	运架设备	运梁车	1000~1200 孔
施工设备	运架设备	搬运机	1200 片
施工设备	运架设备	架梁机	1200 片
施工设备	运架设备	架桥机	1000~1200 孔
施工设备	运架设备	龙门起重机	1200 片
施工设备	运架设备	提梁机	1000~1200 孔
施工设备	运架设备	门式起重机	1200 片
施工设备	铺架设备	铺架机	（一局）

（3）加速折旧法

加速折旧法也称为快速折旧法或递减折旧法。其特点是在固定资产有效使用年限的前期多提折旧，后期则少提折旧，从而相对加快折旧的速度，以使固定资产成本在有效使用年限中加快得到补偿。

加速折旧的计提方法有多种，常用的有以下两种。

①双倍余额递减法

双倍余额递减法是在不考虑固定资产残值的情况下，根据每期期初固定资产账面余额和双倍的直线法折旧率计算固定资产折旧的一种方法。其计算公式为：

$$年折旧率 = \frac{2}{使用年限} \times 100\% \qquad (7-22)$$

$$月折旧率 = \frac{年折旧率}{12} \times 100\% \qquad (7-23)$$

$$月折旧额 = 固定资产账面净值 \times 月折旧率 \qquad (7-24)$$

由于双倍余额递减法不考虑固定资产的残值收入，因此在应用这种方法时必须注意不能使固定资产的账面折余价值降低到它的预计残值收入以下，即实行双倍余额递减法计提折旧的固定资产，应当在其固定资产折旧年限到期以前 2 年内，将固定资产净值扣除预计净残值后的余额平均摊销。

【做中学 7-6】　某施工单位有一台压路机机，原值为 40000 元，预计净残值为 1000 元，规定的折旧年限为 5 年。

要求：按双倍余额递减法计算每年的折旧额。

【解】　年折旧率＝2/5×100％＝40％
第 1 年折旧额＝40000×40％＝16000（元）
第 2 年折旧额＝(40000－16000)×40％＝9600（元）

第 3 年折旧额＝(40000－16000－9600)×40％＝5760(元)

第 4 年、第 5 年折旧额＝(40000－16000－5760－1000)/2＝3820(元)

年折旧额的计算见表 7-7。

固定资产折旧计算(单位:元) 表 7-7

年 次	年初账面余额	折旧率	折旧额	累计折旧额	年末账面余额
1	40000	40	16000	16000	24000
2	24000	40	9600	25600	14400
3	14400	40	5760	31360	8640
4	8640	—	3820	35180	4820
5	4820	—	3820	39000	1000

②年数总和法。年数总和法又称合计年限法，是将固定资产的原值减去净残值后的净额乘以一个逐年递减的分数来计算每年的折旧额。这个分数的分子代表固定资产尚可使用的年数，分母代表使用年数的逐年数字总和。

计算公式如下：

$$年折旧率 = \frac{尚可使用年限}{预计可使用年限} \times 100\% \qquad (7-25)$$

或者

$$年折旧率 = \frac{预计使用年限 － 已使用年限}{预计使用年限 \times (预计使用年限 + 1) \div 2} \times 100\% \qquad (7-26)$$

$$月折旧率 = \frac{年折旧率}{12} \qquad (7-27)$$

$$月折旧额 = (固定资产原值 － 预计净残值) \times 月折旧率 \qquad (7-28)$$

【做中学 7-7】 某施工单位有一台空气压缩机，原值为 40000 元，预计残值为 1000 元，规定的折旧年限为 5 年。

要求：采用年数总和法计算各年折旧额。

【解】 (1)该设备年数总和＝1＋2＋3＋4＋5＝15(年)

该设备第 1 年折旧率＝(5－0)/15＝5/15

该设备第 2 年折旧率＝(5－1)/15＝4/15

该设备第 3 年折旧率＝(5－2)/15＝3/15

该设备第 4 年折旧率＝(5－3)/15＝2/15

该设备第 5 年折旧率＝(5－4)/15＝1/15

(2)该设备第 1 年折旧额＝(40000－1000)×5/15＝13000

该设备第 2 年折旧额＝(40000－1000)×4/15＝10400

该设备第 3 年折旧额＝(40000－1000)×3/15＝7800

该设备第 4 年折旧额＝(40000－1000)×2/15＝5200

该设备第 5 年折旧额＝(40000－1000)×1/15＝2600

(3)年折旧额的计算见表 7-8。

固定资产折旧计算（单位：元） 表 7-8

年　　次	年初账面余额	尚可使用年限	折　旧　率	累计折旧额	年末账面余额
1	39000	5	5/15	13000	13000
2	39000	4	4/15	10400	23400
3	39000	3	3/15	7800	31200
4	39000	2	2/15	5200	36400
5	39000	1	1/15	2600	39000

采用加速折旧法后，在固定资产使用的早期多提折旧，后期少提折旧，其递减的速度逐年加快。加快折旧速度的目的是使固定资产成本在估计耐用年限内加快得到补偿。

任务三　固定资产日常管理

一、固定资产的种类

为了便于对固定资产进行科学的管理，需要对施工企业的固定资产进行合理的分类。

固定资产按其使用情况，分为在用的、租出的、未使用的、不需用的四类。这种分类方法能及时反映固定资产的使用情况，可促使未使用的固定资产尽快加以利用，不需用的固定资产及时调拨、出售，有利于挖掘固定资产的潜力，做到物尽其用。同时，这种分类对于折旧的计算也有不少的便利。因为按照现行制度的规定，只有在用、租出的固定资产和以融资租赁方式租入的固定资产，才计提折旧，未使用和不需用的固定资产（房屋建筑物除外），以及经营租赁方式租入的固定资产，是不计提折旧的。

固定资产按其用途，分为生产用和非生产用两类。所谓生产用的固定资产，就是指直接或间接参加施工生产或施工生产经营管理过程的固定资产。所谓非生产用的固定资产，就是指企业施工生产和施工生产经营管理以外所需用的固定资产。这种分类方法，可以反映出企业生产用和非生产用固定资产的比重，说明企业的施工生产能力和职工生活条件的改善情况。

按照现行财务制度的规定，施工企业的固定资产，分为如下几类。

1. 生产用固定资产

（1）房屋

房屋是指施工、生产单位和行政管理部门使用的房屋，并包括与房屋不可分割的各种附属设备，如电灯、电话、水管、电梯、暖气设备、通风设备、卫生设施等。对可搬迁移动的活动房屋，如果为数不多，可包括在本类核算。如果为数较多，也可单独设置"活动房屋"类进行核算。生产和非生产共同使用的房屋，可按其主要用途列为生产用固定资产或非生产用固定资产。

（2）建筑物

建筑物是指除房屋以外的各种建筑物，如水塔、蓄水池、储油罐、企业的道路、铁路、停车场、围墙等。

(3) 施工机械。

施工机械是指为进行建筑安装工程施工所用的各种机械,如起重机械、挖掘机械、土方铲运机械、凿岩机械、基础及凿井机械、钢筋混凝土机械、筑路机械、焊接机械等,包括随机的附属设备以及装置在机械上的发动机、联动机。

(4) 运输设备

运输设备是指用以运载物资的各种运输工具,包括铁路运输用的机车、棚车,公路运输用的载重汽车、自卸汽车、散装水泥车、架线车、油槽车、平板拖车组、拖拉机,水上运输用的汽轮、拖轮、潜水工作船、驳船等。

(5) 生产设备

生产设备是指生产、维修、动力、传导等设备,如金属切削机床、铸锻热处理设备、维修专用机床和设备、动力设备、传导设备等,包括机器设备的机座以及与机器设备连成一体而不具有独立用途的附属设备。

(6) 仪器及试验设备

仪器及试验设备是指对材料、工艺、产品进行研究试验用的各种仪器设备,如计量用精密天平、测绘用经纬仪、水准仪、探伤用探伤机、分析测定用渗透仪、显微镜、温度测定仪,以及材料试验用的各种试验机、白金坩锅等。

(7) 其他生产用固定资产

其他生产用固定资产是指不属于以上各类的其他生产用固定资产,包括计量用具(如地磅等)、消防用具(如消防车等)、办公用具(如计算机、复印机、电视机。文字处理机、保险柜等),以及行政管理用的汽车、电话总机等。

2. 非生产用固定资产

非生产用固定资产包括职工宿舍、招待所、学校、幼儿园、托儿所、俱乐部、食堂、医院等单位所使用的房屋、设备等。

3. 租出固定资产

租出固定资产是指出租给其他企业单位使用的多余、闲置的固定资产。

4. 未使用固定资产

未使用固定资产是指尚未使用的新增固定资产,调入尚待安装的固定资产,交给基建部门进行改建、扩建的固定资产,以及报经有关部门批准停用的固定资产。由于季节性施工生产、大修理等原因而停用的固定资产和在施工现场或车间替换使用的机械设备,都应作为在用固定资产。

5. 不需用固定资产

不需用固定资产是指本企业不需用、已报经有关部门批准准备处理的固定资产。

6. 融资租入固定资产

融资租入固定资产是指施工企业采取融资租赁方式租入的施工机械、运输设备、生产设备等固定资产。

在固定资产管理中，必须明确固定资产和低值易耗品的界限。原因如下：第一，劳动资料的价格是经常变的；第二，有些劳动资料虽然价值不够固定资产的规定限额，但如在企业财产中所占比重较大、使用期限较长，也应划为固定资产。有些劳动资料，虽然价值已经达到固定资产的规模限额，但如使用期限不稳定，而且更换频繁的，也可考虑列入低值易耗品。因此，财务部门要会同财产管理部门，结合施工生产的特点和管理上的要求，把企业所有的固定资产按类编制"固定资产目录"。在目录中，一要统一固定资产和低值易耗品的划分标准，把属于固定资产的机械设备，分别不同的型号规格，逐一列入目录，使固定资产和低值易耗品的界限清晰；二要统一固定资产的分类编号，使每项固定资产都有自己的固定号码。三要统一规定每项固定资产的使用年限或使用台班，为计算折旧提供统一的依据。

二、固定资产的管理

1. 实行固定资产归口分级管理，建立使用保管责任制

要管好、用好固定资产，必须建立和健全固定资产管理制度，正确处理好企业和企业所属单位之间在固定资产保管和使用方面的关系，确立责任制，消除无人负责的现象。

施工企业的固定资产，由于建筑生产的流动性，使得它的绝大部分都分散在各个施工现场。企业要加强固定资产的管理，不能依靠个别部门和少数人员，而必须正确安排各方面的权责关系，充分调动各部门各级单位及广大职工的积极性和主动性，实行归口分级管理。即在企业主管领导下，由各职能部门分工负责固定资产的管理工作，并按照各类固定资产的使用地点，分别交由各所属单位负责管理。对于机械设备，还要落实到个人，建立起谁用谁管责任制。

企业的各项固定资产，首先要按类别实行归口管理，如施工机械、运输设备、生产设备等由机械设备部门管理，房屋建筑物、管理用具等由行政部门管理。各部门负责对所管各类固定资产的申请认购、调配、维修和清理，并定期对使用保管情况进行检查。

由于各项固定资产实际上是由企业所属各施工队和加工厂等掌握使用的，因此，在实行归口管理的同时，必须建立起使用单位的保管使用责任制，实行分级管理。各使用单位应对机械设备部门等负责，严格执行各项财产管理制度，加强固定资产日常维修保养，保证固定资产完整无缺，不断提高完好率和利用率。对于机械设备的管理，还要根据谁用、谁管、谁负责维护保养的原则，把机械设备保管责任落实到使用人，使每台机械设备都有人管理。同时，各级使用单位均应分别指定专人，全面负责本单位的固定资产管理工作。这样，就可以做到层层负责任，物物有人管，从而有利于加强职工对机械设备保管的责任心，使国家财产不受损失；有利于促使职工加强对机械设备的维护保养，提高机械设备的完好率和利用率；有利于做到账物相符，家底清楚。

为了合理组织机械化施工，充分发挥施工机械的作用，对于施工企业的施工机械，一般可采用如下两种管理方法。

（1）一般中小施工机械，如小型挖土机、机动翻斗车、混凝土搅拌机、砂浆搅拌机、卷扬机等，由土建施工队负责保管并使用。

（2）大型施工机械和数量不多的特殊施工机械设备，如大型挖土机、推土机、压路机、大型起重机械、升板滑模设备等，由企业所属专业施工队（如机械施工队）负责管理，根据土建施工队的需要，由机械施工队进行施工。因为这些施工机械，如分散在各个土建施工队管理并使用，不但不能充分发挥这些施工机械的作用，同时也不利于确保重点工程施工任务的完成。

对于施工企业不常使用的大型或特殊施工机械，应交企业主管部门或机械租赁站统一掌握，以便在各企业之间调配使用，充分发挥这些机械的作用。

2. 同其他管理性制度的衔接

为了加强固定资产的管理，企业财务部门要会同固定资产的使用和管理部门，按照国家规定的固定资产划分标准，由施工企业牵头，分类详细编制固定资产目录。各单位依照执行。在编制固定资产目录时，要统一固定资产的分类编号，各管理部门和各使用部门的账、卡、物要统一用此编号。

3. 建立固定资产相关的财务内部控制制度

（1）建立固定资产清查盘点制度。各单位固定资产的实物管理部门、使用部门和财务部门每年应至少进行一次固定资产盘点，盘点过程中应填写固定资产盘点表及固定资产盘盈盘亏表，对清查结果及时按相关规定程序处理，保证账、卡、物相符。同时采取不定期抽查方式检查固定资产管理状况。各单位财务部门应定期核对固定资产明细账与总账，并对存在的差异及时分析与调整。

（2）各单位应建立固定资产台账，掌握本单位固定资产的动态。根据固定资产购建、调动、租赁、大修、报废及清查等动态情况进行严格审查管理，及时准确记录，确保账、卡、物相符。

（3）各单位应建立固定资产卡片，对各项资产进行编号，卡片应详细记录各项固定资产的来源、验收、使用地点、责任单位和责任人、运转、维修、改造、折旧、盘点等相关内容。

（4）同一法人内部各单位对于固定资产的调拨，应填制固定资产内部调拨单，明确固定资产调拨时间、调拨地点、编号、名称、规格、型号等，由财务部门对调拨价值进行核准，按股份公司审批权限报经相关负责人审批通过后，及时办理调拨手续，调拨方应将固定资产卡片原件和有关技术资料一并移交接收方，各单位对可调出的闲置固定资产应当定期和不定期报物资管理部门，以便优先在各单位及其下属单位中进行调剂。调出调入单位应按固定资产账面价值进行转出和转入，并分别列示固定资产原值、累计折旧和固定资产减值准备。

（5）对于物资管理部门集中管理的周转材料、临时设施和固定资产，应通过租赁的方式将相应资产租赁给项目部使用，累计折旧在出租方核算，租赁金额相当于折旧金额，并通过内部往来转给租赁资产的使用单位，使用单位将该租赁成本记入工程施工成本。尤其关注账面价值为零的固定资产实物管理问题。

（6）各单位对于账面为零的固定资产（包括安全生产费的资本性支出），应完善报废处置的审批流程，加强固定资产处置的控制，避免将尚能使用的资产报废；对固定资产预计可使用年限进行合理估计，确保会计估计的准确性；关注固定资产处置中的关联交易和处置定价，防止资产流失;加强无账面价值资产的实物管理,增加备查账。

(7)各单位应规范固定资产抵押管理,确定固定资产抵押程序和审批权限等。将固定资产抵押,应由相关部门提出申请,经企业授权部门或人员批准后,由资产管理部门办理抵押手续。

(8)各单位应严格执行固定资产日常维修和大修理计划,定期对固定资产进行维护保养,切实消除安全隐患。

(9)各单位新增掘进、通风、水上、运架提等使用工作量法的设备时,应及时报股份公司财务部备案。

任务四　无形资产管理

一、无形资产的概述

1.无形资产的概念与确认

(1)无形资产的概念

无形资产,是指企业拥有或者控制的没有实物形态的可辨认非货币性资产。

无形资产包括专利权、非专利技术、商标权、著作权、土地使用权、特许权等。施工企业中,按现行会计核算制度,企业合并中形成的商誉不属于无形资产范畴。

(2)无形资产的确认

无形资产同时满足以下两个条件时,才能予以确认。

①与该无形资产有关的经济利益很可能流入企业。

②该无形资产的成本能够可靠地计量,内部产生的品牌、报刊名、刊头、客户名单和实质上类似项目的支出不确认为无形资产。

2.无形资产的特点

无形资产的特征表现为以下几个方面。

(1)不存在实物形态。

无形资产所体现的是一种权利或获得超额利润的能力,它没有实物形态,但却具有价值,或者能使企业获得高于同行业一般水平的盈利能力。不具有实物形态是无形资产区别于其他资产的显著标志。

(2)一般通过有偿转让取得或法律程序取得。

只有花费了支出的无形资产,才能作为无形资产入账,否则不能作为无形资产入账。

(3)能在相当长的时期内为企业提供经济效益,但这种效益有很大的不确定性。

无形资产能在多个生产经营期内使用,使企业长期受益,因而属于一项长期资产,企业为取得无形资产所发生的支出,属于资本性支出。

无形资产的经济价值在很大程度上受企业外部因素的影响,其预期的获利能力不能准确地加以确定。无形资产的取得成本不能代表其经济价值,一项取得成本较高的无形资产可能为企业带来较少的经济效益而取得成本较低的无形资产也可能给企业带来较大的利益。

(4)持有的目的是使用而不是出售

企业持有无形资产的目的是用于生产商品或提供劳务、出租给他人或为了管理目的而不是为了对外销售。脱离了生产经营活动,无形资产就失去了其经济价值。

(5)无形资产一般无残值。因此,在财务处理上,购入或者按法律程序取得的无形资产,在持有期间,采用合理的方法摊销。

3. 无形资产的种类

(1)按取得方式不同划分

可以分为外购无形资产、自行开发的无形资产、购入的无形资产、投资人投入的无形资产、企业合并取得的无形资产、通过非货币性资产交换和债务重组取得的无形资产、政府无偿划拨取得的无形资产和接受捐赠的无形资产等。

(2)按经济内容和性质划分

可分为专利权、非专利技术、著作权、商标权、租赁权、土地使用权和经营特许权等。

①专利权是指权利人在法定期限内对某一发明创造所拥有的独占权和专有权。

②非专利技术也称专有技术,是指发明人垄断的、不公开的、具有实用价值的先进技术,资料,技能和知识等。

③著作权是指对著述或出版的某一专门著作或者创作的某一艺术品所提供的专属权利。著作权是一种知识产权,是国家通过法律规定,赋予书籍作者、艺术品的创造者以及出版者对其作品拥有的独占权。

④商标权是指企业专门在某种指定的商品上使用特定的名称、图案、标记的权利。

⑤土地使用权是指国家准许某一企业在一定期间对国有土地享有开发、利用、经营的权利。

⑥经营特许权也称专营权,是指在某一地区经营或销售某种特定商品的权利或是一家企业接受另一家企业使用其商标、商号、技术秘密等的权利。

(3)按是否具有确定的法律保护形态划分

可分为法定无形资产,如专利权、商标权收益性无形资产,非法定无形资产,如非专利技术。

(4)按是否可辨认划分

可分为可辨认的无形资产,凡是那些具有专门名称、可单独地取得、转让或出售的无形资产,为可确指的无形资产,如专利权、商标权等;不可辨认的无形资产,凡是那些不可特别辨认、不可单独取得,离开企业就不复存在的无形资产,为不可确指的无形资产,如商誉。在这里我们所谈论的无形资产主要是指前者。

4. 无形资产的计价

无形资产同其他资产一样,具有价值和使用价值。因此在转让无形资产时,必须合理计价、有偿转让、等价交换。无形资产按取得时的实际成本计价。由于无形资产的取得方式不同,所以计价构成内容也有所不同。

(1)外购无形资产

外购无形资产成本包括购买价款、相关税费以及直接归属于使该项资产达到预定用途所发生的专业服务费用、测试无形资产是否能够正常发挥作用的费用等其他支出。为引进新产品进行宣传所发生的广告费、管理费、其他间接费用以及在无形资产已达到预定用途后发生的费用均不构成无形资产成本,应在发生时计入当期损益。

(2)自行开发无形资产

各单位内部研究开发项目,应当正确区分研究阶段与开发阶段。

①企业研究阶段支出应当于发生时计入当期管理费用。

②开发阶段的支出同时满足下列条件,确认为无形资产。

a.完成该无形资产以使其能够使用或出售在技术上具有可行性,即企业开发所需的技术条件等已经具备,不存在技术上的障碍或其他不确定性。

b.具有完成该无形资产并使用或出售的意图,即企业管理层应当明确表明其持有拟开发无形资产的目的,并具有完成该项无形资产并使其能够使用或出售的可能性。

c.该无形资产形成以后,能为企业带来经济利益。例如,能够证明运用该无形资产生产的产品存在市场或无形资产自身存在市场;无形资产将在内部使用的,应当证明其有用性。

d.有足够的技术、财务资源和其他资源支持,以完成该无形资产的开发,并有能力使用或出售该无形资产。

e.归属于该无形资产开发阶段的支出能够可靠地计量。

f.如无法区分研究阶段的支出和开发阶段的支出,应将其所发生的研发支出全部费用化。

自行开发的并且按照法律程序申请取得的无形资产,按照依法取得时发生的注册费、聘请律师费等费用计价。在研究与开发过程中发生的材料费用、直接参与开发人员的工资及福利费、开发过程中发生的租金、借款费用等,直接计入当期损益。

(3)投资者投入无形资产

投资者投入的无形资产,应当按照投资合同或协议约定的价值入账,投资合同或协议约定价值不公允的情况下,应按无形资产的公允价值入账。

(4)企业合并中取得的无形资产

非同一控制下的企业合并中购买方取得的无形资产应以其在购买日的公允价值计量,合并中确认的无形资产并不仅限于被购买方原已确认的无形资产,只要该无形资产的公允价值能够可靠计量,购买方就应在购买日将其独立于商誉确认为一项无形资产。

(5)同一控制下的企业合并中购买方取得的无形资产应维持其在被合并企业原账面价值不变。

(6)通过非货币性资产交换和债务重组取得的无形资产

通过非货币性资产交换和债务重组取得的无形资产,其成本的确定及具体处理请参见财务会计中非货币性资产交换和债务重组。

(7)接受捐赠取得的无形资产

接受捐赠的无形资产,应当按照公允价值计量。

①捐赠方提供了有关凭据(如发票、报关单、有关协议等)的,如果凭据金额加上应支付的相关税费与公允价值差异不大的,以相关凭据价格加上税费作为公允价值。

②如果没有凭据价格或凭据价格与公允价值差异较大,但有活跃市场的,应当以有确凿证据表明的同类或类似资产市场价格作为公允价值。

③如果没有凭据价格且没有活跃市场、不能可靠取得公允价值的,应当以该项无形资产未来预计现金流量的现值作为公允价值。

(8)政府无偿划拨取得的无形资产

各单位接受政府无偿划拨形成的无形资产,应当在实际取得资产并办妥相关受让手续时确认,并按照其公允价值计量。

5. 无形资产摊销

无形资产应从开始使用之日起,在有效使用期内平均摊入管理费用。在应摊销的无形资产原始价值确定后,影响其摊销额大小的主要是两个因素,即无形资产摊销的期限和方法。

(1)使用寿命有限的无形资产

①无形资产的摊销期间:应自其可供使用当月(即其达到预定用途)开始摊销至该项无形资产终止确认为止。

②无形资产的摊销方法。各单位的无形资产一般应采用直线法进行摊销。有特定产量限制的特许经营权或专利权,可采用产量法进行摊销。各单位摊销方法一经确定,一般不得随意变更。无形资产的摊销一般应计入当期损益,但如果某项无形资产是专门用于生产某种产品的,其摊销可以计入产品成本,土地使用权除外。

③无形资产的使用寿命及摊销期限。使用寿命有限的无形资产,应在估计的使用寿命内进行摊销,摊销期限按以下原则确定。

a. 合同规定了受益年限的,摊销年限为受益年限。

b. 合同没有规定受益年限但有使用年限的,摊销年限为使用年限。

c. 各单位于每年年度终了,对使用寿命有限的无形资产的使用寿命及摊销方法进行复核。无形资产的使用寿命及摊销方法与以前估计不同的,应当视同会计估计变更处理,调整其摊销期限和摊销方法,并重新计算摊销额,在以后期间内按新的额度进行摊销。如果有证据表明原来认定使用寿命有限的无形资产其使用寿命是无限的,应按照使用寿命无限的无形资产的处理原则处理。

无形资产采用直线法摊销,简便易行,能均衡各期费用,保持企业财务指标的可比性。其计算公式为:

$$无形资产年摊销额 = 无形资产原值 \div 摊销年限$$

$$无形资产月摊销额 = 年摊销额 \div 12$$

④无形资产的残值:无形资产残值一般为零。除非有第三方承诺在无形资产使用寿命结束时愿意以一定的价格购买该项无形资产,或者存在活跃的市场,通过市场可以得到无形资产使用寿命结束时的残值信息,并且从目前情况看,在无形资产使用寿命结束时,该市场还可能存在的情况下,可以预计无形资产的残值。

(2)使用寿命不确定的无形资产

对使用寿命不确定的无形资产,应在每个会计期间做减值测试,不予摊销。根据可获得的情况判断,有确凿证据表明无法合理估计其使用寿命的无形资产,才能作为使用寿命不确定的无形资产。企业不得随意判断使用寿命不确定的无形资产。

各单位应在期末复核使用寿命不确定的无形资产的使用寿命。如果有证据表明原来认定使用寿命不确定的无形资产其使用寿命是有限的,应当估计其使用寿命,并按上述使用寿命有限的无形资产的处理原则处理。

(3)其他摊销事项

①土地使用权的摊销

a.作为无形资产核算的土地使用权,应从取得该土地使用权属开始日摊销,其摊销额计入当期管理费用。若取得土地使用证时间晚于取得土地使用权开始日,则应补计上述期间内的摊销额,一次性计入取证当期的管理费用。

b.通过行政划拨方式取得的土地使用权,如能够确定上述土地使用权使用年限的,应在使用年限内进行摊销;如无法确定使用年限,应每年进行减值测试。相应地,按照政府补助确认的递延收益也在使用年限内摊销或在当期一次性计入损益。以名义金额计量的土地使用权价值,在取得时计入当期管理费用。

②持有待售的无形资产不予摊销,按照账面价值与公允价值减去处置费用后的净额孰低计量。

二、无形资产管理

无形资产能为企业带来巨大的超额利润,是企业资产的重要组成部分,企业必须加强管理。

(1)各单位应严格执行无形资产交付使用验收程序,根据取得无形资产的方式不同,取得合理且能证明无形资产价值的凭据作为入账依据。

①外购无形资产,应取得无形资产所有权的有效证明文件,仔细审核有关合同协议等法律文件,必要时应听取专业人员或法律顾问的意见。

②自行开发的无形资产,应由研发部门、无形资产管理部门、使用部门共同填制无形资产移交使用验收单,移交使用部门使用。

③购入或者以支付土地出让金方式取得的土地使用权,各单位应当根据合同协议、土地使用权证办理无形资产的验收手续。

④对投资者投入、接受捐赠、债务重组、政府补助、企业合并、非货币性资产交换、无偿划拨转入以及其他方式取得的无形资产均应办理相应的验收手续。

(2)各单位在发生如下事项时,应及时上报股份公司财务管理部门审批。

①对无形资产摊销方法使用除直线法外的其他摊销方法。

②无形资产内部划转和调拨。

(3)特许经营权业务所建造基础设施不应作为企业的固定资产。

三、其他资产的管理

建筑施工企业的其他资产包括长期待摊费用和临时设施等。

1.长期待摊费用

长期待摊费用是指企业已经支出但摊销期限在1年以上(不含1年)的各项费用,包括固定资产大修理支出、租入固定资产的改良支出等。应当由本期负担的借款利息、租金等,不得作为长期待摊费用处理。

(1) 长期待摊费用的种类

建筑施工企业的长期待摊费用主要包括固定资产大修理支出、租入固定资产的改良支出、发行股票大额费用逆差、企业筹建费用和其他长期待摊费用。

①固定资产大修理支出是指修理周期超过1年的大修理工程支出。

②租入固定资产的改良支出是指对以经营租赁方式租入的固定资产进行的改装、改造发生的各项支出。

③发行股票大额费用逆差是指股份有限公司因委托其他单位发行股票支付的手续费或佣金等相关费用,减去股票发行冻结期间的利息收入后的余额,不足以抵消股票溢价(即股票价格超过股票面值的差额)的差额。即:

发行股票费用逆差 = 支付的手续费或佣金等相关费用 －

股票发行冻结期间的利息收入 － 股票溢价

④企业筹建费用是指在企业自开始筹备到正式运营为止这段期间发生的,除了应当计入固定资产价值以外的各项费用,例如,筹建人员工资、差旅费、注册登记费、培训费、办公费等。

⑤其他长期待摊费用是指除上述各类长期待摊费用以外的长期待摊费用。

(2) 长期待摊费用的摊销

①长期待摊费用的摊销原则。对于长期待摊费用,应当在费用项目的受益期限内分期平均摊销。

②长期待摊费用的摊销期限。

a. 对于固定资产大修理支出,应当在下一次大修理前平均摊销。

b. 对于租入固定资产改良支出,应当在租赁期限与租赁资产尚可使用年限两者中较短的期限内平均摊销。

c. 对于发行股票大额费用逆差,在不超过2年的期限内平均摊销。

d. 对于企业筹建期间所发生的费用,先在长期待摊费用中归集,待企业开始生产经营后一次计入开始生产经营当月的损益。

e. 对于其他长期待摊费用应当在受益期内平均摊销。

f. 对于已经不能使以后会计期间受益的长期待摊费用项目,应当将该项目的尚未摊销的摊余价值全部转入当期损益。

(3) 长期待摊费用计划

长期待摊费用计划是企业控制长期待摊费用的发生、摊销和结转的计划。它根据计划期期初长期待摊费用结存状况、固定资产调整计划、筹资计划,由财务管理机构会同相关管理机构编制。编制和实施长期待摊费用计划是有效控制成本费用的重要保证。长期待摊费用计划的主要内容包括计划年度长期待摊费用项目名称、摊余价值或计划发生额、剩余摊销期限或摊销期限、计划年度内的摊销起止月份、摊销计划摊销额和备注事项等。长期待摊费用计划中的计划期内新发生的长期待摊费用项目名称、计划发生额、摊销期限等指标,应当分别与固定资产调整计划、筹资计划的相关指标相符。长期待摊费用计划由财务管理机构会同相关管理机构组织实施。对于长期投资计划的执行情况,应当按照企业制度的规定,由审定或者批准计划的机构进行考核。

2. 临时设施

临时设施是建筑施工企业为进行工程施工而建造的生活和生产所必需的设施,它包括:临时宿舍、文化福利公用事业房屋,构筑物,仓库,办公室,加工厂,塔式起重机基础,小型临时设施以及规定范围内的现场施工道路,水、电管线,为保证文明施工现场安全和环境保护所采取的必要措施。

(1)临时设施管理职责

①施工企业(公司)生产管理部负责临时设施的搭建、验收、拆除管理工作。

②项目部技术部门负责现场临时设施平面布置和设计。

③项目部生产部门负责办理临时设施搭建手续,组织搭建、拆除工作。

④项目部财务部门负责建立临时设施台账,负责摊销工作。临时设施拆除拆除时协助办理清账手续。

(2)临时设施购置搭建

①项目部根据预算定额中所计取的临时设施费,本着量入为出、节约适用的原则,按照合法的平面布置购置搭建临时设施。

②临时设施的结构、性能、用途要符合消防,安全,场容达标的要求,做到规范化、标准化,树立企业良好的形象。

③临时设施在购置搭建前,项目部要编制分项工料、费用预算,将搭设临时设施申请表、临时设施搭建验收表、临时设施拆除审批表报公司生产管理部批准后实施。临时设施申请表、临时设施搭建验收表和临时设施拆除审批表见表 7-9~表 7-11。

大型临时设施搭建申请表

建设单位名称:　　　　　设施搭建地:　　　　　填报日期:　年　月　日　　表 7-9

序号	设施名称	单位	数量	单价	合价	结构及做法简要说明	审批意见
1							
2							
3							
合计							

项目部备注:　　　　　　　　　　　　　　公司备注:

申请单位:　　　　　项目负责人:　　　　　制表:　　　　　公司生产管理部:

④临时设购置、搭建、拆除所发生的材料、人工、机械等费用进行会计核算,设置专项工程支出科目,核算实际成本。公司生产管理部门和财务部门共同办理临时设施验收交付使用手续,将所完成的临时设施的实际成本,转作其他财产——临时设施管理。

⑤对于购置搭建的临时设施,项目部生产和财务部门要建立台账,做好动态管理。

大型临时设施搭建验收表

建设单位名称：_____　设施搭建地：_____　填报日期：　年　月　日　表 7-10

序　号	设施名称	栋　数	单　位	数　量	单　价	设　施　价　值	备　注
1	____	____	____	____	____	____	____
2	____	____	____	____	____	____	____
3	____	____	____	____	____	____	____
合　计	____	____	____	____	____	____	____
项目部备注				公司备注			

申请单位：_____　　项目负责人：_____　　制表：_____　　公司生产管理部：_____

大型临时设施拆除审批表

建设单位名称：_____　设施搭建地：_____　填报日期：　年　月　日　表 7-11

序　号	设施名称	栋　数	单　位	数　量	合　计	原　值	摊　销	净　值
1	____	____	____	____	____	____	____	____
2	____	____	____	____	____	____	____	____
3	____	____	____	____	____	____	____	____
4	____	____	____	____	____	____	____	____

申请单位：_____　　项目负责人：_____　　制表：_____　　公司生产管理部：_____

◀项目小结▶

本项目主要介绍了企业固定资产及其他资产管理，这也是企业用资活动一个管理内容。首先，介绍了固定资产的概念，管理特点，重点讲述了固定资产折旧管理，介绍了固定资产折旧常用的方法，包括平均年限法、工作量法、双倍余额递减法和年数总和法。最后，简单介绍了无形资产和其他长期资产的管理，包括无形资产和施工企业临时设施的摊销等。

技能训练

一、判断题

1. 固定资产持有的目的是用于生产经营而不是为了出售。　　　　　　　　（　）
2. 提前报废的固定资产照提折旧。　　　　　　　　　　　　　　　　　　（　）
3. 双倍余额递减法和年数总和法属于加速折旧法。　　　　　　　　　　　（　）
4. 固定资产的折旧方法一经选定不得随意变更。　　　　　　　　　　　　（　）
5. 相对于流动资产，固定资产投资的风险较小。　　　　　　　　　　　　（　）

二、多项选择题

1. 固定资产的折旧方法包括(　　)。
   A. 工作量法　　　B. 平均年限法　　　C. 年数总和法　　　D. 双倍余额递减法
2. 下列选项属于固定资产投资特点的是(　　)。
   A. 回收期长　　　B. 投资风险大　　　C. 变现能力差　　　D. 资金占用相对稳定
3. 不应计提折旧的是(　　)。
   A. 当月增加的固定资产　　　　　　　B. 当月减少的固定资产
   C. 提足折旧继续使用的固定资产　　　D. 提前报废的固定资产

三、计算分析题

某施工企业有机床60台,全年制度工作日数为254天,维修保养停工日数14天,每天实行两班制,平均每班工作7.5h,该企业计划生产甲、乙、丙三种工具,而产品各自为2400件、3600件和24件,它们的单位产品台时定额分别为60、50、80,机床的定额改进系数为90%。

要求:计算该机床的需用量。

四、简答题

1. 固定资产投资的特点是什么?
2. 如何理解固定资产的损耗包括有形损耗和无形损耗?
3. 固定资产管理的要点是什么?
4. 为什么要对固定资产计提折旧?
5. 无形资产的特征有哪些?
6. 无形资产的摊销年限应当如何确定?
7. 如何做好无形资产的管理?
8. 长期待摊费用与临时设施各包括哪些内容?如何进行管理?

知识拓展

在 建 工 程

施工企业的在建工程是指已经施工但还没有完成工程承包合同规定已完工程的内容,因而尚未向发包单位结算工程价款的建筑安装工程。在建工程的内涵,与采用的工程价款结算方式密切相关。

施工企业的在建工程,按施工成本计算。工程施工成本是指建筑安装工程在施工过程中耗费的各项生产费用。按其是否直接耗用于工程的施工过程,分为直接费用和间接费用。直接费用包括材料费、人工费、机械使用费、其他直接费。间接费用是指企业所属各施工单位为组织和管理施工生产活动所发生的各项费用。工程直接费用加上分配的间接费用,构成工程施工成本。

1. 工程成本预测

在建工程的管理,除了尽可能采用按月结算、分段结算工程价款,减少在建工程数量外,还必须加强工程成本管理,降低工程成本。要降低工程成本,必须预测工程成本、编制工程成本预算,对工程成本进行控制。其中,工程成本预测是根据过去年度特别是报告年度工程成本资料,分析计划年度各个工程项目工程任务和施工技术、施工管理情况,测算计划年度各项工程成本降低情况,以便为企业经营决策提供信息。

(1)工程预算成本

工程预算成本是根据全国或地区统一制定的预算定额并按统一规定编制工程预算方法计算的工程成本。因为建筑安装工程虽然多种多样,但也有一定的共性,即它们都由一定的技术机构组成。以一般房屋建筑为例,它们的外形、结构虽不相同,但都由基础、地面、墙、楼板、屋盖等几部分构成,在不同的房屋建筑工程中,相同的分部分项工程有着相同的计量单位,而且完成每一计量单位如每立方米砖基础等所需要的人工、材料的消耗量,基本上是相同的。国家或地区可以根据建筑行业生产水平,统一规定各分部分项工程的人工、材料、施工机械的消耗定额,以及根据各个地区情况规定的工资标准、材料预算价格、机械台班费标准、其他直接费定额、间接费用和期间费用定额等,按照统一规定的编制工程预算方法,计算工程预算成本。由于预算定额是建筑行业的平均定额,所以据以计算的工程预算成本,也是建筑行业的平均成本,它是计算工程造价的依据。

(2)工程成本降低额的预测

工程成本降低额的预测通常可以根据计划年度产值、固定费用总额和变动费用在工程造价中的比重及税费率、利润率加以测算。

工程成本的费用构成可以分固定费用和变动费用两部分。固定费用总额一般并不随着工程量的增减而增减;变动费用总额则随着工程量的增减而增减。根据固定费用不随工程造价增减变动和变动费用与工程造价有一定比例关系的特性,只要知道固定费用总额和变动费用在工程造价中的比重,就可测算一定任务下的工程成本,并进而预测工程成本降低额,和一定工程成本降低额下需要完成的工程任务。计算公式如下:

$$
\begin{aligned}
工程成本降低额 &= 施工产值 - 税费 - 预期利润 - 工程完全成本 \\
&= 施工产值 - (施工产值 \times 税费率) - \\
& \quad [施工产值 \times (1-税费费率) \times 预期利润率 / 1+预期利润率] - \\
& \quad (施工产值 \times 变动费用在工程造价中的比重 + 固定费用) \\
&= 施工产值 \times [1 - 税费费率 - (1-税费费率) \times \\
& \quad 预期利润率/1+预期利润率 - 变动费用在工程造价中的比重] - \\
& \quad 固定费用
\end{aligned}
\tag{7-29}
$$

如某施工企业计划年度施工产值为 11065150 元,税费费率为 3.3%,预期利润率为 7%,固定费用总额为 1600000 元,变动费用在工程造价中的比重为 72%,就可测算计划年度的工程成本降低额:

工程成本降低额 = $11065150 \times [1-0.033-(1-0.033) \times 0.07/(1+0.07)-0.72] - 1600000 = 433092$(元)

如果测算得到的工程成本降低额不能满足计划要求,就要采取增加工程任务或降低固定费用和变动费用的措施。假如上述企业要完成 800000 元工程成本降低额,而固定费用和变动费用又不能削减,则要采取增加工程任务的措施,即将施工产值增加到:

$1600000 + 800000/[1-0.033-(1-0.033) \times 0.07/(1+0.07)-0.72] = 13043478$(元)

2. 工程成本计划

施工企业的工程成本计划,有年度、季度计划和月度、单位工程成本计划之分。工程计划成本的计算,要分别按直接费和间接费来进行。

(1)年度、季度工程直接费计划

各个施工单位年度、季度工程直接费计划成本的计算,通常可通过工程预算成本和降低成本的技术组织措施来进行,也就是以工程预算成本减去降低工程成本措施的经济效益的方法,算得工程的材料费、人工费、机械使用费、其他直接费的计划成本。

技术组织措施经济效益的计算,对不需要一次性费用的措施来说,只要计算它在计划期内的节约额。

在编制年度、季度成本计划时,由于还没有分部分项工程实物量,只能根据年度计划施工面积或施工产值,运用概算指标求出各种主要材料、各工程工日和机械台班的计划用量,然后按材料费、人工费、机械使用费等成本项目计算计划年度的节约额。

如某施工企业计划年度施工产值为11065150元,每万元工作量平均消耗木材0.5m³,采用各种措施后,原木出材率将由75%提高到80%,原木每立方米价格为800元,则:

按75%出材率计算的原木需要量为
$$11065150 \times 0.5 m^3/万元 \times 100/75 = 737.68 m^3$$

提高到80%出材率后计算的原木需要量为:
$$11065150 \times 0.5 m^3/万元 \times 100/80 = 691.57 m^3$$

提高出材率5%后的木材节约额为:
$$(737.68 m^3 - 691.57 m^3) \times 800 元/m^3 = 36888 元$$

对于需要一次性费用的措施,在计算其经济效益时,除了计算节约额外,还要计算净节约额,也就是节约额减去一次性措施费用后的余额。

$$计划期净节约额 = 计划期节约额 - 一次性措施费用 \qquad (7-30)$$

由于降低工程成本措施的经济效益,一般都已在技术组织措施计划中加以计算,在编制工程成本计划时,只要汇总技术组织措施计划中的人工费、材料费、机械使用费和其他直接费方面的节约额,就能据以计算工程直接费的计划成本。但是,作为这种方法计算基础的预算成本,是根据统一预算定额来确定的。对于那些条件较好、管理水平较高的企业来说,可能低于统一预算定额。这时,企业的工程成本就会低于统一定额计算的预算成本。因此,在实际编制年度工程成本计划时,还必须根据企业具体情况,计算企业施工定额与预算定额的差异,或对那些低于统一预算定额的分部分项工程,均按定额差异乘工程数量来计算它的节约额,并与技术组织措施经济效益一起,从预算成本中减去后求得材料费、人工费、机械使用费和其他直接费的计划成本。

(2)月度、单位工程直接费计划

月度、单位工程直接费的计划成本,一般可根据按照分部分项工程实物量和施工定额编制的施工预算成本减去工程成本技术组织措施的节约额来计算。

由于在编制月度、单位工程成本计划时,一般都有分部分项工程实物量,因此,降低工程成本技术组织措施的节约额,也可根据实物工程量来计算。

如在混凝土中掺入磨细粉煤灰用来代替部分水泥、黄砂,可以降低混凝土成本。每立方米C30混凝土原来耗用的和用磨细粉煤灰代替部分水泥、黄砂后,水泥、黄砂、石子的耗用量和成本见表7-12。

水泥、黄砂、石子的消耗用量和成本 表7-12

材料名称	单位	单价/元	原来每立方混凝土成本		掺入磨细粉煤灰后混凝土成本	
			耗用量	金额	耗用量	金额
水泥♯400	kg	0.40	388	155.20	323	129.20
黄砂	kg	0.20	560	112.00	539	107.80
石子	kg	0.20	1250	250.00	1250	250.00
磨细粉煤灰	kg	0.30			56	16.80
合计				517.20		503.80

根据表 7-12 计算,可知:
用磨细粉煤灰代替部分水泥、黄砂后每立方米 C30 混凝土的节约额为:

$$517.20 - 503.80 = 13.40(元)$$

如某工程共需耗用 1000m³ 磨细粉煤灰代替部分水泥、黄砂的 C30 混凝土,则可节约:

$$13.40 \times 1000 = 13400(元)$$

(3)间接费用、管理费用和财务费用计划

间接费用的计划数,要根据各施工单位组织机构编制、工程规模及其集中分散情况、各项费用定额和开支标准等,按照间接费用的各个费用项目来确定,以便作为今后考核间接费用计划执行的依据。在计算间接费用计划数时,应先按施工单位分别计算,然后进行汇总。

①临时设施摊销费。根据施工单位搭建临时设施原值和摊销率计算。
②管理人员工资。该项根据定员人数、工资标准计算。
③职工福利费。根据管理人员工资和福利费提存率 14% 计算。
④折旧费。根据施工单位施工管理和试验部门使用的固定资产原值和折旧率计算。
⑤修理费。根据施工单位施工管理试验部门使用的固定资产的修理费开支计划数计算。
⑥工具用具使用费。根据管理人员人数、工具用具配备定额和摊销标准计算。
⑦办公费。根据报告年度每人每月平均支出数和计划年度办公费节约指标计算。
⑧差旅交通费。根据因公出差人数、市内领取交通津贴人数以及自备交通工具耗用燃料等支出计算。
⑨劳动保护费。根据施工单位职工人数和规定的发放标准等计算。
⑩其他费用。参照报告年度支出数计算。

管理费用计划数的计算,要根据施工企业行政管理部门即公司总部组织机构编制、各项费用定额和开支标准等,按照管理费用项目来确定。在计算时,应充分考虑计划期内精简组织结构、减少费用开支等各项措施。

管理费用中的行政管理人员工资、职工福利费、办公费、差旅费、折旧费、修理费、低值易耗品摊销等计划数的计算,基本上与间接费用中的管理人员工资、职工福利费、办公费、差旅交通费、折旧费、修理费等计划数的计算方法相同。

施工企业在计划年度如有银行借款和要发行债券的,还要根据银行借款和利率计算利息支出,根据债券面值和发行手续费率计算金融机构手续费等,算出财务费用。

根据上面计算方法,就可算得施工企业计划年度的间接费用、管理费用和财务费用计划数。并据以与工程直接费计划编制有如表 7-13 所示的工程成本计划表。

工程成本计划表(单位:元) 表 7-13

项 目	预算成本	计划成本	降低额	降低率(%)
材料费	6929880	6687330	242550	3.50
人工费	964920	954305	10615	1.10
机械使用费	614040	606670	7370	1.20
其他直接费	263160	256580	6580	2.50
直接费小计	8772000	8504885	267115	3.14
间接费用	526320	523690	2630	0.50

续上表

项　　目	预　算　成　本	计　划　成　本	降　低　额	降低率(%)
工程施工成本合计	9298320	9028575	269745	2.90
管理费用	614040	611580	2460	0.40
财务费用	87720	86670	1050	1.20
工程完全成本合计	10000080	9726825	273255	2.73

3. 工程成本的控制

(1)工程成本控制及其基本程序

工程成本控制是指企业在施工经营过程中,按照既定的工程成本目标,对构成工程成本的一切耗费进行严格的计算、考核和监督,及时揭示偏差,并采取有效措施,纠正不利差异,发展有利差异,使工程成本被限制在预定的目标范围之内。科学地组织工程成本控制,可以用较少的物化劳动和活劳动耗费,取得较大的经济效益,不断降低工程成本,提高企业管理水平。

工程成本控制是现代成本管理工作的重要环节,是落实工程成本目标,实现工程成本计划的有力保证。工程成本控制一般包括以下几个基本程序。

①根据施工定额制定工程成本标准,并据以制定各项降低成本技术组织措施。工程成本标准是对各项费用开支和资源消耗规定的数量界限,是工程成本控制和工程成本考核的依据。没有这个标准,也就无法进行工程成本控制。

②执行标准。即对工程成本的形成过程进行具体的计算和监督。根据工程成本指标,审核各项费用开支和各种资源的消耗,实施降低成本的技术组织措施,保证工程成本计划的实现。

③确定差异。核算实际消耗脱离工程成本指标的差异,分析工程成本发生差异的程度和性质,确定造成差异的原因和责任归属。

④消除差异。组织群众挖掘增产节约的潜力,提出降低工程成本的新措施或修订工程成本标准的建议。

⑤考核奖罚。考核工程成本指标执行的结果,把工程成本指标的考核纳入经济责任制,实行物质奖励。

(2)建立责任成本制度

要有效地控制工程成本,必须建立健全责任成本制度,责任成本制度是在企业内部按施工经营组织系统,确定成本责任层次,建立成本责任中心,并按责任归属,传递、控制、考核、报告工程成本信息,从而把工程成本责任落实到各部门、各层组织和执行人,按照经营决策规定的成本目标,进行控制和考核的一种内部经济责任制度。

4. 推行责任成本制度的有关配套改革

要推行责任成本制度,还必须建立内部价格结算体系,健全企业内部经济合同制度和建立奖罚制度等配套改革。

(1)建立内部价格结算体系

为了正确评价责任成本单位的工作业绩和成果,消除客观因素的影响,必须建立内部统一的价格体系,使责任成本的计划与实际更具有可比性和可控性。除了责任成本单位直接向市场采购的材料、构件按实际价格核算外,企业内部各单位供应的构件、劳务、机械等一律要用内部计划价格结算,并据此签订内部经济合同。

(2)健全企业内部经济合同制度

采用责任成本进行成本控制,必须严格划清各责任成本单位的成本责任。成本责任划分不清,责任成本就很难计算,也就会影响到各个责任成本单位的经济利益,久而久之,责任成本就不能起到很好地控制成本的作用。因此,必须健全企业内部的经济合同制度,使各责任年成本单位之间的经济往来,均以合同形式进行。经济合同条款必须写明双方责任,规定计价标准、质量、工期等要求以及违约索赔条款等。一旦发生纠纷,可据合同条款予以仲裁。为此,还必须明确企业内部的仲裁部门,按仲裁结果,实行按经济责任转账。当然,为了减少经济纠纷的发生,应先将有关责、权、利关系和可能发生的经济责任转账办法列入规章制度,制定企业内部经济责任仲裁办法,使各单位在实际工作中有所遵循,不致在发生纠纷时相互扯皮,影响工作。

(3)建立奖罚制度

为了落实经济责任,保证责任成本制度的推行,充分调动各个层次的积极性,必须健全内部责任承包办法,建立并完善奖罚制度办法。首先,要在承包指标中突出成本指标,将责任成本单位的管理人员的收益直接与其责任年成本完成的业绩挂钩,其奖罚标准与其成本完成情况,以比例形式加以确定。其次,在奖罚办法中,必须明确达到利益与风险并存,奖罚基本对等的要求,即对该奖什么,该罚什么,奖到何种程度,罚到何种程度,都要在承包合同奖罚条款中清晰地予以规定。在具体实施中,可逐步推广并不断完善风险抵押金制度,使风险抵押真正起到应有的作用。

项目八　工程成本费用管理

【知识目标】
1. 了解工程成本和费用的概念、特征及分类。
2. 理解工程费用的组成，工程项目成本控制的目的、意义和原则。
3. 掌握工程项目成本管理的程序。
4. 掌握工程项目成本控制的方法及考核。

【能力目标】
1. 通过学习能够对工程成本管理中计划、分析、核算、控制和考核等环节进行实际操作，并完成每个环节的工作任务。
2. 通过学习能够运用定性分析法和定量分析法对工程项目进行预测。

结合实际案例能够对工程项目成本进行综合的分析和控制，并对工程项目成本作出考核评价。

案例

房地产企业成本费用控制分析

一、我国房地产企业的现状

房地产行业是国民经济的重要组成部分，一方面它受到国民经济发展水平的制约；另一方面由于其基础性、先导性产业的地位及其特点，房地产行业的发展必然对经济增长发挥巨大的促进作用。此外，由于资金投入大、建设周期长、专业性强、受政策及市场不稳定因素影响大，房地产开发行业也是一个高风险行业。因此，要想在这种规范日趋严格和竞争不断加剧的环境中实现开发项目的最大经济效益，就必须对项目的开发进行有效的成本管理和控制，实现集约效益型开发。

2008年，房地产"拐点论"得到验证，那些单纯依靠虚高的房价引致盈利的企业因房价的回落而面临资金链的问题，甚至导致亏损和破产。如果以前房地产行业是"高风险、高回报"，那今后房地产必然是"高风险、严控制、高回报"。在房地产"暴利"时代结束后，房地产企业如果想在今后的竞争中保持行业的竞争优势，加强对房地产项目成本的控制就显得尤为重要。

二、开发成本的控制

1. 开发前期成本的控制

（1）土地征用及拆迁补偿费用的控制：土地成本是整个房地产成本中占比最大的，所以土地成本直接影响整个项目的利润。随着土地的稀缺性和公众法律意识的增强以及其他人为不可控因素的增加，拆迁难度将会越来越大。为了避免因拆迁速度影响整个项目的开发计划,房地产企业最好选择"熟地"竞拍。如果是通过其他方式取得开发权,那么对土地所有权的法律归属问题一定要清晰明了,以免引起不必要的纠纷。另外,各地政府对于拆迁补偿也有不同的规定,要对相应的政策法规予以把握,尽力争取各种优惠条件。

(2)前期工程费用的控制:向政府部门交纳的各种规费,占有不小的比重,因此对于收费政策与收费标准要有一个较好的把握。属于政策优惠标准之内的项目,要尽最大努力地争取。交纳的各种保证金到期要及时予以索回。

(3)地质勘探以及工程图纸设计要予以关注,目前从事此类服务的机构也越来越多,收费较以前也有了大幅的优惠。

采取公开招标的方式,可以将费用降低。"五通一平"也要采取公开招标的方式承包给专业施工团队,最终的目的也是降低费用、缩短工期。在图纸的设计上,不同的设计人员设计的结果有较大的差异,在追求造型完美、设计新颖的前提下也要注重工程的实用价值,杜绝出现设计浪费。设计之前,要选定经验丰富的设计人员,分管工程的技术人员要与设计人员进行充分的交流,以使工程的价值与市场销售定位相吻合。

2.开发中期成本的控制

(1)图纸设计审核环节的控制:研究表明,房地产项目初步设计阶段影响工程造价的程度约为65%,施工图设计阶段影响工程造价的程度为25%~35%,施工阶段通过技术措施节约工程造价的可能性仅为5%~10%,这说明设计阶段的造价控制是建筑安装工程费控制的关键。内部应成立专门的工程设计管理部门,制订详细的设计要求,并对设计单位的设计方案和施工图进行审核;应对工程项目的结构形式、装修标准、材料设备选型、设计的合理性和安全性等进行全面的评估和审核。设计成稿之前一定要详细询问当地规划要求,尽量在满足规划要求的前提下设计出最大可售面积,避免出现因不合规而造成的重复工作,浪费时间和成本。

由于当前设计单位的经济观念和市场观念普遍淡薄,"重技术、轻经济",加之设计费的取费标准一般按建筑面积或投资额计算,不利于设计单位加强成本控制意识,易出现设计保守不合理,浪费极大。应在设计任务书或投资估算上规定造价的限额,并和设计费挂钩。对设计单位要进行经济赏(节约)罚(超支)。设计的方案尽可能地多考虑以后施工过程中遇到的困难,尽量减少设计变更带来的工程造价的增加。

(2)招标环节的控制:公开招投标是目前一种常用的方式,既能体现公平竞争,又能降低施工成本、缩短工期,但是要警惕招标过程中的"暗标"行为,避免出现因满足个人利益而损害公司利益的现象。

(3)施工环节的控制:对于工程施工过程中用量较大、价格悬殊较大、对工程质量起决定作用的材料(如钢材、水泥),房产商应直接供给。这也是目前一种比较常见的做法,这样在降低成本的同时对于提高工程质量有了很好的保证。此外,还应配合监理单位严格进行施工现场的监督管理,随时关注工程预算的执行情况,施工过程中工程成本与预算产生较大差异的要及时予以分析,以确保牢牢地将工程成本控制在预算的各项指标之内。对于变更施工方法的一些签证,尤其是一些隐蔽工程的签证更要从严审批。

工程管理人员要制订相应项目的工期进度表,根据进度表对各个施工单位进行考核。在整个工期之内要考虑到气候变化所带来的影响,以便提前作出相应的调整。能否提前竣工对于施工成本控制的成败起到决定性的作用。

3. 开发后期成本的控制

(1)基础设施的费用包括:道路、供水、供电、供热、排污、照明、通信等,在建设之前要做一个符合项目实际情况的预算,采用招标的方式确定各项基础设施的施工单位。根据施工的先后顺序进行合理的安排,避免不必要的预付款占用资金的情况出现。

(2)公共配套设施的建设首先要考虑到项目消费群体的需求,配套设施的档次要根据项目的市场定位来安排,还要密切关注项目周围的配套情况,近距离雷同的配套设施尽量不予安排。

4. 资金成本的控制

有关政策规定,如果是为了特定的开发项目借款发生的借款利息予以资本化。但是要注意其中一点:当纳税人从关联方取得的借款金额未超过其注册资本的50%时,其相关利息费用可以按照规定扣除;当超过50%后,则超过部分的利息支出不得在税前扣除。在控制成本的同时一定要结合税务知识提前做好税务筹划,合理避税。

(1)借贷资金可以从银行等金融机构借入,也可以从一些融资机构以及个人借得。虽然后者具有手续简便、方便灵活的特点,但是往往利率较高,一般情况下不可取,而从银行等金融机构借入资金是企业所普遍采用的方式。国有商业银行和地方性商业银行在一些政策以及利率的执行上有差别,需要对其有一个整体的把握,尤其受现在全球性金融危机的影响,贷款的审核条件和发放流程更加严格,因此应根据企业的实际情况,选择特定的银行作为业务合作伙伴。

(2)要加快项目的销售进度、资金的回笼,采取优惠政策鼓励一次性付款。对于可办理按揭贷款的项目,在工程的进度达到办理按揭的条件时,及时予以办理。这些资金的到位可以在很大程度上缓解企业贷款的需求,对于降低借款利息起到了明显的作用。

(3)企业应制作《项目进度资金需求计划表》,根据项目进展过程中的资金需求量分批次地借入资金,杜绝一次性全额借入资金而引起的资金闲置。此外,借款期限的长短与利率的高低也是成正比例变动的,建议企业以短期借款为主,借款到期及时偿还,再申请下一批次的短期借款。如此周转,既可以提高企业在金融机构的信誉度,又为以后的增加授信额度打下了基础,还可以节省借款利息支出。

三、期间费用的控制

1. 管理费用的控制

管理费用主要是指房地产开发企业为组织和管理房地产的开发经营活动所发生的各种费用,此类费用分为变动费用和固定费用。应对各个部门年初制订相应的费用预算,每月、每季度进行相应的考核,对于超支和节约的部分在年底的时候与部门的绩效挂钩,以调动管理人员节约费用的积极性与主动性。在岗位的设置上,统筹兼顾、全面考虑,要既能满足企业的发展需要,同时又能达到内部控制的要求。

2. 销售费用的控制

(1)对于项目的策划费用,有的企业有自己的策划团队,但是一般企业的做法是外包给专业的团队,根据项目的市场定位,制订合理的销售策略,及时启动预售方案;在广告费用的控制上,不同的广告方式有不同的效果,并且费用也有较大的悬殊,在进行充分的比较和论证以后力求以最低的费用达到最佳的广告效果。

(2)实行销售业绩与工资相挂钩的激励制度来充分调动销售人员的工作积极性。在销售之前企业指定销售指导价格,销售人员根据客户的不同性质和要求采用灵活的销售策略进行公关。销售部门应将客户的一些要求和建议及时上报策划人员和企业的其他部门,便于及时作出一些调整。

思考:

通过对房地产开发企业成本控制的详细解读,你从中得到什么启示?对施工企业搞好成本控制,你有哪些建议和意见?

任务一 工程成本费用管理概述

一、工程成本和费用的概念

1. 工程成本的概念

工程成本是围绕工程而发生的资源耗费的货币体现,包括工程生命周期各阶段的资源耗费。工程成本通常用货币单位来衡量。

工程成本分为直接和间接两个方面。直接成本由人工费、材料费、机械使用费和其他直接费组成。其各自组成的内容为:人工费指列入预算定额中从事工程施工人员的工资、奖金、工资附加费以及工资性质的津贴、劳动保护费等。材料费指列入预算定额中构成工程实体的原材料、构配件和半成品、辅助材料以及周转材料的摊销、租赁费用。机械使用费指列入预算定额内容,在施工过程中使用自有施工机械所发生的机械使用费和租用外单位施工机械的租赁费及安装、拆卸和进出场费。间接成本是指直接从事施工的单位为组织管理在施工过程中所发生的各项支出。包括施工单位管理人的工资、奖金、津贴、职工福利费、行政管理费、固定资产折旧及修理费、物资消耗、低值易耗品摊销、管理用的水电费、办公费、差旅费、检验费、工程保修费、劳动保护费及其他费用。

2. 费用和期间费用的概念

(1)费用

费用是指企业生产经营过程中发生的各项耗费。企业直接为生产商品和提供劳务等发生的直接材料、直接人工、商品进价和其他直接费用,直接计入生产经营成本;企业为生产商品和提供劳务而发生的各项间接费用,应当按一定标准分配计入生产经营成本。企业行政管理部门为组织和管理生产经营活动而发生的管理费用和财务费用,为销售和提供劳务而发生的进货费用、销售费用等,应当作为期间费用,直接计入当期损益。

(2)期间费用

期间费用是指与具体工程没有直接联系,不应计入工程成本,而应直接计入建筑安装企业当期损益的各项费用,包括管理费用、财务费用和营业费用。

建筑安装企业在生产经营过程中,必然要发生各种各样的资金消耗,如领用材料、支付工资和其他生产费用、发生固定资产损耗等。施工企业在一定时期内从事工程施工、提供劳务等经营活动发生的各种消耗称为生产费用,将这些生产费用按一定的对象进行分配和归集,就形成了成本。生产费用是形成产品成本的基础,生产费用的发生过程就是成本的形成过程,没有费用发生,就不存在成本计算。

二、施工企业费用的分类

施工企业费用由直接费、间接费、税金和利润组成。现场管理人员工资包括在直接费内,职工劳动保护费包括在间接费内。

图 8-1 所示为施工企业费用的分类。

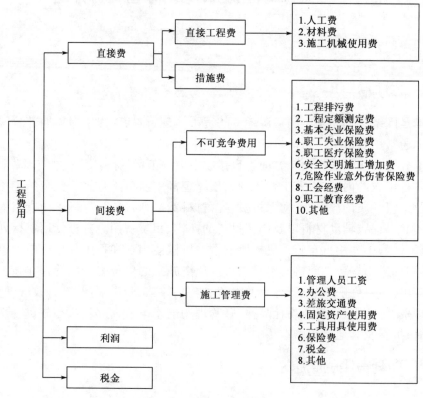

图 8-1　施工企业费用的分类

(一)直接费

直接费是由直接工程费和措施费组成的。

1. 直接工程费

直接工程费是指施工过程中耗用的构成工程实体和有助于工程形成的各项费用,包括人工费、材料费、施工机械使用费。

(1)人工费:是指直接从事建筑工程施工的生产工人开支的各项费用。人工费由下列八项费用组成。

①基本工资:是指发放给生产工人的基本工资。

②工资性补贴:是指按规定发放的各项补贴、津贴。

③生产工人辅助工资:是指生产工人年有效施工天数以外非作业期间的工资。

④职工福利费:是指按规定标准计提的职工福利费。

⑤生产工人劳动保护费:是指按规定标准发放的劳动保护用品购置费及修理费、职工服装补贴、防暑降温费、在有碍身体健康的环境中施工的保健费等。

⑥住房公积金:是指企业和个人按标准交纳的住房公积金。

⑦劳保基金:是指由职工工资中支付的养老金,企业支付离退休职工的易地安家补助费,六个月以上的病假职工工资,职工死亡丧葬补助费、抚恤费,以及按规定支付给离休干部的各项经费。

⑧医疗保险费:是指由职工工资中支付的基本医疗保险费。

(2)材料费:是指施工过程中耗费的构成工程实体的原材料、辅助材料、构配件、零件、半成品的费用和周转使用材料的摊销(或租赁)费用,包括材料预算价格、检验试验费。

①材料预算价格:包括材料原价、材料运杂费、运输损耗费、采购及保管费。材料运杂费是指材料自来源地运至工地仓库或指定堆放地点所发生的全部费用。运输损耗费:是指材料在运输装卸过程中不可避免的损耗。采购及保管费是指为组织采购、供应和保管材料过程所需要的各项费用,包括采购费、仓储费、工地保管费、仓储损耗。

②检验试验费:是指对建筑材料、构件和建筑安装物进行一般鉴定、检查所发生的费用。包括自设试验室进行试验所耗用的材料和化学药品等费用;不包括新结构、新材料的试验费和建设单位对具有出厂合格证明的材料进行检验,对构件做破坏性试验及其他特殊要求检验试验的费用。

(3)施工机械使用费:是指施工机械作业所发生的机械使用费,以及机械安拆费和场外运费。施工机械台班单价由下列七项费用组成。

①折旧费:是指施工机械在规定的使用年限内,陆续收回其原值及购置资金的时间价值。

②大修理费:是指施工机械按规定的大修理间隔台班进行必要的大修理,以恢复其正常功能所需的费用。

③经常修理费:是指施工机械除大修理以外的各级保养和临时故障排除所需的费用。包括为保障机械正常运转所需替换设备与随机配备工具用具的摊销和维护费用、机械运转及日常保养所需润滑与擦拭的材料费用、机械停滞期间的维护和保养费用等。

④安拆费及场外运费:安拆费是指施工机械在现场进行安装与拆卸所需的人工、材料、机械和试运转费用,以及机械辅助设施的折旧、搭设、拆除等费用;场外运费是指施工机械整体或分体自停放地点运至施工现场或由一施工地点运至另一施工地点的运输、装卸、辅助材料及架线等费用。

⑤人工费:是指机上司机(司炉)和其他操作人员的工作日人工费及其在施工机械规定的年工作台班以外的人工费。

⑥燃料动力费:是指施工机械在运转作业中所消耗的固体燃料(煤、木柴)、液体燃料(汽油、柴油)及水、电等费用。

⑦其他费用:是指施工机械按照国家规定和有关部门规定交纳的养路费、车船使用税、保险费及年检费。

2.措施费

措施费是指施工过程中必须发生的且由承包人采取的措施费用,包括综合措施项目费、技术措施项目费。

(1)综合措施项目费包括以下内容。

①临时设施费:是指施工企业为进行建设工程施工所必须搭设的生活和生产用的临时建筑物、构筑物和其他临时设施所产生的费用等。

临时设施包括临时宿舍、文化福利及公用事业房屋与构筑物,仓库、办公室、加工厂以及规定范围内道路、水、电、管线等临时设施和小型临时设施。临时设施费用包括临时设施的搭设、维修和拆除费或摊销费。

②冬雨季施工增加费:是指在冬雨季施工期间,为确保工程质量所采取的增加保温、防雨措施的材料费、人工费和设施费用,不包括特殊工程搭设暖棚等的设施费用。

③生产工具用具使用费:是指施工生产所需不属于固定资产的生产工具及检验用具等的购置、摊销和维修费,以及支付给工人的自备工具补贴费。

④工程测量放线、定位复测、工程点交、场地清理费。

(2)技术措施项目费包括以下内容。

①大型机械进出场费及安拆费:是指机械在施工现场进行安装、拆卸所需的人工、材料、机械和试运转费,安装所需的铺助设施费,以及机械整体或分体自停放场地运至施工现场或由一个施工地点运至另一个施工地点,所发生的机械进出场运输及转移费用。

②高层建筑增加费:是指建筑物超过六层或者檐高超过20m需要增加的人工降效和机械降效等费用。

③超高增加费:是指操作高度距离地面超过一定的高度需要增加的人工降效和机械降效等费用。

④脚手架搭拆费:是指施工需要的各种脚手架搭拆费用及脚手架的摊销(或租赁)费用。

⑤施工排水、降水费:是指工程地点遇有积水或地下水影响施工需采用人工或机械排(降)水所发生的费用(包括井点安装、拆除和使用费用等)。

⑥检验试验费:是指新结构、新材料的试验费和建设单位对具有出厂合格证明的材料进行检验,对构件做破坏性试验及其他特殊要求检验试验的费用。包括试桩费、幕墙抗风试验费、

桥梁荷载试验费、室内空气污染测试费等。

⑦缩短工期措施费：是指合同工期小于定额工期时，应计算的措施费，包括夜间施工增加费、周转材料加大投入量及增加场外运费。夜间施工增加费是指因夜间施工所发生的夜班补助费、夜间施工降效、夜间施工照明设备摊销及照明用电等费用。周转材料加大投入量及增加场外运费是指合同工期小于定额工期时，施工不能按正常流水进行，因赶工需加大周转材料投入量及所增加的场外运费费用。

⑧无自然采光施工通风、照明、通信设施增加费：是指在无自然光环境下施工时所需通风设施、照明设施及通信设施所增加的费用。

⑨二次搬运费：是指因场地狭小或障碍物等引起的材料、半成品、设备、机具等超过一定运距或发生二次搬运、装拆所需的人工增加费（包括运输损耗）。

⑩已完工程及设备保护费：是指工程完工后未经验收或未交付使用期间的保养、维护所发生的费用。

⑪临时用地占用费：是指业主未能提供施工用地使用权，施工单位需租用场地和弃土占地等费用。

⑫有害环境施工增加费：是指当施工环境中存在有毒物质、有害气体和粉尘，其浓度超过允许值时所增加的人工降效费。

⑬安装与生产同时进行增加费：是指在生产车间或装置内施工，因生产操作或生产条件限制，干扰了安装工作正常进行而增加的人工降效费。

⑭采暖、空调系统调试费：是指采暖工程和空调工程竣工后整个系统进行调整试验所增加的费用。

⑮安装工程管道跨越或穿越施工措施费：是指管道安装时需跨越路面、建筑物、构筑物等所增加的人工、材料、机械等费用。

⑯格架式桅杆增加费：是指安装设备质量在80t以上、安装高度在10m以内，设备质量在60t以上、安装高度在10～20m以内，设备质量在40t以上、安装高度在20m以上时所使用的金属桅杆台次使用费（包括桅杆本体的设计、制造和试验，卷扬机、索具等的折旧摊销，桅杆停滞期间的维护、保养，配件的更换等费用）。

⑰焦炉施工大棚费：是指焦炉烘炉施工大棚的搭建、拆除、折旧和使用期间所发生的费用（包括工作棚的摊销费、仓储费和保养费）。

⑱焦炉烘炉热态工程费：是指焦炉烘炉热态工程中（包括热态作业的特殊劳保消耗）按焦炉本体砌筑直接费所占一定比例的费用。

⑲安装工程组装平台费：是指为配合设备安装的临时平台组装、制作安装、拆除所需的人工、材料、机械的增加费。

⑳安装工程联动试车费：是指设备安装完毕后，整个系统进行联动试运行所发生的费用。

㉑市政工程脚手架、支架、工作平台搭拆费：是指各类脚手架、支架、拱盔、工作平台的搭拆、维护和摊销（或租赁）费用。

㉒市政工程施工吊栏、托架摊销费：是指托架和箱梁施工吊栏的制作摊销费用。

㉓市政工程围堰费：是指各类围堰的堆筑、拆除、清理和维护费用。

㉔市政工程筑岛费：是指人工岛的填筑、拆除、清理和维护费用。

㉕市政工程临时便道费：是指工程施工需要或维持车辆行人通行的临时道路的修建、拆除和养护费用。

㉖市政工程原有路基、管线保护费：是指对原有路基、路面、各种管线、电缆、光缆等其他设施的保护费用。

㉗市政工程施工用水、电源设备的安装、拆除费：是指施工用水、电，自接入点至施工现场配电箱、用水点的设备及其固定管线的敷设、拆除和摊销费用。生活用水用电设施不在其内。

㉘园林绿化工程施工因素增加费：是指边施工边维持交通、防游人干扰、保护路面等措施费用。

㉙其他：是指以上未列而实际需要发生的措施项目的费用。

大型机械进出场费及安拆等技术措施项目费用，编制招标标底时按照省市建设主管单位发布的现行定额及相应规定计取。未作具体规定的，由招标人和投标人在合同中约定，未约定的以招标人与中标人双方签证为准。编制投标报价时按照企业定额或参照省建设厅发布的现行定额相应规定自主报价。

临时设施等综合措施项目费用，编制招标标底时按照企业定额或参照行业标准计取。其取值范围应根据工程复杂、难易程度而定。其中，建筑安装工程可参照建筑安装工程分类标准而定。

(二)间接费

间接费是由不可竞争费用、施工管理费和财务费组成的。

1. 不可竞争费用

不可竞争费用是指政府和有关部门规定应进入工程造价的费用。

(1)工程排污费：是指施工现场按规定交纳的排污费用。

(2)工程定额测定费：是指按规定支付给工程造价（定额）管理部门的定额测定费。

(3)基本养老保险费（劳保基金）：是指企业按规定向社会保障主管部门交纳的职工基本养老保险费（社会统筹部分）。

(4)职工失业保险费：是指企业按照国家规定交纳的失业保险基金。

(5)职工医疗保险费：是指企业向社会保障主管部门交纳的职工基本医疗保险费。

(6)安全文明施工增加费：是指工程施工期间按照国家现行的建筑施工安全、施工现场环境与卫生标准和有关规定，购置和更新施工安全防护用具及设施、改善安全生产条件和作业环境所需要的费用。

(7)危险作业意外伤害保险费：是指依据法律规定，为从事危险作业的建筑工人支付的意外伤害保险费。

(8)工会经费：是指企业按职工工资总额2%计提的工会经费。

(9)职工教育经费：是指企业为职工学习先进技术和提高文化水平，按职工工资总额的1.5%计提的费用。

(10)其他：是指以上未列项而实际发生的，按有关文件规定执行。

2. 施工管理费

施工管理费是指组织施工生产和经营管理所需的费用。

(1)管理人员工资：是指管理人员的基本工资、工资性补贴、职工福利费、劳动保护费、住房公积金、劳动保险费、医疗保险费、危险作业意外伤害保险费、工会经费、职工教育经费等。

(2)办公费：是指企业管理办公用的文具、纸张、账表、印刷、邮电、书报、会议、水电和集体取暖、通风(包括现场临时宿舍取暖)用煤等费用。

(3)差旅交通费：是指职工因公出差、调动工作的差旅费，住勤补助费，市内交通费，误餐补助费，职工探亲路费，劳动力招募费，职工离退休、退职一次性路费，工伤人员就医路费，工地转移费，以及管理部门使用的交通工具的燃料、养路及牌照费。

(4)固定资产使用费：是指管理和试验部门及附属生产单位使用的属于固定资产的房屋、设备仪器等的折旧、大修、维修或租赁费。

(5)工具用具使用费：是指管理使用的不属于固定资产的生产工具、器具、家具、交通工具和检验、试验、测绘、消防用具等的购置、维修和摊销费。

(6)保险费：是指施工管理用的财产、车辆保险。

(7)税金：是指企业按规定交纳的房产税、车船使用税、土地使用税、印花税等。

(8)其他：包括技术转让费、技术开发费、业务招待费、绿化费、广告费、公证费、法律顾问费、审计费、咨询费等。

3. 财务费

财务费是指企业为筹集资金而发生的各种费用，包括企业经营期间发生的短期贷款利息支出、汇兑净损失、调剂外汇手续费、金融机构手续费，以及企业筹集资金而发生的其他财务费用。

(三)利润

利润是指施工企业完成所承包工程应收取的酬金。

(四)税金

税金是指国家税法规定的应计入建设工程造价内的营业税、城市维护建设税及教育费附加。纳税地点在市区的企业，税率按3.413%计取；纳税地点在县城、镇的企业，税率按3.348%计取；纳税地点不在市区、县城、镇的企业，税率按3.22%计取。

任务二　工程项目成本管理

一、工程项目成本管理的基础工作

1. 建立和健全原始记录

建立和健全原始记录具体包括以下五项内容。

(1)机械使用记录反映施工机械交付使用、台班消耗、维修、事故和安全生产设备等情况。如交付使用单、机械使用台账和事故登记表等。

(2)材料物资消耗记录反映材料领取、材料使用、材料退库等情况。如限额领料单、退料单、材料耗用汇总表、材料盘点报告单等。

(3)劳动记录反映职工人数、调动、考勤、工时利用和工资结算等情况。如施工任务单、考勤簿、停工单和工资结算单等。

(4)费用开支记录反映水、电、劳务及办公费开支情况。如各种发票、账单等。

(5)产品生产记录反映已完工程、未完工程的成本和质量情况。

2. 建立完善的计量验收制度

在工程项目生产中,一切财产物资、劳动的投入耗费和生产成果的取得,都必须进行准确的计量,才能保证原始记录正确,因而计量验收是采集成本信息的重要手段。工程项目生产中的计量单位一般分为三类:货币计量、实物计量和劳动计量。在成本核算中,各项费用开支采用货币计量,劳动生产成果采用实物计量,各项财产物资的变动结存同时采用货币计量和实物计量,并通过两者的核算达到相互核对的目的。验收时对各种存货的收发和转移进行数量和质量方面的检验和核实,一般有入库验收和提货验收,验收时要核查实物与有关原始记录所记载的数量是否相符。

3. 加强定额和预算管理

进行工程项目成本管理,需要完善的定额资料,搞好施工预算和使用图预算。定额是企业对经济活动在数量和质量上应达到水平所规定的目标或限额。先进、合理的各类定额是制订定额成本、编制成本计划、监督费用开支、实施成本控制和进行成本分析的依据。对于降低劳动消耗费、提供劳动生产率、简化成本核算、强化成本控制能力都有着重要的意义。设计成本管理方面的定额,包括劳动生产率定额、设备利用率定额、物资消耗定额、费用开支定额和劳动生产定额等。除国家统一的建筑安装工程基础定额以及市场的劳务、材料价格信息外,企业还应有施工定额。施工定额既是编制单位工程施工预算及计划成本的依据,又是衡量人工、材料、机械使用的标准。

4. 制订合理的内部结算

为了明确施工企业内部各个单位的经济责任,企业内部对物资、分部分项工程、未完工程以及相互提供的劳务可以采用内部结算的形式进行核算和管理。内部结算是企业内部经济核算的依据。企业对建筑材料、辅助材料、燃料、动力、机械使用、辅助生产和劳务等都应制订合理的内部核算价格。一般来说,可以以定额成本作为制订企业内部结算价格的基础。当材料、劳务等在企业内部各单位之间转移时,可先按内部核算价格结算,待月末算出实际成本后,再计算实际成本和内部核算价格的成本差异。对转出单位而言,这个成本差异就是其成本控制的绩效,这样便于划清企业内部各单位之间的经济责任,推行责任成本管理制度。

5. 建立和健全各项责任制度

责任制度是有效实施施工项目成本管理的保证。有关施工项目成本管理的各项责任制度包括：计量验收制度、定额管理制度、岗位责任制度、考勤制度、材料收发领用制度、机械设备管理与维修制度、成本核算分析制度，以及完善的成本目标责任制度。企业应随着施工生产、经营情况的变动和管理水平的提高等客观条件的变化，不断改进、逐步完善各项责任制度的具体内容。

二、工程项目成本管理的工作环节

1. 工程项目成本预测

工程项目成本预测是对工程项目未来的成本水平及其发展趋势所作的描述与判断。成本是项目经理部和施工企业进行各种经营决策和各种控制措施的核心因素之一。要对工程项目作出正确的决策，采取有力的控制措施，编制科学合理的成本计划和施工组织计划，需要对工程项目在不同条件下未来的成本水平及其发展趋势作出判断。工程项目成本管理对未来的成本水平及发展趋势所作的说明与判断，便是工程项目成本预测。通过成本预测可以寻求降低工程项目成本、提高经济的途径。工程项目成本预测是进行工程项目成本决策和编制成本计划的基础，是构成工程项目成本管理的第一个工作环节。

2. 工程项目成本决策

成本预测和成本决策是工程项目成本管理水平高低的重要标志。工程项目成本决策是对工程项目生产活动中与成本相关的问题作出判断和选择。它是在工程项目成本预测的基础上，运用一定的方法，结合决策人员的经验和判断能力，对未来的成本水平、发展趋势以及可能采取的经营管理措施所作出的逻辑推断和定量描述，其实质就是工程项目实施前对成本进行核算。

3. 工程项目成本计划

工程项目成本计划是以施工生产计划和有关成本资料为基础，对计划期工程项目的成本水平所作的筹划，是对工程项目制订的成本管理目标。工程项目成本计划是成本决策结果的延伸，将成本决策结果数据化、具体化。它是以货币形式编制工程项目在计划期内的生产费用、成本水平以及为降低成本所采取的主要措施和规划的书面方案；它是建立工程项目成本管理责任制，开展成本控制和核算的基础。工程项目成本计划一经颁布，便具有约束力，可以作为计划期工程项目成本工作的目标，并被用来作为检查计划执行情况、考核工程项目成本管理工作业绩的依据。

4. 工程项目成本控制

工程项目成本控制是指工程项目在施工过程中对影响工程项目成本的各种因素进行规划、调节，并采取各种有效措施，将施工中实际发生的各种消耗和支出严格控制在计划范围内，随时揭示并及时反馈,严格审查各项费用是否符合标准、计算实际成本和计划成本之间的差异并进行分析,消除施工中的损失浪费现象,发现和总结先进经验,最终实现甚至超过预期的成本目标。工程项目成本控制应贯穿于工程项目从招投标阶段到竣工验收的全过程,它是企业全面成本管理的核心功能,成本失控将阻碍整个成本管理系统有效地运行。因此,必须明确各级管理组织和各级人员的责任和权限,这是成本控制的基础之一,必须给予足够的重视。

5. 工程项目成本核算

工程项目成本核算是利用会计核算体系,对项目施工过程中所发生的各种消耗进行记录、分类,并采用适当的成本计算方法,计算出各个成本核算对象的实际成本的过程。它包括两个基本环节:一是按照规定的成本开支范围对施工费用进行归集,计算出施工费用的实际发生额;二是根据成本核算对象,采用适当的方法,计算出该施工项目的实际成本。工程项目成本核算是工程项目成本管理最基础的工作,它所提供的各种成本信息是成本预测、成本计划、成本控制和成本考核等各个环节的依据。在工程项目成本管理中,成本核算即是对工程项目所发生的消耗进行如实反映的过程,也是对各种耗费的发生进行监督的过程。因此,加强工程项目成本核算工作,对降低工程项目成本、提高企业的经济效益有积极的作用。

6. 工程项目成本分析

工程项目成本分析是揭示工程项目成本变化情况及变化原因的过程。它是在成本形成过程中,对工程项目成本进行的对比、评价和剖析总结工作,贯穿于工程项目成本管理的全过程。工程项目成本分析主要是利用工程项目的成本核算资料,将实际成本与计划成本、预算成本等进行比较,了解成本的变动情况,同时分析主要经济指标对成本的影响,系统地研究成本变动的因素,检查成本计划的合理性,深入揭示成本变动的规律,寻找降低工程项目成本的途径。成本分析的目的在于通过揭示成本变动原因,明确责任,总结经验教训,以便采取更为有效的措施控制成本,挖掘降低成本的潜力。

7. 工程项目成本考核

工程项目成本考核是在工程项目完成后,对工程项目成本形成中各级单位成本管理的成绩或失误所进行的总结与评价。成本考核的目的在于鼓励先进、鞭策落后,促使管理者认真履行职责,加强成本管理。企业按工程项目成本目标责任制的有关规定,将成本的实际指标与计划、定额、预算进行对比和考核,评定工程项目成本计划的完成情况和各责任单位的业绩,并以此给予相应的奖励和处罚。成本考核可有效地调动企业的每个职工在各自的岗位上努力完成目标成本的积极性。

三、工程项目成本管理的程序

工程项目成本管理的程序是指从成本估算开始,经编制成本计划,采取降低成本的措施,进行成本控制,直到成本核算与分析为止的一系列管理工作步骤,一般程序如图 8-2 所示。

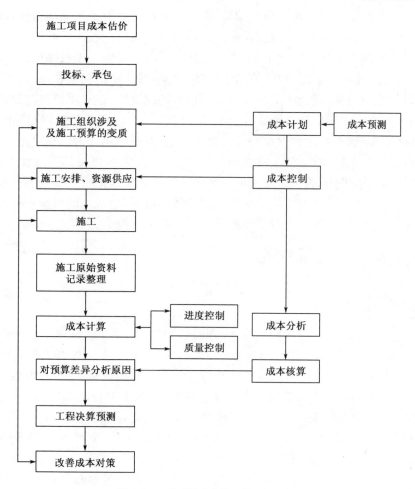

图 8-2　工程项目成本管理的一般程序

任务三　工程项目成本的控制与考核

在管理学中,控制是指管理人员按计划标准来衡量所取得的成果,纠正所发生的偏差,以保证计划目标得以实现的管理活动。管理开始于制订计划,继而进行组织和人员配备,并实施有效的领导,一旦计划运行,就必须进行控制,以检查计划实施情况,找出偏离计划的误差,确定应采取的纠正措施,并采取纠正行动。

一、工程项目成本控制的意义和目的

工程项目成本控制是工程项目成本管理的重要环节。工程项目成本控制是在满足工程承包合同条款要求的前提下,根据工程项目的成本计划,对项目生产过程中所发生的各种费用支出,采取一系列的措施来进行严格的监督和控制,及时纠正偏差,总结经验,把各项生产费用控制在计划成本的范围之内,以保证成本目标的实现。

工程项目成本控制的目的在于降低项目成本,提高经济效益。然而项目成本的降低,除了控制成本支出以外,还必须增加工程预算收入。因为只有在增加收入的同时节约支出,才能提高施工项目成本的降低水平。由此可见,增加工程预算收入是施工项目降低成本的主要来源。为了便于说明问题,此处从节支、增收的角度论述工程项目成本的控制和降低成本的途径。

工程项目的成本目标,有企业下达或内部承包合同规定的,也有项目自行制订的。但这些成本目标,一般只有一个成本降低率或降低额,即使加以分解,也不过是相对明细的成本指标而已,难以具体落实,以致目标管理往往流于形式,无法发挥控制成本的作用。因此,项目经理部必须以成本目标为依据,联系施工项目的具体情况,制订明细而又具体的成本计划,使之成为"看得见、摸得着、能操作"的实施性文件。这种成本计划应包括每一个分部分项工程的资源消耗水平,以及每一项技术组织实施的具体内容和节约数量(金额),既可指导项目管理人员有效地进行成本控制,又可作为企业对项目成本检查考核的依据。

二、工程成本控制的原则

1. 开源与节流相结合

降低项目成本,需要一方面增加收入,一方面节约支出。因此,在成本控制中也应该坚持开源与节流相结合的原则。每发生一笔较大的成本费用,都要查一查有无与其相对应预算收入,是否支大于收。在经常性的分部分项工程成本核算和月度成本核算中,也要进行实际成本与预算收入的对比分析,以便从中探索成本节超的原因,矫正项目成本的不利偏差,提高项目成本的降低水平。节流即节约,是提高项目经济效益的核心,是成本控制的一项基本原则。节约绝不是消极的限制与监督,而是要积极创造条件,从提高项目的科学管理水平入手。只注重严格执行成本开支范围和有关规章制度,强调事后的分析和检查,是"亡羊补牢"式的成本控制。为了更好地贯彻开源与节流原则,不仅要加强成本的反馈控制和事后检查分析,更重要的是要着眼于成本的事前控制,优化施工方案,深入研究项目的设计文件和具体施工条件,拟订预防成本失控的技术、组织和措施,做到防范于未然,有效地发挥前馈控制的作用。

2. 全面控制

(1) 工程项目全员成本控制

项目成本是一项综合性很强的指标,它涉及项目组织中每一个部门、单位和班组的业绩,也与每个职工的切身利益息息相关。因此,项目成本的高低、施工项目成本管理(控制)都需要项目建设者群策群力。要降低成本、实现成本计划,仅靠项目经理和专业成本管理人员及少数人的努力是无法收到预期效果的。项目成本的全员控制,并不是抽象的概念,而应该有一个系统的实质性内容,其中包括各部门、各单位的责任网络和班组经济核算等,防止成本控制"人人有责、人人不管"的情况出现。

(2) 工程项目成本的全过程控制

工程项目成本的全过程控制是指在工程项目确定以后,自施工准备开始,经过工程施工,到竣工交付使用后的保修期结束,其中每一项经济业务,都要纳入成本控制的轨道。也就是说,成本控制工作要随着工程项目施工进展的各个阶段连续进行,既不能疏漏,又不能时紧时松,使施工项目成本自始至终至于有效的控制之下。

3. 动态控制

动态控制也称中间控制原则,对于具有一次性特点的工程项目成本来说,应该特别强调工程项目成本的中间控制。因为施工准备阶段的成本控制,只是根据上级要求和施工组织设计的具体内容确定成本目标、编制成本计划、制订成本控制方案,为今后的成本控制做准备。而竣工阶段的成本控制,由于成本盈亏已经基本定局,即使发生偏差,也已经来不及矫正。因此,应把成本控制的重心放在基础、结构和装饰等主要施工阶段上。

4. 责、权、利相结合

工程项目在施工生产过程中,为使成本控制真正发挥及时有效的作用,项目经理、工程技术人员、管理人员以及各单位和生产班组都有一定的成本控制责任,从而形成整个项目的成本控制责任网络。同时,各部门、各单位和各班组在肩负成本控制责任的同时,还应享有成本控制的权利,即在规定的权利范围内可以决定某项费用能否开支、如何开支和开支多少,以行使对项目成本的实质性控制。此外,项目经理还要对各部门、各单位、各班组在成本控制中的业绩进行定期的检查和考评,并与工资分配紧密挂钩,实行有奖有罚。只有责、权、利相结合的成本控制,才是名实相符的项目成本控制,才能收到预期的效果。

5. 目标管理

目标管理是贯彻执行计划的一种方式,它把计划的方针、任务、目的和措施等逐一加以分解,提出进一步的具体要求,并分别落实到执行计划的有关部门、单位甚至个人。目标管理的内容包括:目标的设定和分解,目标的责任到位和执行,检查目标的执行结果,评价目标和修正目标,形成目标管理的 PD-CA(计划、实施、检查、处理)循环。要以目标成本为依据,作为对项目各种经济活动进行控制和指导的准绳,做到以最少的成本开支,获得最佳的经济效益。

6. 例外管理

例外管理是西方国家现代管理常用的方法,在工程项目建设过程的诸多活动中有许多活动是例外的,如:在成本管理中常见的成本盈亏异常现象,即盈余或亏损超过了正常的比例;本来是可以控制的成本,突然发生了失控现象;某些暂时的节约,有可能对今后的成本带来隐患(如由于平时机械维修费的节约,可能会造成未来的停工修理和更大的经济损失)等,都视为"例外"问题,要重点检查,深入分析,并采取相应的积极的措施加以矫正。

三、工程项目成本控制的对象和内容

1. 工程项目成本控制的对象

(1)以工程项目成本形成的过程作为控制对象

首先,在工程投标阶段应根据工程概况和招投标文件,进行项目成本的预测,提出投标决策意见。第二,施工准备阶段应结合设计图纸的自审、会审和其他资料,编制实施性施工组织设计,通过多方案的技术经济比较,从中选择经济合理、先进可行的施工方案,编制明细而具体的成本计划,对项目成本进行事前控制。第三,施工阶段以施工图预算、施工预算、劳动定额、材料消耗定额和费用开支标准等,对实际发生的成本费用进行控制。最后,竣工交付使用及保修期阶段应对竣工验收过程发生的费用和保修费进行控制。

(2)以工程项目的职能部门、施工队和生产班组作为成本的控制对象

成本控制的具体内容是日常发生的各种费用和损失。这些费用和损失,都发生在各个部门、施工队和生产班组。因此,应以部门、施工队和班组作为成本控制对象,接受项目经理和企业有关部门的指导、监督、检查和考评。同时项目的职能部门、施工队和班组还应对自己承担的责任成本进行自我控制。

(3)以分部分项工程作为项目成本的控制对象

工程项目应该根据分部分项工程的实物量,参照施工预算定额,联系项目管理的技术素质、业务素质和技术组织措施的节约计划,编制包括人工、材料、机械消耗数量、单价和金额在内的施工预算,作为分部分项工程成本控制的依据。分部分项工程施工预算的格式见表8-1。

分部分项工程施工预算　　　　　　　　　　　　　　　　　　　　表8-1

工程名称：　　　　工程造价：　　　　工程地点：　　　　施工面积：　　　　开工日期：

分项工程编号	分项工程工序名称	单位	工程量	定额数量金额	名称					
					规格					
					单位					
					单价					
				定额						
				数量						
				金额						
				定额						
				数量						
				金额						
	小计			数量						
				金额						

(4)以对外经济合同作为成本控制对象

工程项目的对外经济业务,都要通过经济合同明确双方的权利和义务。在对外签订各种经济合同时,除了要根据业务要求规定时间、质量、结算方式和履(违)约奖罚条款外,还必须强调将合同的数量、单价、金额控制在预算收入以内。因为,合同金额超过预算收入,就意味着成本亏损;反之,就能降低成本。

2.工程项目成本控制的内容

(1)施工技术和计划部门或职能人员

根据实施性施工组织设计的进度安排以及业主的要求,合理安排施工计划,及时下达施工任务单,科学地组织,动态地管理施工,及时组织验收结算,收回工程款,保证施工所用的资金

周转,避免业主不及时拨款,占用施工企业资金的情况。同时根据业主工程价款的到位情况组织施工,避免垫付资金施工。

(2)材料、设备部门或职能人员

控制材料、构配件的采购成本:采取就地取材,选择最经济的运输方式,选择最低费用的包装,做到采购的材料、构配件直接进入施工现场,减少中间环节,减少业务提成。

控制材料、构配件的质量:坚持做到"三证"不全不入施工现场和仓库,确保材料、构配件的质量,减少不合理的次品损失。

控制材料、构配件的储备量:处理超储积压的材料、构配件。盘活储备资金,加速流动资金的资金周转。

坚持限额发料、退料制度,达到控制材料超消耗的目的。

(3)财务部门或职能人员

严格执行间接成本计划。特别是财务费用及责任中心不可控的成本费用,如上交的管理费、固定资产大修理费、税金、提取的工会经费、劳动保险费、待业保险费和机械进退场费等。工程项目成本应承担的财务费用主要是为项目筹集和使用资金而发生的利息支出和金融机构手续费,应积极调剂资金的余缺,减少利息的支出。

严格其他应收款、预付款的支付手续,如购买材料、构配件和分包工程等预付款。应做到手续完善,有支付依据,有预付款对方开户银行出具的资信证明,预付款不得超过合同价款的80%,并经项目经理部领导集体研究确定。

其他费用的控制按照规定的标准、定额执行。向分包商、施工队支付工程价款时,应手续齐全,必须有技术部门及计划部门验工计价单,项目经理签字方可付款。

(4)其他部门或职能人员

根据分工严格控制施工成本,如安全质量管理部门或职能人员必须做到保证质量、确保安全不出大事故,劳资部门或职能人员对临时工应严格管理,控制其发生的工费等。

(5)施工队

控制人工费、材料费、机械使用费及可控的间接成本。

(6)施工班组

控制人工费、材料费和机械使用费。做到严格限额领料和退料手续,加强劳动管理,避免窝工、返工,从而提高劳动效率。机组还应严格控制燃料、动力费和经常修理费,坚持机械的维修保养制度,保持设备的完好率、利用率和出勤率,达到提高机械设备使用率的目的。

四、工程成本控制的程序

工程项目成本控制的程序如图 8-3 所示。

从图 8-3 中可以看出,控制是在事先制订的计划基础上进行的,计划要有明确的目标。项目开始实施时,要按计划要求将所需的人力、材料、设备、机具、方法等资源和信息进行投入。计划开始运行时,随着项目的进展,项目的投资、进度和质量等目标都得以实现。由于外部环境和内部系统的各种因素变化的影响,实际输出的投资、进度和质量目标有可能偏离计划目标。为了最终实现计划目标,控制人员要收集项目实际情况和其他有关的项目信息,将各种投资、进度、质量数据和其他有关项目信息进行整理、分类和综合,提出项目状态报告。控制部门根据项目状态报告将项目实际完成的投资、进度、质量状况与相应的计划目标进行比较,以确定是否偏离了计划。如果计划运行正常,那么就按原计划继续运行。反之,如果实际输出的投资、进度和质量目标已经偏离计划目标,或者预计将要偏离,就需要采取纠正措施,或改变投入,或修改计划,或采取其他纠正措施,使计划呈现一种新状态,使工程能够在新的计划状态下进行。

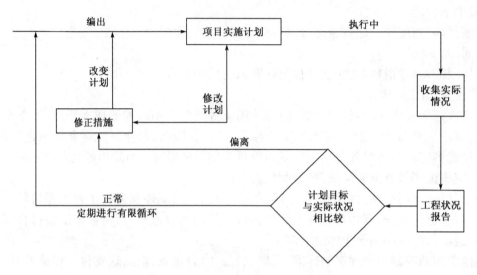

图 8-3　工程项目成本控制流程示意图

一个工程项目控制的全过程就是由一个个循环过程所组成的。循环控制要持续到项目建成。因此,控制贯穿于项目的整个实施过程。

五、工程成本控制的方法

成本控制的方法很多,而且具有随机性。在不同情况下,应采取与之相适应的控制手段和控制方法。这里仅介绍常用的成本控制方法。

1. 工程成本项目分析控制法

工程成本项目分析法是针对工程成本的控制而采取的一种方法,即在成本控制中,对已发生的项目成本进行分析,发现成本节约或超支的原因,从而达到改进管理工作,提高经济效益的目的。工程成本控制分析包括综合分析和具体分析两种。

(1)工程成本综合分析控制法

成本项目就是构成成本的人工费、材料费、施工机械使用费、其他直接费和间接费等。成本项目的综合分析是对施工单位年度实际成本与预算成本的对比分析(表 8-2)。通过项目综合分析,可以发现成本项目降低或超支的主要原因,以采取相应的对策,将成本控制在目标范围之内。

某年某工程成本项目综合分析表　　　　　　　　　　　　　　　　　　　　　表 8-2

成本项目	预算完成（元）	实际完成（元）	降低额（元）	降低率（%）	降低成本占总计（%）	计划降低率（%）	本项降低率差异（%）
	(1)	(2)	(3)=(1)-(2)	(4)=(3)/(1)	(5)=(3)/S	(6)	(7)=(4)-(6)
人工费							
材料费							
施工机械使用费							
其他直接费							
间接费							
工程成本							
总计							

（2）工程成本具体分析控制法

工程成本的具体分析可分为人工费分析、材料费分析、施工机械使用费分析、其他直接费分析和间接费分析等几种。

①人工费分析。影响人工费变化的因素有工作日数变动（工日差）和平均日工资变动（日工资差）。人工费分析方法见表 8-3。

人 工 费 分 析 表　　　　　　　　　　　　　　　　　　　　　表 8-3

项　目	预　算	实　际	差　异
工程工作日数（工日）	N_1	N_2	$N_3 = N_1 - N_2$
平均日工资（元）	M_1	M_2	$M_3 = M_1 - M_2$
人工费（元）	$C_1 = N_1 M_1$	$C_2 = N_2 M_2$	$C_3 = C_1 - C_2$
工日差日工资差			$D_1 = N_3 M_1$ $D_2 = M_3 N_2$

从表 8-3 中可以看出，人工费就是工程工作日数和平均日工资的乘积，预算与实际的差异越大，人工费的偏差就越大。形成工程工作日数增多的原因通常有很多，包括组织管理不善、工作人员技术不熟练或不能充分发挥劳动积极性、项目工程量增大等。平均日工资增加的原因可能是在项目实施计划外聘用了较高级的施工人员，也可能是施工人员平均工资提高或多发放奖金等。这些都是使项目成本增高的原因。通过对人工费的分析，可以从预算和实际的差异中，了解项目成本的控制情况，以便在出现问题时及早加以解决。

②材料费分析。影响材料费变化的因素有材料用量变动（量差）和材料价格变动（价差）。材料费分析方法见表 8-4。

材 料 费 分 析 表　　　　　　　　　　　　　　　　　　　　　表 8-4

项　目	预　算	实　际	差　异
材料用量（元）	N_1	N_2	$N_3 = N_1 - N_2$
单价（元）	M_1	M_2	$M_3 = M_1 - M_2$
材料费（元）	$C_1 = N_1 M_1$	$C_2 = N_2 M_2$	$C_3 = C_1 - C_2$
量差、价差			$D_1 = N_3 M_1$ $D_2 = M_3 N_2$

通过分析可以看出,预算与实际的差异越大,材料费的偏差就越大,而材料费的偏差又是由于材料的量差与价差共同引用的。材料量差的出现往往是因为施工部门在施工过程中的节约或浪费,或者由于工程量变化所形成的。价差则是由于在材料供应、存储和管理等环节中成本升高或降低,或者由于材料涨价或降价而形成的。通过对材料费用的分析,找出材料费用变动的原因,尽量减少浪费,寻找各种节约材料的方法,并改善材料供应、存储和管理等环节,以最大可能在满足项目工程需要的前提下使材料费降至最低。

③施工机械使用费分析。影响施工机械使用费的原因有台次数变动(台次数差)和台次费变动(台次费差)。施工机械使用费分析方法见表8-5。

施工机械使用费分析表　　　　　　表8-5

项目	预算	实际	差异
使用台次数(台次)	N_1	N_2	$N_3 = N_1 - N_2$
台次费(元)	M_1	M_2	$M_3 = M_1 - M_2$
机械使用费(元)	$C_1 = N_1 M_1$	$C_2 = N_2 M_2$	$C_3 = C_1 - C_2$
台次数差、台次费差			$D_1 = N_3 M_1$ $D_2 = M_3 N_2$

通过分析可以看出,预算与实际的差异越大,机械使用费的偏差就越大。机械台次数差的增加或减少与机械完好率、利用率、机械调度和机械闲置有关,或者由于工程数量变化所造成。而机械台次费差的增加或减少则主要由油料、电力耗量或单价变化、人工费变化等引起。通过对施工机械使用费的分析,能够找出施工机械使用中的经验或存在的问题,及时总结和改进。另外,施工机械的保养和管理往往是控制施工机械使用费成本的重要环节。

④其他直接费分析。主要检查有无超支,内部供应的风、水、电、汽等成本是否提高。

⑤间接费分析。主要检查非生产人员是否超编,非生产工具、劳保用品是否超支,办公费是否有浪费现象。间接费是按直接费或人工费乘以间接费率计算的。因此,间接费分析应与直接费或人工费等联系起来。分析单位工程直接费或人工费的变动和间接费率的变动对间接费的节约或超支的影响,从中找出减少浪费和节省开支的途径,以达到完成项目,同时将成本控制在适当范围之内的目的。

2. 偏差分析控制法

在工程成本控制中,把工程成本的实际值与计划值的差异叫做成本差异,即

工程成本偏差＝已完工程实际成本－已完工程计划成本

已完工程实际成本＝已完工程量×实际单位成本

已完工程计划成本＝已完工程量×计划单位成本

结果为正,表示工程成本超支;结果为负,表示工程成本节约。但是,进度偏差对工程成本偏差分析的结果有重要影响,如果不考虑就不能正确反映工程成本偏差的实际情况。如某一阶段的工程成本超支,可能是由于进度超前导致的,也可能由于物价上涨导致的。所以,必须引入进度偏差的概念。

进度偏差(I)＝已完工程实际时间－已完工程计划时间

为了与工程偏差联系起来,进度偏差也可表示为:

进度偏差(II)＝拟完工程计划成本－已完工程计划成本

其中拟完工程计划成本,是根据进度计划安排在某一确定时间内所应完成的工程内容的计划成本,即

拟完工程计划成本＝拟完工程量(计划工程量)×计划单位成本

进度偏差为正值,表示工期拖延;结果为负,值表示工期提前。偏差分析有不同的方法,常用的有横道图法和表格法。

(1)横道图法

用横道图法进行施工成本偏差分析,是用不同的横道标识已完工程计划成本、拟完工程计划成本和已完工程实际成本,横道的长度与其金额成正比。横道图具有形象、直观等优点,它能够准确表达出施工成本的绝对偏差。

(2)表格法

表格法是进行偏差分析最常用的一种方法。它将项目编号、名称、各工程成本参数以及工程成本偏差数综合归纳入一张表格中,并且直接在表格中进行比较。由于各种偏差参数都在表中列出,使得管理者能够综合地了解并处理这些数据。

3.财务成本报表分析法

利用财务报表进行成本分析,可以清晰地进行成本比较研究,获得直观的认识。可利用的表格包括月成本分析表、成本日报表或成本周报表、月成本计算及最终预测报告。

(1)月成本分析表

在项目的成本控制过程中,每月要作出成本分析表,对成本进行比较分析。在该表中要求填列工程期限、成本项目、生产数量、工程成本和单价等数据。该表既可用于施工项目的综合成本分析,也可用于每一个成本责任中心的成本分析。成本项目的分类一定要与成本预算相一致,以便分析对比。月成本分析表见表8-6～表8-8。

月 成 本 分 析 表　　　　　表8-6

工程名称：　　　　施工单位：　　　　日期：　　　　单位：

编号	工程部位名称	实物单位	工程量				预算成本		计划成本		实际成本		实际偏差		目标偏差	
			计划		实际		本期	累计	本期	累计	本期	累计	本期	累计	本期	累计
			本期	累计	本期	累计										
(1)	(2)	(3)	(4)	(5)	(6)	(7)	(8)	(9)	(10)	(11)	(12)	(13)	(14)=(8)－(12)	(15)=(9)－(13)	(16)=(10)－(12)	(17)=(11)－(13)

月 成 本 分 析 表　　　　　　　　　　　表 8-7

日期：

项目名称				
项目费用名称				
本月计划量			实际完成量	
完成比率				
项目费用	单价		成本	
	本月	计划	本月	计划
操作费				
人工费				
材料管理费				
操作费小计				
修理及更新费				
切割车床				
修理及更新费小计				
折旧费				
切割车床设备总计				
使用时间				
使用效率				

成本项目分析表　　　　　　　　　　　表 8-8

工程名称：　　施工单位：　　日期：　　单位：

编号	成本项目	完成工程量	预算成本	计划成本	实际成本	差异		本月计划单位成本	本月实际单位成本	上月实际单位成本
						实际差异	目标差异			
(1)	(2)	(3)	(4)	(5)	(6)	(7)=(4)－(6)	(8)=(5)－(6)	(9)=(5)/(3)	(10)=(6)/(3)	(11)

(2) 成本日报表或成本周报表

为了便于准确掌握项目施工的动态情况，工程项目各级管理人员需要及时了解自己责任范围的进度与成本情况，及时发现工作中的难点和弱点，并据此采取有效措施。因此，良好的成本控制，应该每日、每周进行成本核算和分析。成本日报表的主要内容是记录人工的投入，成本周报表则要求反映人工、材料和机械使用费的计划与实际支出情况，分别见表 8-9、表 8-10。

成 本 日 报 表　　　　　　　　　　　　　　　　　　表 8-9

项目名称：　　　　　　　　　　　　　日期：

使用效率	月　　　日		月　　　日	
	数量	单价	数量	单价
备注				

成 本 周 报 表　　　　　　　　　　　　　　　　　　表 8-10

项目名称：　　　　　　　　　　　　　日期：

科目编号	工程种类	间接成本	数　量			单　价		成　本			节约比较	
			单位	总计	现在施工量	预算	现在实际费用	预算总计	现在实际费用	最终预测	节约	超支

(3)月成本计算及最终预测报告

每月编制成本计算及最终成本预测报告，是工程项目成本控制的重要内容之一。该报告主要事项包括项目名称、已支出金额、到竣工尚需的预计金额和盈亏余等。月成本计算及最终成本预测报告要在月末会计账簿截止的同时完成，并随时间推移使精确性不断增加。月成本计算及最终预测报告见表 8-11。

月成本计算及最终成本预测报告　　　　　　　　　　　　表 8-11

工程名称：　　　　工程编号：　　　　主管：　　　　校核：

序号	科目编号	名称	支出金额	调　整		现在的成本	序号	到竣工尚需金额	最终预算工程成本	合同预算金额	预算比较
				金额	备注						

以上项目成本的控制方法，可由各项工程项目根据具体情况和客观需要，选用其中有针对性的，不仅简单实用，而且会收到事半功倍的效果。在选用控制方法时，应该充分考虑与各项工程管理工作相结合。例如：在计划管理、施工任务单管理、限额领料单管理和合同预算管理等工作中，跟踪原有的业务管理程序，利用业务管理所取得的资料进行成本控制，不仅省时省力，还能帮助各业务管理部门落实责任成本，从而得到它们有利的配合和支持。

六、工程项目成本的考核

1. 工程项目成本考核的概念

工程项目成本考核是指定期通过成本指标的对比分析,对目标成本的实现情况和成本计划指标的完成结果进行的全面审核、评价,是成本会计职能的重要组成部分。成本考核的主要目的有:

(1)评价企业生产成本计划的完成情况;

(2)评价有关财经纪律和管理制度的执行情况;

(3)激励责任中心与全体员工的积极性。

2. 工程项目成本考核的范围

企业内部的成本考核,可根据企业下达的分级、分工、分人的成本计划指标进行。责任成本是指特定的责任中心所发生的耗费。为了正确计算责任成本,必须先将成本按已确定的经济责权分管范围分为可控成本和不可控成本。划分可控成本和不可控成本,是计算责任成本的先决条件。所谓可控成本和不可控成本是相对而言的,是指产品在生产过程中所发生的耗费能否为特定的责任中心所控制。可控成本应符合三个条件:能在事前知道将发生什么耗费;能在事中发生偏差时加以调节;能在事后计量其耗费。三者都具备则为可控成本,缺一则为不可控成本。

责任成本与项目成本是企业的两种不同成本核算组织体系,它们有时是一致的,有时则不一致。责任成本是按责任者归类,即按成本的可控性归类,产品成本则按产品的对象来归集成本。

3. 工程项目成本考核的内容

(1)编制和修订责任成本预算,并根据预定的生产量、生产消耗定额和成本标准,运用弹性预算方法编制各责任中心的预定责任成本,作为控制和考核的重要依据。

(2)确定成本考核指标,如目标成本节约额(即预算成本－实际成本),目标成本节约率(即目标成本节约额/目标成本)。

(3)根据各责任中心成本考核指标的计算结果,综合各个方面因素的影响,对各责任中心的成本管理工作作出公正合理的评价。

4. 工程项目成本考核的实施

(1)项目成本的考核采取评分制。具体方法:先按考核内容评分,然后可按七与三的比例加权平均,即责任成本完成情况的评分占七成,成本管理工作业绩的评分占三成。这是一个经验比例,项目可以根据自身情况进行调整。

(2)项目成本的考核要与相关指标的完成情况相结合。成本考核的评分是奖惩的依据,相关指标的完成情况是奖惩的条件。也就是说,在根据评分计奖的同时,还要参考相关指标的完成情况加奖或扣罚。与成本考核相结合的相关指标,一般有工期、质量、安全和现场标准化管理。

(3)强调项目成本的中间考核。

①月度成本考核。一般是在月度成本报表编制以后,根据月度成本报表的内容进行考核。在进行月度成本考核的时候,将报表数据、成本分析资料和管理成本的实际情况相结合作出正确的评价。

②阶段成本考核。按项目的形象进度划分项目的阶段,一般可分为基础、结构、装饰、总体四个阶段。如果是高层建筑,可对结构阶段的成本进行分层考核。

(4)正确考核施工项目的竣工成本。施工项目的竣工成本,是在工程竣工和工程款结算的基础上编制的。它是竣工成本考核依据,是能够反映工程全貌而又正确的项目成本。

(5)项目成本奖罚。项目的成本考核,如上所述可分为月度考核、阶段考核和竣工考核三种。对完成情况的经济奖罚,也应分别在上述三种成本考核的基础上立即兑现。不能只考核不奖罚,或者考核后拖了很久才奖罚。施工项目成本奖惩的标准应通过经济合同的形式明确规定,这样不仅使得奖罚标准具有法律效力,而且为职工群众创建了争取目标。此外,企业领导和项目经理还可对完成项目成本目标有突出贡献的部门、项目部、监理部和个人进行随机奖励。这种奖励形式往往能够在短期内大大提高员工的积极性,激励全员积极进取,奋发向上的精神。

◀项目小结▶

本项目介绍了工程项目成本管理。首先,介绍了工程项目成本的概念和工程项目成本的构成内容,即某施工项目在施工中所发生的全部生产费用的总和,包括直接成本和间接成本。其次,介绍了工程项目成本的控制和考核,通过对工程项目生产过程中所发生的各种费用支出采取一系列的措施来进行严格的监督和控制,及时矫正偏差,总结经验,把各项生产费用,控制在计划成本的范围之内,以保证成本目标的实现。

技能训练

一、单项选择题

1.根据成本信息和施工项目的具体情况,运用一定的方法,对未来的成本水平及其可能发展趋势作出科学的估计,这是(　　)。

　　A.施工成本控制　　B.施工成本计划　　C.施工成本预测　　D.施工成本核算

2.以货币形式编制施工项目在计划期内的生产费用、成本水平、成本降低率以及为降低成本所采取的主要措施和规划的书面方案,这是(　　)。

　　A.施工成本控制　　B.施工成本计划　　C.施工成本预测　　D.施工成本核算

3.在施工过程中,对影响施工项目成本的各种因素加强管理,并采用各种有效措施加以纠正,这是( )。

  A. 施工成本控制　　B. 施工成本计划　　C. 施工成本预测　　D. 施工成本核算

4. ( )是指按照规定开支范围对施工费用进行归集,计算出施工费用的实际发生额,并根据成本核算对象,采用适当的方法,计算出该施工项目的总成本和单位成本。

  A. 施工成本分析　　B. 施工成本考核　　C. 施工成本控制　　D. 施工成本核算

5. ( )是在成本形成过程中,对施工项目成本进行的对比评价和总结工作。

  A. 施工成本分析　　B. 施工成本考核　　C. 施工成本控制　　D. 施工成本核算

6. ( )是指施工项目完成后,对施工项目成本形成中的各责任者,按施工项目成本目标责任制的有关规定,将成本的实际指标与计划、定额、预算进行对比和考核,评定施工项目成本计划的完成情况和各责任者的业绩,并据此给以相应的奖励和处罚。

  A. 施工成本考核　　B. 施工成本分析　　C. 施工成本控制　　D. 施工成本核算

7. ( )不是《建设工程施工合同(示范文本)》约定的工程变更价款的确定方法。

  A. 合同中已有适用于变更工程的价格,按合同已有的价格变更合同价款

  B. 合同中只有类似于变更工程的价格,可以参照类似价格变更合同价款

  C. 合同中没有适用于或类似于变更工程的价格,由承包人提出适当的变更价格,经工程师确认后执行

  D. 合同中已有适用于变更工程的价格,也可以参照类似的价格变更合同价款

8. ( )是基于合同中没有或者有但不合适的情况而采取的一种方法。

  A. 采用工程量清单的单价和价格

  B. 协商单价和价格

  C. 由监理工程师作出决定

  D. FIDIC合同条件下工程变更的估价

9. 下列公式不正确的是( )。

  A. 总部管理费＝合同中总部管理费比率(％)×(直接费索赔款额＋现场管理费索赔款额等)

  B. 总部管理费＝公司管理费比率(％)×(直接费索赔款额＋现场管理费索赔款额等)

  C. 对某一工程提取的管理费＝同期内公司的总管理费×该工程的合同额×同期内公司的总合同额

  D. 索赔的总部管理费＝该工程的每日管理费×工程延期的天数

10. 调值公式( )。

  A. 调值后合同价款或工程实际结算款

  B. 合同价款中工程预算进度款

  C. 固定要素,代表合同支付中不能调整的部分

  D. 代表有关成本要素

11. 工程变更一般不包括( )。

  A. 设计变更　　B. 进度计划变更化　　C. 施工条件变更　　D. 资金变更

12. 偏差分析可采用不同的方法,但不包括( )。

  A. 横通图法　　B. 表格法　　C. 网络图法　　D. 曲线法

13. （　　）是各业务部门根据业务工作的需要而建立的核算制度。
    A. 业务核算　　　B. 统计核算　　　C. 会计核算　　　D. 成本核算
14. （　　）是利用会计核算资料和业务核算资料，把企业生产经营活动客观现状的大量数据，按统计方法加以系统整理，表明其规律性。
    A. 业务核算　　　B. 统计核算　　　C. 会计核算　　　D. 成本核算
15. （　　）是因素分析法的一种简化形式，它利用各个因素的目标值与实际值的差额来计算其对成本的影响程度。
    A. 差额计算法　　B. 相关比率法　　C. 构成比率法　　D. 比较法

二、多项选择题

1. 施工成本管理的任务主要包括（　　）。
    A. 成本预测　　B. 成本计划　　C. 成本控制　　D. 成本核算　　E. 施工计划
2. 施工成本控制可分为（　　）。
    A. 前馈控制　　B. 后馈控制　　C. 事先控制　　D. 事中控制　　E. 事后控制
3. 成本分析的基本方法包括（　　）。
    A. 比较法　　B. 因素分析法　　C. 曲线法　　D. 差额计算法　　E. 比率法
4. 为了取得施工成本管理的理想成果，应当从多方面采取措施实施管理，通常可以将这些措施归纳为（　　）。
    A. 管理措施　　B. 组织措施　　C. 技术措施　　D. 经济措施　　E. 合同措施
5. 施工成本计划的编制依据包括（　　）。
    A. 合同报价书、施工预算
    B. 施工组织设计成本施工方案
    C. 人工、材料、机械市场价格
    D. 公司颁布的材料指导价格、公司内部机械台班价格、劳动力内部班挂牌价格
    E. 施工设计图纸
6. 编制施工成本计划的方法有（　　）。
    A. 按施工成本组成编制施工成本计划
    B. 按子项目组成编制施工成本计划
    C. 按工程进度编制施工成本计划
    D. 按施工预算编制施工成本计划
    E. 按总报价编制施工成本计划
7. 下列说法正确的是（　　）。
    A. 合同中已有适用于变更工程的价格，按合同已有的价格变更合同价款
    B. 合同中只有类似于变更工程的价格，可以参照类似价格变更合同价款
    C. 合同中没有适用或类似于变更工程的价格，由承包人提出适当的变更价格，经工程师确认后执行
    D. 编制施工成本计划的方法是相互独立的
    E. 采用合同中工程量清单的单价或价格有三种情况：一是直接套用，二是间接套用，三

是部分套用

8. 施工成本按成本构成可分解为（　　）。
   A. 人工费　　B. 材料费　　C. 施工机械使用费
   D. 措施费　　E. 管理费

9. 至于具体利率应是什么，在实践中可采用不同的标准，主要的规定有（　　）。
   A. 按市场利率
   B. 按当时的银行贷款利率
   C. 按当时的银行透支利率
   D. 按合同双方协议的利率
   E. 按中央银行贴现率加三个百分点

10. 索赔的计算方法有（　　）。
    A. 实际费用法
    B. 总费用法
    C. 修正的总费用法
    D. 投标报价估算总费用法
    E. 调整后的实际总费用法

11. 承包工程价款结算可以根据不同情况采取多种方式，包括（　　）。
    A. 按月结算　　B. 竣工后一次结算　　C. 分段结算
    D. 按季结算　　E. 按年结算

12. 用表格法进行偏差分析具有的优点是（　　）。
    A. 信息量小　　B. 信息量大　　C. 简单易懂　　D. 灵活、适用性强
    E. 表格处理可借助于计算机从而节约大量数据处理所需的人力，并大大提高速度

13. 成本分析的方法包括（　　）。
    A. 比较法　　B. 因素分析法　　C. 差额计算法　　D. 比率法　　E. 曲线法

14. 比率法是指用两个以上的指标比例进行分析的方法，常用的比率法有（　　）。
    A. 相关比率法　　B. 构成比率法　　C. 动态比率法　　D. 静态比率法　　E. 综合比率法

15. 单位工程竣工成本分析包括（　　）。
    A. 竣工成本分析
    B. 主要资源节超对比分析
    C. 主要技术节约措施及经济效果分析
    D. 通过对技术组织措施执行效果的分析，寻求更加有效的节约途径
    E. 分析其他有利条件和不利条件对成本的影响

三、实务题

[实训 1] 某建筑工程项目的历史资料如表 8-12 所示，假如 2006 年新的类似项目的建筑面积为 $4800m^2$，试用经验确定法确定新项目的成本预算总额（分别采用简单加权和复杂加权平均法计算）。

表 8-12

年　度	建筑面积(m²)	当年实际成本(元)
2001	5000	600000
2002	3000	400000
2003	6000	800000
2004	2000	300000
2005	7000	1000000

[**实训 2**] 某个工程项目由 A、B、C、D、E、F 六个工作包组成,项目目前执行到了第 6 周末,各工作在其工期内每周计划费用、实际费用及计划工作量完成百分比如表 8-13 所示,计算已完成工程实际成本、已完成工程计划成本、进度偏差等指标。

表 8-13

工作(计划费用/每周,万元)	实际费用(万元),完成情况(%)	1	2	3	4	5	6	7	8	9	10
A(20)	70 100%	■	■								
B(25)	45 100%		■	■							
C(20)	90 100%			■	■	■					
D(15)	30 80%				■	■					
E(20)	50 40%					■	■	■	■		
F(20)	30 30%							■	■	■	■

四、简答题

1. 影响成本管理的因素有哪些?
2. 项目成本管理的基本工作环节有哪些?
3. 项目成本管理的过程包括哪些?
4. 什么是工程费用? 如何分类?
5. 工程成本控制的意义是什么?
6. 工程成本控制的原则有哪些?
7. 工程成本控制的方法有哪些?
8. 工程成本核算的程序是什么?

项目九　施工企业职工薪酬管理

【知识目标】
1. 了解施工企业职工薪酬的含义和职工薪酬的范围。
2. 理解职工薪酬的计量和确认。
3. 掌握施工企业工资、福利的计算。
4. 熟悉企业年金基金的确认和计量。
5. 了解股份支付的种类。

【能力目标】
1. 能够根据职工考勤表，熟练计算职工工资、福利费。
2. 能够熟悉企业年金基金的相关内容。
3. 能够掌握现金结算的股份支付内容。

日本的员工福利计划和团体险

日本企业非常重视建立健全员工福利计划。完善的员工福利计划不仅是为了吸引优秀的人才、提高他们的工作热情，更是为了维护员工的健康和保证员工的生活品质，同时对国家的社会保障制度也提供了补充。日本的员工福利计划分为法定福利和补充福利。在法定福利制度中，企业提供的主要项目是健康保险、厚生年金保险、雇佣(失业)保险、工伤保险。除法定福利之外的厚生福利都属于补充福利，其种类较多，具有以下特点：

(1)覆盖范围广。日本的福利计划涉及员工生产生活的方方面面，惠及住宅、医疗保健、生活补助、喜庆丧事互助、文化体育娱乐、资金贷款、财产形成等。

(2)福利水平较高。日本的贫富差距较小，主要原因在于企业的补充福利为员工尤其是低收入员工提供了较高水平的生活保障。

(3)为福利计划供款时，企业和员工的责任简单清晰。由企业提供的住宅、文体娱乐设施、饮食服务等福利项目，通常由企业出资，员工以很便宜的价格就可以使用；而另外一些带有储蓄积累性质的福利项目，则主要由员工承担缴费义务。在日本，很少有企业和员工共同缴费形成的补充福利计划，这与法定福利不同（法定福利费中，企业和员工按一定比例分担，例如健康保险费和厚生年金保险费就由双方各负担一半），也与其他国家差别明显。

(4)福利计划享受税收优惠。由企业提供的各种福利项目中，法定部分都能够税前列支。补充福利中，由企业供款的福利计划享有较大的税收优惠，即使是由员工独立缴费形成的福利计划,也能够减免赋税;如果员工通过自我储蓄购买相应福利,则无税收优惠,这是员工愿意参与企业福利计划的主要原因。

根据企业的保险需求,日本的保险公司通常在养老保障、疾病或工伤保障、医疗保障、死亡后家属保障、家庭财产形成等方面有针对性地推出保险产品,为企业建立员工福利计划服务。

(1)养老保障。企业必须建立法定的退职金制度,以保障员工退休后正常的老年生活。除此之外,大多数企业也依据自身经营情况和管理特点举办各种补充福利制度,一般由企业负责缴费。由员工缴费的补充福利制度也称为"协助员工(董事)自我积累制度"。员工参加自我积累制度,缴费能够享受税收优惠。为协助企业建立补充福利制度,日本的寿险公司开发出多种年金产品供企业选择。

(2)疾病或工伤保障。疾病或工伤保障是法定强制保障,通常情况下,保险责任中覆盖的疾病责任是职业病,或与所从事的职业密切相关的疾病;工伤责任则必须是为企业利益工作负伤,由企业负担医疗费用的责任。在这一领域,保险公司提供的产品主要是"团体丧失劳动能力保障保险"。

(3)医疗保障。医疗保障的保障范围为非因工所致的疾病或伤害,是补充福利的重要内容。很多企业通过建立相应员工福利制度,为员工因病受伤住院、施行手术、定期看病提供资助。在实际运作中,保险公司提供了多种团体保险产品支持此项福利计划的开展,主要为:医疗保障保险(团体型)、医疗附加特约(定期团体)保险、团体型三大疾病定期保险、快乐生活附加医疗保障计划。

(4)死亡后家属保障。死亡后家属保障由五个福利项目和一项作为补充的"员工(董事)自我积累的促成制度"组成。在日本,很多妇女结婚后成为专职家庭妇女。一旦丈夫亡故,如果缺少相应福利保障,遗孀和子女将不易维持生计,子女的学业也难以为继。因此,员工死亡后的家属保障在日本员工福利计划中占有很重要的地位,其保费可在一定限额内税前列支。为帮助企业有效建立此项福利制度,保险公司开发了多种相对低廉的团体保险产品。

(5)家庭财产形成。"家庭财产形成"是富有日本特色的一种企业补充福利,旨在为员工购买住房等提供资金支持。这种福利主要包括两类,第一类是为员工提供住房资金的住宅储蓄公积金保险。该保险主要由员工承担缴费责任,企业通常不负担保费,而是从员工工资中直接扣除,积累的资金享有较高的结算利率和一定的税收优惠(如可以免征储蓄利息税),员工可以提取来购置自有住宅,其用途也仅限于此(如使用于其他方面,将补缴税款)。第二类是为员工的家属提供财产保护。当员工意外亡故、无力偿付按揭的住房贷款时,其遗属可以求助于"团体贷款定期寿险",保险公司通过提供贷款和其他款项,帮助遗属继续获取生活所需的住房和其他财产。

思考:

1. 本案例中哪些内容属于我国法定员工福利?哪些内容属于企业员工福利?
2. 本案例有什么特色?我们能够借鉴什么?

任务一　企业职工薪酬概述

一、职工薪酬的定义

职工薪酬,是指企业为获得职工提供的服务而给予各种形式的报酬以及其他相关支出,包括职工在职期间和离职后提供给职工的全部货币性薪酬和非货币性福利。企业提供给职工配偶、子女或其他被赡养人的福利等,也属于职工薪酬。

二、职工的范围

作为企业职工,应包括以下人员:

(1)与企业订立劳动合同的所有人员,含全职、兼职和临时职工,指企业按照《中华人民共和国劳动法》和《中华人民共和国劳动合同法》的规定,作为用人单位与劳动者订立了固定期限、无固定期限和以完成一定的工作为期限的劳动合同的所有人员。

(2)未与企业订立劳动合同、但由企业正式任命的人员,如董事会成员、监事会成员等。

(3)在企业的计划和控制下,虽未与企业订立劳动合同或未由其正式任命,但为其提供与职工类似服务的人员,如企业与有关中介机构签订劳务用工合同,依据合同劳务用工人员在企业相关人员的领导下,按照企业的工作计划和安排,为企业提供与本企业职工类似的服务,也属于职工薪酬准则所称的职工。但专业、服务外包及劳务派遣费用等除外。

三、职工薪酬的范围

(1)职工工资、奖金、津贴和补贴:是指各单位支付给正式员工的工资和奖金。

(2)职工福利费:是指各单位支付给公司员工的福利支出,如支付的医疗费、职工生活困难补助、探亲假路费、节日费、计划生育奖励及补助、慰问费、取暖补贴以及按规定发生的其他职工福利支出。

(3)社会保险:是指编制内员工的社会保险,包括基本医疗保险、基本养老保险、补充养老保险(企业年金)、生育保险、失业保险、工伤保险以及以购买商业保险形式提供给职工的各种保险待遇等。

(4)住房公积金及住房补贴:住房公积金是指国家机关、国有企业、城镇集体企业、外商投资企业、城镇私营企业及其他城镇企业、事业单位及其在职职工缴存的长期住房储金;住房补贴是指国家为职工解决住房问题而给予的补贴资助,即将单位原有用于建房、购房的资金转化为住房补贴,分次(如按月)或一次性地发给职工,再由职工到住房市场上通过购买或租赁等方式解决住房问题。

(5)非货币性福利:是指各单位支付给编制内员工的非货币性福利,如免费体检(不含职业健康体检)、低于市场价格的午餐、无偿向职工提供住房、以低于成本的价格向职工出售住房等。

(6)董事监事薪酬:是指各单位支付给董事监事的薪酬。

(7)股份支付:是指各单位为各类员工提供的以现金或权益结算的股份支付,如现金股票增值权奖励、股票期权等。

(8)外雇人员费:是指非正式员工的工资、奖金、福利补贴、各类保险、住房公积金、非货币性福利等各类支出。

(9)工会经费:是指各单位按《中华人民共和国工会法》等相关法律规定拨交给工会的经费支出。

(10)职工教育经费:是指各单位按工资总额1.5%~2.5%比例计提的职工教育经费及其支出。

(11)劳动保护费:是指各单位按相关规定以现金形式支付给各类员工的劳动保护费用。

(12)技术奖酬金及业余设计奖:是指对于研发核心技术、改进工艺、降低能源消耗、治理"三废"、提高产品质量等的奖励。

(13)辞退福利。指各单位支付给内退员工的工资、福利补贴、各类保险、住房公积金、社会保险津贴等各类支出及支付给辞退员工的补偿(含一次性辞退补偿)。

(14)其他:是指各单位按相关规定支付给各类员工的除上述薪酬项目以外的其他薪酬支出。

四、职工薪酬的种类

施工企业职工薪酬通常包括企业在职工在职期间和离职后给予的所有的货币性薪酬和非货币性薪酬两类。

(1)货币性薪酬:包括直接货币薪酬、间接货币薪酬和其他货币薪酬。其中直接薪酬是单位按照一定的标准以货币形式向员工支付的薪酬,包括工资、福利、奖金、奖品、津贴等;间接薪酬不直接以货币形式发放给员工,但通常可以给员工带来生活上的便利、减少员工额外开支或者免除员工后顾之忧,包括养老保险、医疗保险、失业保险、工伤及遗属保险、住房公积金、餐饮等;其他货币薪酬包括有薪假期、休假日、病事假等。

(2)非货币性薪酬:是指无法用货币等手段来衡量,但会给员工带来心理愉悦效用的一些因素,主要包括工作、社会和其他方面。其中,工作方面包括工作成就、挑战感、责任感等的优越感觉;社会方面包括社会地位、个人成长、实现个人价值等;其他方面包括友谊关怀、舒适的工作环境、弹性工作时间等。

五、职工薪酬的确认与计量

1. 确认

(1)企业应当在职工为其提供服务的会计期间,将应付的职工薪酬确认为负债,除因解除与职工的劳动关系给予的补偿外,应当根据职工提供服务的受益对象,分别按下列情况处理:

①应由生产产品、提供劳务负担的职工薪酬,计入产品成本或劳务成本;
②应由在建工程、无形资产负担的职工薪酬,计入固定资产和无形资产成本;
③发生上述之外的其他职工薪酬,计入当期损益。
(2)对于国家规定了计提基础和计提比例的,企业应当按照国家规定的标准计提,主要包括:
①应向社会保险经办机构等缴纳的社会保险费;
②应向住房公积金管理机构缴存的住房公积金;
③工会经费;
④职工教育经费。
(3)对于国家没有规定计提基础和计提比例的,企业应当根据历史经验数据和实际情况,合理预计当期应付职工薪酬。当期实际发生金额大于预计金额的,应当补提应付职工薪酬;当期实际发生金额小于预计金额的,应当冲回多提的应付职工薪酬。
(4)对于自职工提供服务的会计期末起超过一年支付的应付职工薪酬,企业应当选择同期同类贷款利率作为折现率,以应付职工薪酬折现后的金额计入相关资产成本或当期损益;应付职工薪酬金额与其折现后金额相差不大的,也可以不予折现。

2.计量

(1)非货币性职工薪酬的计量
①企业以自产产品或外购商品作为非货币性福利发放给职工的,应按照该产品或商品的公允价值和相关税费,计入相关资产成本或当期损益,并确认应付职工薪酬。
②企业将拥有的房屋无偿提供给职工使用的,应当根据受益对象,将该住房每期应计提的折旧计入相关资产成本或当期损益,同时确认应付职工薪酬。企业租赁住房供职工无偿使用的,应当根据受益对象,将每期应付的租金计入相关资产成本或当期损益,并确认应付职工薪酬。
③企业以低于取得资产或服务成本的价格向职工提供资产或者服务的,应当按照实际出售价款与成本的差额计量应付职工薪酬。其中,有关合同或协议规定了职工在取得该项资产或服务后至少应当提供服务的年限时,应将该差额作为长期待摊费用处理,并在服务年限内平均摊销,根据受益对象分别计入相关资产成本或当期损益;否则将该差额直接计入当期损益(管理费用)。

(2)辞退福利的计量
①企业在职工劳动合同到期前解除与职工的劳动关系,或为鼓励职工自愿接受裁减而提出给予补偿的建议,同时满足下列条件的,应当确认因解除与职工的劳动关系给予补偿而产生的预计负债,同时计入当期管理费用:

a. 企业已经制订正式的解除劳动关系计划或提出自愿裁减建议,并经过董事会或类似权力机构的批准、即将实施。该计划或建议应当包括拟解除劳动关系或裁减的职工所在部门、职位及数量,根据有关规定按工作类别或职位确定的解除劳动关系或裁减补偿金额,拟解除劳动关系或裁减的时间。

b. 企业不能单方面撤回解除劳动关系计划或裁减建议。

②企业应当根据职工薪酬政策和或有事项政策,严格按照辞退计划条款的规定,合理预计并确认辞退福利产生的负债。辞退福利的计量因辞退计划中职工有无选择权而有所不同:

a. 对于职工没有选择权的辞退计划,应当根据计划条款规定拟解除劳动关系的职工数量、每一职位的辞退补偿等计提应付职工薪酬(辞退福利)。

b. 对于自愿接受裁减的建议,因接受裁减的职工数量不确定,企业应当根据本办法"或有事项"的规定,预计将会接受裁减建议的职工数量,根据预计的职工数量和每一职位的辞退补偿等计提应付职工薪酬(辞退福利)。

c. 实质性辞退工作在一年内实施完毕但补偿款项超过一年支付的辞退计划,企业应当选择恰当的折现率,以折现后的金额计量应计入管理费用的辞退福利金额。该项金额与实际应支付的辞退福利款项之间的差额作为未确认融资费用,在以后各期实际支付辞退福利款项时计入财务费用;应付辞退福利款与其折现后金额相差不大的,也可不予折现。

③企业如存在内退计划,承诺提供实质上类似于辞退福利的补偿,符合上述辞退福利计划确认条件的,比照辞退福利处理,将自职工停止服务日至正常退休日期间拟支付的内退人员工资和缴纳的社会保险费等,确认为当期管理费用和应付职工薪酬。

任务二　建筑施工企业劳动管理

建筑施工企业劳动管理是企业管理的重要组成部分。概括地说,劳动管理是为了达到企业经营战略目标,通过一套行之有效的科学方法,对企业全体员工进行的从招聘开始直至退休或解聘为止的全部管理活动。

一、劳动定额

1. 劳动定额的概念及形式

为了规范劳务市场发展,维护劳动者合法权益,适应科学技术进步,满足建筑施工企业需求,目前建筑施工企业所适用的是2009年版《建设工程劳动定额》。

劳动定额是指在一定的生产技术和生产组织条件下,为生产一定数量的合格产品或完成一定量的工作,所规定的必要劳动消耗量的标准。

劳动定额有两种基本表现形式,即时间定额(或者工时定额)和产量定额。时间定额就是生产单位产品或完成一项工作所必须消耗的工时;产量定额就是单位时间内必须完成的产品数量或工作量。时间定额和产量定额互为倒数,成反比例。除以上两种形式外,劳动定额还可以采用看管定额和服务定额的形式。看管定额是指一个或一个组织同时应看管的机器设备的数量。服务定额是指按一定质量要求,对服务人员在制度时间内提供某种服务所规定的限额。

2. 劳动定额的作用

劳动定额是企业实行科学管理、推行经济责任制的基础工作。其作用主要表现在以下五个方面。

(1)劳动定额是合理组织劳动的重要依据。现代化生产要求把每个人的活动在时间和空间上协调起来,缩短生产周期,对完成每件产品或每项工作,有严格的时间要求,企业有了先进合理的劳动定额,才能合理配备劳动力,保证生产协调地进行。

(2)劳动定额是计划管理的基础。劳动定额是计算产量、成本、劳动生产率等各项经济指标和成本管理的重要基础,是科学编制生产、作业、成本和劳动计划的依据。

(3)劳动定额是实行全面经济核算和完善经济责任制的工具。劳动定额是核算和比较人们在生产中的劳动消耗和劳动成果的标准。贯彻劳动定额,提高定额的完成率,就意味着降低产品中活劳动的消耗,节省人力,增加生产。通过劳动定额核算和准确地规定包干基数和分成比例,把生产任务层层分解落实到车间、班组和个人,明确和检查督促所承担的经济责任,有利于完善和推行企业经营责任制。

(4)劳动定额是贯彻按劳分配合理奖励的依据。劳动定额是衡量劳动者在生产中支付劳动量和贡献大小的尺度。在评定职工工资时,除技术业务能力外,完成定额的程度是评定条件之一。有先进合理的劳动定额,就可以核算劳动者的劳动数量和质量,保证一定量的劳动领取一定量的报酬。

(5)劳动定额是开展劳动竞赛、不断提高劳动生产率的重要手段。贯彻先进合理的劳动定额,既便于推广先进经验和操作方法,又有利于开展"学先进、超先进"的竞赛。

3. 劳动定额的制订方法

劳动定额的制订方法见表9-1。

劳动定额制订方法 表9-1

方法	说明
经验估算法	根据生产实践经验,依照有关技术文件或实物,并考虑现有条件,分析估算定额。优点事简便易行,工作量小,制订定额快;缺点是受故工作人员主观因素的影响很大,定额准确性差主要应用于多品种小批量生产、单件生产、新产品试制、临时性生产的情况
统计分析法	根据以往生产相同或相似产品工序工时的统计资料,经过整理、分析计算确定定额。优点是比经验估算法更能反映实际情况,缺点是定额水平不够先进合理。一般应用在生产比较正常、产品比较稳定、条件变化不大、品种较少的情况下
比较类推法	以典型零件、工序的工时定额为依据,经过对比分析推算出同类零件或工序定额。优点是工作量大,能保持定额水平的平衡和准确性;缺点是应用的范围受限制。新产品试制或单件小批量生产多采用这种方法
工时测定法	通过对生产技术组织条件的分析,在挖掘生产潜力以及操作合理化的基础上,采用实地观测和分析研究确定定额。优点是比较科学;缺点是工作量大,通常用它来制订典型定额

续上表

定额标准资料法	以系统成套的时间定额标准为基础,通过对作业要素的分解,找出一一对应的项目与时间值,最后求出零件(或工序、工步、操作)时间定额。优点是使用标准资料制订定额比较简便,而且定额水平也比较准确;缺点是制订定额标准资料的工作量大,一般由行业管理单位组织编制。这种方法适用范围广,在品种多、零件多、工序多的情况下采用更为适宜

以上方法各有长处和不足,建筑企业究竟采用哪种方法,要从企业实际出发,根据实际情况和需要进行选用,也可以结合使用。一般来说,对于常用及主要作业的劳动定额,应以技术测定法为主,结合其他方法来制订,而对于辅助性及零星定额,可以采用类推比较法、统计分析法来制订。

4. 劳动定额的实施与调整

劳动定额一经制订,就应具有一定的权威性,保持相对的稳定性,不能随意变动。要在生产中组织贯彻,采取有关的技术组织措施,如竞赛、技术培训、动作分析、定额考核等,帮助职工达到和不断突破现行劳动定额。根据职工完成定额的情况进行定额的统计分析,以便发现定额管理中存在的问题,加以解决。通过与企业历史水平和国内外水平对比,找出差距,分析原因,积极地加以改进。

企业应在实施劳动定额的过程中认真做好劳动定额的管理工作。

(1)广泛宣传,帮助职工认识制订劳动定额的重要性,提高完成劳动定额的自觉性。

(2)将劳动定额落实到班组或岗位,与经济责任制挂钩。

(3)落实施工生产组织措施,如搞好生产技术准备、提高工艺技术水平,合理安排施工生产任务,保证能源、原材料的及时供应,加强设备保养,消除设备故障等。

(4)做好劳动定额执行中的检查、统计和分析工作,及时发现问题,提出有针对性的改进措施。

(5)建立劳动定额管理部门或岗位,建立奖励制度,对完成或超额完成的职工要及时奖励。

强调劳动定额的稳定性,目的是为了维护劳动定额的权威性。但是,随着企业生产技术的不断发展,科学的进步,管理水平的提高,生产组织和劳动组织的完善以及职工的思想觉悟、文化技术水平和熟练程度的提高,原来制订的定额,会落后于生产发展的需要,这就要对劳动定额作定期的或不定期的修订。为了促进定额水平的平衡与提高,有利于向先进看齐,缩短定额制订的时间,避免定额在修订中出现矛盾,提高定额质量,要由各部门、各行业制订统一的定额标准,逐步实现劳动定额的标准化。

5. 劳动定额完成分析

劳动定额完成分析,就是根据各种统计资料,分析、揭示完成定额过程中的矛盾和问题,从而为改进定额管理和修订定额提供决策依据。定额分析完成的主要任务是:考察定额完成水平;分析超额完成定额的经验和方法,分析没有完成定额的原因;验证定额水平的准确程度和均衡程度;发现和查找薄弱环节;分析工人的工作态度和技能水平。定额完成分析的基本指标有定额完成率、达额面等指标。

(1)定额完成率

定额完成率即定额时间与实际使用时间的比率,或在同一时间内实际完成的产量与定额产量的比率。计算公式为:

$$定额完成率 = \frac{完成某一工程量定额时间}{完成同一工程量实际使用时间} \times 100\%$$

$$= \frac{一定时间实际完成工程量}{同一时间定额规定工程量} \times 100\%$$

(2)达额面

达额面是指在全部实行定额的人员中,达到和超过定额要求的人员所占的比例。计算公式为:

$$达额面 = \frac{达到或超过定额要求的人数}{全部实行定额的人数}$$

二、劳动定员

1. 劳动定员的作用与要求

劳动定员,亦称企业定员或人员编制。企业劳动定员是指在一定的生产技术组织条件下,为保证企业生产经营活动正常进行,按一定素质要求,对企业各类人员所预先规定的限额。

2. 企业定员的作用

(1)合理的劳动定员是企业用人的科学标准。
(2)合理的劳动定员是人力资源计划的基础。
(3)合理的劳动定员是企业内部各类员工调配的主要依据。
(4)合理的劳动定员有利于提高员工队伍的素质。

3. 施工企业劳动定员的范围

明确建筑施工企业职工的构成,对职工进行科学分类,是搞好定员工作的重要基础。建筑施工企业的职工按工作性质和劳动岗位可分为:管理人员、专业技术人员、施工生产人员、服务人员和其他人员五种。具体见表9-2。

建筑施工企业职工分类 表9-2

管理人员	指在企业各职能部门从事行政、生产、经济管理的工作人员和政工人员
专业技术人员	指从事与生产、经济活动有关的技术活动及管理工作的专业人员
施工生产人员	指参加建筑安装施工活动的物质生产者,包括建筑安装人员、附属辅助生产人员、运输装卸人员及其他生产人员
服务人员	指服务于职工生活或间接服务于生产的人员
其他人员	指出国援外人员、脱产学习6个月以上的人员

4. 劳动定员的方法

企业定员的方法见表9-3。

企业定员的方法 表9-3

按劳动效率定员	根据生产任务和劳动定额以及平均出勤率等因素来确定定员人数。主要适用于能够确定劳动定额的工种或岗位，尤其是以手工操作作为主的工种
按设备定员	按完成施工任务所需要的设备数量和开动班次及工人看管定额来计算定员人数，适用于以机械设备操作为主的工种
按岗位定员	按岗位的多少、岗位定员标准和工作班次确定定员人数，适用于无法按劳动定额定员的某些辅助人员等
按比例定员	按职工总数和某类人员总数的一定比例来计算确定某种人员所需要的人数，可用于非直接生产人员，如服务人员的定员
按组织机构、职责范围和业务分工定员	主要适用于企业管理人员和专业技术人员的定员。步骤是：先确定组织机构，确定职能科室，明确各项业务分工及职责范围以后，根据各项业务量的大小、复杂程度，给管理人员或专业技术人员的工作能力、技术水平确定定员

企业在编制定员时，以上几种定员方法可以灵活运用或者结合运用。在定员过程中，应注意以下几个问题。

(1) 要先定额后定员。对于企业中可以实行劳动定额的工人来说，定额是定员的基础，定额如果落后，定员就不可能先进合理。

(2) 定员时应确定各类人员的比例关系。各类人员，包括生产工人，都要有合理的比例。

(3) 要做好定员的日常管理工作。定员的日常管理工作主要包括：设立员工登记卡，掌握员工内部调动情况；定期考核各部门员工人数，检查定员执行情况；经常了解人员使用情况，研究进一步挖掘劳动潜力的措施等。

三、劳动合同

劳动合同亦称劳动契约，是劳动者与用人单位（包括企业、事业、国家机关、社会团体、雇主）确立劳动关系、明确双方权利和义务的协议。根据《中华人民共和国劳动法》等劳动法律、法规，依法订立的劳动合同受国家法律的保护，对订立合同的双方当事人产生约束力，是处理劳动争议的直接证据和依据。按照国家法律规定，订立劳动合同应采取书面形式。劳动合同的条款分为法定条款和协商条款。法定条款是指法律、法规规定必须协商约定的条款；协商条款是指根据工种、岗位的不同特点，以及双方各自的具体情况，由双方选择协商约定的具体条款。协商条款也应在法律、法规、政策的指导下商定。另外，除合同文本以外，有时还需要制订附件，附件中明确双方权利、义务的具体内容。如通过附件上岗合同明确具体的岗位责任，通过附件明确厂规厂纪和企业的具体权利、职工的具体义务等。

1. 劳动合同的基本特征

劳动合同是合同的一种，具有合同的一般特征，即合同是双方的法律行为，而不是单方的法律行为;合同是当事人之间的协议,只有当事人在平等自愿、协商一致的基础上达成一致时,合同才成立;合同是合法行为,不能是违法行为,合同一经签订,就具有法律约束力。劳动合同除具有上述一般特征外,还有其自身的基本特征。

(1)劳动合同的主体是特定的。必须一方是具有法人资格的用人单位或能独立承担民事责任的经济组织和个人,另一方是具有劳动权力能力和劳动行为能力的劳动者。

(2)劳动者和用人单位在履行劳动合同的过程中,存在着管理关系,即劳动者一方必须加入到用人单位一方中去,成为该单位的一名职工,接受用人单位的管理并依法取得劳动报酬。

(3)劳动合同的性质决定了劳动合同的内容以法定为多、为主,以商定为少、为辅,即劳动合同的许多内容必须遵守国家的法律规定,如工资、保险、保护、安全生产等,而当事人之间对合同内容的协商余地较小。

(4)在特定条件下,劳动合同往往涉及第三人的物质利益,即劳动合同内容往往不仅限于当事人的权利和义务,有时还需涉及劳动者的直系亲属在一定条件下享受的物质帮助权。如劳动者死亡后遗属待遇等。

2. 劳动合同的订立

建立劳动关系应当订立劳动合同。劳动合同的期限分为固定期限、无固定期限和以完成一定的工作为期限。劳动合同可以约定试用期,但最长不超过6个月。职工在同一单位连续工作满10年以上,当事人双方同意续延劳动合同的,如果职工提出订立无固定期限的劳动合同,应当订立无固定期限的劳动合同。

职工一方与建筑施工企业可以就劳动报酬、工作时间、休息休假、劳动安全卫生、保险福利等事项,签订集体合同。集体合同草案应当提交职工代表大会或者全体职工讨论通过。并由工会代表职工与建筑施工企业签订;没有建立工会的建筑施工企业,由职工推荐的代表与建筑施工企业签订,然后报送劳动行政部门。依法签订的集体合同对企业和全体职工具有约束力,职工个人与建筑施工企业订立的劳动合同中的劳动条款和劳动报酬等标准不低于集体合同的规定。

3. 劳动合同的解除

经劳动合同当事人协商一致,劳动合同可以解除(《中华人民共和国劳动法》第二十四条)。劳动者有下列情形之一的,用人单位可以解除劳动合同:

(1)在试用期间被证明不符合录用条件的;
(2)严重违反劳动纪律或者用人单位规章制度的;
(3)严重失职,营私舞弊,对用人单位利益造成重大损害的;
(4)被依法追究刑事责任的。

有下列情形之一的,用人单位可以解除劳动合同,但是应当提前30日以书面形式通知劳动者本人:

(1)劳动者患病或者非因工负伤,医疗期满后,不能从事原工作也不能从事由用人单位另行安排的工作的;
(2)劳动者不能胜任工作,经过培训或者调整工作岗位,仍不能胜任工作的;

(3)劳动合同订立时所依据的客观情况发生重大变化,致使原劳动合同无法履行,经当事人协商不能就变更劳动合同达成协议的。

另外,建筑施工企业濒临破产进行法定整顿期间或者生产经营状况发生严重困难,确需裁减人员的,应当提前30日向工会或者全体职工说明情况,听取工会或职工的意见,经向劳动行政部门报告后,可以裁减人员。

以上三种情况,根据《中华人民共和国劳动法》的有关规定解除劳动合同的,建筑施工企业应当依照国家有关规定给予经济补偿。

如果职工解除劳动合同,应当提前30日以书面形式通知企业。对于职工处于试用期内的,或者建筑施工企业以暴力、威胁或者非法限制人身自由的手段强迫劳动的,或者建筑施工企业未按照劳动合同约定支付劳动报酬或者提供劳动条件的,职工可以随时通知企业解除劳动合同。

四、劳动保护

1. 劳动保护的概念和目的

劳动保护亦称劳动安全卫生或职工安全卫生,是为了保证劳动者在生产过程中的安全和健康而采取的各类技术措施和组织措施的总称。

劳动保护的目的是为劳动者创造安全、卫生、舒适的劳动工作条件,消除和预防劳动生产过程中可能发生的伤亡、职业病和急性职业中毒,保障劳动者以健康的劳动力参加社会生产,促进劳动生产率的提高,保证社会主义现代化建设顺利进行。

建筑施工企业劳动保护的基本任务如下:

(1)采取各种技术措施和组织措施,不断改善职工的作业条件和生活条件,消除生产中的不安全因素,预防工伤事故,保证劳动者安全生产。

(2)加强劳动卫生管理,防止和控制职业中毒或职业病,保障劳动者的身体健康。

(3)实行劳逸结合,科学合理安排工作时间和休息时间,减轻劳动强度,实行文明施工。

(4)对女职工实行特殊保护,妥善安排她们的工作。

2. 劳动保护的内容

建筑施工企业劳动保护的内容见表9-4。

劳 动 保 护 内 容 表9-4

1. 建立劳动保护制度,健全劳动保护组织	根据国家劳动法规和制度,结合企业的具体情况建立、健全相应劳动保护方面的规章制度并加以贯彻执行。为了搞好劳动保护工作,企业要设有专门的机构和人员进行经常性工作。建立健全规章制度的目的在于把生产和安全统一起来,促使各级领导和全体员工分工协作,共同努力,认真负责地把劳动保护工作搞好,保证安全生产的实现
2. 做好安全技术工作	安全技术是指在生产过程中,为了保护劳动者,防止和消除伤亡事故而采取的各种技术组织措施。它主要用于防止和消除突然事故对职工安全和生产安全的威胁

续上表

3.改善职工劳动条件	做好夏季防暑、冬季防寒以及消除粉尘危害等劳动保护用品的发放工作,对职工进行定期检查,并要严格控制加班加点,注意劳逸结合
4.加强安全生产教育	为了提高职工对安全生产的责任感和自觉性,使职工掌握安全生产技术,遵守有关安全生产的规章制度和操作规程,必须加强安全生产教育
5.加强安全生产检查	安全生产检查是推动安全生产工作不可缺少的手段。安全生产检查包括企业自身对生产中的安全工作进行经常性检查,也包括由地方政府或主管部门组织的定期检查、专业检查、季节性检查和节假日前后的检查等

3.劳动纪律

劳动纪律是劳动者进行劳动时必须遵守的规则和秩序。它包括组织方面的纪律、工作时间方面的纪律、安全保卫纪律和文明生产纪律等。

劳动纪律在施工企业管理中具有重要的作用。

(1)劳动纪律是用人单位组织劳动、维护正常生产和工作秩序的需要。劳动者遵守劳动纪律是用人单位组织劳动、实现劳动过程的客观要求。

(2)劳动纪律是提高社会劳动生产率的重要保证。

(3)劳动纪律是实现文明劳动、减少和防止职业危害事故发生的重要保证。

任务三　建筑施工企业工资管理

一、工资的概念

工资是指雇主或者用人单位依据法律规定或行业规定,或根据与员工之间的约定,以货币形式对员工的劳动所支付的报酬。工资是生产成本的重要组成部分。工资可以以时薪、月薪、年薪等不同形式计算。

目前,由用人单位承担或者支付给员工的下列费用不属于工资:

(1)社会保险费;

(2)劳动保护费;

(3)福利费;

(4)解除劳动关系时支付的一次性补偿费;

(5)计划生育费用;

(6)其他不属于工资的费用。

二、工资的基本内容

我国建筑施工企业的工资制度,主要体现为工资总额的管理。工资总额是各单位在一定时间内直接支付给本单位全部职工的劳动报酬总额。它由以下六个部分组成:计时工资、计件工资、奖金、津贴和补贴;加班加点工资、特殊情况下支付的工资。

1. 计时工资

计时工资是根据劳动者的工作时间和相应的工资标准来支付劳动报酬的一种工资形式。按照计算的时间单位不同,一般分为三种,即小时工资制、日工资制和月工资制。这种工资形式下劳动者所得工资的多少,并不直接与其劳动成果的多少发生关系,且计算方便,所以计时工资制简便易行,适应性强,适用范围广。但是,为了贯彻按劳分配的原则,企业可采取计时工资加奖励的办法,根据劳动者劳动成果的数量和质量增发不同数量的奖金。计时工资主要适用于不易从产品上计算个人成绩的工种、辅助生产人员、服务人员和管理人员。计时工资主要包括:对已做工作按计时工资标准支付的工资、实行结构工资制的单位支付给职工的基础工资和职务(岗位)工资、新参加工作职工的见习工资(学徒的生活费)等。

2. 计件工资

计件工资是按劳动者所生产合格产品的数量和事先规定的计件单价来支付劳动报酬的一种工资形式。由于计件工资将劳动者的工资收入与劳动成果紧密联系起来,因此,它能很好地体现按劳分配的原则,同时由于产量和工资直接相连,所以能促进工人经常改进工作方法,提高技术水平,充分利用工时,提高劳动生产率。计件工资主要包括:实行超额累进计件、直接无限计件、限额计件、超定额计件等工资制,按劳动部门或主管部门批准的定额和计件单价支付给个人的工资;按工会任务包干方法支付给个人的工资;按营业额提成或利润提成办法支付给个人的工资。

为了防止片面出现追求数量,而忽视产品质量、消耗定额、安全和不爱护生产设备的现象,实行计件工资的企业必须具备以下条件:①产品和生产任务比较稳定,产品质量明确;②有先进合理的劳动定额和材料消耗定额,并保证材料及时供应;③有严格的质量检验和验收制度等。

3. 奖金

奖金是指支付给职工的超额劳动报酬和增收节支的劳动报酬。企业奖金基本上有两大类:一类是生产性奖金或工资性奖金,主要指劳动者提供了超额劳动、直接增加了社会财富所给予的奖励;另一类是创造发明奖或合理化建议奖,主要指由于劳动者的劳动改变的生产条件,为提供劳动效率、增加社会财富创造了条件所给予的奖励。

建筑施工企业生产性奖金一般有两种:综合奖金和单项奖金。

(1)综合奖金。综合奖金形式的得奖条件是全面完成企业的各项经济技术指标。如全优工号奖。

(2)单项奖金。单项奖金是指企业为突出重点或加强薄弱环节,针对生产经营中某些特定指标而设置的奖金。当考核达到了某项指标时,就可以获得奖金。如超产奖金、节约奖金、安全奖金等。

计算奖金的办法,以"计奖"为主的计奖和评奖相结合的办法应用较多。企业应明确规定考核计奖的各项经济技术指标,要有严格的考核制度和健全的原始记录。

4.津贴和补贴

津贴和补贴是指为了补偿职工特殊或额外的劳动消耗和因其他特殊原因支付给职工的津贴,以及为了保证职工工资水平不受物价影响支付给职工的物价补贴。津贴主要包括:补偿职工特殊或额外劳动消耗的津贴、粉尘保健性津贴、技术性津贴、取暖降温津贴等。物价补贴包括:为保证职工工资水平不受物价上涨或变动影响而支付的各种补贴。

5.加班加点工资

加班加点工资是指按规定支付的加班工资和加点工资。

6.特殊情况下支付的工资

特殊情况下支付的工资包括:根据国家法律、法规和政策规定,因病、工伤、产假、计划生育假、婚丧假、事假、探亲假、定期休假、停工学习、执行国家或社会义务等原因按计时工资标准或计时工资标准的一定比例支付的工资,附加工资、保留工资。

三、工资使用情况的分析与检查

经常对工资的使用情况进行分析与检查,是企业工资管理中的一项重要内容。检查工资使用情况,主要是分析其超发和节约的情况,从而发现问题,提出改进措施。

1.工资总额计划完成情况分析

(1)分析工资总额的完成程度

工资总额的完成程度,通常以实际支付的工资总额与计划工资总额的比率表示。计算公式为:

$$工资总额完成程度 = \frac{实际支付工资总额}{计划工资总额} \times 100\%$$

(2)分析职工平均人数和平均工资变动对工资总额计划完成情况的影响

造成工资节约或超支的原因很多,但归纳起来可以分为两类:一类是平均人数变动所致,另一类是平均工资变动所致。

职工平均人数变动

对工资总额变化的影响额=(实际职工平均人数-计划职工平均人数)×计划平均工资职工平均工资变动

对工资总额变化的影响额=(实际职工平均人数-计划职工平均人数)×实际职工平均人数

2.职工的相对节余或超支分析

由于上述所进行的分析没有考虑企业生产任务的完成情况,而现实中企业工资总额的支出额是与生产任务的完成情况相联系的,这种联系生产计划完成情况对工资节超的分析就是工资的相对节余或超支分析。

具体步骤如下。

(1)先计算企业按实际产值或产量应支付的计划工资总额,即调整后的计划工资总额。计算公式为:

$$调整后的计划工资总额 = 计划工资总额 \times \frac{实际总产值(总产量)}{计划总产值(总产量)}$$

(2)再根据调整后的计划工资总额,计算工资的相对节余或超支额。计算公式为:

$$工资的相对节余(超支)额 = 实际支付工资总额 - 调整后的计划工资总额$$

当生产计划完成程度高于工资计划完成程度时,工资总额就会相对节余;反之,就会超支。

任务四 建筑施工企业职工社会保险

一、劳动保险

劳动保险是指企业为保护和增进职工身体健康,保障职工在暂时或永久丧失劳动能力时的基本生活需要而建立的一种物质保障制度。它是国家对职工的社会保险的主要内容之一。

职工享受的劳动保险待遇和职工的工资、奖金、津贴一样,属于职工物质利益,但性质不同。劳动保险具有社会互助性质,它不是职工从事劳动获得的报酬,而是按国家法律规定筹集的保险基金。劳动保险一般由政府举办,将职工收入的一部分作为社会保险税(费)形成社会保险基金,在满足一定条件的情况下,被保险人可从基金获得固定的收入或损失的补偿。它是一种再分配制度,它的目标是保证物质及劳动力的再生产和社会的稳定。社会保险的主要项目包括:基本医疗保险、基本养老保险、失业保险、工伤保险、生育保险,即常说的"五险"。

1. 基本医疗保险

(1)基本医疗保险的概念

基本医疗保险是为补偿劳动者因疾病风险造成的经济损失而建立的一项社会保险制度。

基本医疗保险是社会保险制度中最重要的险种之一,它与基本养老保险、工伤保险、失业保险、生育保险共同构成现代社会保险制度。

我国目前建立了城镇职工基本医疗保险制度、新型农村合作医疗制度和城镇居民基本医疗保险制度。其中,城镇职工基本医疗保险由用人单位和职工按照国家规定共同缴纳基本医疗保险费,建立医疗保险基金,参保人员患病就诊发生医疗费用后,由医疗保险经办机构给予一定的经济补偿,以避免或减轻劳动者因患病、治疗等所带来的经济风险。新型农村合作医疗和城镇居民基本医疗保险实行个人缴费和政府补贴相结合,待遇标准按照国家规定执行。

(2)基本医疗保险的构成内容

按照《国务院关于建立城镇职工基本医疗保险制度的决定》(国发〔1998〕44号)的要求,城镇职工基本医疗保险制度框架包括六个部分。

①建立合理负担的共同缴费机制。基本医疗保险费由用人单位和个人共同缴纳,体现国家社会保险的强制特征和权利与义务的统一。医疗保险费由单位和个人共同缴纳,不仅可以

扩大医疗保险资金的来源,更重要的是明确了单位和职工的责任,增强了个人自我保障意识。这次改革中国家规定了用人单位缴费率和个人缴费率的控制标准:用人单位缴费率控制在职工工资总额的6%左右,具体比例由各地确定,职工缴费率一般为本人工资收入的2%。

②建立统筹基金与个人账户。基本医疗保险基金由社会统筹使用的统筹基金和个人专项使用的个人账户基金组成。个人缴费全部划入个人账户,单位缴费按30%左右划入个人账户,其余部分建立统筹基金。个人账户专项用于本人医疗费用支出,可以结转使用和继承,个人账户的本金和利息归个人所有。

③建立统账分开、范围明确的支付机制。统筹基金和个人账户确定各自的支付范围,统筹基金主要支付大额和住院医疗费用,个人账户主要支付小额和门诊医疗费用。统筹基金要按照"以收定支、收支平衡"的原则,根据各地的实际情况和基金的承受能力,确定起付标准和最高支付限额。

④建立有效制约的医疗服务管理机制。基本医疗保险支付范围仅限于规定的基本医疗保险药品目录、诊疗项目和医疗服务设施标准内的医疗费用;对提供基本医疗保险服务的医疗机构和药店实行定点管理;社会保险经办机构与基本医疗保险服务机构(定点医疗机构和定点零售药店)要按协议规定的结算办法进行费用结算。

⑤建立统一的社会化管理体制。基本医疗保险实行一定统筹层次的社会经办,原则上以地级以上行政区(包括地、市、州、盟)为统筹单位,也可以县为统筹单位,由统筹地区的社会保险经办机构负责基金的统一征缴、使用和管理,保证基金的足额征缴、合理使用和及时支付。

⑥建立完善有效的监管机制。基本医疗保险基金实行财政专户管理;社会保险经办机构要建立健全规章制度;统筹地区要设立基本医疗保险社会监督组织,加强社会监督。要进一步建立健全基金的预决算制度、财务会计制度和社会保险经办机构内部审计制度。

2. 基本养老保险

基本养老保险,是国家根据法律、法规的规定,强制建立和实施的一种社会保险制度。在这一制度下,用人单位和劳动者必须依法缴纳养老保险费,在劳动者达到国家规定的退休年龄或因其他原因而退出劳动岗位后,社会保险经办机构依法向其支付养老金等待遇,从而保障其基本生活。基本养老保险与基本医疗保险、失业保险、工伤保险、生育保险共同构成现代社会保险制度,并且是社会保险制度中最重要的险种之一。

在我国,20世纪90年代之前,企业职工实行的是单一的养老保险制度。1991年,《国务院关于企业职工养老保险制度改革的决定》(国发〔1991〕33号)中明确提出:"随着经济的发展,逐步建立起基本养老保险与企业补充养老保险和职工个人储蓄性养老保险相结合的制度"。从此,我国逐步建立起多层次的养老保险体系。在这种多层次养老保险体系中,基本养老保险可称为第一层次,也是最高层次。

社会统筹与个人账户相结合的基本养老保险制度是我国在世界上首创的一种新型的基本养老保险制度。这个制度在基本养老保险基金的筹集上采用传统型基本养老保险费用的筹集模式,即由国家、单位和个人共同负担;基本养老保险基金实行社会互济;在基本养老金的计发上采用结构式的计发办法,强调个人账户养老金的激励因素和劳动贡献差别。因此,该制度既吸收了传统型养老保险制度的优点,又借鉴了个人账户模式的长处;既体现了传统意义上社会保险的社会互济、分散风险、保障性强的特点,又强调了职工的自我保障意识和激励机制。

3. 失业保险

失业保险是指国家通过立法强制实行的,由社会集中建立基金,对因失业而暂时中断生活来源的劳动者提供物质帮助的制度。它是社会保障体系的重要组成部分,是社会保险的主要项目之一。

失业保险基金具有以下主要特点:

(1) 普遍性

它主要是为了保障有工资收入的劳动者失业后的基本生活而建立的,其覆盖范围包括劳动力队伍中的大部分成员。因此,在确定适用范围时,参保单位应不分部门和行业,不分所有制性质,其职工应不分用工形式,不分家居城镇、农村,解除或终止劳动关系后,只要本人符合条件,都有享受失业保险待遇的权利。我国失业保险适用范围的变化情况,呈逐步扩大的趋势,从国营企业的四种人到国有企业的七类九种人和企业化管理的事业单位职工,再到《失业保险条例》规定的城镇所有企业事业单位及其职工,充分体现了普遍性原则。

(2) 强制性

它是通过国家制定法律、法规来强制实施的。按照规定,在失业保险制度覆盖范围内的单位及其职工必须参加失业保险并履行缴费义务。根据有关规定,不履行缴费义务的单位和个人都应当承担相应的法律责任。

(3) 互济性

失业保险基金主要来源于社会筹集,由单位、个人和国家三方共同负担,缴费比例、缴费方式相对稳定,筹集的失业保险费,不分来源渠道,不分缴费单位的性质,全部并入失业保险基金,在统筹地区内统一调度使用以发挥互济功能。

4. 工伤保险

工伤保险,又称职业伤害保险,是指劳动者在工作中或在规定的特殊情况下,遭受意外伤害或患职业病导致暂时或永久丧失劳动能力以及死亡时,劳动者或其遗属从国家和社会获得物质帮助的一种社会保险制度。上述概念包括两层含义:

(1) 工伤发生时劳动者本人可获得物质帮助;

(2) 劳动者因工伤死亡时其遗属可获得物质帮助。

工伤保险具有以下特点:

(1) 工伤保险对象的范围是在生产劳动过程中的劳动者。由于职业危害无所不在,无时不在,任何人都不能完全避免职业伤害。因此,工伤保险作为抗御职业危害的保险制度适用于所有职工,任何职工发生工伤事故或遭受职业疾病,都应毫无例外地获得工伤保险待遇。

(2) 工伤保险的责任具有赔偿性。工伤意味着劳动者的生命健康权、生存权和劳动权受到影响、损害甚至被剥夺了。因此,工伤保险是基于对工伤职工的赔偿责任而设立的一种社会保险制度,其他社会保险是基于对职工生活困难的帮助和补偿责任而设立的。

(3) 工伤保险实行无过错责任原则。无论工伤事故的责任归于用人单位还是职工个人或第三者,用人单位均应承担保险责任。

(4)工伤保险不同于养老保险等险种,劳动者不缴纳保险费,全部费用由用人单位负担。即工伤保险的投保人为用人单位。

(5)工伤保险待遇相对优厚,标准较高,但因工伤事故的不同而有所差别。

(6)工伤保险作为社会福利,其保障内容比商业意外保险要丰富。除了在工作时的意外伤害,也包括职业病的报销、急性病猝死保险金、丧葬补助(工伤身故)。

商业意外险提供的则是工作和休息时遭受的意外伤害保障,优势体现为时间、空间上的广度。比如上下班途中遭遇的意外,假如是机动车交通事故伤害可以由工伤赔偿,其他情况的意外伤害则不属于工伤的保障范围。

2010年12月20日,国务院第136次常务会议通过了《国务院关于修改〈工伤保险条例〉的决定》。该《决定》对2004年1月1日起施行的《工伤保险条例》作出了修改,扩大了上下班途中的工伤认定范围,同时还规定了除现行规定的机动车事故以外,职工在上下班途中受到非本人主要责任的非机动车交通事故或者城市轨道交通、客运轮渡、火车事故伤害,也应当认定为工伤。

在赔付方面,医疗费用通常是由工伤保险先报销后,商业保险扣除已赔付部分对剩下的金额进行赔偿。身故或残疾保险金则分别按照约定额度给付,不存在冲突现象。通常建议将商业意外险作为社保的补充和完善。

5. 生育保险

生育保险是通过国家立法规定,在劳动者因生育子女而导致劳动力暂时中断时,由国家和社会及时给予物质帮助的一项社会保险制度,是由国家和社会提供医疗服务、生育津贴和产假的一种社会保险制度,国家或社会对生育的职工给予必要的经济补偿和医疗保健的社会保险制度。我国生育保险待遇主要包括两项:一是生育津贴,二是生育医疗待遇。其宗旨在于通过向职业妇女提供生育津贴、医疗服务和产假,帮助她们恢复劳动能力,重返工作岗位。

我国生育保险的现状实行两种制度并存:

第一种是由女职工所在单位负担生育女职工的产假工资和生育医疗费。根据国务院《女职工劳动保护规定》以及劳动部《关于女职工生育待遇若干问题的通知》,女职工怀孕期间的检查费、接生费、手术费、住院费和药费由所在单位负担。

第二种是生育社会保险。根据劳动部《企业职工生育保险试行办法》,参加生育保险社会统筹的用人单位,应向当地社会保险经办机构缴纳生育保险费;生育保险费的缴费比例由当地人民政府根据计划内生育女职工的生育津贴、生育医疗费支出情况等确定,最高不得超过工资总额的1%,职工个人不缴费。参保单位女职工生育或流产后,其生育津贴和生育医疗费由生育保险基金支付。生育津贴按照本企业上年度职工月平均工资计发;生育医疗费包括女职工生育或流产的检查费、接生费、手术费、住院费和药费(超出规定的医疗服务费和药费由职工个人负担)以及女职工生育出院后,因生育引起疾病的医疗费。

二、住房公积金

住房公积金是单位及其在职职工缴存的长期住房储金,是住房分配货币化、社会化和法制化的主要形式。住房公积金制度是国家法律规定的重要的住房社会保障制度,具有强制性、互助性、保障性。单位和职工个人必须依法履行缴存住房公积金的义务。职工个人缴存的住房公积金以及单位为其缴存的住房公积金,实行专户存储,归职工个人所有。这里的单位包括国家机关、国有企业、城镇集体企业、外商投资企业、城镇私营企业及其他城镇企业、事业单位、民办非企业单位、社会团体。

1. 住房公积金的性质

(1)保障性。建立职工住房公积金制度,为职工较快、较好地解决住房问题提供了保障。

(2)互助性。建立住房公积金制度能够有效地建立和形成有房职工帮助无房职工的机制和渠道,而住房公积金在资金方面为无房职工提供了帮助,体现了职工住房公积金的互助性。

(3)长期性。每一个城镇在职职工自参加工作之日起至退休或者终止劳动关系的这一段时间内,都必须缴纳个人住房公积金;职工所在单位也应按规定为职工补助缴存住房公积金。

2. 住房公积金的特点

(1)普遍性。城镇在职职工,无论其工作单位性质如何、家庭收入高低、是否已有住房,都必须按照规定缴存住房公积金。

(2)强制性(政策性)。单位不办理住房公积金缴存登记或者不为本单位职工办理住房公积金账户设立的,住房公积金的管理中心有权力责令限期办理,逾期不办理的,可以按照有关条款进行处罚,并可申请人民法院强制执行。

(3)福利性。除职工缴存的住房公积金外,单位也要为职工交纳一定的金额,而且住房公积金贷款的利率低于商业性贷款。

(4)返还性。职工离休、退休,或完全丧失劳动能力并与单位终止劳动关系,户口迁出或出境定居等,缴存的住房公积金将返还职工个人。

任务五 建筑施工企业年金基金

一、企业年金基金的含义

企业年金基金,是指根据依法制定的企业年金计划筹集的资金及其投资运营收益形成的企业补充养老保险基金。

二、企业年金基金的确认和计量

(1)企业年金基金应当分资产、负债、收入、费用和净资产进行确认和计量。

(2)企业年金基金缴费及其运营形成的各项资产包括:货币资金、应收证券清算款、应收利息、买入返售证券、其他应收款、债券投资、基金投资、股票投资、其他投资等。

(3)企业年金基金在运营中根据国家规定的投资范围取得的国债、信用等级在投资级以上的金融债和企业债、可转换债、投资性保险产品、证券投资基金、股票等具有良好流动性的金融产品,其初始取得和后续估值应当以公允价值计量。具体规定如下:

①初始取得投资时,应当以交易日实际支付的成交价款作为其公允价值。发生的交易费用直接计入当期损益。

②估值日对投资进行估值时,应当以其公允价值调整原账面价值,公允价值与原账面价值的差额计入当期损益。投资公允价值的确定,请参见财务会计教材中"金融工具确认和计量",在此不作介绍。

(4)企业年金基金运营形成的各项负债包括:应付证券清算款、应付受益人待遇、应付受托人管理费、应付托管人管理费、应付投资管理人管理费、应交税金、卖出回购证券款、应付利息、应付佣金和其他应付款等。

(5)企业年金基金运营形成的各项收入包括:存款利息收入、买入返售证券收入、公允价值变动收益、投资处置收益和其他收入。

(6)施工企业年金基金形成的收入应当按照下列规定进行确认和计量:

①存款利息收入,按照本金和适用的利率确定。

②买入返售证券收入,在融券期限内按照买入返售证券价款和协议约定的利率确定。

③公允价值变动收益,在估值日按照当日投资公允价值与原账面价值(即上一估值日投资公允价值)的差额确定。

④投资处置收益,在交易日按照卖出投资所取得的价款与其账面价值的差额确定。

⑤风险准备金补亏等其他收入,按照实际发生的金额确定。

(7)企业年金基金运营发生的各项费用包括:交易费用、受托人管理费、托管人管理费、投资管理人管理费、卖出回购证券支出和其他费用。

(8)费用应当按照下列规定确认和计量:

①交易费用,包括支付给代理机构、咨询机构、券商的手续费和佣金及其他必要支出,按照实际发生的金额确定;

②受托人管理费、托管人管理费和投资管理人管理费,根据相关规定按实际计提的金额确定;

③卖出回购证券支出,在融资期限内按照卖出回购证券价款和协议约定的利率确定;

④其他费用,按照实际发生的金额确定。

(9)企业年金基金的净资产,是指企业年金基金的资产减去负债后的余额。资产负债表日,应当将当期各项收入和费用结转至净资产。净资产应当分别给企业和职工个人设置账户,根据企业年金计划按期将运营收益分配计入各账户。

(10)净资产应当按照下列规定确认和计量:

①向企业和职工个人收取的缴费,按照收到的金额增加净资产;

②向受益人支付的待遇,按照应付的金额减少净资产;

③因职工调入企业而发生的个人账户转入金额,增加净资产;

④因职工调离企业而发生的个人账户转出金额,减少净资产。

三、企业年金的运作流程

企业年金的运作流程,如图9-1所示。

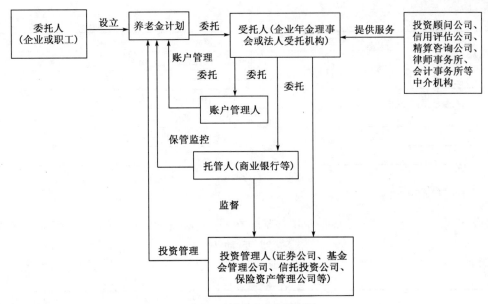

图 9-1 企业年金运作流程图

四、企业年金基金的财务报表

企业年金基金的财务报表包括资产负债表、净资产变动表和附注。

1. 资产负债表

资产负债表(表 9-5),反映企业年金基金在某一特定日期的财务状况,应当按照资产负债表、负债和净资产分类列示。

资产负债表　　　　　　　　　　　表 9-5

编制单位：　　　　　　　年　月　日　　　　　　　会年金 01 表

单位:元

资产	行次	年初数	年末数	负债和净资产	行次	年初数	年末数
资产：				负债：			
货币资金				应付证券清算单			
应收债券清算单				应付受益人待遇			
应收利息				应付受托人管理费			
买入返售证券				应付托管人管理费			
其他应收款				应付投资管理人管理费			
债券投资				应交税款			
基金投资				卖出回购证券款			
股票投资				应付利息			
其他投资				应付佣金			
其他资产				其他应付款			

续上表

资产	行次	年初数	年末数	负债和净资产	行次	年初数	年末数
				负债合计			
				净资产：			
				企业年金基金净值			
				负债和净资产合计			

2. 净资产变动表

净资产变动表（表 9-6），反映企业年金基金在一定会计期间的净资产增减变动情况。

资 产 变 动 表　　　　表 9-6

编制单位：　　　　　　　　年 月 日　　　　　　　　会年金 02 表

单位：元

项　　目	行次	本月数	本月累计数
一、期初净资产			
二、本期净资产增加数			
（一）本期收入			
1.存款利息收入			
2.买入返售证券收入			
3.公允价值变动收益			
4.投资处置收益			
5.其他收入			
（二）收取企业缴费			
（三）收取职工个人缴费			
（四）个人账户转入			
三、本期净资产减少数			
（一）本期费用			
1.交易费用			
2.受托人管理费			
3.托管人管理费			
4.投资管理人管理费			
5.卖出回购证券支出			
6.其他费用			
（二）支付受益人待遇			
（三）个人账户转出			
四、期末净资产			

3.附注

附注应当披露下列信息：
(1)企业年金计划的主要内容及重大变化；
(2)投资种类、金额及公允价值的确定方法；
(3)各类投资占投资总额的比例；
(4)可能使投资价值受到重大影响的其他事项。

任务六　建筑施工企业激励机制

一、激励的含义

所谓激励，即激发和鼓励的意思，就是企业根据职位评价和绩效考评结果，设计科学的薪酬管理系统，以一定的行为规范和惩罚性措施，借助信息沟通，来激发、引导和规范企业员工的行为，以有效实现企业及其员工个人目标的系统活动。

二、激励的作用

激励是人力资源管理的核心内容，是对人的潜在能力的开发。它完全不同于对物力和财力资源进行管理，无法通过精确计算来进行预测。激励有以下作用：

(1)激励的目的是通过设计科学的薪酬管理系统，来满足企业员工的各种外在性需要，从而实现企业目标及其员工个人目标。

(2)激励的实现方法是奖励和惩罚并举，对员工符合企业期望的行为进行奖励，对不符合企业期望的行为进行惩罚。

(3)科学的激励工作是一项系统性很强的工作，它贯穿于企业人力资源管理的全过程，包括对员工的职位评价、个人需要的了解、个性的把握、行为过程的控制和绩效的评价等。因此，企业工作的全过程都要考虑到激励效果。

(4)信息沟通贯穿于激励工作的始末，通畅、及时、准确、全面的信息沟通可以增强激励机制的运用效果和工作成本。

(5)科学的激励制度具有吸引优秀人才、开发员工潜能和造就良性竞争环境等作用。

三、激励的特点

人员激励是人力资源管理的核心内容，是对人的潜在能力进行开发与激活的过程，人员激励的特点主要表现在以下几个方面：

(1)人员激励是以人的心理为出发点的，而人的心理又是看不见、摸不着的，只能通过在其作用下的行为表现来加以观察和判断。

(2)在人员激励条件下会产生动机与行为，而这些动机与行为的程度并不是一成不变的，它们受多种主、客观因素的影响，在不同时间、空间和环境条件下，其表现是不同的，是动态的。

(3)激励的对象具有差异性。因为人员的多样性导致每个人的需要也是不同的,而且是多角度、多层次、多方面的,这就决定了对不同的人激励效果是有差异的。人力资源工作者在设计激励方案时就要充分考虑这个问题,既要兼顾多样性,又要理解很难有完美的激励方案,让所有人都满意。

(4)人员激励的目标是挖掘员工的潜在能力,激励的目的是使他们的潜能得到最大限度的发挥。人的能力是有限的,会受生理、心理、家庭因素、个人短期目标以及其他诸多因素的影响,激励不能超过人的生理、心理和能力等的最高限度,否则将失去激励的意义,遥不可及的目标下的激励反而会有反弹心理,所以激励应该是适度的。

四、激励的原则

1. 目标结合原则

在激励机制中,设置目标是一个关键环节。目标设置必须同时体现组织目标和员工需要的要求。

2. 物质激励和精神激励相结合的原则

物质激励是基础,精神激励是根本。在两者结合的基础上,逐步过渡到以精神激励为主。

3. 引导性原则

外激励措施只有转化为被激励者的自觉意愿,才能取得激励效果。因此,引导性原则是激励过程的内在要求。

4. 合理性原则

激励的合理性原则包括两层含义:其一,激励的措施要适度,要根据所实现目标本身的价值大小确定适当的激励量;其二,奖惩要公平。

5. 明确性原则

激励的明确性原则包括三层含义:其一,明确。激励的目的是需要做什么和必须怎么做。其二,公开。特别是分配奖金等大量员工关注的问题,更为重要。其三,直观。实施物质奖励和精神奖励时都需要直观地表达它们的指标,总结和授予奖励和惩罚的方式。直观性与激励影响的心理效应成正比。

6. 时效性原则

要把握激励的时机,"雪中送炭"和"雨后送伞"的效果是不一样的。激励越及时,越有利于将人们的激情推向高潮,使其创造力连续有效地发挥出来。

7. 正激励与负激励相结合的原则

所谓正激励就是对员工符合组织目标的期望行为进行奖励。所谓负激励就是对员工违背组织目的的非期望行为进行惩罚。正负激励都是必要而有效的,不仅作用于当事人,而且会间接地影响周围其他人。

8. 按需激励原则

激励的起点是满足员工的需要,但员工的需要因人而异、因时而异,并且只有满足最迫切需要(主导需要)的措施,其效价才高,其激励强度才大。因此,领导者必须深入地进行调查研究,不断了解员工需要层次和需要结构的变化趋势,有针对性地采取激励措施,才能收到实效。

五、激励的类型

不同的激励类型对行为过程会产生程度不同的影响,所以激励类型的选择是做好激励工作的一项先决条件。

1. 物质激励与精神激励

虽然两者的目标是一致的,但是它们的作用对象却是不同的。前者作用于人的生理方面,是对人物质需要的满足,后者作用于人的心理方面,是对人精神需要的满足。随着人们物质生活水平的不断提高,人们对精神与情感的需求越来越迫切。比如期望得到爱、得到尊重、得到认可、得到赞美、得到理解等。

2. 正激励与负激励

所谓正激励就是当一个人的行为符合组织的需要时,通过奖赏的方式来鼓励这种行为,以达到持续和发扬这种行为的目的。所谓负激励就是当一个人的行为不符合组织的需要时,通过制裁的方式来抑制这种行为,以达到减少或消除这种行为的目的。

正激励与负激励作为激励的两种不同类型,目的都是要对人的行为进行强化,不同之处在于两者的取向相反。正激励起正强化的作用,是对行为的肯定;负激励起负强化的作用,是对行为的否定。

3. 内激励与外激励

所谓内激励是指由内酬引发的、源自于工作人员内心的激励;所谓外激励是指由外酬引发的、与工作任务本身无直接关系的激励。

(1)内酬是指工作任务本身的刺激,即在工作进行过程中所获得的满足感,它与工作任务是同步的。追求成长、锻炼自己、获得认可、自我实现、乐在其中等内酬所引发的内激励,会产生一种持久性的作用。

(2)外酬是指工作任务完成之后或在工作场所以外所获得的满足感,它与工作任务不是同步的。如果一项又脏又累、谁都不愿干的工作有一个人干了,那可能是因为完成这项任务,将会得到一定的外酬——奖金及其他额外补贴,一旦外酬消失,他的积极性可能就不存在了。所以,由外酬引发的外激励是难以持久的。

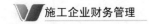

任务七　施工企业薪酬管理的其他规定

一、施工企业薪酬管理的相关规定

(1)各单位应注重完善人力资源制度与政策,做好企业职工的备案工作,规范职工薪酬管理。

(2)各单位应结合预算与绩效考核管理,加强对人力资源预算管理与控制。

(3)各单位应结合自身特点,规范架子队的建设与管理,包括架子队的组织结构、劳务人员及班组的组织形式、劳务工花名册及有关证照、劳务工培训教育等方面,并加强架子队劳务用工薪酬的计提、发放等管理工作。

二、职工薪酬业务的财务内部控制

(1)各单位应遵照国家及地方相关规定,及时、准确地计提并发放职工薪酬,及时入账。

(2)各单位应结合其报表的填报需求,对职工进行分类。对于企业人工成本,应从从业人员人工成本、职工人工成本、在岗职工人工成本和境内从业人员人工成本等几个方面进行归集。

(3)各单位发放职工薪酬应承担及时准确的代扣代缴个人所得税的义务。

(4)各单位需根据国家主管单位批复,计算各自应承担的社会统筹外费用并确认负债,同时冲减本单位净资产。

◀项目小结▶

本项目讲述了企业职工薪酬管理,是施工企业财务管理活动的重要环节。首先,介绍了施工企业职工薪酬的含义、种类和范围,职工薪酬的计量和确认;其次,重点讲述了企业职工劳动管理的相关内容,包括劳动定额和劳动定员的制订方法,劳动合同的订立、履行与解除;企业职工工资的基本内容和使用情况的分析;介绍了企业年金基金的概念、运作流程及相关的财务报表;详细介绍了企业职工"五险一金"的管理内容;最后,在此基础上系统地讲述了企业当今的激励机制。

技能训练

一、单项选择题

1.员工薪酬是员工因向其所在的单位提供劳动或劳务而获得的各种形式的酬劳或答谢,

其实质是（　　）。
  A. 一种文明的交易或交换关系　　　B. 一种公平的交易或交换关系
  C. 一种平等的交易或交换关系　　　D. 一种优质的交易或交换关系
2.（　　）是指以货币形式和以可间接转化为货币的其他形式为支付方式的劳动报酬。
  A. 员工工资　　　B. 员工福利　　　C. 非经济性报酬　　　D. 经济性报酬
3.（　　）制度适用于企业的高层管理者。
  A. 项目承包收入制　　B. 奖金制　　　C. 佣金制　　　D. 年薪制
4.（　　）主要有生活性福利、保障性福利、教育培训性福利等方式。
  A. 企业的福利计划　　　　　　　　B. 股票期权制和员工持股计划
  C. 佣金制　　　　　　　　　　　　D. 都没有
5.（　　）是指各单位在一定时期内直接支付给本单位全部员工的劳动报酬。
  A. 人工成本费用　　　　　　　　　B. 人力资源价格
  C. 工资总额　　　　　　　　　　　D. 福利总额

二、多项选择题

1. 企业员工薪酬管理的基本原则包括（　　）。
  A. 对外具有竞争力原则　　　　　　B. 对内具有公正性原则
  C. 对员工具有激励性原则　　　　　D. 对企业文化具有指导性原则
2. 薪酬一般具有的基本职能有（　　）。
  A. 补偿职能　　　B. 激励职能　　　C. 调节职能　　　D. 效益职能
3. 员工薪酬管理的企业外部影响因素包括（　　）。
  A. 物价变化与生活水平　　　　　　B. 国家政策和法律
  C. 经济发展状况与劳动生产率　　　D. 行业薪酬水平的变化
4. 员工薪酬制度的基本形式有（　　）。
  A. 绩效薪酬制　　　　　　　　　　B. 能力薪酬制
  C. 工作薪酬制　　　　　　　　　　D. 级别薪酬制

三、判断题

1. 广义的员工薪酬是指员工个人获得的工资、奖金等以金钱或实物形式支付的劳动回报。
（　　）
2. 非经济性报酬是指员工个人对企业及对工作本身在心理上的一种感受，主要包括对工作的责任感、成就感等。（　　）
3. 薪酬一般是货币形式或可以转化为货币形式的报酬，工资则还包括一些非货币形式的报酬，如终生雇用的承诺（职业保障）、安全舒适的办公条件、免费的午餐、参与决策的机会、反映个人兴趣和爱好的工作内容等。（　　）
4. 在薪酬管理历史上，科学管理阶段维持时间最长。（　　）
5. 我们可以将薪酬划分为基本薪酬、可变薪酬和间接薪酬（福利与服务）三大部分。
（　　）

四、简答题

1. 建筑施工企业薪酬管理的概念和范围是什么？
2. 什么是劳动定员？简述劳动定员的方法。
3. 什么是劳动定额？劳动定额的方法有哪些？
4. 简述劳动定员在企业管理中的作用。
5. 简述建筑施工企业职工工资的基本内容。
6. 简述企业年金基金的概念和运作流程。
7. 什么是激励？企业员工激励的方法有哪些？
8. 简述激励的原则和特点。

五、案例分析

案例一 IBM公司的工资管理

IBM有一句拗口的话：加薪非必然！IBM的工资水平在外企中不是最高的，也不是最低的，但IBM有一个让所有员工坚信不疑的游戏规则：干得好加薪是必然的。为了使每位员工的独特个性及潜力得到足够尊重，IBM一直致力于工资与福利制度的完善，并形成了许多值得参考的特色。

1. 激励文化

激励文化，对员工基本上没有惩罚的方式，全是激励，工作干得好，在薪金上就有体现，否则就没有体现。这样就出现了一种阐述惩罚的新话语：如果你没有涨工资或晋升，就是被惩罚。这种激励文化是建立在高素质员工的基础上的，员工的自我认同感很强，高淘汰率使大部分人都积极要求进步，如果自己的工作一直没有得到激励，就意味着自己存在的价值受到忽视，许多员工会在这种情况下主动调整自己，或者更加努力工作，或者辞职另谋发展。

2. 薪资与职务重要性、难度相称

每年年初IBM的员工特别关心自己的工资卡，自己去年干得如何，通过工资涨幅可以体现得有零有整。IBM的薪金构成很复杂，但里面不会有学历工资和工龄工资，IBM员工的薪金跟员工的岗位、职务重要性、工作难度、工作表现和工作业绩有直接关系，工作时间长短和学历高低与薪金没有必然关系。

3. 薪资充分反映员工的成绩

每个员工都有进行年度总结和与他的上级面对面讨论年终总结的权利。上级在评定时往往与做类似工作或工作内容相同的其他员工相比较，根据其成绩是否突出而定。

评价大体上分十到二十个项目进行，这些项目从客观上都是可以取得一致的。例如，"在简单的指示下，理解是否快，处理是否得当。"对营业部门或技术部门进行评价是比较简单的，但对凭感觉评价的部门如秘书、宣传、人力资源及总务等部门怎么办呢？IBM公司设法把感觉换算成数字，以宣传为例，他们把考核期内在报刊上刊载的关于IBM的报道加以搜集整理，把有利报道与不利报道进行比较，以便作为衡量一定时期宣传工作的尺度。

评价工作全部结束，就在每个部门甚至全公司进行平衡，分成几个等级。例如，A等级的员工是大幅度定期晋升者，B等是既无功也无过者，C等是需要努力的，D等则是生病或因其他原因达不到标准的。

从历史看，65%~75%的IBM公司职工每年都能超额完成任务，只有5%~10%的人不能完成定额。那些没有完成任务的人中只有少数人真正遇到麻烦，大多数人都能在下一年完成任务，并且干得不错。

4. 薪资要等于或高于一流企业

IBM公司认为，所谓一流公司，就应付给职工一流公司的薪资。这样才算一流公司，员工也会以身为一流公司的职工而自豪，从而转化为热爱公司的精神和对工作充满热情。为确保比其他公司拥有更多的优秀人才，IBM在确定薪资标准时，首先就某些项目对其他企业进行调查，确切掌握同行业其他公司的标准，并注意在同行业中经常保持领先地位。

请思考：
1. IBM公司工资管理的特点和优势体现在哪里？
2. 工资要充分反映每个人的成绩，如何才能做到？

案例二　取消额外福利引发员工不满

取消任何形式的额外福利都可能让员工感觉到被辜负，甚至对公司心生报复之意。《纽约时报》刊文称，2008年夏初，谷歌(Google)改变日托政策，大幅增加日托费用，闻此变化，员工纷纷表示不满。据了解，谷歌的婴儿日托费用从每月1425美元涨至2500美元，幼儿每年的日托费用从33000美元涨至57000美元。

沃顿教授和福利专家认为，人们对于谷歌改变日托政策的激烈反应折射出取消员工福利的难度之大。沃顿管理学教授南茜·罗思巴德(Nancy Rothbard)说："一旦你给了员工福利，再把它拿走，就似乎是违反了你和员工之间签订的心理合约。"员工额外福利包括从传统的公司派车、公司提供私人飞机、各种充裕的退休福利，到一些极为个性化的福利，譬如私人教练、洗衣服务和允许带宠物上班等。在谷歌，父母在小孩最初降生的几周内可以得到500美元用来买外卖食品。

2006年，美国证监会为约束过分慷慨的员工福利，出台更加严格的信息披露法规，导致企业的员工福利逐步缩水。证监会颁布这些新法规部分也是因为媒体对通用电气前CEO杰克·韦尔奇(Jack Welch)离婚官司的负面报道，包括公司支付给他的丰厚退休福利，譬如月租金8万美元的曼哈顿公寓和观看纽约尼克斯队(New York Knicks)比赛的内场最佳座位。泰科(Tyco)前CEO丹尼斯·科佐洛斯基(Dennis Kozlowski)的福利包括位于纽约特朗普大楼(Trump Tower)价值250万美元的公寓，以及15000美元的小狗造型雨伞架等。就连华伦·巴菲特(Warren Buffett)也未能免俗。他称公司给他买飞机的理由是"站不住脚的"，并且还对一家澳大利亚新闻媒体说过，"我用我能找到的最小字体把它写在年报中"。

"属于我的福利"眼下经济局势不佳可能引发新一轮"缩减福利"风潮。沃顿管理学教授彼得·卡普利(Peter Cappelli)认为一些成本不高，甚至没有成本的福利，譬如允许员工穿着休闲服上班、免费提供咖啡以及打折餐饮等，可能对提高员工士气和增加生产力的作用不大，但这些措施同样也不会消耗利润。企业在削减或者取消福利的时候必须非常当心。"不论你要取消什么，你都必须向员工解释取消的理由。假如这个理由是外部因素，员工就会更容易谅解。

为提高股价而削减福利通常都无法获得大家的谅解。"

"我不建议公司取消福利,但如果公司有迫不得已的理由,管理层一定不要忘记,取消员工福利会让员工觉得不公平。因为他们通常认为哪怕再小的福利也是他们所拥有的。"沃顿管理学教授西格尔·巴塞德(SigalBarsade)说。他认为取消福利是最容易直接激怒员工的手段之一,感到愤怒的员工会失去努力工作的动力,甚至产生报复行为。报复可以是心理形式,譬如减少对工作的热情,也可以是行为上表现出来,譬如不如以前工作认真。"假如管理层确实选择取消福利,他们必须非常非常清楚地向员工解释这样做的必要性,并且要以一种让员工觉得公平的形式来解释。"

以前额外福利一般是发放给高级管理人员的,但罗斯巴德指出,盈利不错的时候企业福利也会惠及层级较低的员工。谷歌的问题部分在于,以前的日托服务是很多员工都可以享受的,或者说至少公司是面向很多员工提供的,而现在员工认为,日托价格大幅上涨减少了可以享受这个福利的人数。

《纽约时报》的文章称,谷歌最早是三年半以前通过一家公司承包开办日托服务的。一年以后,这家公司又开设了一家日托机构,这家机构比第一家更加高档,由谷歌自己经营。后来谷歌意识到自己每年为每名员工子女的日托要补贴 37000 美元,而其他硅谷大公司平均补贴 12000 美元。但它并没有逐步减少费用让更多的员工子女可以入托,而是选择关闭第一家相对便宜的日托中心,大肆扩张第二家昂贵的日托机构,造成价格大幅上涨。罗斯巴德说:"很难说他们是故意要将级别降低的员工拒之门外。我认为他们应该是想强调质量,希望给员工提供档次更高的服务,只不过价格也上涨了而已。"

哈佛商学院商业管理教授朱莉·沃尔夫(Julie Wulf)认为,并不是所有的福利都需要很多的成本,而这些福利也能起到激励员工和提高员工生产力的目的。2006 年,朱莉还在沃顿当教授时曾与他人合著《福利是否纯粹为了满足管理层的奢侈需求?》(*Are Perks Purely Managerial Excess?*)。这篇论文对 1986~1999 年期间上市的 300 多家公司进行了调查研究,结果发现许多福利的目的是提高管理层的业绩和整个公司的业绩。沃尔夫说:"我们发现虽然福利在人们眼中是满足管理人员的奢侈需求,但我们的结论显示,公司提供福利的目的是改善他们的生产力。"

韬睿咨询高管薪资福利咨询师保拉·托德(Paula Todd)指出,要求额外福利个性化的呼声日益强烈,因为高管队伍现在越来越多样化。"以前的高管队伍都是清一色的白人男性,他们喜欢的东西也相同。而现在有些高管的孩子还年幼,比起俱乐部会员资格他们更喜欢公司提供的日托服务。"罗斯巴德认为,员工和公司经常制订他们自己的"个性福利计划",即由员工提出他们需要的额外福利。他说:"通常这些计划都是不对外宣传的,因为大家会互相对比然后觉得自己的福利不如他人。"不论是对员工还是公司,这种个性化的福利计划比"给所有人提供完全一样的福利"要诱人得多。

请思考:
1. 谷歌公司福利政策改变为何引起如此强烈不满?
2. 员工福利的制订过程中应注意什么问题?
3. 试分析对于公司的发展,好的福利政策和高薪哪个更重要?

知识拓展

建筑施工企业技术奖励或分成

根据财政部、国际发改委、科技部、劳动保障部《关于企业实行自主创新激励分配制度的若干意见》(财企〔2006〕383号),没有实施技术折股、股权出售和奖励股权办法的建筑施工企业,可以与关键研发人员约定,在其任职期间每年按研发成果销售净利润的一定比例给予奖励;或者采用合作经营方式,对合作项目的收益或者亏损按一定比例进行分成或者分担。技术奖励或分成的比例,一般控制在该技术项目利润或亏损的30%以内,相关支出计入管理费用。

企业内部奖励制度

研发和新技术、改进工艺、提高产品质量、促进安全施工、开拓市场等工作,对于建筑施工企业提高市场竞争力和盈利能力,具有重大意义。建筑施工企业应建立相应的激励机制,打破内部分配的平均主义,对为建筑施工企业作出突出贡献的职工,给予相应奖励。建筑施工企业可以结合自身特点,把所需奖励纳入工资计划,通过财务预算予以安排。

建筑施工企业给职工兑现奖励,可以采取现金形式,也可以采取实物或者商业保险等形式(不含股利),实际发生的费用应当并入建筑施工企业工资总额进行核算和管理。对于实行"工效挂钩"政策的建筑施工企业,因实行新的自主创新激励分配制度增加的对研发人员的工资、奖金、津贴、补贴等各项支出,计入工资总额,但应当在工资总额基数之上单列。

项目十　利润及其分配的管理

【知识目标】
1. 掌握施工企业利润分配的原则和确定利润分配政策时应考虑的因素。
2. 熟悉施工企业股利政策。
3. 了解施工企业股利分配程序。

【能力目标】
1. 准确理解利润分配的原则。
2. 了解确定利润分配政策应考虑的因素。
3. 理解和掌握股利理论。
4. 掌握股利政策。

> **案例**
>
> 收益分配对于企业的筹资、投资管理而言,具有特殊重要的地位,这是因为收益分配直接涉及各利益集团的切身利益,分配合理与否,直接影响企业的生存与发展。如2008年华强建筑股份有限公司实现利润总额为2.47亿元。没有纳税调整,所得税率为33%,实现净利润为1.60亿元,年初可供分配利润为1.15亿元。2008年公司股份总数为12.27亿元(已上市流通股份合计5.18亿股,未上市流通股份合计7.09亿股,普通股每股市价6元)。由于公司经营业绩好,施工质量高,经公司股东大会讨论决定2008年度利润分配方案如下。
>
> (1)公司2008年度净利润为1.60亿元,计提法定盈余公积金1685.51万元,计提法定公益金1685.51万元,提取职工奖励和福利基金130万元,提取储备基金4386万元,提取企业发展基金2295万元,可供股东分配的利润按规定经境内会计师审计的利润表的数额作为公司利润分配的标准,为1.61亿元(含期初未分配利润1.15亿元),按每10股派发现金0.6元(含税)向全体股东分配红利共计7360万元,尚余未分配利润8773.51万元结转下一年度。
>
> (2)投资所需资金公司决定举债20%,募集新股1000万股,发行价为6.5元,不足部分由留存收益解决。
>
> **思考：**
> 作为公司财务总监应建议该公司采用何种股利分配政策?该股利分配政策对公司的可持续发展会产生何种影响?
>
> (资料来源:《工程财务管理》,张学英主编,北京大学出版社)

本项目将对利润分配的原则、应考虑的因素、股利理论和股利政策等进行详细的介绍。

任务一　企业利润及其构成

一、利润的概念及意义

利润是企业在一定期间施工生产经营活动的最终成果,也就是收入与成本、费用配比相抵后的余额。如果收入小于成本、费用,其差额表现为亏损。

企业财务管理的目标是为了实现企业价值最大化,这就要求在考虑风险因素的同时,不断提高企业的盈利水平,增强企业的盈利能力,获得最大的利润。

搞好利润管理,不断提高企业的盈利水平,不论对企业还是对国家,或对企业投资者,都具有十分重要的意义。企业利润的作用,主要表现在以下几个方面。

1. 利润是实现企业财务管理目标的重要保证

企业财务管理的目标是实现企业价值最大化,也就是要通过企业的合理施工生产经营,采用最优的财务决策,在考虑资金时间价值和风险价值的情况下,不断增加企业积累,使企业价值达到最大。这一目标的实现,主要取决于以下两个方面:一是要不断提高企业的盈利水平;二是要不断降低企业的财务风险和经营风险。因此,在考虑财务、经营风险的同时,不断提高企业的盈利水平,增加企业的投资收益率,是实现企业财务管理目标的重要保证。

2. 利润是企业自我发展的资金来源

在市场经济条件下,施工企业要在市场竞争中取胜并获得更快发展,须不断增加企业的财力。企业发展需要的大量资金,不可能完全依靠债务资金来解决。因为债务资金的获得,要有相应数量的自有资金为前提,没有一定数量的自有资金,是不可能从债权人处获得大量债务资金的。增加企业自有资金的根本途径,是不断提高企业的盈利水平。因此,只有增加企业的利润,才能保证扩大再生产的资金需求,使企业获得更快的发展。

3. 利润是投资者获得投资回报的前提

投资者投入企业资金,是为了获得投资回报,取得比银行存款利息更多的收益,而投资回报只有在企业收入大于成本、费用,获得盈利的前提下,才能通过分配的利润或股利获得。因此,只有不断提高企业的盈利水平,企业才能拿出更多的资金用于利润的分配,使投资者获得更多的投资回报。

4. 利润是保证社会正常活动的必要条件

在国民经济中,除了直接从事物质资料生产、流通的部门以外,还有行政、国防、文化、教育、卫生等部门。这些部门不生产物质财富,其开支主要依靠物质资料生产、流通部门上交的税金来解决。国家通过财政预算,把企业利润的一部分以所得税等形式集中起来,形成社会消费基金,然后将它用于行政、国防、文化、教育、卫生等部门的支出。增加企业利润,为国家多上交税金,可以保证社会正常活动,加强精神文明建设,巩固国家政权。

二、施工企业利润的构成

施工企业利润是企业施工生产经营成果的集中体现,也是衡量企业施工经营管理业绩的主要指标。过去,我国对利润及其构成缺乏规范化的规定,各企业计算利润的方法也存在较大的差别。这不仅不利于财税部门对企业利润确定的监督,而且也不利于对利润指标的汇总和比较。为了克服上述缺点,在施工企业财务制度中,对利润的构成进行了统一的规范。

施工企业利润总额是指企业在一定时期内实现盈利的总额。它由营业利润、营业外收支净额两个部分构成。计算公式为:

$$利润总额=营业利润+营业外收入-营业外支出 \qquad (10\text{-}1)$$

1. 营业利润

施工企业营业利润是指企业在一定时期内实现的工程结算利润、其他业务利润、公允价值变动收益、投资收益减去管理费用、财务费用、资产减值损失后的余额。计算公式为:

$$\begin{aligned}营业利润=&工程结算利润+其他业务利润-管理费用-财务费用-资产减值损失+\\&公允价值变动收益+投资收益\end{aligned} \qquad (10\text{-}2)$$

(1) 工程结算利润

工程结算利润是指施工企业在一定时期内工程结算收入减去工程结算成本和工程结算税金及附加后的余额。计算公式为:

$$工程结算利润=工程结算收入-工程结算成本-工程结算税金及附加 \qquad (10\text{-}3)$$

施工企业的工程结算收入是指已完工程或竣工工程向发包单位结算的工程款收入。对采用按月结算工程价款的企业,即在月终按已完分部分项工程结算确认的工程款收入。对采用分段结算工程价款的企业,即按工程形象进度划分的不同阶段(部位),分段结算确认的工程款收入。对采用竣工后一次结算工程价款的企业,即在单项工程或建设项目全部建筑安装工程竣工以后结算确认的工程款收入,工程结算收入除包括承包工程合同中规定工程造价外,还包括因合同变更、索赔、奖励等形成的收入。这部分收入是在执行合同过程中,由于合同工程内容或施工条件变更、索赔、奖励等原因形成的追加收入。它须经发包单位签证同意以后,才能构成施工企业的工程结算收入。

工程结算成本是施工企业为取得当期工程结算收入而发生的工程施工成本,包括工程材料费、人工费、机械使用费、其他直接费和分摊的间接费。

工程结算税金及附加包括按工程结算收入计征的营业税及按营业税计征的城市维护建设税和教育费附加。

(2) 其他业务利润

施工企业的其他业务利润是指企业在一定时期内除了工程施工业务以外其他业务收入减去其他业务成本和经营税金及税金附加后的余额。计算公式为:

$$其他业务利润=其他业务收入-其他业务成本-经营税金及附加 \qquad (10\text{-}4)$$

施工企业的其他业务收入,主要包括产品销售收入、材料销售收入、固定资产出租收入等。其中产品、材料销售收入,应在发出产品、材料,同时收讫货款或取得索取货款凭证时确认。固定资产出租收入,应按出租方与承租方签订合同或协议中规定的承租方付款日期和金额确认。

其他业务成本是指施工企业为取得当期其他业务收入而发生的与其相关的成本,主要包括产品销售成本、材料销售成本、固定资产出租成本等。其中产品、材料销售成本是指销售产品、材料的生产成本或采购成本。出租固定资产成本是指为出租固定资产计提的折旧费和发生的修理费。

经营税金及附加包括按其他业务收入计征的营业税及按营业税计征的城市维护建设税和教育费附加。

(3)管理费用

施工企业的管理费用是指企业行政管理部门即公司总部为管理和组织经营活动所发生的各项费用。为了划清施工生产单位与企业行政管理部门的施工生产经营责任,管理费用不计入施工生产成本,而直接由企业当期利润补偿。目前施工企业管理费用的内容,除了之前所说的因管理和组织经营活动所发生的行政管理人员工资、职工福利费、折旧费、修理费、低值易耗品摊销、办公费、差旅交通费、工会经费、职工教育经费、劳动保护费、董事会费、咨询费、审计费、诉讼费、税金、土地使用费、技术转让费、技术开发费、无形资产摊销、开办费、业务招待费等以外,还包括近年政府和有关权力部门规定必须交纳的诸如工程排污费、社会保险费(包括为职工交纳的基本养老保险费、失业保险费、基本医疗保险费、生育保险费、意外伤害保险费)、住房公积金和工程定额测定费,也就是住房与城乡建设部在《建筑安装工程费用项目组成》中所说的"规费"。这些费用也是施工企业从事施工经营必须交纳的,所以也应将它列作企业的管理费用。

(4)财务费用

施工企业的财务费用是指企业为筹集施工生产经营所需资金而发生的各项费用,包括施工生产经营期间的利息净支出、汇兑净损失、金融机构手续费,以及企业筹资时发生的其他财务费用。但不包括在固定资产购建期间发生的借款利息支出和汇兑损失,这些利息支出和汇兑损失应计入固定资产或专项工程支出。

(5)资产减值损失

资产减值损失是指企业的应收账款、存货、长期股权投资、固定资产、在建专项工程、无形资产等资产发生减值时计提减值准备所形成的损失。

(6)公允价值变动收益

公允价值变动收益是指企业采用公允价值计量导致投资性房地产、交易性金融资产等增值而形成的收益。

(7)投资净收益

施工企业的投资净收益是指企业对外股权投资、债权投资所获得的投资收益减去投资损失后的净额。计算公式为:

$$投资净收益 = 投资收益 - 投资损失 \tag{10-5}$$

投资收益包括对外投资分得的利润、股利和债券利息,投资收回或者中途转让取得款项多于账面价值的差额,以及按照权益法核算的股权投资在被投资单位增加的净资产中所拥有的数额等。

投资损失包括企业对外投资分担的亏损,投资到期收回或者中途转让取得款项少于账面价值的差额,以及按照权益法核算的股权投资在被投资单位减少的净资产中所分担的数额等。

2.营业外收入和营业外支出

施工企业的营业外收入和营业外支出是指与企业施工生产经营活动没有直接关系的各项收入和支出。

营业外收入是与企业工程结算收入和其他业务收入相对而言的,虽然它与企业施工生产活动没有直接因果关系,但与企业有一定联系的收入,所以也应成为企业利润总额的组成部分。施工企业的营业外收入,主要有固定资产盘盈、处理固定资产净收益、处理临时设施净收益、转让无形资产收益、罚款收入、无法支付应付款、教育附加费返还、非货币性交易收益等。

营业外支出是相对营业成本、费用而言的。它虽与企业施工生产经营活动没有直接关系,但又与企业有一定联系,所以也应作为企业利润总额的扣除部分。施工企业的营业外支出,主要有固定资产盘亏、处理固定资产净损失、处理临时设施净损失、转让无形资产损失、资产减值损失、公益救济性捐赠、赔偿金、违约金、债务重组损失等。

任务二 工程结算利润的管理

一、年度工程结算利润的测算

施工企业年度财务预算中工程结算利润的测算,一般可根据工程结算收入减去税费、变动费用总额和固定费用总额计算,即

工程结算利润=工程结算收入-税费-结算工程变动费用总额-结算工程固定费用总额
(10-6)

由于变动费用总额随着工程量变动而呈正比例变动,因此,只要根据以往年度历史资料,计算变动费用在工程造价中的比重,就可算得结算工程变动费用总额。如果不同结构工程造价中变动费用所占的比重不同,应按不同结构工程分别计算加总。

对于固定费用总额,可根据历史资料结合计划年度组织机构、机械设备变动情况来确定。一般来说,固定费用的发生额,大都应摊入当年损益,与年初年末在建工程影响不大,因此对预算年度固定费用总额不必加以调整。这样则有:

工程结算利润=工程结算收入-工程结算收入×税费率-工程结算收入×
变动费用在工程造价中的比重-固定费用总额
=工程结算收入×(1-税费率-变动费用在工程造价中的比重)-
固定费用总额
(10-7)

【做中学 10-1】 如某施工企业预算年度施工产值为 13000000 元,预算年初在建工程为 2600000 元,年末在建工程为 1300000 元,变动费用在工程造价中的比重为 72%,固定费用总额为 2470000 元,工程结算收入税费率为 3.3%,则预算年度工程结算利润为多少?

【解】 预算年度工程结算收入为:

$13000000+2600000-1300000=14300000(元)$

预算年度工程结算利润为：

$14300000×(1-3.3\%-72\%)-2470000=1062100(元)$

如果企业不是采用工程竣工一次结算工程价款结算办法,年初在建工程和年末在建工程出入不大,结算工程价款收入等于施工产值时,则有：

工程结算利润＝施工产值－施工产值×税费率－变动费用在工程造价中的比重－
　　　　　　　固定费用总额
　　　　　＝施工产值×(1－税费率－变动费用在工程造价中的比重)－固定费用总额
(10-8)

根据上列公式,可推导得出：

$$施工产值=\frac{工程结算利润+固定费用总额}{1-税率率-变动费用在工程造价中的比重} \quad (10-9)$$

利用上列公式,在企业经营过程中,就可据以测算工程结算利润。

二、投标竞争中预期利润的估算

在对某项工程投标时,如果施工企业对工程估计的成本和实际成本相等,施工企业中标的估计利润是工程标价与估计成本的差额。

$$估计利润＝工程标价－估计成本 \quad (10-10)$$

如果企业投以高标(具有较多的估计利润),在投标竞争中中标的机会必然很少;如果投以低标(只有较少的估计利润),中标的机会将会增加。

如果对投标的各种标价能确定其中标的概率,就可对各种标价的预期利润进行估算。工程投标竞争中的预期利润,是估计利润与中标概率的乘积：

$$预期利润＝中标概率×估计利润＝中标概率×(工程标价－估计成本) \quad (10-11)$$

【做中学 10-2】 假定施工企业对某项工程感兴趣,估计成本为20000元,它拟订了三个不同的标价进行选择,各标价和中标的概率见表10-1。

表10-1

价 格 名 称	标价(元)	中 标 概 率
标1	30000	0.1
标2	25000	0.5
标3	22000	0.8

上列各项概率,是投标企业认为能够中标的可能性。当然,标1有较大的估计利润10000 (30000－20000)元,但中标的概率很小,并不是获得最大利润的好标价。各种标价的预期利润见表10-2。

表10-2

价 格 名 称	中标概率×估计利润(元)	预期利润(元)
标1	0.1×10000	1000
标2	0.5×5000	2500
标3	0.8×2000	1600

从上可知,标 2 具有最大的预期利润。假如投标企业对大量类似的工程提出同样的标价,预期利润应视为在竞争中可能获得的平均利润,不能说明企业可从工程上获得的实际利润。因为企业如投以标 2,得到的利润或者是零,或者是 5000 元,而预期利润根据计算为 2500 元。因为估计利润没有考虑投标获胜的概率,预期利润才是比较有根据的利润,更具有现实的意义。

运用预期利润的概念,结合以往投标竞争的情报,投标企业就可以制订一个具有最恰当的利润的投标策略。在开标时,一般要公开宣布各投标企业的标价,机智的企业家要当场将各投标企业的标价记录下来,用以与自己的标价进行比较。如果可能,还要收集工程的实际成本和各投标企业对获得工程任务的要求是否迫切等情报。掌握了竞争对手的投标情报,施工企业就可以将这些资料汇集起来,作为今后投标决策的参考。

假如企业在对某项工程投标时,知道了在投标竞争中谁是对手,还知道只与这个对手即甲企业进行竞争。如果与甲企业在过去投标时曾经打过多次的交道,并且掌握了甲企业的投标记录等资料,就可将甲企业在历次投标中的标价和自己的估计成本相对照,算出一个比例,并计算它的频率(出现次数)(表 10-3)。

表 10-3

甲企业标价/投标企业估计成本	频 率
0.9	2
1.0	7
1.1	12
1.2	18
1.3	8
1.4	3
合计	50

有了这个比例和频率表,投标企业就可算出各项投标标价比例的概率(表 10-4),即将各项投标的频率除以频率合计(频率/频率合计)。例如投标标价比例 1.0 的概率,是 0.14(7/50);投标标价比例 1.1 的概率,是 0.24(12/50)等。

表 10-4

甲企业标价/投标企业估计成本	概 率
0.9	0.04
1.0	0.14
1.1	0.24
1.2	0.36
1.3	0.16
1.4	0.06
合计	1.00

在算出各种投标标价比例的概率后,投标企业就可计算各种标价比甲企业低时的中标概率。例如甲企业采用 1.10 时,投标企业可采用较低的 1.05;甲企业采用 1.20 时,投标企业可采用较低的 1.15,从而算出可行标价与估计成本比例的中标概率(表 10-5)。

表 10-5

可行标价/估计成本	投标企业标价低于甲企业的中标概率
0.85	1.00
0.95	0.96
1.05	0.82
1.15	0.58
1.25	0.22
1.35	0.06

求一个投标标价比例能成为低于对手(即中标)的概率,只需将甲企业的所有高于此比例的概率相加即可。例如投标企业将标价与估计成本比例定为 1.25 时,中标的概率就是 0.22(甲企业按 1.4 比例投标中标的概率 0.06+按 1.3 比例投标中标的概率 0.16)。投标企业利用这些资料,就可提出与甲企业进行竞争的投标策略。

投标企业在制订投标策略时,要计算各种标价的预期利润。

设 C 为工程估计成本,则各种标价的估计利润为:标价$-C$;各种标价的预期利润为:概率×(标价$-C$)。

这样,就可计算与甲企业竞争投标的预期利润(表 10-6)。

表 10-6

投标企业标价	投标企业标价低于甲企业的中标概率
$0.85C$	$1.00×(-0.15)=-0.150C$
$0.95C$	$0.96×(-0.05)=-0.048C$
$1.05C$	$0.82×(+0.15)=+0.041C$
$1.15C$	$0.58×(+0.15)=+0.087C$
$1.25C$	$0.22×(+0.15)=+0.055C$
$1.35C$	$0.06×(+0.15)=+0.021C$

从上表可知,用 $1.15C$ 标价进行投标,可以获得最大的预期利润 $0.087C$,对投标企业是最有利的。例如工程估计成本为 100000 元,投标标价可报 115000 元,考虑到不中标的可能性,这项工程的预期利润为 8700 元。

如果投标企业在投标时,要与几个已知的对手竞争,也可采用类似的方法拟订投标策略。假如投标企业知道了在某项工程中将与两个对手竞争,即甲企业和乙企业。设想甲企业的情报和上述例子相同;乙企业的有关情报,也已收集,并估计了自己标价低于对手标价的中标概率(表 10-7)。

表 10-7

投标企业标价	对甲企业获胜的概率	对乙企业获胜的概率
$0.85C$	1.00	1.00
$0.95C$	0.96	1.00
$1.05C$	0.82	0.88
$1.15C$	0.58	0.62
$1.25C$	0.22	0.24
$1.35C$	0.06	0.06

要算得各种投标标价的预期利润,投标企业必须求出自己的标价低于这两个对手标价的概率。我们知道,低于甲企业标价的概率,与低于乙企业标价的概率,是互不相关的。根据概率论的理论,互无关系的事件同时出现的概率是它们各自的概率的乘积。如果投标企业的标价在 $1.15C$ 时,低于甲企业和乙企业标价的中标概率是 0.58 和 0.62 的乘积,即 0.3596,它的预期利润为 $0.054C(0.3596 \times 0.15C)$。有了各种标价中标的概率,就可算得企业投以不同标价时与甲、乙两企业竞争投标时的预期利润(表 10-8)。

表 10-8

投标企业标价	投标企业标价低于甲企业的中标概率
$0.85C$	$1.00 \times 1.00 \times (-0.15C) = -0.150C$
$0.95C$	$0.96 \times 1.00 \times (-0.05C) = -0.048C$
$1.05C$	$0.82 \times 0.88 \times (+0.05C) = +0.036C$
$1.15C$	$0.58 \times 0.62 \times (+0.15C) = +0.054C$
$1.25C$	$0.22 \times 0.24 \times (+0.25C) = +0.013C$
$1.35C$	$0.06 \times 0.06 \times (+0.35C) = +0.001C$

从上表可知,投标企业用 $1.15C$ 标价投标时,比只对甲企业竞争时的预期利润 $0.087C$ 要低 $0.033C(0.087C-0.054C)$。这是因为加强了竞争程度的缘故。竞争者越多,得标的可能性越小。关于与两个以上已知对手竞争时的预期利润,也可采用类似的方法加以计算。我们不可能在竞争对手增加的情况下,保持不变的标价。一般来说,随着竞争者的增加,中标的标价趋于下降。

如果投标企业知道竞争者的个数,而不知道对手们都是谁,则最好的办法是假设在这些竞争者中取一个平均值。投标企业从这些对手那里收集情报,并且将这些情报汇集起来,得出想象的"平均对手"的情报。有了这个平均对手的情报,就可算出投以各种标价低于"平均对手"标价的中标概率(表 10-9)。

表 10-9

平均对手的标价/投标企业估计成本	标价低于"平均对手"标价的中标概率
0.85	1.00
0.95	0.94
1.05	0.80
1.15	0.56
1.25	0.34
1.35	0.08

知道了战胜"平均对手"标价的中标概率,也知道在这项工程中竞争对手的个数,就可选择最优标价(即能获得最大预期利润的标价)进行投标。所投标价低于几个对手标价的中标概率,就是低于"平均对手"标价的中标概率的乘积。要获得低于几个对手标价的中标概率,可用低于"平均对手"标价的中标概率的几次方求得。设例中,假定投标企业要与5个未知对手进行竞争,则与5个对手竞争投标的预期利润可计算如下(表10-10)。

表 10-10

投标企业标价	与5个未知对手竞争投标的预期利润
$0.85C$	$(1.00)^5 \times (-0.15C) = -0.150C$
$0.95C$	$(0.94)^5 \times (-0.05C) = -0.037C$
$1.05C$	$(0.82)^5 \times (+0.05C) = +0.016C$
$1.15C$	$(0.56)^5 \times (+0.15C) = +0.008C$
$1.25C$	$(0.34)^5 \times (+0.25C) = +0.001C$
$1.35C$	$(0.08)^5 \times (+0.35C) = 0$

从上表可知,投以1.05C标价时,可以获得最大的预期利润0.016C。一般来说,随着竞争者数量的增加,企业的预期利润将会相应地下降。下面列举1~4个对手竞争投标时可能获得的预期利润(表10-11)。

表 10-11

标价	与1~4个对手竞争投标的预期利润	
	1个对手	2个对手
$0.85C$	$1.00 \times (-0.15C) = -0.150C$	$(1.00)^2 \times (-0.15C) = -0.150C$
$0.95C$	$0.94 \times (-0.05C) = -0.047C$	$(0.94)^2 \times (-0.05C) = -0.044C$
$1.05C$	$0.80 \times (+0.05C) = +0.04C$	$(0.80)^2 \times (+0.05C) = +0.032C$
$1.15C$	$0.56 \times (+0.15C) = +0.084C$	$(0.56)^2 \times (+0.15C) = +0.047C$
$1.25C$	$0.34 \times (+0.25C) = +0.085C$	$(0.34)^2 \times (+0.25C) = +0.029C$
$1.35C$	$0.08 \times (+0.35C) = +0.028C$	$(0.08)^2 \times (+0.35C) = +0.002C$
标价	与1~4个对手竞争投标的预期利润	
	3个对手	4个对手
$0.85C$	$(1.00)^3 \times (-0.15C) = -0.150C$	$(1.00)^4 \times (-0.15C) = -0.150C$
$0.95C$	$(0.94)^3 \times (-0.05C) = -0.042C$	$(0.94)^4 \times (-0.05C) = -0.039C$
$1.05C$	$(0.80)^3 \times (+0.05C) = +0.0256C$	$(0.80)^4 \times (+0.05C) = +0.020C$
$1.15C$	$(0.56)^3 \times (+0.15C) = +0.026C$	$(0.56)^4 \times (+0.15C) = +0.015C$
$1.25C$	$(0.34)^3 \times (+0.25C) = +0.010C$	$(0.34)^4 \times (+0.25C) = +0.003C$
$1.35C$	$(0.08)^3 \times (+0.35C) = 0$	$(0.08)^4 \times (+0.35C) = 0$

从上表可知,随着竞争者数量的增加,预期利润将相应下降,同对最优的标价也会下降。上例1~5个对手竞争投标时的最优标价及其预期利润见表10-12。

表 10-12

竞争者的数量	最 优 标 价	预 期 利 润
1	1.25C	0.085C
2	1.15C	0.047C
3	1.15C	0.026C
4	1.05C	0.020C
5	1.05C	0.016C

三、带有风险的投标决策及其预期利润的估算

上述投标工程预期利润的估算,都是设想投标企业估计的成本等于其实际的成本,但是这种情况是不常见的。随着施工条件、材料价格的变动,都会使实际成本高于估计成本,从而可能达不到估计的利润。因此,在制订投标策略、计算预期利润时,也带有一定的风险性和不稳定性。我们在投标时对于工程利润的估计,也要同时作乐观和悲观两种估计,并借用进行风险决策分析的工具"决策树",来计算持乐观和悲观态度的不同预期利润。

决策树也叫决策图,它是以方框和圆圈为结点,并由直线连接结点而形成的一种像树枝形状的结构。方框结点叫做决策点,由决策点引出若干条树枝(直线),每条树枝代表一个方案,故叫方案枝。在各个方案枝的末端画上一个圆圈,就是圆圈结点。圆圈结点叫做机会点,由机会点引出若干条树枝(直线),每条树枝代表一种状况(如中标、失标)及其可能出现的概率,故叫概率枝,在概率枝的末端列出不同状况下的收益值(利润)或损失值(亏损)。这样便构成了决策树。一般决策问题具有多个方案,每个方案下面又常常会出现多种状况,因此决策图形都是由左向右、由简入繁,组成如图 10-1 所示的一个树形网状图。

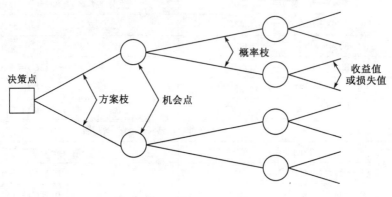

图 10-1

利用决策树进行决策的过程是:由右向左,逐步后退,根据右端的损益值和概率枝上的概率,计算出同一方案不同状况下的期望收益值或损失值,然后根据不同方案的期望收益值或损失值的大小进行选择(决策),对落选(被舍弃)的方案在图上进行修枝,即在落选的方案枝上画上"//"符号,以表示舍弃不选的意思,最后决策点只留下一条树枝,即为决策中的最优方案。

如某施工企业的近期目标是谋求最大的利润。现有甲、乙两项工程可以进行投标,由于施工力量有限,只能投一项工程,即只投甲工程,或投乙工程,当然也可两项工程都不投。

对这两项工程的投标,企业决定试用两种办法。即投以自以为的"高标",或投以自以为的"低标"。通过查阅以往资料,知道自以为的"高标"的中标概率是 0.3,即在 10 次投标中有 3 次能够中标;自以为的"低标"的中标概率是 0.6,即在 10 次投标中有 6 次能够中标。

如果企业采取的策略,是既不投甲工程,又不投乙工程,则要发生窝工损失 1000 元。如企业投了甲工程,不能中标,还要损失 500 元投标费用。如企业投了乙工程,不能中标,还要损失 600 元投标费用。

假如这个施工企业过去曾承担过与甲、乙工程相类似的工程,根据以往经验与记录,对甲、乙工程投以高标和低标的估计利润及其出现的概率如表 10-13 所示。

表 10-13

工程项目	投标情况	估计利润(元)	概率
甲工程	高标—乐观的利润	5000	0.5
	高标—悲观的利润	1500	0.5
	低标—乐观的利润	3000	0.5
	低标—悲观的利润	−500	0.5
乙工程	高标—乐观的利润	8000	0.5
	高标—悲观的利润	2000	0.5
	低标—乐观的利润	5000	0.5
	低标—悲观的利润	−1000	0.5

根据上列资料,就可决策如下。

1. 画出决策树(图 10-2)

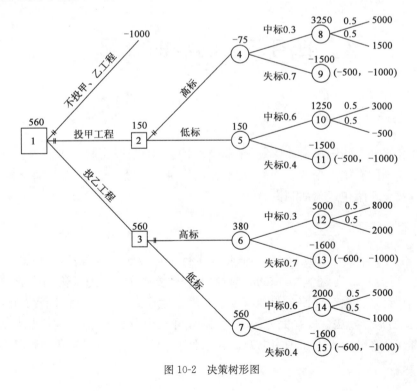

图 10-2 决策树形图

2. 计算各点的预期利润

点 8：5000×0.5＋1500×0.5＝3250(元)

点 9：－500＋(－1000)＝－1500(元)

点 4：3250×0.3＋(－1500)×0.7＝－75(元)

点 10：3000×0.5＋(－500)×0.5＝1250(元)

点 11：－500＋(－1000)＝－1500(元)

点 5：1250×0.6＋(－1500)×0.4＝150(元)

点 12：8000×0.5＋2000×0.5＝5000(元)

点 13：－600＋(－1000)＝－1600(元)

点 6：5000×0.3＋(－1600)×0.7＝380(元)

点 14：5000×0.5＋(－1000)×0.5＝2000(元)

点 15：－600＋(－1000)＝－1600(元)

点 7：2000×0.6＋(－1600)×0.4＝560(元)

3. 进行决策

通过对预期利润的比较，可以断定对乙工程投标，投以低标是合理的。因为它比投以高标能多获得利润 180 元(560 元－380 元)，比投以甲工程的低标能多获得利润 410 元(560 元－150 元)，所以例中最优决策是对乙工程投以低标，它的预期利润为 560 元，对图上的甲工程投标方案和乙工程高标方案应加以修枝。

任务三　利润的分配

一、施工企业利润分配的沿革

企业利润的分配，与国家财政体制、企业财务体制、国家税收制度等有着密切的关系。从历史上来看，我国国有施工企业利润的分配，曾实行企业奖励基金办法、利润分成办法、利改税分配办法，以及企业承包经营的利润分配办法等。

1. 企业奖励基金办法

20 世纪五六十年代，我国国有施工企业曾实行企业奖励基金办法。在那个年代，国家在财政体制上实行统收统支，企业实现的利润都上交国家财政。但为了奖励企业职工在完成国家计划过程中所做的贡献，促使企业和职工关心施工生产经营管理，厉行节约，增加盈利，当时曾实行企业奖励基金办法。即在完成国家计划后，可从企业利润中按一定比例提取企业奖励基金，然后将其余部分全部上交国家财政。在这种办法下，企业应提企业奖励基金和应上交利润的计算公式为：

$$\text{企业应提企业奖励基金} = \text{全年实现利润} \times \text{企业奖励基金提成率} \tag{10-12}$$
$$\text{企业应交利润} = \text{全年实现利润} - \text{企业应提企业奖励基金} \tag{10-13}$$

企业提取的企业奖励基金，可用于改善职工物质、文化生活的各种集体福利设施，或作为先进工作者、先进集体的奖励和社会主义竞赛奖金，以及对困难职工进行临时救济。"文化大革命"期间，企业奖励基金办法无法继续执行，企业利润全部作为应交收入上交国家财政。

2. 利润分成办法

1978年至1982年间，大部分国有施工企业实行了利润分成办法，即从利润总额中减去归还技措和基建投资借款、应提企业基金、应提法定利润后，分成上交和留用。施工企业全面完成国家下达的竣工面积（或主要工程量）、工程质量优良品率、全员劳动生产率和利润总额（包括上交利润）四项年度计划指标的，可按个年职工工资总额的5%提取企业基金；没有全面完成四项计划指标的，在完成利润计划指标的前提下，每完成一项计划指标，可以按职工工资总额的1.25%提留企业基金。企业提取的企业基金，用于举办职工集体福利设施，弥补职工福利基金不足和发放劳动竞赛奖金。企业利润总额减去归还技措和基建投资借款、应提企业基金和应提法定利润以后，多数企业实行基数利润（即上年应分成利润）五五分成（即50%上交，50%企业留用），增长利润（即超过上年应分成利润的利润）二八分成（即20%上交，80%企业留用）。在这种办法下，企业分成利润和应上交利润的计算公式为：

$$\text{企业分成利润} = \text{基数利润} \times 50\% + \text{增长利润} \times 80\% \tag{10-14}$$
$$\text{企业上交利润} = \text{基数利润} \times 50\% + \text{增长利润} \times 20\% \tag{10-15}$$

式中：
$$\text{基数利润} = \text{上年应分成利润}$$
$$\text{增长利润} = \text{全年实现利润} - \text{应归还技措和基建投资借款} - \text{应提企业基金} -$$
$$\text{应提法定利润} - \text{基数利润}$$

其中
$$\text{应提企业基金} = \text{职工全年工资金额} \times (5\% - \text{未完成规定指标数} \times 1.25\%)$$
$$\text{应提法定利润} = \text{全年点交工程预算成本} \times \text{法定利润率}$$

这种利润分成办法，打破了原来统收统支吃"大锅饭"的局面，调动了企业的积极性，但也存在不少问题。如工程任务饱满与否和工程结构的不同，使各个企业的盈利水平有较大的差别，利润分成比例很难定得合理，容易造成企业之间苦乐不均。如果对利润分成比例经常进行调整变动，国家同企业之间的分配关系就难以稳定下来。企业为了多留利润，往往吵基数，争比例。因此，自1983年开始，国家规定对国有施工企业大都实行"利改税"的分配办法。

3. 利改税分配办法

所谓"利改税"，就是把国有施工企业上交利润改为按国家规定的税率交纳税金，税后利润归企业支配，把国家与企业的分配关系通过税收形式固定下来。

所得税额的计算方法，按大中型企业和小型企业分为两种情况：

对国有大中型施工企业，是以应税所得额为计税依据，不分企业应税所得额的大小，一律按固定比例税率55%计算征收。税后利润低于合理留利水平的，经过批准，在一定期限内可以适当减税，即按低于55%的税率交纳所得税。由于施工企业一般盈利水平不高，企业在交纳所得税后的利润，全部留给企业使用，企业如向银行借有技措和基建投资借款的，在计算应税所得额时,应从全年实现利润总额中减去年度应归还技措和基建投资借款的利润。在这种办法下,企业应交所得税和企业留用利润的计算公式为:

$$企业应交所得税 = 应税所得额 \times 税定上交税率 \tag{10-16}$$

$$应税所得额 = 全年实现利润 - 应归还技措和基建投资借款 \tag{10-17}$$

$$企业留用利润 = 应税所得额 - 应交所得税 \tag{10-18}$$

对小型施工企业,按超额累进税率计算征收,即把应税所得额分为若干级别,各个级别适用不同的税率。小型施工企业应交所得税的计算公式为:

$$企业应交所得税 = \sum(各级别应税所得额 \times 各该级别适用税率) \tag{10-19}$$

施工企业对于交纳所得税后留用的利润,应建立生产发展基金、后备基金、新产品试制基金、职工福利基金和职工奖励基金。企业应在税后留用的利润中,先提5%的后备基金,随后再计算确定生产发展基金、新产品试制基金、职工福利基金、职工奖励基金的比例。

4. 企业承包经营的利润分配办法

承包经营责任制是在社会主义市场体系尚不完善、外部条件差别很大的条件下,正确处理国家与企业关系、调动企业积极性和潜力的经营责任制。它通过合同形式比较合适地解决国家与企业的关系,通过契约明确双方的责、权、利,把过去那种行政隶属依附关系变成了相互承担义务的平等经济关系;把生产资料的所有权和经营权分离开来,使企业成为相对独立、自主经营的商品生产者。

承包经营的分配原则是"包死基数,确保上交,超收多留,歉收自补"。具体分配办法可以多种多样,施工企业主要有以下两种。

(1)上交利润定额包干,超收留用,通常适用于微利施工企业。计算公式为:

$$应上交利润 = 承包上交利润基数$$

$$应留用利润 = 应税所得额 - 承包上交利润基数 \tag{10-20}$$

(2)上交利润基数包干,超收分成,通常适用于一般盈利企业。计算公式为:

$$应上交利润 = 承包基数 + (应税所得额 - 承包基数 - 留利基数) \times 超收上交比例 \tag{10-21}$$

$$应留用利润 = 留利基数 + (应税所得额 - 承包基数 - 留利基数) \times 超收留用比例 \tag{10-22}$$

实行企业承包经营责任制和承包经营分配办法,对调动企业施工生产经营的积极性,促进生产力的发展,增强企业活力,都起了一定的积极作用。但在推行承包经营过程中,仍存在以下一些问题。

(1)税利没有分流。这种承包办法,把所得税当作利润指标一起承包,使国有施工企业所得税名存实亡,国家财政收入不能随着企业利润的增长而同步增长。因为社会主义国家具有双重身份和双重职能。国家作为社会管理者,要以政权为依托,对全社会进行管理,对各类企业凭借行政权力征收所得税。国家作为资产所有者,要以所有权为依托,对国家的投资进行管理,对国有企业的投资所得收取利润。实践证明,无论是以利代税,还是以税代利,都是不符合政企分开、两权分离的原则的。

(2)这种承包办法,实行的是税前利润承包,在应上交利润中,没有考虑各个企业都应按照统一税率征收的所得税。同时在确定税前承包基数时,已扣除了各年应归还的技措和基建投资借款。这种税前还贷办法,使国家少收了相当于借款额按税率计算的所得税,由国家负担了本来应由企业偿还的借款。所有这些,都说明在利润分配体制上仍不规范,国家与企业的分配关系还没有完全理顺。所以在1993年深化经济体制改革时,实行了现行依法交纳所得税、税后分利的办法,规范了企业税后利润的分配顺序。

二、利润分配的基本原则

一个建筑施工企业的利润分配不仅会影响建筑施工企业的筹资和投资决策,而且还涉及国家、企业、投资者、职工等多方面的利益关系,涉及建筑施工企业长远利益和近期利益、整体利益与局部利益等关系的处理与协调。为合理组织建筑施工企业财务活动和正确处理财务关系,建筑施工企业在进行利润分配时应遵循以下原则。

1. 依法分配原则

建筑施工企业的利润分配必须依法进行,这是正确处理各方面利益关系的关键。建筑施工企业应认真执行国家规定的关于利润分配的基本要求、一般程序和重大比例等法规,不得违反。

2. 资本保全原则

建筑施工企业的收益分配必须以资本的保全为前提。建筑施工企业的收益分配是对投资者投入资本的增值部分进行的分配,不是投资者资本金的返还。以建筑施工企业的资本金进行分配,属于一种清算行为,而不是收益的分配。建筑施工企业必须在有可供分配留存的情况下进行收益分配,只有这样才能充分保护投资者的利益。

3. 兼顾各方面利益原则

收益分配是利用价格形式对社会产品的分配,直接关系到有关各方的切身利益。除依法纳税以外,投资者作为资本投入者、建筑施工企业所有者,依法享有收益分配权。职工作为利润的直接创造者,除了获得工资及奖金等劳动报酬外,还要以适当方式参与净利润的分配,如提取公益金,用于职工集体福利设施的购建开支。建筑施工企业进行收益分配时,应统筹兼顾,合理安排,维护投资者、建筑施工企业与职工的合法权益。

4. 分配与累积并重原则

建筑施工企业进行收益分配,应正确处理长远利益和近期利益的辩证关系,将两者有机结合起来,坚持分配与积累并重。考虑未来发展需要,增强建筑施工企业后劲,建筑施工企业除按规定提取法定盈余公积金以外,可适当留存一部分利润作为积累。这部分积累不仅为建筑施工企业扩大再生产筹措了资金,同时增强了建筑施工企业抵抗风险的能力,提高了建筑施工企业经营的安全系数和稳定性,也有利于增加所有者的回报,还可以达到以丰补欠,平抑收益分配数额波动幅度,稳定投资报酬率的效果。因而建筑施工企业在进行收益分配过程时应当正确处理分配与积累的关系。

5. 投资与收益对等原则

建筑施工企业分配收益应当体现"谁投资谁受益"、受益大小与投资比例相适应,即投资与受益对等原则,这是正确处理投资者利益关系的关键。投资者因其投资行为而享有收益权,并且其投资收益应同其投资比例相等。这就要求建筑施工企业在向投资者分配利益时,应本着平等一致的原则,按照各方投入资本的多少来进行。

三、施工企业利润的分配

按照现行施工企业财务制度的规定,施工企业实现的利润总额,先应按照国家规定作相应的调整,然后依照税法交纳所得税。这里所说的调整,主要是指:①所得税前弥补亏损;②投资收益中已纳税的项目。因为按照规定,企业发生的年度亏损,可以用下一年度的税前利润等弥补;下一年度利润不足弥补的,可以在5年内延续弥补;5年内不足弥补的,才用税后利润等弥补。所以施工企业实现的年度利润。要先用以弥补以前5年内发生的亏损,然后据以计算应税所得额。又投资收益如为税后净利润,应从本年企业利润总额中扣除后计算应交所得税。否则,纳税时如不扣除,就会出现重复纳税。

施工企业交纳所得税后的净利润,应按照下列顺序分配:

(1)被没收的财产损失,支付各项税收的滞纳金和罚款。

(2)弥补企业以前年度的亏损。

(3)提取法定盈余公积金。法定盈余公积金按照税后利润扣除前两项后的10%提取,法定盈余公积金已达到注册资本50%时可不再提取。

(4)提取公益金。

(5)向投资者分配利润。企业以前年度未分配利润,可以并入本年度向投资者分配。对实行利润上交办法的国有施工企业,按规定应上交国家财政。

股份有限公司提取法定盈余公积金后,应按照下列顺序分配:

(1)支付优先股股利。

(2)提取任意盈余公积金。任意盈余公积金是指企业由于经营管理等方面的需要,在向投资者分配利润前,按照公司章程或者股东会议决议提取和使用的留存收益。它是为了控制向投资者分配利润的水平以及调整各年利润分配的波动幅度,而向投资者分配利润施加限制的手段。

(3)支付普通股股利。

上述利润分配顺序的逻辑关系是:企业以前年度亏损未弥补完,不得提取盈余公积金。在提取法定盈余公积金前,不得向投资者分配利润。企业必须按照当年税后利润(减弥补亏损)的10%提取法定盈余公积金。当法定盈余公积金累计额已达到注册资本的50%时,可不再提取。企业以前年度未分配利润,可以并入本年度利润进行分配。企业向投资者分配利润时,经股东会议决定,可以提取任意盈余公积金,但股份有限公司应先分配优先股股利。

施工企业当年无利润时,不得用留存收益向投资者分配利润。股份有限公司当年如无利润,原则上不分股利。但为了维护公司股票的信誉,避免股票价格大幅度波动,在用盈余公积金弥补了亏损,并经股东会议决定后,可以按照不超过股票面值6%的比率用盈余公积金分配股利。但在分配股利后,企业法定盈余公积金不得少于注册资本的25%。

施工企业提取的法定盈余公积金和任意盈余公积金,可用于弥补亏损、扩大企业施工生产经营的投资或用于转增资本金。但用于转增资本金后,企业法定盈余公积金不得少于注册资本的25%。

四、企业所得税的计算和交纳

施工企业交纳的所得税,应根据国家所得税法的规定,按应税所得计算。应税所得与会计利润不同。应税所得又称应税利润或纳税所得,是根据税法规定所确定的收入总额与准予扣除项目金额(即可扣除的费用)的差额。会计利润又称税前利润,是根据会计制度所确认的收入与费用的差额。税法与会计制度规定由于其目的不同,应税所得与会计利润也不一致。税法是依据"公平税负、促进竞争"的原则来确定应税所得,其目的在于保证国家机构正常运转所需的财政收入。会计利润是依据权责发生制、配比原则等来确定利润总额,其目的在于公允、客观地反映企业的财务状况和经营成果。基于税法与会计制度的目的不同,应税所得与会计利润两者之间产生了永久性差异和时间性差异。

1. 应税所得与会计利润的永久性差异

永久性差异是因税法与会计制度规定不同致使应税所得与会计利润不同而产生的差异。因为基于税收政策的考虑,有些会计中的收入或费用,在税法中不属于应税收入或费用,而有些会计上不属于收入的项目,在税法中却作为应税收入。如:

(1)会计中计作会计利润的已税利润和其他投资收益、免税的债券利息收入、可减免所得税企业实行定期减免税期间的利润,在税法中均规定不计作应税所得,从而使应税所得小于会计利润。

(2)会计中计作费用或损失的违法经营罚款、被没收财产损失,各项税收的滞纳金、罚金和罚款,非公益性捐赠,各种赞助支出,与取得收入无关的其他各项支出,超过金融机构同类同期贷款利率计算部分的利息支出,超过地区规定计税工资标准部分的工资支出,超过国家规定按计税工资总额的2%、14%、1.5%计算部分的工会经费、职工福利费和职工教育经费,超过国家规定按应税所得额3%计算部分的公益性、救济性捐赠,超过限额规定的业务招待费部分等,在税法中规定不得扣除应税收入,从而使应税所得大于会计利润。

(3)与关联企业以不合理定价手段减少的工程结算收入和其他业务收入,在税法中规定税务机关有权对其作合理调整,增加应税收入,从而使应税所得大于会计利润。

(4)对企业前5年内未弥补的亏损,税法规定可用当年利润弥补,从而使当年应税所得小于会计利润。

上述种种因税法规定与会计制度不一致而产生的应税所得与会计利润的差异,一旦发生,即永久存在,故称永久性差异。这种差异,只影响当期的应税所得,不会影响以后各期的所得税额。

2. 应税所得与会计利润的时间性差异

时间性差异是指因收入或费用在会计中确认时间与税法规定申报时间不一致而产生的差

异。这些收入或费用主要指以后各期发生的应税所得和以后各期发生的可扣除费用。如：

(1)对股票投资、其他股权投资采用权益法核算时，会计中按持股比例确认投资收益作为当期利润，而税法规定要在下期实际收到股利或投资利润时才确认为应税所得，从而使应税所得小于会计利润。

(2)会计中对工程质量担保费用在工程点交时可预提作为费用，而税法规定要在以后各期实际发生时才作为费用扣除，从而使当期应税所得大于会计利润。

由于存在时间性差异，各期应税所得与会计利润可能不一致。如果以各期会计利润计算的应交所得税作为当期所得税费用，因会计中的利润可能在后期课税，其费用也可能在后期扣减应税所得，就应将本期会计利润与应税所得之间时间性差异造成的影响纳税的金额，递延和分配到以后各期。

对于来源于我国境外的所得，已在境外交纳的所得税款，可在汇总纳税时从其应纳税额中扣除，但是扣除额不得超过其境外所得按照企业所得税条例规定计算的应纳税额。

3.所得税的交纳

施工企业的所得税，按应税所得和规定税率计算交纳。我国目前的企业所得税税率为25%。企业所得税由企业向其所在地主管税务机关申报纳税，并将税款交入当地国库。交纳的企业所得税，按年计算，分月或分季预交。月份或者季度终了后15日内预交，年度终了后4个月内汇算清缴，多退少补。为了便于税务机关审核，企业应在月份或者季度终了后15日内，向其所在地主管税务机关报送会计报表和预交所得税申报表；年度终了后45日内，向其所在地主管税务机关报送会计决算报表和所得税申报表。

◀ 项目小结 ▶

本项目主要阐述企业利润分配及其管理，这是企业财务管理活动的终结。首先，介绍了企业利润分配应遵循的原则，包括依法分配原则、资本保全原则、分配与积累并重原则、投资与收益对等原则，介绍了企业常用的利润分配政策和应考虑的影响因素；其次，重点讲述了利润的构成、工程结算利润的管理和股利政策。

技能训练

一、单项选择题

1.利润分配应遵循的原则中，(　　)是正确处理投资者利益关系的关键。
　　A.依法分配原则　　　　　　　　B.兼顾各方面利益原则
　　C.分配与积累并重原则　　　　　D.投资与收益对等原则

2.下列在确定公司利润分配政策时应考虑的因素中，不属于股东因素的是(　　)。

A. 规避风险 B. 稳定股利收入
C. 防止公司控制权旁落 D. 公司未来的投资机会

3. 剩余股利政策的优点是（ ）。
  A. 有利于树立良好的形象
  B. 有利于投资者安排收入和支出
  C. 有利于企业价值的长期最大化
  D. 体现投资风险与收益的对等

4. 某公司2005年度净利润为4000万元，预计2006年投资所需的资金为2000万元，假设目标资金结构是负债资金占60%，企业按照15%的比例计提盈余公积金，公司采用剩余股利政策发放股利，则2005年度企业可向投资者支付的股利为（ ）万元。
  A. 2600 B. 3200 C. 2800 D. 2200

5. 利润分配对企业前（ ）年内未弥补的亏损，税法规定可用当年利润弥补，从而使当年应税所得小于会计利润。
  A. 5 B. 6 C. 7 D. 10

二、多项选择题

1. 在确定利润分配政策时须考虑股东因素，其中主张限制股利的是（ ）。
  A. 稳定收入考虑 B. 避税考虑
  C. 控制权考虑 D. 规避风险考虑

2. 施工企业的其他业务收入，主要包括（ ）。
  A. 产品销售收入 B. 材料销售收入
  C. 固定资产出租收入 D. 主营业务收入

3. 利润分配的基本原则（ ）。
  A. 依法分配原则 B. 资本保全原则
  C. 兼顾各方面利益原则 D. 分配与累积并重原则
  E. 投资与收益对等原则

4. 工程结算成本是施工企业为取得当期工程结算收入而发生的工程施工成本，包括（ ）。
  A. 工程材料费 B. 人工费
  C. 机械使用费 D. 其他直接费
  E. 分摊的间接费

三、实务题

[实训1] **工程结算利润的预测**

某施工企业在测算预算年度工程结算利润时，有如下各项资料：
(1) 预算年度施工产值为12000000元；
(2) 预算年初在建工程为1025000元；
(3) 预算年末在建工程为2025000元；
(4) 工程结算收入的税费率为3.3%；

(5)预算年度变动费用在工程造价中的比重为70%;
(6)预算年度固定费用总额为 2000000 元。
根据上列资料,为该施工企业测算预算年度工程结算利润。

[实训 2]　投标竞争中预期利润的计算

某施工企业在投标竞争中,收集了有关"平均对手"过去的投标情报。情报内容见表 10-14。

表 10-14

平均对手的标价/投标企业估计成本	频　率
0.95	2
1.05	7
1.15	12
1.25	21
1.35	25
1.45	18
1.55	14
1.65	1

施工企业确定的各种标价为 $0.90C$(C 为工程估计成本)、$1.00C$、$1.10C$……

根据上列资料:

(1)选择在今后投标工程中有 2 个"平均对手"竞争时的最优标价和能获得的预期利润;
(2)选择在今后投标工程中有 4 个"平均对手"竞争时的最优标价和能获得的预期利润。

[实训 3]　直线计算法测算产品销售利润

某建筑股份有限公司 2008 年 1 月 31 日的股东权益总额共 1680 万元,其中股本 1000 万元(共 1000 万股普通股,每股 1 元),资本公积 400 万元,法定盈余公积金 200 万元,未分配利润 80 万元。货币资金和近期可变现资产共 360 万元。公司 2008 年税后净利润为 300 万元,股东大会决议每股发放现金股利 0.28 元。近期施工项目共需支出货币资金 350 万元。

根据上列资料,为该公司计算:

(1)应计提多少法定盈余公积金(法定盈余公积金按税后利润的 10% 提取)?
(2)应发放多少现金股利?
(3)要筹集多少资金用于近期施工项目?
(4)分配利润后的股东权益总额是多少?

[实训 4]　企业利润分配程序

经核算某施工企业 2009 年利润总额为 450 万元,投资收益有 20 万元系购买国债利息收入,按有关政策可以免缴所得税。过去三年累积亏损 80 万元。因违反税务法规处以 15 万元罚款。盈余公积金提取比例为 10%,公益金提取比例为 15%,所得税率为 33%。可分配利润的 80% 分配给投资者,20% 留作未分配利润。

试计算该施工企业所得税、可供分配利润、法定盈余公积金、公益金、应付利润各是多少。

四、简答题

1. 施工企业的利润总额由哪几部分构成？它们是怎样确定的？
2. 施工企业工程结算利润，通常可采用哪几种方法进行预测？
3. 施工企业在工程投标竞争中，如何选择最优标价，使企业获得最大预期利润？
4. 应税所得与会计利润为什么不同？怎样根据会计利润计算应税所得？

项目十一 财 务 控 制

【知识目标】
1. 理解财务控制的含义。
2. 掌握三种责任中心的特点、考核评价指标。
3. 了解责任业绩考核的基本过程。

【能力目标】
1. 具备对企业成本进行控制的能力。
2. 具备对企业财务成本进行管理的能力。

> **案例**
>
> "东建A"公司是上海东亚建筑实业有限公司的简称,是一家从事建筑装潢、房地产、动拆迁、物业管理经营活动的综合性企业。1997年企业资产总额为8000万元,主营业务收入为10亿元,利税总额为8000万元。近年来,该公司通过不断完善财务制度、加大监控力度、谨慎理财等措施,使得经济效益不断提高。
>
> "东建A"公司采取科学管理手段,在财务管理中取得很好的成效。
>
> 1. 实行会审核签,避免决策失误
>
> 该公司先后制订了《重大经济事项由总经理、总会计师会签制度》、《项目立项、论证、评审、审批程序的暂行规定》等制度。关于资金运作,公司规定必须由经办部门提出书面报告,经过总经理阅示后送交各个职能部门传阅、会签,提出处理意见,然后集中到总会计师那里,并经其审核、签署意见后再由总经理签字确认,下达落实。
>
> 这种会审核签的做法,有效地控制了与此相关的资金权限,避免了决策失误和舞弊事件的发生。公司1997年在拟立浦东某项目过程中,按照会审核签程序逐级审核,发挥多方面的制约作用,及时发现该项目的不合理性并加以否决,从而避免了决策失误的发生。
>
> 2. 限制应收账款,减少坏账损失
>
> 在应收账款管理上,该公司规定建筑施工业务的应收账款额度不得超过其产值的5%。房地产业务的应收账款额度不得超过其产值的1%。同时,对已经发生的应收账款经常进行结构分析,组织力量加强催讨,比较应收账款的资金成本和回报,并加以严格的考核。1997年该公司应收账款占产值的比例得到较大程度的压缩,其平均周转天数降至13天,远远低于同行业水平,从而加速了资金周转,降低了坏账风险。
>
> 3. 规范融资担保,控制债务风险
>
> 公司在事先调查预测的基础上制订全年的融资计划,同时分解下达至各个子公司,并列入考核指标。规定下属有权独立融资的子公司按照计划融资,融资时要求先填写"融资担保审批表",注明贷款银行、金额、期限以及所贷资金的用途和可能产生

的资金效益等,经法人代表签字,并加盖本单位财务专用章及行政章后,报公司总部投资结算部审核。投资结算部同意后,再报总经理签字确认,方可由公司总部出面进行融资担保。经同意由公司总部担保融资的子公司还必须每月上报准确的融资情况报告,如果需要在核定的范围之外追加融资,则仍然需要重新履行相应的申请、审批手续。按照这种程序,公司总部先后为下属子公司进行了近亿元的融资担保,使公司总部全面掌握了融资的具体分布状况,便于控制融资的规模,促进资金的合理供应,从而有效地防范了融资风险。

4. 委派财务主管,加强财务监督

公司以"双向选择"的形式委派优秀会计人员到下属子公司担任财务主管,协助子公司当家理财。同时,赋予财务主管代表公司总部行使监督职责的必要权限,根据公司总部的要求和有关制度规定,有权对可能导致损失,危害投资者、债权人和职工利益的财务收支行为实行否决。通过这种有效的监督,化解了子公司经营活动中的财务风险。

思考:
"东建A"公司财务成功,给我们带来什么启示?

任务一 工程企业财务控制概述

一、财务控制的含义及意义

1. 财务控制的含义

控制是对客观事物进行约束和调节,使之按照设定的目标和轨迹运行的过程。

财务控制,是指按照一定的程序与方法,确保企业及其内部机构和人员全面落实和实现财务预算的过程。财务控制就是对企业的资金投入及收益过程和结果进行衡量与校正,目的是确保企业目标以及为达到此目标所制订的财务计划得以实现。

2. 财务控制的意义

财务控制是内部控制的一个重要组成部分,是内部控制的核心,是内部控制在资金和价值方面的体现。企业实施财务控制,有助于实现公司经营方针和目标,既是对财务工作的实时监控,也是评价标准;有利于保护单位各项资产的安全和完整,防止资产流失;可以保证业务经营信息和财务会计资料的真实性和完整性。

二、财务控制的特征

在企业的经济控制系统中,财务控制系统是最具有连续性、系统性和综合性的子系统。财务控制必须以确保单位经营的效率性和效果性、资产的安全性、经济信息和财务报告的可靠性为目的。财务控制具有以下特征。

1. 以价值形式为控制手段

财务控制以实现财务预算为目标,财务预算所包括的现金预算、预计利润表和预计资产负债表,都是以价值形式予以反映的。财务控制必须借助价值手段进行,无论是责任预算、责任报告、业绩考核,还是企业内部各机构和人员之间的相互制约,都需要借助价值指标或内部转移价格来实现。

2. 以综合经济业务为控制对象

财务控制以价值为手段,不仅可以将不同岗位、不同部门和不同层次的业务活动综合起来进行控制,还可以将不同性质的经济业务综合起来进行控制,财务控制的综合性最终表现为其控制内容都归结在资产、利润、成本这些综合价值指标上。

3. 以日常现金流量控制为主要内容

日常的财务活动过程表现为一个组织现金流量过程,为此,企业要编制现金预算,作为组织现金流量的依据,企业要编制现金流量表,作为评估现金流量状况的依据。

三、财务控制的种类

(1)按照财务控制的内容分类

按照财务控制的内容可将财务控制分为一般控制和应用控制两类。

一般控制,是指对企业财务活动赖以进行的内部环境所实施的总体控制,因而也称为基础控制或环境控制。

应用控制,是指直接作用于企业财务活动的具体控制,也称为业务控制。

(2)按照财务控制的功能分类

按照财务控制的功能可将财务控制分为预防性控制、侦查性控制、纠正性控制、指导性控制和补偿性控制。

判断一项控制措施到底属于哪种种类,主要是看采取这项控制措施的设计意图。

(3)按照财务控制的时序分类

按照财务控制的时序可将财务控制分为事先控制、事中控制和事后控制三类。

事先控制,是指企业单位为防止财务资源在质和量上发生偏差,而在行为发生之先所实施的控制。

事中控制,是指财务收支活动发生过程中所进行的控制。

事后控制,是指对财务收支活动的结果所进行的考核及其相应的奖罚。

(4)按照财务控制的主体分类

按照财务控制的主体可将财务控制分为出资者财务控制、经营者财务控制和财务部门的财务控制三类。

出资者财务控制,是为了实现其资本保全和资本增值目标而对经营者的财务收支活动进行的控制。

经营者财务控制,是为了实现财务预算目标而对企业及各责任中心的财务收支活动所进行的控制。

财务部门的财务控制,是财务部门为了有效地组织现金流动,通过编制现金预算,执行现金预算,对企业日常财务活动所进行的控制。

(5) 按照财务控制的依据分类

按照财务控制的依据可将财务控制分为预算控制和制度控制两类。

预算控制,是指以财务预算为依据,对预算执行主体的财务收支活动进行监督、调整的一种控制形式。

制度控制,是指通过制订企业内部规章制度,并以此为依据约束企业和各责任中心财务收支活动的一种控制形式。

(6) 按照财务控制的对象分类

按照财务控制的对象可将财务控制分为收支控制和现金控制(或货币资金控制)两类。

收支控制,是指对企业和各责任中心的财务收入活动和财务支出活动所进行的控制。

现金控制,是指对企业和各责任中心的现金流入和现金支出所进行的控制。

(7) 按照财务控制的手段分类

按照财务控制的手段可将财务控制分为定额控制和定率控制,也可称为绝对控制和相对控制。

定额控制,是指对企业和各责任中心采用绝对额指标进行控制。

定率控制,是指对企业和各责任中心采用相对比率指标进行控制。

四、财务控制的原则

财务控制的基本原则包括以下三个方面。

(1) 经济原则

实施财务控制总是有成本发生的,企业应根据财务管理目标要求,有效地组织企业日常财务控制,只有当财务控制取得的收益大于其付出的代价时,这种财务控制才是必要的、可行的。

(2) 目标管理及责任落实原则

企业的目标管理要求已纳入财务预算,将财务预算层层分解,明确规定各有关方面或个人应承担的责任控制义务,并赋予相应的权利,使财务控制目标和相应的管理措施落到实处,成为考核的依据。

(3) 例外管理原则

企业日常财务控制涉及企业经营的各个方面,财务控制人员应将注意力集中在那些重要的、不正常的、不符合常规的预算执行差异上。通过例外管理,一方面可以分析实际脱离预算的原因来达到日常控制的目的,另一方面可以检查预算的制订是否科学、先进。

任务二 责任中心设置

一、责任中心的含义

施工企业责任中心是指承担一定经济责任,并享有一定权力和利益的企业内部(责任)

单位。

施工企业为了实行有效的内部协调与控制,通常按照统一领导、分级管理的原则,在其内部合理划分责任单位,明确各责任单位应承担的经济责任、应有的权力,促使各责任单位尽其责任协调配合,实现企业预算的总目标。同时,为了保证预算的贯彻落实和最终实现,必须把总预算中确定的目标和任务,按照责任中心逐层进行指标分解,形成责任预算,使各个责任中心明确目标和任务。

责任预算执行情况的揭示和考评可以通过责任会计进行。责任会计围绕各个责任中心,把衡量工作成果的会计同企业生产经营的责任紧密结合起来,成为企业内部控制体系的重要组成部分。由此可见,建立责任中心是实行责任预算和责任会计的基础。

二、责任中心的特征

责任中心通常具有以下特征。

(1)责任中心是一个责、权、利结合的实体。把财务数据同责任中心紧密结合起来所形成的信息控制,是责任中心制度的实质。这就要求各个责任中心在其职责范围内具有控制权,意味着每个责任中心都要对一定的财务指标承担完成的责任;同时赋予责任中心与其所承担责任的范围和大小相适应的权力,并规定出相应的业绩考核标准和利益分配标准。

(2)责任中心所承担的责任和行使的权利都是可控的。每个责任中心只能对其责权范围内可控成本、收入、利润和投资负责,在责任预算和业绩考核中也只应包括他们能控制的目标。可控是相对于不可控而言的,不同的责任层次,其可控的范围并不一样。一般而言,责任层次越高,可控的范围就越大。

(3)责任中心的目标应与企业总目标保持一致。尽管各责任中心在其控制范围内有一定的独立权,但它不能脱离企业总的经营目标和企业的整体利益,要通过有效的控制系统保证责任中心的具体经营目标与企业经营总目标一致,保证局部利益服从整体利益。目标一致性是评价责任单位实绩的重要标准。在实际操作中,目标一致性主要依靠评价指标的标准化来实现。

三、划分责任中心的原则

(1)在企业的若干经营活动中,具有相对独立的地位,能独立承担一定的经济责任。
(2)拥有一定的管理和控制责任范围内有关经营活动的权力。
(3)能制订明确的目标,并具有达到目标的能力。
(4)在经营活动中,能独立的执行和完成目标规定的任务。

设置责任中心的目的是为了使各单位在其规定的责任范围内有责有权,积极工作,保证各中心目标的实现。

根据施工企业内部责任中心的责权范围及业务流动的特点不同,责任中心可以分为成本中心、收入中心、利润中心和投资中心四大类。

任务三　成　本　中　心

成本中心就是对成本费用承担责任的中心,它不会形成可以用货币计量的收入,因而不对收入、利润或投资负责。成本中心一般包括负责产品生产的生产部门、劳务提供部门以及给与一定费用指标的管理部门,对施工企业而言,主要是指项目部。

从一般意义上讲,成本中心的范围最广,只要有成本费用发生的地方,就需要对成本负责。能实施成本控制单位,都可以成为成本中心。对施工企业而言,项目经理部为一个项目成本中心。成本中心的规模不一,多个较小的成本中心可共同组成一个较大的成本中心,多个较大的成本中心又能共同构成一个更大的成本中心。从而,在企业形成一个逐级控制,并层层负责的成本中心体系。规模大小不一和层次不同的成本中心,其控制和考核的内容也不尽相同。

一、成本中心的类型

成本中心按分类方法不同可分为两种。

1. 基本成本中心和复合成本中心

基本成本中心没有下属成本中心,如一个工段是一个成本中心,复合成本中心有若干个下属成本中心。基本成本中心对其可控成本向上一级责任中心负责。

2. 技术性成本中心和酌量性成本中心

技术性成本是指发生的数额通过技术分析可以相对可靠地估算出来的成本,如产品生产过程中发生的直接材料费、直接人工费、间接制造费等。这种成本的发生可以为企业提供一定的物质成果,在投入量与产出量之间有着密切联系,可以通过弹性预算予以控制。

酌量性成本是否发生以及发生数额的多少是由管理人员的决策所决定的,主要包括各种管理费用和某些间接成本项目,如研究开发费、广告宣传费、职工培训费等。这种费用的发生主要为企业提供一定的专业服务,一般不能产生可以用货币计量的成果。在技术上,酌量性成本在投入量与产出量之间没有直接关系,其控制应着重于预算总额的审批上。

二、成本中心的特点

(1)成本中心的考核对象只包括成本费用,而不包括收入。成本中心一般不具备经营权和销售权,其经济活动的结果不会形成可以用货币计量的收入,有的成本中心可能有少量的收入,但从整体上看,其产出与投入之间不存在密切的对应关系,因而,这些收入不作为主要考核内容,也不必计算这些货币收入。概括地说,成本中心只以货币形式计量投入,不以货币形式拥有产出。

(2)成本中心只对可控成本负责。成本费用以其责任主体是否可控分为可控成本与不可控成本。凡是责任中心能控制其发生及其数量的成本称为可控成本;凡是责任中心不能控制其发生及其数量的成本称为不可控成本。具体来说,可控成本必须具备以下四个条件:

①可以预计,即成本中心能够事先知道将发生哪些成本以及在何时发生。
②可以计量,即成本中心能够对发生的成本进行计算。
③可以施加影响,即成本中心能够通过自身的行为来调节成本。
④可以落实责任,即成本中心能够将有关成本的控制责任分解落实,并进行考核评价。

凡不能同时具备上述四个条件的成本通常称为不可控成本。属于某成本中心的各项可控成本之和即构成该成本中心的责任成本。从考评角度看,成本中心工作成绩的好坏,应以可控成本作为主要依据,不可控成本核算只有参考意义。在确定责任中心责任成本时,应尽可能使责任中心发生的成本成为可控成本。

成本的可控与不可控是针对一个特定的责任中心和一个特定的时期而言的,它与责任中心所处管理层次的高低、管理权限以及控制范围的大小、管理条件的变化有着直接关系,因此,成本的可控性是相对的,在一定空间和时间条件下,可控成本与不可控成本可以实现相互转化。

(3)成本中心只控制和考核责任成本。责任成本是各责任成本中心当期确定或发生的各项可控成本之和,又可分为预算责任成本和实际责任成本。前者是由预算分析确定的各项责任中心应承担的责任成本;后者是指各责任中心从事业务活动实际发生的责任成本。对成本费用进行控制,应以各成本中心的预算成本为依据,确保实际责任成本不会超过预算责任成本;对成本中心进行考核,应通过各成本中心的实际责任成本与预算责任成本进行比较,确定其成本控制的绩效,并采用相应的奖惩措施。

三、工程项目责任成本预算的编制与管理

科学编制施工项目责任成本预算,对加强施工企业责任成本预算管理工作,规范工程项目责任成本预算管理工作,提高施工企业项目管理水平,实现效益最大化,具有重要意义。项目责任成本预算是按照施工图设计文件、实施性施工组织设计、工艺指导价及当地的各种资源市场价格编制的经济技术文件,是开展成本管理、明确责任成本目标、控制成本费用及进行经济活动分析的依据。

(一)编制依据

(1)施工企业下发的项目策划书。
(2)施工责任承包书及内部预算。
(3)各子(分)公司公布的内部价格体系。
(4)经核实的项目施工设计图数量及已批准生效的变更设计资料。
(5)甲供料采用投标单价,甲控料、地材采用调查核实的当期材料市场价格(落地价)。
(6)周转材料费暂按照公司物资管理办法摊销,接受集团公司物资管理部、工程经济部的监督指导。
(7)机械使用费暂按照公司机械管理规定编制,接受集团公司机械管理部、工程经济部的监督指导。
(8)小型机具按照公司物资管理办法摊销,接受集团公司物资部、工程经济部的监督指导。

(二)编制方法

责任成本预算必须按照工程量清单或内部预算清单格式,以施工企业下发的内部预算作为其预期收入,采用工程量清单模式下直接费单价法进行编制。

直接费单价法是指按照工程量清单,对应清单子目分类统计施工图数量,套用公布的内部价格体系、调查核实的材料费用及机械费(工艺指导价中不包含的机械费),确定直接工程费,然后按照规定的费用标准计取有关费用,汇总形成项目责任成本预算。

1. 计算程序

(1)统计施工图数量,分别计列到相应的清单子目项下。

(2)套用公司公布的工艺指导价;按照配合比及材料价计列主材费,按照公司规定计列周转材料费;不含在工艺费中的机械使用费,按公司规定计列,形成直接工程费。

(3)计算施工措施费、现场管理费、税金等费用,形成一~九章责任成本费用。

(4)计取大型临时设施和过渡工程费。

(5)计取总承包风险包干费、安全生产费。

(6)计算预期利润。

2. 计算流程

计算工程量→套用工艺指导价、材料费及机械使用费→计算取费→计取大临、总承包风险费、安全生产费→计取预期利润→形成责任成本预算。

3. 费用组成

(1)直接工程费:由工艺费、材料费、机械使用费组成。

①工艺费:由人工费、小型机械费、二三项料以及协作队伍的管理费、利润组成。工艺费价格由各公司制订并公布。

②材料费:是指施工过程中耗用的构成工程实体的原材料、辅助材料、构配件、零件和半成品、成品及周转材料的费用。

材料单价以物资部门核定的当地落地价为准,材料消耗量按设计图纸量加损耗确定,混凝土、砂浆材料用量按试验室确定的配合比计算,损耗率原则上不得高于集团公司内部预算确定的损耗率。

③机械使用费:是指不含在工艺费中的机械使用费,按子分公司规定计列。

(2)施工措施费:包括冬雨夜施工增加费,小型临时设施费,工具用具及仪器仪表使用费,检验试验费,工程定位复测、工程点交、场地清理费,文明施工及施工环境保护费、已完工程及设备保护费。

(3)现场管理费:是指发生在项目部一级,为组织施工生产和经营管理所需的费用,包括管理人员工资、办公费、差旅交通费、固定资产使用费、工具用具使用费、财产保险费、施工单位进出场及工地转移费等。

(4)税金:按照国家税法规定应缴纳的税金,按规定税率计取。

(5)大型临时设施和过渡工程费：是指为进行建筑安装工程施工及维持既有线正常运营，根据施工组织设计确定所需的大型临时建筑物和过渡工程修建及拆除所发生的费用。

(6)安全措施费：是指用于购置施工安全防护用具及设施、宣传落实安全施工措施、改善安全生产环境及条件、确保施工安全等所需的费用。由各子(分)公司规定计列，接受集团公司的监督检查。

(7)总承包风险费：是指为支付风险费用计列的金额，包括但不限于以下内容：
①全部Ⅱ类变更设计引起的工程增减费用；
②非不可抗力造成的自然灾害及其采取的预防措施费用；
③由于变更施工方法、施工工艺所引起费用的增加；
④工程质量、施工安全、建设工期、投资控制、环境保护和技术创新考核费用。
按照内部预算分劈金额计列，由子(分)公司统筹使用。

(三)责任成本预算管理

责任成本预算管理按照事前确定、过程动态控制、终结清理的原则实施动态管理，随着施工图纸的陆续到达，逐步进行调整。

(1)施工责任承包书签订及内部预算下达1个月内，各参建子(分)公司必须按本办法组织编制完成其施工范围内的责任成本预算，经子(分)公司审批后及时与其项目部签订项目管理目标责任书，并报施工企业工程经济部和指挥(经理)部核备。公司指挥(经理)部将本项目所有参建单位责任成本预算汇总建立台账，并建立内部预算与责任成本预算对照台账，分析量差、价差原因，作为编制调差索赔方案和开展经济活动分析的依据，并上报集团公司工程经济部。

(2)统一劳务分包限价。在项目开工之初，进场一个月内，指挥(经理)部根据集团公司与各参建单位内部价格体系，结合当地的资源条件，确定并及早公布劳务分包单价上限，项目部与协作队伍劳务分包单价应在分包限价范围内，特殊情况需高于该限价的，应事先征得指挥(经理)部的书面批准，指挥(经理)部将本项目劳务分包限价、本项目各参建单位的内部价格汇总表、劳务分包单价统计表一并报集团公司工程经济部备案。

(3)项目部(作业队)负责责任成本控制，根据下达的责任成本预算，分解确定成本目标，对成本支出实行计划管理。

①项目部(作业队)根据分解的成本目标和月生产计划编制月成本计划。月成本计划包括：

a. 项目部(作业队)自行组织施工(非工序分包或劳务分包的工作量)的人工费计划。

b. 劳务分包工程成本计划。

c. 材料费计划成本包括由项目部(作业队)统一提供材料的劳务分包中的材料费、项目部(作业队)自行组织施工部分的材料费。

d. 机械设备租赁费计划。

e. 子(分)公司配属项目部(作业队)的固定资产(包括项目部的上级公司所属的机械租赁公司以内部租赁给项目使用的机械设备)使用费(含人工费、油料费、折旧及修理费)支出计划。

f. 周转材料的摊销费用。

g. 项目部的现场管理费计划。

以上成本支出计划应按责任成本预算清单格式汇总,各项成本计划均对应清单项下完成的实物工作量。

(4)项目部(作业队)根据成本计划,合理调配资源、优化施工工艺、加强过程控制、精心组织施工、制订激励机制,确保成本支出控制在成本计划范围内。

①项目部(作业队)定期(每月末)统计实际完成的当月实物工作量,分别以分包、租赁机械设备、自行组织施工三种施工方式统计完成实物工作量。

②项目部(作业队)根据完成的实物工作量及时与协作队伍进行结算,对于不能按时结算的一定要进行预结算,并及时盘点材料使用量,确保成本支出统计及时准确。

③统计项目部(作业队)现场管理费实际支出,需列出明细表。

④项目部(作业队)编制实际成本支出与成本计划对照表(一一对应),便于进行成本分析。

(5)项目部(作业队)应每月进行经济活动分析,根据成本支出与成本计划对照表,分析成本节超原因,制订有效措施,将成本控制在目标成本内。

四、成本中心考核指标

由于成本中心只对责任成本负责,职责比较单一,因而,对其业绩进行分析的重点是责任成本差异。成本中心的主要考核指标包括成本(费用)变动额和变动率两项指标,计算公式为:

$$责任成本变动额 = 实际责任成本 - 预算责任成本$$

$$责任成本变动率 = \frac{责任成本变动额}{预算责任成本} \times 100\%$$

(1)成本费用预算差异分析

实际成本大于预算成本的主要原因有两个:一是由于材料消耗量的不同产生的差异,称为"量差";二是由于单位成本不同所导致的差异,称为"价差"。故总成本差异可分为数量差异和成本差异两部分。数量差异指是由于实际消耗量偏离预算量而造成的总成本差异,可以通过弹性预算予以调整。成本差异是指由于单位成本偏离预算成本而造成的总成本差异。计算公式为:

$$数量差异 = (实际消耗量 - 计划消耗量) \times 材料计划单位成本$$
$$成本差异 = (实际单位成本 - 计划单位成本) \times 实际消耗量$$

成本中心责任报告是以实际消耗量为基础,反映责任成本预算实际执行情况,揭示实际责任成本与预算责任成本差异的内部报告。

(2)责任成本评价

施工企业对责任成本预算管理工作定期考核评价,对责任成本预算管理工作成绩显著的单位给予通报表扬和奖励,对责任成本预算管理工作较差的单位给予通报批评或处罚。

建立责任成本中心,是工程成本控制行之有效的经验。它是指具有一定的管理权限,责、权、利相统一的,对所发生的成本费用能够加以控制,并承担相应经济责任的企业内部单位。由施工企业经理、总会计师、总工程师、总经济师,以及各个职能部门负责人组成,对企业生产经营的经济效果负完全责任。按照不同的成本将目标成本进行细分,分解落实到每个阶段,纵向分解到各施工班组,横向分解到项目部领导、职能部门,建立纵向到底、横向到边的目标责任制体系,形成全员、全方位、全过程的项目成本管理格局。严格考核、奖罚分明。通过成本指标,可以发现施工企业经营管理中存在的缺点和薄弱环节,以便总结经验、克服缺点,提高施工企业的管理水平,使企业在激烈的市场竞争中立于不败之地,充分发挥责任成本中心的作用。

五、成本中心责任报告

成本中心责任报告是以实际完成的工程量为基础,反映责任成本预算的实际执行情况,揭示实际责任成本与预算责任成本差异的内部报告。成本中心通过编制责任报告,以反映、考核和评价责任中心责任成本预算执行情况。成本中心责任报告见表11-1。

成本中心责任报告　　　　　　　　　　表11-1

项　目	预算	实际	差异	性质
直接成本				
其中:材料费				
人工费				
施工机械使用费				
其他直接费用				
间接成本				
成本合计				

成本中心考核的依据主要是责任成本,即可控成本。所以在成本中心的责任报告中,要重点列示可控成本的有关项目。对于不可控成本,可根据上级单位的要求决定是否列入业绩报告之中。有两种处理方式:一种是不列入,以便突出可控成本差异情况;另一种是为了让上级责任单位了解成本中心的成本全貌,作为辅助资料列入,但一般不作差异分析。

【做中学 11-1】 表11-2是施工企业某成本中心责任报告。

某成本中心责任报告　　　单位:万元　　表11-2

项　目	预算	实际	差异	性质
甲施工队	1140	1100	+40	
乙施工队	1370	1400	-30	
下属责任中心转来的责任成本合计	2510	2500	+10	
间接人工成本	158	150	+8	
管理人员工资	275	280	-5	
施工机械维修费	130	120	+10	
成本中心的可控成本合计	563	550	+13	
本责任中心责任成本合计	3073	3050	+23	

由上表计算可知,该成本中心实际责任成本较之预算责任成本增加23万元,上升了0.8%,由成本中心的可控成本增加了13万元和下属责任成本中心转来的责任成本增加10万元所致,其主要原因是施工机械维修费超支10万元和甲施工队责任成本超支40万元,没有完成责任成本预算。乙施工队责任成本减少30万元,初步表明责任成本控制有效。

六、成本中心业绩考核

成本中心没有收入来源,只对成本负责,因而,也只考核其责任成本。由于不同层次成本费用控制的范围不同,计算和考评的成本费用指标也不尽相同,越往上一层次计算和考评的指标越多,考核内容也越多。

成本中心业绩考核是以责任报告为依据,将实际成本与预算成本或责任成本进行比较,确定两者差异的性质、数额以及形成的原因,并根据差异分析的结果,对各成本中心进行奖罚,以督促成本中心努力降低成本。

七、建立责任成本制度

责任成本制度的内容,主要包括以下四个方面。

(1)确定责任成本单位

根据施工生产经营管理组织形式,划分工程成本责任归属层次,按照分层负责的原则,明确各层责任划分,组成一个上下左右纵横连锁的责任成本体系。实际上就是根据分权原理和授权办法,确定责任成本的目标层次和层次间联系的内容。要分层负责,必须分层授权。责任是权限运用的结果,权限是履行责任的保证。责任必须是可控的,不可控的就不承担责任,因而权责必须相当。

就施工企业来说,特别要确定项目经理部一级的权限和责任成本。因为项目经理一级处于企业与社会的结合部,处于企业内部人、财、物的结合部,对外代理企业履行工程合同,对企业的社会效益负责;对内对工程成本的绝大部分负责,直接影响着企业的综合效益。因此,为了保证其顺利地履行责任,必须赋予其相应的权力,包括有关的人员聘用权,奖金分配权,材料采购选择权,施工队伍选择权,施工方案、施工生产的决定权和指挥权等。当然,这些权限的赋予必须建立在遵守国家有关政策、法令、规定以及企业有关规定的基础上。

(2)确定责任成本的内容

在经营决策和计划成本的总目标下,按照责任单位的责权范围,施工生产经营活动的内容,确定可以衡量的责任目标和考核范围,从成本管理的角度形成以成本指标为标志的各种责任成本中心。各责任成本中心,都要对自己单位在经济活动中所发生的成本负责,并分清各责任成本中心的责任。责任成本对责任者来说,应是可控成本。所谓可控,是指:①有办法知道发生什么耗费;②有办法计量发生多少耗费;③在发生偏差时有办法加以控制。具备以上三条的,则为可控的。所有可控成本加在一起,就是责任成本。可控与不可控是相对的,这个单位、部门不可控,那个单位、部门则可控;下级不可控,上一级则可控。责任成本认定的可控、不可控,是按已确定的经济责任分管的范围来确定成本责任归属的。可控解决了归属问题,使其形成一个成本分管体系,做到责任分工具体化、数量化,并可加以考核。

项目经理部一级的责任成本,包括以下内容:①按劳动定额、人工结算价格和工程量计算的工程人工费;②按材料消耗定额、材料结算价格和工程量计算的工程材料费;③按机械台班定额、机械台班定额结算价格和工程量计算的工程机械使用费;④按工程人工费、材料费、机械使用费和其他直接费定额计算的工程其他直接费;⑤间接费、管理费和财务费中的可控部分。

必须指出的是,所谓责任成本中心是对成本负责控制和保证完成的责任单位。如果责任单位只提供一定的服务,不从事工程施工生产,如职能部门和行政管理部门,那就称为费用中心。考核成本中心的主要指标是责任成本,考核费用中心的主要指标是责任费用限额,也就是这些部门的可控费用。

(3) 确定责任成本的控制信息

在确定责任成本单位和责任成本内容的同时,还要按责任归属原则形成一套完整的计算、记录和报告的责任成本账务处理原则和程序,提供及时、准确、可靠的责任成本信息,借以反映和衡量责任单位的行动是否与预期成本目标一致,以便考核各有关责任层次在一定期间成本管理中的成绩和问题。这样,不仅使上一级了解情况,可以决定奖罚,而且可以使责任单位本身也明确自己的功过,从而达到按责任成本控制的目的。

由于责任成本在其核算对象、核算目的、核算内容上侧重于落实企业内部经济责任的要求,与现行会计制度中对工程成本的核算有一定的差距,从目前来看,要将各个责任单位责任成本的核算与现行会计中工程成本的核算并轨,是有一定困难的。各施工企业可根据实际情况,对项目经理部采用诸如将责任成本和实际成本的差异进行平行结转等办法,减少同时用两套账核算成本的工作量。

(4) 确定责任功过的原因

对实际成本和责任成本的差异,必须重点解剖分析,实行"例外管理原则",集中注意力于例外,从而实现以绩效评价为中心的目标管理。要分析责任成本发生差异的原因,如对施工生产单位耗用的材料,应分清用量差异和价格差异,确定材料供应部门和施工生产单位的责任。

任务四　收　入　中　心

一、收入中心的含义及职责

1. 收入中心的含义

收入中心是指对工程项目收入负责的中心,其特点是所承担的经济责任只有收入,不对成本负责,因此,对收入中心只考核其收入实现情况。对施工企业来说,此类责任中心一般由企业财务部门以及相应的管理部门负责。

确定收入中心的目的是为了组织营销活动。若收入中心有制订价格的权力,则该中心的管理者就要对获取的毛收益负责;若收入中心无制订价格的权力,则该中心的管理者只须对实现收入的有效性负责。为使收入中心不仅仅追求收入达到最大,更重要的是追求边际贡献达到最大,因而在考核收入中心业绩的指标中,应包括某种工程项目边际成本等概念。

2. 收入中心的职责

收入中心考核的主要职责是评价各收入中心的经济责任履行情况和确定各收入中心应取得的利益,包括确立考核指标和编制责任报告两个方面。

(1) 技术责任中心:经公司审核、业主批复的工程量和业主的合同单价计算合同的总价,预计变更工程的估算金额、调概补差理赔等构成收入责任预算。因工程量变化形成实际计价总额与预算总额之差为该中心的工作成果,技术资料签认的及时性也是该中心的工作成果考核指标。

(2)财务责任中心:工程款等款项收回的及时性和回收率及资金理财目标的完成程度,为该中心的工作成果考核指标。

(3)责任保障中心:设备租赁、周转材料租赁和废旧物品的出售金额合计为责任预算。实际结算金额与预算总额之差的为该中心的工作成果,结算和资金回收的及时性也是该中心的工作成果考核指标。

二、收入中心控制的内容

收入中心的控制内容主要包括三个方面。

1. 控制企业各责任中心收入目标的实现

(1)核查各收入中心的分目标与企业的整体目标是否协调一致。保证利润目标依据企业整体目标能够得到落实。

(2)检查各收入中心是否为实现其分目标制订了切实可行的措施。

2. 控制营业收入的资金回收

(1)各收入中心对货款的回收必须建有完善的控制制度,明确各部门收款责任制度,对已逾期付款的客户是否订有催款制度。

(2)建立奖惩责任制,将各收入中心负责人的个人利益与资金的回收情况结合起来考核。

(3)收入中心与财务部门建立有效的联系制度,以及时掌握销货款的回收情况。

3. 控制坏账的发生

(1)作为施工企业的各收入中心应就各工程项目所签订的施工合同,并在合同中对有关付款的条款作明确的陈述。

(2)在施工生产过程中,特别是与一些不熟悉的客户初次发生重要交易时,必须对客户的信用情况、财务状况、付款能力和经营情况等进行详细的了解,以预测款项的安全性和及时回收的可能性。

三、收入中心的考核指标

收入中心的主要职能是实现营业收入,所以,业绩评价以营业收入的实现为主。然而,收入中心的职能不仅包括将产品和劳务推向市场,还包括及时地收回货币资金和控制坏账。因此,收入中心的分析评价指标包括营业收入目标完成百分比、营业货款回收平均天数和坏账发生率等。

1. 营业收入目标完成百分比

营业收入目标完成百分比是指将实际实现的营业收入与目标营业收入相比较,考核营业

收入目标完成情况。计算公式如下:

$$营业收入目标完成百分比 = \frac{实际实现的营业收入}{目标营业收入} \times 100\%$$

对收入中心来说,这个指标是最主要的业绩评价指标。

2. 营业货款回收平均天数

营业货款回收平均天数是反映评价收入中心回收营业款项是否及时的指标。施工企业不同于其他企业的特殊性在于,工期较长,生产过程资金的转化相对较慢,在这个过程中,营业收入的资金能否及时收回,对企业资金的正常周转将产生重要影响。在市场经济条件下,一个企业的经营能否顺利进行和正常发展,资金是一个非常重要的砝码,确保营业货款的及时回收是收入中心的又一个重要职责。营业货款平均回收天数这一价值指标能促进收入中心加速资金回收,提高资金使用效率。计算公式为:

$$营业货款平均回收天数 = \frac{\sum(营业收入 \times 回收天数)}{全部营业收入}$$

将实际营业货款回收平均天数与计划天数相比较,能反映该收入中心营业款项的及时收回情况。

3. 坏账发生率

坏账发生率主要是用来评价收入中心在履行其职责过程中发生损失的情况。对施工企业来说,发生坏账的情况是不可避免的,尽管如此,我们仍然有责任来控制坏账的发生,以使企业尽量避免损失。对收入中心来说,正确判断客户的付款能力是其经营业务中的基本职责,控制坏账的发生自然也是其重要职责。计算公式为:

$$坏账发生率 = \frac{某年坏账发生数}{某年全年营业收入} \times 100\%$$

以坏账发生率来评价收入中心的业绩,能促进收入中心在经营过程中保持认真、谨慎的作风。

任务五 利 润 中 心

一、利润中心的概念和特征

1. 利润中心的概念

利润中心(Profit Center)是指既对成本承担责任,又对收入和利润承担责任的企业所属单位。由于利润等于收入减去成本和费用,所以利润中心实际上是对利润负责的责任中心。这类责任中心往往处于企业中较高的层次,一般指有产品或劳务生产经营决策权的部门,能通过生产经营决策,对本单位的盈利施加影响,为企业增加经济效益,如分厂、分公司或具有独立经营权的各部门等。利润中心的权利和责任都大于成本中心。

2. 利润中心的特性

(1)独立性。利润中心对外虽无法人资格，但对内却是独立的经营个体，在采购来源、人员管理及设备投资等方面，均享有高度的自主性。

(2)获利性。每一个利润中心都会有一张独立的利润表，并以其盈亏金额来评估其经营绩效。所以，每一个利润中心都有一定收入与支出。非属对外的营业部门，就需要设定内部交易和服务的收入，以便计算其利润。

二、利润中心的类型

利润中心可以是自然的，也可以是人为的。

(1)自然的利润中心是指在外界市场上销售产品或提供劳务取得实际收入、给企业带来利润的利润中心。这类利润中心一般是企业内部独立单位，具有材料采购权、生产决策权、价格制订权、产品销售权，有很大的独立性，如分公司、分厂等。它可以直接与外部市场发生业务上的联系，销售其最终产品和半成品或提供劳务，既有收入，又有成本，可以计算利润，将其完成的利润和责任预算中的预计利润对比，评价和考核其工作业绩。

(2)人为的利润中心是指在企业内部按照内部结算价格将产品或劳务提供给本企业其他责任中心取得收入，实现内部利润的责任中心。这类利润中心的产品主要在本企业内转移，一般不与外部市场发生业务上的联系，它们只有少量对外销售，或者全部对外销售均由企业专设的销售机构完成，如各生产车间、运输队等。由于人为的利润中心能够为成本中心相互提供产品或劳务规定一个适当的内部转移价格，使得这些成本中心可以"取得"收入进而评价其收益，因此，大多数成本中心总能转化为人为的利润中心。

人为的利润中心本来应是成本中心，为了发挥利润中心的激励机制，人为地按规定的内部结算价格，与发生业务关系的内部单位进行半成品和劳务的结算，并以结算收入减去成本算得利润，与责任预算中确定的预计利润进行对比，进而对差异形成的原因和责任进行剖析，据以对其工作业绩进行考核和评价。对人为利润中心，内部结算价格制订得是否合理，是能否正确考核和评价其工作业绩的关键。

三、利润中心的成本计算

利润中心对利润负责，必然要考核和计算成本，以便正确计算利润，作为对利润中心业绩评价与考核的依据。对利润中心的成本计算，通常有两种方式可供选择。

(1)利润中心只计算可控成本，不分担不可控成本，即不分摊共同成本。这种方式主要适用于共同成本难以合理分摊或无须共同分摊的场合，按这种方式计算出来的盈利不是通常意义上的利润，而是相当于"边际贡献总额"。企业各利润中心的"边际贡献总额"之和减去未分配的共同成本，经过调整后才是企业的利润总额。采用这种成本计算方式的利润中心，是边际贡献中心。在人为利润中心通常采用这种方式。

(2)利润中心不仅计算可控成本，也计算不可控成本。这种方式适用于共同成本易于合理分摊或者不存在共同成本分摊的场合。这种利润中心在计算时，如果采用变动成本法，应先计算出边际贡献,再减去固定成本,才是税前利润;如果采用完全成本法,利润中心可以直接计算出税前利润。各利润中心的税前利润之和,就是全企业的利润总额。自然利润中心通常采用这种方式。

四、利润中心的考核指标

利润中心的考核指标是利润,通过比较一定期间实际实现的利润与责任预算所确定的利润,可以评价其责任中心的业绩。由于成本计算方式不同,各利润中心的利润指标的表现形式也不相同。因为利润中心既对其发生的成本负责,还要对其发生的收入和实现的利润负责。所以:

(1)当利润中心不计算共同成本或不可控成本时,其考核指标是利润中心边际贡献总额。计算公式为:

利润中心边际贡献总额＝该利润中心收入总额－可控成本总额(或变动成本总额)

需要注意的是,如果可控成本中包含可控的固定成本,就不完全等于变动成本总额。但一般而言,利润中心的可控成本是变动的。

(2)当利润中心计算共同成本或不可控成本,并采取变动成本法计算成本时,其考核指标主要包括以下几种:

利润中心边际贡献总额＝该利润中心收入总额－可控成本总额(或变动成本总额)

利润中心负责人可控利润总额＝该利润中心边际贡献总额－
　　　　　　该利润中心负责人可控固定成本

利润中心可控利润总额＝该利润中心负责人可控利润总额－
　　　　　　该利润中心负责人不可控固定成本

公司利润总额＝各利润中心可控利润总额之和－
　　　　　　公司不可分摊的各种管理费用、财务费用等

为了考核利润中心负责人的经营业绩,应针对经理人员的可控成本费用进行评价和考核。这就需要将各利润中心的固定成本进一步区分为可控成本和不可控成本。这主要考虑有些成本费用可以划归、分摊到有关利润中心,却不能为利润中心负责人所控制,如广告费、保险费等。在考核利润中心负责人业绩时,应将其不可控的固定成本从中剔除。

(3)利润中心业绩考核

利润中心既对成本负责,又对收入和利润负责,在进行考核时,应以营业收入、边际贡献和息税前利润为重点进行分析、评价。特别是应通过一定期间实际利润与预算利润进行比较,分析差异形成的原因,明确责任,借以对责任中心的经营得失和有关人员的功过作出正确的评价和奖惩。

在考核利润中心业绩时,也只计算和考核本利润中心权责范围内的收入和成本。凡不属于本利润中心权责范围内的收入和成本,尽管已由本利润中心实际收进或支付,仍应予以剔除,不能作为本利润中心的考核依据。

五、利润中心责任报告

利润中心应定期提交责任报告,将实际发生的成本费用、实际实现的收入及实际利润分别同预算数进行比较,集中反映利润预算的完成情况。如果实际数大于预算数,其差异为有利差异,用"＋"表示;如果实际数小于预算数,其差异为不利差异,用"－"表示。

利润中心考核的依据,主要是营业收入、边际贡献和税前利润等指标,所以,在利润中心责任报告中要体现这几种指标的差异情况。利润中心责任报告见表11-3。

利润中心责任报告 表11-3

项　　目	预算	实际	差异	性质
营业收入 减:营业成本				
营业毛利 减:部门直接费用				
部门贡献毛益 减:目标间接费用				
营业利润				

利润中心通过编制责任报告,可以集中反映利润预算的完成情况,并对其产生差异的具体原因进行分析。

【做中学11-2】 表11-4是施工企业某利润中心责任报告。

某利润中心责任报告(万元) 表11-4

项　　目	预算	实际	差异	性质
营业收入	2400	2500	＋100	
减:变动成本	1830	1880	＋50	
边际贡献	570	620	＋50	
直接发生的固定成本	160	164	＋4	
上级转入的固定成本	135	13	－5	
固定成本合计	295	294	－1	
营业利润	275	326	＋51	

由上表计算可知,该利润中心的实际利润超额完成了51万元,如果剔除上级转来的固定成本这一因素,利润超额完成46万元。

六、利润中心其他管理

1. 利润中心与目标管理

企业采用利润中心,事实上就是实施分权的制度。但为求适当的控制,总公司的最高主管仍需对各利润中心承担应负的责任,即由双方经过咨商订立各中心的目标,同时赋予执行的权利,并对最后的成果负责。在目标执行过程中,设置一套完整的、客观的报告制度,定期提出绩效报告,从中显示出的目标达成的差异,不但可以促进各中心采取改善的措施,还可作为总公司考核及奖惩的依据。

因此,利润中心的推行,必须结合目标管理制度,才不致空有组织构架,缺乏达成公司目标及评估各利润中心绩效的管理方式。

2. 利润中心与预算制度

为使总公司的目标能够分化为各利润中心的目标,并且能够公正、正确地评估各利润中心的绩效,目标的设定必须量化。此等数量化的绩效目标,大致上可分为财务性和非财务性。凡属财务性指标,如营业收入、资产报酬率、人均获利能力等,均能由预算制度所产生的资料与数字作为目标设定的参考与依据。换言之,利润中心的推行有赖预算制度提供财务及会计的资讯。

实际上,预算只是绩效标准而非目标。若能根据预算建立目标,通过预算的控制协助目标达成,将使预算制度不只是"资料库",而是财务性目标设定的"下限值"。如此,利润中心的绩效指标将更具有挑战性。

3. 利润中心与人事考核

在利润中心制度建立后,各中心的主管必定急于得知各月份的经营成果,以了解差异原因,提供次月执行上的参酌或改进。但是执行每月的绩效评估,投入的人力物力必然不少,还可能造成利润中心"急功近利"的做法,妨碍企业长期目标的达成。

因此,比较理想的利润中心绩效考评方式,应该是每月追踪,即由利润中心按月填写实绩并与目标值比较,然后说明差异原因,必要时采取改善措施;推行利润中心的督导单位,每季度将各利润中心的绩效做综合分析和检讨,提供管理当局参酌;上半年结束后进行试评,并酌发奖金,必要时申请修改目标;年度结束后,依据累计12个月的实际值,计算应得奖金,扣除上半年预发金额后补发差额。

利润中心的绩效考评是以目标的达成状况为评估对象,也就是"考事";这与传统上以员工的工作态度、能力与知识作为考核内容,也就是"考人"的方法有很大的不同。

任务六　投　资　中　心

一、投资中心的含义

投资中心是指既对成本、收入和利润负责,又对投资效果负责的责任中心。投资中心是最高层次的责任中心,它拥有最大的决策权,也承担最大的责任。投资中心必然是利润中心,但利润中心并不都是投资中心。利润中心没有投资决策权,而且在考核利润时也不考虑所占用的资产。

投资中心拥有最大的投资决策权和经营决策权,又承担最大的责任。同时各投资中心在资产和权益方面应划分清楚,以便准确地计算出各投资中心的经济效益,对其进行正确的评价和考核。投资中心的管理特征是较高程度的分权管理。一般而言,大型集团公司所属的子公司、分公司、事业部往往都是投资中心。在组织形式上,成本中心一般不是独立法人,利润中心可以是也可以不是独立法人,而投资中心一般是独立法人。

由于投资中心独立性较高,它一般应向公司的总经理或董事会直接负责。对投资中心不应过多干预,应使其享有投资权和较为充分的经营权;如果对投资中心干预过多,或者其资产和权益与其他责任中心划分不清,出现相互扯皮的现象,也无法对其进行准确的考核。

二、投资中心的考核指标

为了准确计算各投资中心的经济效益,应对各投资中心共同使用的资产划定界限;对共同发生的成本按适当的标准进行分类;各投资中心之间相互调剂使用的现金、存货、固定资产等,均应计息清偿,实行有效使用。在此基础上,根据投资中心应投入产出之比进行业绩评价与考核要求,除考核利润指标外,投资中心主要考核能集中反映利润与投资额之间关系的指标,包括投资利润率和剩余收益。

1. 投资利润率

投资利润率又称投资收益率,是指投资中心所获得的利润与投资额之间的比率,可用于评价和考核由投资中心掌握、使用的全部净资产的盈利能力。计算公式为:

$$投资利润率 = \frac{利润}{投资额} \times 100\%$$

或   投资利润率 = 资本周转率 × 销售成本率 × 成本费用利润率

其中,投资额是指投资中心的总资产扣除对外负债后的余额,即投资中心的净资产。

为了评价和考核由投资中心掌握、使用的全部资产的总体盈利能力,还可以使用总资产息税前利润率指标。计算公式为:

$$总资产息税前利润率 = \frac{息税前利润}{总资产} \times 100\%$$

投资利润率指标的优点:能反映投资中心的综合盈利能力;具有横向可比性;可以作为选择投资机会的依据;可以正确引导投资中心的经营管理行为,使其长期化。该指标的最大局限性在于会造成投资中心与整个企业利益的不一致。

2. 剩余收益

剩余收益是指投资中心获得的利润,扣减其投资额(或净资产占用额)按规定(或预期)的最低收益率计算的投资收益后的余额。计算公式为:

剩余收益 = 利润 − 投资额(或净资产占用额) × 规定或预期的最低投资收益率

如果考核指标是总资产息税前利润率,则剩余收益计算公式应作相应调整,计算公式为:

剩余收益 = 息税前利润 − 总资产占用额 × 规定或预期的总资产息税前利润率

这里所说的规定或预期的最低报酬率和总资产息税前利润率,通常是指企业为保证其生产经营正常、持续进行所必须达到的最低报酬水平。通常可用公司的平均利润率(或加权平均利润率)作为基准收益率。

剩余收益是一个绝对数指标,指标越大,说明投资效果越好。该指标能够反映投入产出的关系,能避免本位主义,使个别投资中心的利益与整个企业的利益统一起来。

【做中学 11-3】 某施工企业有若干个投资中心,报告期整个企业的预期最低投资利润率为 6%,其中第一中心的经营资产平均余额为 100 万元,利润为 41 万元。则第一中心的剩余收益为:

$$41-100\times 6\%=35(万元)$$

综上所述,责任中心根据其控制区域和权责范围的大小,分为成本中心、利润中心和投资中心三种类型。它们各自不是孤立存在的,每个责任中心承担经管责任。最基层的成本中心应就其经营的可控成本向其上层成本中心负责;上层的成本中心应就其本身的可控成本和下层转来的责任成本一并向利润中心负责;利润中心就其本身的经营收入、成本(含下层转来的成本)和利润(或边际贡献)向投资中心负责;投资中心最终就其经管的投资利润率和剩余收益向总经理和董事会负责。所以,企业各种类型和层次的责任中心形成一个"连锁责任"网络,这就促使每个责任中心为保证企业经营目标一致而协调运转。

三、投资中心责任报告

投资中心考核的主要依据是投资利润率和剩余收益,所以,在投资中心的责任报告中主要列示这两个指标。但计算这两个指标的有关项目,如营业收入、营业利润、资产总额也要一并列出,以便于投资中心做比较全面的差异分析。

在做差异分析时,要注意按各个指标的性质与经济内容来区分有利差异和不利差异。凡收益类指标,如营业收入、营业利润、投资报酬率、剩余收益等指标,实际数大于预算数,为有利差异;实际数小于预算数,为不利差异。

投资中心责任报告的结构与成本中心和利润中心相似。企业通过编制投资中心责任报告,可以反映投资中心投资业绩的具体完成情况。投资中心责任报告见表 11-5。

投资中心责任报告 表 11-5

项 目	预算	实际	差异	性质
营业收入				
营业利润				
资产总额				
投资报酬率				
基本利润				
剩余收益				

【做中学 11-4】 表 11-6 是施工企业某投资中心责任报告。

某投资中心责任报告(万元) 表 11-6

项 目	预算	实际	差异	性质
营业利润(1)	450	600	+150	
平均经营资产(2)	2500	3000	+500	
投资报酬率(3)=(1)/(2)	18%	20%	+2%	
按最低投资报酬率 15%计算的投资报酬(4)=(2)×15%	375	450	+75	
剩余收益(5)=(1)-(4)	75	150	+75	

由上表计算可知,该投资中心的实际投资报酬率为 20%,实际剩余收益为 75 万元,投资报酬率和剩余收益都超额完成了预算,表明该投资中心投资绩效较好。

◀ 项目小结 ▶

本项目介绍了企业财务控制,这是企业财务管理的重要环节之一。首先,介绍了财务控制的基本理论,包括财务控制的概念、特点、种类和原则等相关内容;其次,介绍了责任中心的设置;最后,重点讲述了成本中心、收入中心、利润中心和投资中心,包括每个中心的特点、业绩考核和相应的责任报告等内容。

技能训练

一、单项选择题

1. 财务控制从控制范围上看,属于( )。
   A. 外部控制   B. 内部控制   C. 预防控制   D. 事后控制
2. 下列既对成本、收入和利润负责,又对投资效果负责的责任中心是( )。
   A. 成本中心   B. 收入中心   C. 投资中心   D. 利润中心
3. 下列责任中心中,承担最大责任的中心是( )。
   A. 收入中心   B. 成本中心   C. 利润中心   D. 责任中心
4. 不管利润中心是否计算可控成本,都要考核的指标是( )。
   A. 边际贡献总额   B. 收入总额
   C. 利润总额   D. 可控成本总额
5. 下列关于成本中心的特点,说法错误的是( )。
   A. 成本中心的考核对象只包括成本费用,而不包括收入
   B. 成本中心只对可控成本负责
   C. 成本中心既对可控成本负责,又对不可控成本负责
   D. 成本中心只考核责任成本

二、多项选择题

1. 下列属于财务控制原则的有( )。
   A. 目的性原则   B. 充分性原则   C. 及时性原则   D. 灵活性原则
2. 按照时间序列划分,财务控制可分为( )。
   A. 事前控制   B. 事中控制   C. 事后控制   D. 预防性控制
3. 下列关于成本中心说法,正确的有( )。
   A. 成本中心只考虑成本费用

B. 成本中心只对可控成本承担责任

C. 成本中心只对责任成本进行考核

D. 成本中心既对可控成本承担责任,也对不可控成本承担责任

4. 下列关于利润中心说法正确的有(　　)。

　　A. 利润中心既对成本负责又对收入负责

　　B. 利润中心只对利润负责

　　C. 利润中心有独立或相对独立的收入和生产经营决策权

　　D. 利润中心考核指标边际贡献总额

5. 下列关于投资中心说法正确的有(　　)。

　　A. 投资中心能反映投资中心的综合盈利能力

　　B. 投资中心的考核指标主要是剩余收益

　　C. 投资中心是最高层次的责任中心

　　D. 最大局限性在于会造成投资中心与整个企业利益的不一致

三、判断题

1. 财务控制是企业财务管理的关键活动,符合企业价值最大化财务管理的目标。(　　)

2. 财务是外部控制的一个重要组成部分,是企业外部控制在资金和价值方面的体现。

(　　)

3. 财务控制必须确保单位经营的效率性和效果性、资产的安全性、经济信息和财务报告的可靠性目的。(　　)

4. 责任中心是指具有一定的管理权限,并承担相应的经济责任的企业内部责任单位。

(　　)

5. 企业设置责任中心的目的是为了使各单位在其规定的责任范围内有责有权,积极工作,保证各中心目标的实现。(　　)

6. 成本中心是只对成本或费用负责的责任中心。成本中心的范围最广,只要有成本费用发生的地方,都可以建立成本中心。(　　)

7. 由于利润中心是只对利润负责的责任中心,因此,它不具有独立或相对独立的收入和生产经营决策权。(　　)

8. 投资中心是最高层次的责任中心,它拥有最大的决策权,也承担最大的责任。(　　)

四、简答题

1. 什么是财务控制?财务控制的原则有哪些?

2. 简述企业财务控制的特点。

3. 企业设置责任中心应遵循哪些原则?

4. 什么是成本中心?简述成本中心的特点和内容。

5. 什么是收入中心?收入中心的控制内容和考核指标分别有哪些?

6. 什么是利润中心?利润中心的考核指标是什么?企业如何编制利润中心责任报告?

7. 什么是投资中心?简述投资中心的考核指标。

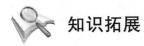

知识拓展

施工企业责任预算

1.责任预算的概念

责任预算是指以责任中心为主体,以可控成本、收入、利润等为对象编制的预算。通过编制责任预算可以明确各责任中心的责任,并通过与企业总预算保持一致,以确保其实现。因此,责任预算是企业总预算的补充和具体化。

责任预算是由各责任指标组成的。责任指标主要包括以下两种类型。

(1)主要指标:上述责任中心所涉及的考核指标,也是必须保证实现的指标。

(2)其他指标:为保证主要指标的完成而设定的,或是根据企业其他总目标分解的指标,通常有劳动生产率、设备完好率、出勤率、材料消耗率和职工培训等。

2.责任预算的编制程序

项目责任预算的编制程序有两种:一是以责任中心为主体,将企业总预算在各责任中心之间层层分解而形成的各责任中心的预算。它实质是自上而下实现企业总预算目标。这种自上而下、层层分解指标的方式是一种常用的预算编制程序。其特点是使整个企业浑然一体,便于统一指挥和调度,但可能会遏制责任中心的积极性和创造性。二是各责任中心自行列示各自的预算指标、层层汇总,最后由企业专门机构或人员进行汇总和调整,确定企业总预算。这是一种自下而上、层层汇总、协调预算的编制程序。其特点是有利于发挥各责任中心的积极性,但往往各责任中心只注意本中心的具体情况或多从自身利益角度考虑,容易造成彼此协调困难、相互支持少,以致冲击企业总体目标的局面;而且,层层汇总协调的工作量大,协调的难度大,影响预算编制和实效性。

施工企业责任预算实行"两级责任预算编制体制",公司负责项目经理部责任预算编制与整理,项目经理部负责各责任中心(或责任区)责任预算的二级分解和调整。项目部要按"分工划中心,根据中心定责任,根据责任编制预算"的工作程序,按照"自下而上"的原则编制责任中心的责任预算,工程公司按照"自上而下"的原则编制各项目部的责任预算。

3.项目责任预算的编制

(1)项目责任预算的编制依据

①与业主的合同文件。

②项目经理部的组织机构:

优化并审批的实施性施工组织设计、施工方案、施工配合比;审核批准的施工图工程数量,项目经理部驻地的平面布置和大小临时工程、过渡工程的工程数量。

项目经理部主要生产要素的配置(包括劳动力、材料来源及运输方式、机械设备配置等)。

项目经理部总体和分阶段工期目标。

项目安全、质量、环保、事故易发点及具体的防范措施。

施工承包定额,项目经理部承包定额。

当地人工、材料、机械设备租赁调查(招标)价格。

劳务分包、设备租赁、主要材料信息指导价。

项目变更理赔的难易程度。

项目当地的经济、社会环境情况。

(2)项目责任预算的费用组成

项目责任预算的费用组成见图11-1。

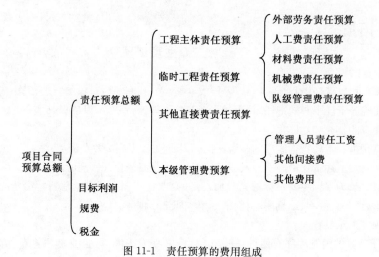

图 11-1　责任预算的费用组成

项目十二　工程财务分析

【知识目标】
1. 了解财务分析的概念、目的、内容与作用。
2. 了解财务综合分析的含义及特点。
3. 掌握财务分析的基本方法。
4. 熟练掌握各种财务指标的经济意义与计算方法。

【能力目标】
1. 能运用各种财务指标进行偿债能力、营运能力和盈利能力的分析和财务综合分析。
2. 能熟练掌握杜邦财务分析体系的应用。

> **案例**
>
> 某建筑公司自从2006年上市以来，一直到2008年，历年的每股收益分别为0.38元、0.31元、0.39元，净资产收益率保持在10%以上2009年总额为62690万元，负债总额为15760万元，利息费用总额为950万元。但是，1999年上半年该建筑公司突然有了变故，中报显示，尽管上一年年末还有4690万元的净利润，但这年上半年却一下子变成净亏损20792万元。此时公司资产为51200万元，负债36740万元，利息费用总额为1400万元。
>
> 据2009年中报披露，由于该建筑公司没有偿还能力，董事会一笔核销其1.345万元巨额欠款，由此造成上半年出现巨额亏损。此时，该建筑公司以往来账的形式所欠其股份公司的债已达21660万元。至1999年中期审计截止日，公司应收款项中发生诉讼案件涉及金额已达872万元（公司所得税税率为30%）。
>
> 思考：
> 你认为公司长期偿债能力对盈利能力会产生什么影响？

任务一　工程财务分析概述

一、工程财务分析的意义

财务管理的基础工作之一就是财务报表分析（简称财务分析），它以企业财务报表及其他有关财务资料为依据，对企业财务活动的过程和结果进行研究评价的过程，判断企业的财务状况，诊断企业经营活动的利弊得失，以便进一步分析企业未来的发展趋势，为财务决策、财务计划和财务控制提供依据。

财务分析的具体目的受到财务分析的主体和为之服务的对象的制约，不同的财务分析主体进行财务分析的侧重点是不同的,不同的财务分析服务对象所关心的问题也是不同的。

对施工企业而言,财务分析的目的可以概括为:评价过去的经营业绩,衡量现在的财务状况,预测未来的发展趋势。

企业财务分析是对企业一定时期财务活动的总结,它是运用具体的方法对会计报表中的有关部门数据资料进行比较和研究,评价企业的财务状况、经营成果和现金流量,以便为企业进行下一步管理活动提供依据。财务分析是一项科学的、复杂细致的管理工作。开展财务分析具有重要意义。

(1)财务分析是企业财务管理工作的重要手段。通过财务分析可以判断企业财务实力的大小及企业的经营机制是否健全。财务分析的最主要的依据来自企业的财务报表,借助财务报表的有关数据可以了解企业的盈利能力和资产周转状况,不断挖掘潜力,改善财务状况,充分认识企业生产经营中的薄弱环节,以便使企业管理人员在下一步工作中有针对性地进行改进。

(2)财务分析是评价财务状况、衡量企业经营业绩的重要依据。将企业财务评价指标的本期实际与计划数进行比较,了解实际执行结果偏离计划的原因,将企业本期实际与过去几期的实际作比较,了解企业经营业绩的变化趋势,将企业本期实际与同行业的其他企业作比较,分析优势与劣势。这样就能客观地评价企业管理者的业绩,找出不足,提出新目标,以便进一步提高管理水平。

(3)财务分析是合理实施投资决策的重要步骤。对企业进行财务分析除有利于本企业的经济决策外,还可为企业外部相关部门或人员提供有用的财务信息。例如,衡量对债权人资本的保障程度,从而评价企业偿债能力的大小;衡量企业的获利能力,为投资者进行投资决策提供可靠的依据;评价企业的经营状况和营运能力,为企业经营者进行经营决策提供依据;评价企业对国家的各项经济政策、法规、制度的执行情况,为政府制订价格、税收、利率政策以及提出一定时期的经济发展战略提供依据等。

二、工程财务分析的内容

尽管企业财务分析的主体不同,各自的侧重点不同,但就企业总体而言,财务分析的内容可以归纳为四个方面:偿债能力分析、营运能力分析、盈利能力分析和发展能力分析。其中,偿债能力分析是财务目标实现的稳健保证,营运能力分析是财务目标实现的物质基础,盈利能力是两者共同作用的结果,同时也对两者增强推动作用,发展能力是企业的进一步拓展。四者相辅相成,共同构成企业财务分析的内容。

三、财务分析的原则

为了保证财务分析的质量,充分发挥重要作用,财务分析应按一定的原则进行,其原则主要包括以下内容。

(1)要以客观事实为依据,不能主观臆断。财务分析所依据的主要资料是财务报表,报表是根据企业日常会计核算资料归集、加工、汇总而成的一个完整的报告体系,用以反映企业的财务状况、经营成果和现金流量情况。常用的报表主要有资产负债表、利润表和现金流量表。

进行财务分析一定以这些报表为依据,并利用相应的方法进行分析,而不是主观臆断地得出结论。

(2)费用与效益识别的有无对比原则。

(3)费用与效益计算口径对应一致原则。

(4)动态分析与静态分析相结合,以动态分析为主的原则。

(5)效益与风险权衡的原则。

(6)基础数据确定的稳妥原则。

任务二　施工企业财务分析方法

一、企业财务报告分析的步骤

为了保证企业财务分析的有效进行,提高财务分析的工作效率,提高分析的质量,到达分析的目的,财务报告分析应按以下步骤进行。

1. 明确财务报告分析的目的和范围

由于报表使用者不同,分析的目的也不尽相同,因此,在进行企业财务报告分析之前,首先明确分析目的,并在此基础上确定分析的具体内容和范围,是分析企业经营活动的全过程,还是分析具体的某一个方面,这是撰写分析报告的灵魂。

2. 制订分析方案

在明确分析目的和范围之后,应拟定分析提纲,有利于安排具体的分析工作,以便心中有数,并确定工作进度。

3. 搜集整理分析资料

企业财务报告分析的深度、广度和质量的高低,关键取决于所掌握信息资料的真实程度和完整性。为此,在进行财务报告分析时应系统地、有针对性地搜集有关的数据资料,如企业的财务报告、同行业的相关资料、国家宏观政策、部制订并出台的相关政策等。

4. 选择合理的分析方法

企业财务报告分析的目的和范围不同,所选用的分析方法也应有所不同。常用的分析方法有比较分析法、比率分析法和因素分析法等,不同的方法各有其特点和使用范围,企业可以结合自身实际从中选择某一种或几种分析方法综合使用。

5. 撰写分析报告

对财务报表中各个项目、各个财务指标进行分析后,与标准值比较,找出差异及其形成的原因,分析完成后,应当将全部分析资料、观点进行综合概括,撰写分析报告,以帮助报表使用者作出决策。

二、财务报告分析方法

企业财务分析的方法是由财务信息的使用者对财务分析的要求所决定的。尽管各个不同的分析主体进行财务分析的侧重点有所不同,但都要求通过财务分析来揭示企业的经营趋势、资产与负债以及资产与所有者权益之间的关系、公司盈利等方面的情况。财务分析的基本方法主要包括趋势分析法、比率分析法和因素分析法。

1.比较分析法

(1)比较分析法的含义

比较分析法,是通过对财务报表中各类相关数字资料,将两期或连续多期的相同指标进行对比,确定其增减变动方向、数额和幅度,以揭示施工企业财务状况、经营情况和现金流量变化,预测施工企业未来发展趋势的一种分析方法。采用趋势分析法通常要编制比较会计报表。

趋势分析方法属于一种动态分析,它是以绝对额比较分析和百分率比较分析为基础,通常有以下两种类型。

①定比指数法。定比指数法又称定基增长速度,它是以某一时期的数额为固定的基期数额,其他以后各期与其进行比较,反映企业各期与固定时期对比总增长的变化情况,分别从其变动的差额和其变动的百分比进行分析。

计算公式为:

$$定基动态变动额 = 分析期数额 - 固定基期数额$$

或

$$定基动态比率 = \frac{分析期数额}{固定基期数额}$$

②环比指数法。环比指数法又称环比增长速度,它是以每一分析期的前期数额为基期数额进行对比分析,反映企业各期指标比其前一期的增长变化情况。

计算公式为:

$$环比动态变动额 = 分析期数额 - 前期数额$$

或

$$环比动态比率 = \frac{分析期数额}{前期数额}$$

两种方法相比,定比指数主要用于说明企业在一个比较长的时期内总的发展变化情况,但各有优缺点,环比指数主要用于说明企业在生产经营的各期发展变化情况,以消除项目绝对规模因素的影响,使报表使用者一目了然。因此,在采用比较分析法时,应将多种比较方法相互结合,尤其是绝对数和相对数的结合运用,以便从不同角度进行较为全面的分析。

(2)采用趋势分析法标准的选择

要比较就要有一个标准,标准可以被看做是用以比较的基础或参照物。对于孤立的某项财务数据,如一个施工企业的成本费用利润率为20%,我们无法作出任何有意义的判断。如果同行业是10%,则该企业的获利能力较差;如果同行业是35%,则该企业的获利能力较好。比较必须有一个参照物,即标准,并且是一个恰当的标准,这样才能得出有意义的判断。采用的标准有以下几种。

①历史标准。历史标准即选择不同时期的指标数值作为对比标准，最常用的是与上年同期比较即"同比"，此外还可以与上年同期实际、达到历史最好水平的时期或历史上有典型意义的时期实际水平等进行比较。

②经验或理论标准。经验标准是通过对大量历史资料的归纳总结而得到的标准，如衡量生活质量的恩格尔系数。理论标准则是通过已知理论经过推理得到的依据。

③行业标准。通过与行业平均指标的对比，可以分析判断该企业在同行业中所处的位置，和先进企业的指标对比，实际上是与先进的管理方法、先进的科学技术成就的比较，找出与先进水平的差距，有利于吸取先进经验，克服企业自身的缺陷和不足。如主管部门或行业协会颁布的技术标准、国内外同类企业的先进水平、国内外同类企业的平均水平等。

④计划标准。如果把分析期的实际数与计划数（预算数）比较，那么预算数额就是比较标准，其差距反映计划的完成程度。这种比较的主要作用是说明计划（或预算）的完成情况，为进一步分析和寻找企业潜力提供方向。

有效的预算比较需要一个比较好的预算。在实际与预算数比较时，如果超计划或完不成计划的差异很大，若没有特殊原因，则说明预算的质量不高，与这样的预算比较就失去了比较的意义。如果说分析财务报表是回顾企业过去，那么制订计划就是展望企业未来，施工企业要在日趋激烈的市场竞争中生存并不断地发展，就需要有一个完整的计划预算体系，包括工程项目中标前、中标后的项目策划，施工中的预算等生产经营过程的各个环节的计划，并编制出以货币表示的、反映施工企业整个计划的全面预算。同时，将这些计划（预算）指标分解落实到施工企业各个部门，作为奋斗的目标或业绩考核的标准。各部门的利益与施工企业整体利益是紧密联系在一起的，各部门为完成这些计划（预算）指标，会制订各种技术组织措施和加强经营管理的方案，作为完成计划的保障措施。这种情况下，采用实际与预算进行比较，不仅能揭示预算的完成程度，为改进工作指出方向，而且还会在整个企业管理中起到积极的促进作用。

⑤公认标准。公认标准包括国内公认标准和国际公认标准。

（3）运用比较分析法应注意的问题

①如果是同一企业不同时期的比较，基期的选择一定有代表性，尽量避开大起大落的经营年份，要挑选发展平稳的时期。

②指标的计算口径、方法和经济内容可比。在运用比较分析法时，需要用到资产负债表、利润表、现金流量表等财务报表中的数据进行比较，因而计算需要注意这些数据的内容范围，以及在利用这些数据计算财务指标时在计算口径、计算方法、计算范围上的一致性，只有相互比较的基础一致，指标间才具有可比性，比较的结果才有意义。

③时间长度的一致性。采用比较分析法时，不管是本期实际与计划相比、本期实际与上期实际相比，还是本企业与同行业先进企业相比，都必须注意所使用数据的时间长度的一致性，可以选择年度、季度、月度的可比。同一企业不同年度之间的可比和不同年度的同期可比，不同企业同一年度的可比。不具备可比性的，就失去了比较的意义。

④同行业间的可比性。同行业间进行比较时，要注意选择的企业类型、经营规模、财务规模以及经营目标等方面大体一致，这样企业间的数据才有可比性，比较出来的结果才能说明问题，才有一定的参考价值。

⑤会计政策、会计处理方法的选用以及会计计量标准的可比性。财务报表中的数据来源于账簿,而在会计核算中,会计处理方法、会计政策的选用和会计计量标准的确定会对财务数据产生影响。如果选择两个不同时期或不同企业财务报表的数据进行比较,由于采用的会计政策、会计处理方法和会计计量标准不同,则不具备比较的基础。所以只有会计政策、会计处理方法和会计计量标准相一致,才可以进行比较。

⑥运用例外原则。对某些有显著变动的指标作重点分析,追究其产生的原因,以便采用相应对策。

2. 比率分析法

(1) 比率分析法的含义

比率分析法是以同一期财务报表上若干重要项目的相关数据相互比较,求出比率,用以分析和评价公司的经营活动以及公司目前和历史状况的一种方法,是财务分析最基本的工具。比率分析法常用的有以下三类。

①相关比率。相关比率是典型的财务比率,它是以两个性质不同但又相互关联的财务指标加以对比所得的比率,反映有关经济活动的相互关系。利用相关比率指标,可以考察有联系的相关业务安排得是否合理,以保障企业经济活动能够顺利进行。

在财务报告分析中,常用的相关比率很多,主要有流动比率、速动比率、工程项目利润率、资产周转率等,概括起来可以反映企业偿债能力比率、获利能力比率、资产使用效率比率等。

②构成比率。构成比率又称结构比率,它是某项经济指标的各构成部分分别占总体的比重,反映部分与总体的关系。利用构成比率,可以考察总体中某个部分的形成和安排是否合理,借以分析构成内容变化及对财务指标的影响程度,以便协调各项财务活动。

计算公式为:

$$构成比率 = \frac{某一组成部分数额}{总体数额}$$

③效率比率。效率比率是某项经济活动中所费与所得的比率,反映投入与产出的关系。利用效率比率指标,可以进行得失比较,考察经营成果,评价经济效益。如将利润项目与销售成本、销售收入、资本等项目加以对比,计算出成本利润率、销售利润率以及总资产报酬率等利润率指标,可以从不同角度分析比较企业获利能力的高低及其增减变化情况。

综上所述,比率分析法的优点是计算简便,计算结果容易判断,而且可以使某些指标在不同规模的企业之间进行比较,甚至能在一定程度上超越行业之间的差别进行比较。

(2) 采用比率分析法应注意的问题

①对比项目的相关性。计算比率的分子和分母必须具有相关性,把不相关的项目进行对比是没有意义的。在构成比率指标中,部分指标必须是总体指标这个大系统中的一个小系统;在效率比率招标中,投入与产出必须有因果关系;在相关比率指标中,两个对比指标也要有内在联系,才能评价有关经济活动之间是否协调均衡,安排是否合理。

②对比口径的一致性。计算比率的分子和分母必须在计算时间、范围等方面保持口径一致。

③衡量标准的科学性。运用比率分析,需要选用一定的标准进行对比,以便对企业的财务

状况作出评价。一般而言,科学合理的对比标准有:历史标准、预定目标、行业标准和公认标准等。

3. 因素分析法

因素分析法是依据分析指标与其影响因素的关系,从数量上确定各因素对分析指标影响方向和影响程度的一种方法。因素分析法既可以全面分析多个因素变动对某一经济指标的影响,又可以单独分析某个因素变动对经济指标的影响,在财务分析中应用颇为广泛。因素分析法按技术方法的不同可分为连环替代法和差额分析法。

(1) 连环替代法

连环替代法是用来分析引起某个经济指标变动的各因素影响程度的一种方法。在几个相互联系的因素共同影响某一经济指标的情况下,可用这一方法来计算各因素变动对经济指标发生变动的影响程度。其计算步骤如下:

①分解某项综合指标的各构成因素,确定各构成因素与综合指标之间的关系,是和的关系、差的关系、商的关系还是乘积关系,写出关系表达式。

②确定各因素的替代顺序,然后按照这一顺序逐一替代计算。

③在衡量某一因素变动经济指标的影响程度时,假定其他因素是不变的。

④把这个指标与该因素变动前的指标相比较,确定该因素变动对经济指标的影响程度。

假定某一分析指标 M 是由相互联系的 A、B、C 三个因素相乘得到,即

$$M = A \times B \times C$$

当 M 为基期(计划)指标时,$M_0 = A_0 \times B_0 \times C_0$

当 M 为报告期(实际)指标时,$M_1 = A_1 \times B_1 \times C_1$

实际与计划的差异 $\Delta M = M_1 - M_0$

这一总差异同时受到 A、B、C 三个因素的影响,它们各自的影响程度可分别由以下式子计算求得。

第一次替代:

A 因素变动时,$M_2 = A_1 \times B_0 \times C_0$

A 因素变动对 M 的影响 $= A_1 \times B_0 \times C_0 - A_0 \times B_0 \times C_0 = M_2 - M_0$

第二次替代:

B 因素变动时,$M_3 = A_1 \times B_1 \times C_0$

B 因素变动对 M 的影响 $= A_1 \times B_1 \times C_0 - A_1 \times B_0 \times C_0 = M_3 - M_2$

第三次替代:

C 因素变动时,$M_1 = A_1 \times B_1 \times C_1$

C 因素变动对 M 的影响 $= A_1 \times B_1 \times C_1 - A_1 \times B_1 \times C_0 = M_1 - M_3$

A、B、C 三个因素变动对 M 指标总的影响为:

$$(M_2 - M_0) + (M_3 - M_2) + (M_1 - M_3) = M_1 - M_0 = \Delta M$$

由上式可以看出,各因素变动对指标的影响加以综合,其结果应与实际总额减去计划总额的差异相等。

【做中学 12-1】 某施工企业承包一个工程,计划砌砖工程量 1200m^3,按定额规定,每立方

米耗用空心砖510块,每块空心砖计划价格为0.12元,而实际砌砖工程量却达到1400m³,每立方米实耗空心砖500块,每块空心砖实际购入价为0.13元。由于空心砖费用是由砌砖工程量、单位耗用量和空心砖单价三个因素的乘积构成的,因此,就可以把空心砖费用这一总指标分解为三个因素,然后逐个分析它们对空心砖费用总额的影响程度。

根据表12-1中的资料,空心砖费用总额实际增加17560元,这是分析的对象。运用连环替代法,可以计算各因素变动对空心砖费用总额的影响程度。

表12-1

项 目	预 算 数	实 际 数
砌砖工程量(m³)	1200	1400
单位耗用空心砖数量(块/m³)	510	500
空心砖单价(元/块)	0.12	0.13
空心砖费用总额(元)	73440	91000

第一步:按照工程量、单耗、单价的顺序逐个项目进行替代。
计划指标 $1200 \times 510 \times 0.12 = 73440$(元) ①
实际砌砖工程量替代计划量 $1400 \times 510 \times 0.12 = 85680$(元) ②
实际单位耗用量替代计划量 $1400 \times 500 \times 0.12 = 84000$(元) ③
实际空心砖单价替代计划价 $1400 \times 500 \times 0.13 = 91000$(元) ④
(第三次替代即为实际指标)

第二步:计算各因素的影响方向与影响程度。
② - ① = 85680 - 73440 = 12240(元)(由于工程量增加)
③ - ② = 84000 - 85680 = -1680(元)(由于单位耗用量减少)
④ - ③ = 91000 - 84000 = 7000(元)(由于空心砖单价提高)
12240 + (-1680) + 7000 = 17560(元)(全部因素的影响)

(2)差额分析法

差额分析法是利用各个因素的实际数与基期数之间的差额,直接计算各因素对综合指标差异的影响数值的一种技术分析方法,它是连环替代法的一种简化形式。

差额分析法的计算程序如下:

①根据综合指标的性质,将指标分解为各组成因素,并按一定顺序写出数学表达式。
②确定各因素的实际数与基期数的差额。
③以各因素的差额乘以计算公式中列在该因素前面的各因素的实际数,以及列在该因素后面的其余因素的基期数,就可以求得各因素变动的影响值。
④将各个因素的影响值相加,其代数和应与该项经济指标的实际数与基期数之差相符。

假设财务指标 P 受 A、B、C 三个因素的影响,其关系表达式为 $P = A \times B \times C$。

实际指标:$P_1 = A_1 \times B_1 \times C_1$;计划指标:$P_0 = A_0 \times B_0 \times C_0$;实际与标准的总差异为 $\Delta P = P_1 - P_0$,$P_1 - P_0$ 这一总差异同时受到 A、B、C 三个因素的影响,它们各自的影响程度可分别由下式计算求得:

A 因素变动对财务指标 P 的影响:$\Delta A = (A_1 - A_0) \times B_0 \times C_0$

B 因素变动对财务指标 P 的影响：$\Delta B = A_1 \times (B_1 - B_0) \times C_0$

C 因素变动对财务指标 P 的影响：$\Delta C = A_1 \times B_1 \times (C_1 - C_0)$

各因素综合影响结果为：$\Delta A + \Delta B + \Delta C = \Delta P$

由此可以看出，各因素变动的影响数相加就应该等于总差异 $P_1 - P_0$。

【做中学 12-2】 仍以【做中学 12-1】所列数据为例，采用差额分析法计算确定各个因素变动对材料费用的影响。

实际数－预算数＝91000－73440＝17560(元)

(1) 实际工程量增加对空心砖费用总额的影响＝(1400－1200)×510×0.12＝12240(元)

(2) 单位耗用量减少对空心砖费用总额的影响＝1400×(500－510)×0.12＝－1680(元)

(3) 单价对空心砖费用总额的影响＝1400×510×(0.13－0.12)＝7140(元)

三个因素变动对空心砖费用总的影响＝12240＋(－1680)＋7140＝17560(元)

总之，因素分析法既可以全面分析各因素对某一经济指标的影响，又可以单独分析某个因素对某一经济指标的影响，因此，在财务分析中应用颇为广泛。

任务三 施工企业财务报表

一、企业财务报表

1. 财务报表的概念

财务报表是指在日常会计核算资料的基础上，按照规定的格式、内容和方法定期编制的，综合反映企业某一特定日期财务状况和某一特定时期经营成果、现金流量状况的书面文件。

一套完整的财务报表包括资产负债表、利润表、现金流量表、所有者权益变动表(或股东权益变动表)和财务报表附注。

2. 财务报表的作用

财务报表是财务报告的主要组成部分，它所提供的会计信息具有重要作用，主要体现在以下几个方面：

(1) 全面系统地揭示企业一定时期的财务状况、经营成果和现金流量，有利于经营管理人员了解本单位各项任务指标的完成情况，评价管理人员的经营业绩，以便及时发现问题，调整经营方向，制订措施改善经营管理水平，提高经济效益，为经济预测和决策提供依据。

(2) 有利于国家经济管理部门了解国民经济的运行状况。通过对各单位提供的财务报表资料进行汇总和分析，了解和掌握各行业、各地区的经济发展情况，以便宏观调控经济运行，优化资源配置，保证国民经济稳定持续发展。

(3) 有利于投资者、债权人和其他有关各方掌握企业的财务状况、经营成果和现金流量情况，进而分析企业的盈利能力、偿债能力、投资收益、发展前景等，为其投资、贷款和贸易提供决策依据。

(4)有利于满足财政、税务、工商、审计等部门监督企业经营管理。通过财务报表可以检查、监督各企业是否遵守国家的各项法律、法规和制度,有无偷税漏税的行为。

3. 财务报表的种类

财务报表可以按照不同的标准进行分类。

(1)按服务对象,可以分为对外报表和内部报表。

①对外报表是企业必须定期编制、定期向上级主管部门、投资者、财税部门、债权人等报送或按规定向社会公布的财务报表。这是一种主要的、定期的、规范化的财务报表。它要求有统一的报表格式、指标体系和编制时间等,资产负债表、利润表和现金流量表等均属于对外报表。

②内部报表是企业根据其内部经营管理的需要而编制的,供其内部管理人员使用的财务报表。它不要求统一格式,没有统一指标体系,如成本报表属于内部报表。

(2)按报表所提供会计信息的重要性,可以分为主表和附表。

①主表即主要财务报表,是指所提供的会计信息比较全面、完整,能基本满足各种信息需要者的不同要求的财务报表。现行的主表主要有三张,即资产负债表、利润表和现金流量表。

②附表即从属报表,是指对主表中不能或难以详细反映的一些重要信息所做的补充说明的报表。现行的附表主要有:利润分配表和分部报表,是利润表的附表;应交增值税明细表和资产减值准备明细表,是资产负债表的附表。主表与有关附表之间存在着勾稽关系,主表反映企业的主要财务状况、经营成果和现金流量,附表则对主表进一步补充说明。

(3)按编报的时间分类,可分为中期财务报表和年度财务报表。

中期财务报表包括月份、季度、半年期财务报表。年度财务报表是全面反映企业整个会计年度的经营成果、现金流量情况及年末财务状况的财务报表。企业每年年底必须编制并报送年度财务报表。

(4)按编报单位不同,分为基层财务报表和汇总财务报表。

基层财务报表是指由独立核算的基层单位编制的财务报表,用以反映本单位财务状况和经营成果。汇总报表是指上级和主管部门将本身的财务报表与其所属单位报送的基层报表汇总编制而成的财务报表。

(5)按编报的会计主体不同,分为个别报表和合并报表。

个别报表是指在以母公司和子公司组成的具有控股关系的企业集团中,由母公司和子公司各自为主体分别单独编制的报表,用以分别反映母公司和子公司本身各自的财务状况和经营成果和现金流量情况。合并报表是以母公司和子公司组成的企业集团为一个会计主体,以母公司和子公司单独编制的个别财务报表为基础,由母公司编制的综合反映企业集团经营成果、财务状况及其资金变动情况的财务报表。

(6)按照企业资金运动形态的不同,可以分为静态报表和动态报表。

静态报表是指某一时点的报表,如资产负债表。动态报表是指某一时期的报表,如利润表和现金流量表、所有者权益。

4. 财务报表编制要求

(1) 数字真实

财务报告中的各项数据必须真实可靠，如实地反映企业的财务状况、经营成果和现金流量。这是对会计信息质量的基本要求。

(2) 内容完整

财务报表应当反映企业经济活动的全貌，全面反映企业的财务状况和经营成果，才能满足各方面对会计信息的需要。凡是国家要求提供的财务报表，各企业必须全部编制并报送，不得漏编和漏报。凡是国家统一要求披露的信息，都必须披露。

(3) 计算准确

日常的会计核算以及编制财务报表，涉及大量的数字计算，只有准确的计算，才能保证数字的真实可靠。这就要求编制财务报表必须以核对无误后的账簿记录和其他有关资料为依据，不能使用估计或推算的数据，更不能以任何方式弄虚作假，玩数字游戏或隐瞒谎报。

(4) 报送及时

及时性是信息的重要特征，财务报表信息只有及时地传递给信息使用者，才能为使用者的决策提供依据。否则，即使是真实可靠和内容完整的财务报告，由于编制和报送不及时，对报告使用者来说，也大大降低了会计信息的使用价值。

由于编制财务报表的直接依据是会计账簿，所有报表的数据都来源于会计账簿，因此为保证财务报表数据的正确性，编制报表之前必须做好对账和结账工作，做到账证相符、账账相符、账实相符，以保证报表数据的真实准确。

二、资产负债表

1. 资产负债表的概念

资产负债表（the Balance Sheet）亦称财务状况表，表示企业在一定日期（通常为各会计期末）的财务状况（即资产、负债和业主权益的状况）的主要会计报表。它是一张揭示企业在一定时点财务状况的静态报表。

2. 资产负债表的格式

资产负债表一般有表首、正表两部分。其中，表首概括地说明报表名称、编制单位、编制日期、报表编号、货币名称、计量单位等。正表是资产负债表的主体，列示了用以说明企业财务状况的各个项目。资产负债表正表的格式一般有两种：报告式资产负债表和账户式资产负债表。报告式资产负债表是上下结构，上半部列示资产，下半部列示负债和所有者权益，是按"资产－负债＝所有者权益"的原理排列。账户式资产负债表是左右结构，左边列示资产，右边列示负债和所有者权益，是按"资产＝负债＋所有者权益"的原理排列。

目前，我国资产负债表采用账户式结构。每个项目又分为"期末余额"和"年初余额"两栏分别填列。资产负债表的格式如表12-2所示。

资 产 负 债 表

表 12-2

编制单位:A 施工企业　　　　　　　　2012 年 12 月 31 日　　　　　　　　单位:万元

资产	期末余额	年初余额	负债和所有者权益	期末余额	年初余额
流动资产:			流动负债:		
货币资金	5020	2850	短期借款	485	650
交易性金融资产	175	425	交易性金融负债		
应收账款	3885	3500	应付账款	1295	1945
预付款项	810	650	应付职工薪酬	975	585
存货	2900	2685	应付股利	2590	1620
一年内到期的非流动资产			其他应付款		
其他流动资产			一年内到期的非流动负债	485	385
流动资产合计	12790	10110	其他流动负债		
非流动资产:			流动负债合计	5830	5185
可供出售金融资产			非流动负债:		
持有至到期投资			长期借款	975	650
长期应收款			应付债券	640	400
长期股权投资	1650	975	长期应付款		
固定资产	6280	5650	预计负债		
固定资产清理			非流动负债合计	1615	1050
生产性生物资产			负债合计	7445	6235
汽油资产			所有者权益(或股本)		
无形资产	75	90	实收资本(股本)	5850	4860
开发支出			资本公积	2370	1560
长期待摊费用			盈余公积	3240	2595
递延所得税资产	55	75	未分配利润	1945	1650
其他非流动资产			所有者权益(或股东权益)合计	13405	10665
非流动资产合计	8060	6790	负债和所有者权益(或股东权益)总计	20850	16900
资产总计	20850	16900			

3. 资产负债表填列方法

我国资产负债表主体部分的各项目都列有"年初数"和"期末数"两个栏目。

资产负债表"年初数"栏内各项数字,应根据上年末资产负债表"期末数"栏内所列数字填列。如果本年度资产负债表规定的各个项目的名称和内容同上年度不相一致,应对上年末资产负债表各项目的名称和数字按照本年度的规定进行调整,填入表中"年初数"栏内。

资产负债表"期末数"应根据有关账户的期末余额分析计算填列。具体填列方法如下。

(1)根据总账有关账户的期末余额直接填列。

资产负债表各项目的数据来源,主要是根据总账科目期末余额直接填列。资产类项目有:应收票据、应收股利、应收利息、应收补贴款、固定资产原价、累计折旧、工程物资、固定资产减值准备、固定资产清理(如该账户出现贷方余额应以"－"填列)、递延税款借项等。

负债类项目有:短期借款、应付票据、应付工资(如该账户出现借方余额应以"－"填列)、应付福利费、应付股利、应交税金(如该账户出现借方余额应以"－"填列)、其他应交款(如该账户出现借方余额应以"－"填列)、其他应付款、预计负债、长期借款、应付债券、专项应付款、递延税款贷项等。

所有者权益项目有:实收资本、已归还投资、资本公积、盈余公积等。

(2)根据同类的几个总账账户的期末余额合并或抵减填列。

如:货币资金项目,根据"现金"、"银行存款"、"其他货币资金"科目的期末余额合计填列;

存货项目,根据"物资采购"、"原材料"、"低值易耗品"、"自制半成品"、"库存商品""包装物"、"分期收款发出商品"、"委托加工物资"、"委托代销商品"、"生产成本"等账户的合计,减去"代销商品款"、"存货跌价准备"科目的期末余额后的余额填列;

固定资产净值项目,根据"固定资产"账户的借方余额减去"累计折旧"账户的贷方余额后的净额填列;

"长期股权投资"项目,应根据"长期股权投资"科目的期末余额,减去"长期投资减值准备"科目中有关股权投资减值准备期末余额后的金额填列;

"长期债权投资"项目,应根据"长期债权投资"科目的期末余额,减去"长期投资减值准备"科目中有关债权投资减值准备期末余额后的金额填列;

未分配利润项目,在月(季)报中,根据"本年利润"和"未分配利润"科目的余额计算填列(如该账户出现借方余额应以"－"填列)。

(3)根据明细科目的余额计算填列。

资产负债表某些项目不能根据总账科目的期末余额或若干个总账科目的期末余额计算填列,需要根据有关科目所属的相关明细科目的期末余额计算填列。如"应收账款"项目,应根据"应收账款"科目所属各明细账户的期末借方余额合计,再加上"预收账款"科目的有关明细科目期末借方余额计算填列;"应付账款"项目,应根据"应付账款"、"预付账款"科目的有关明细科目的期末贷方余额计算编制。

(4)根据总账账户或明细账户的期末余额分析计算填列。

资产负债表上某些项目不能根据有关总账科目的期末余额直接或计算填列,也不能根据有关科目所属明细科目的期末余额计算填列,需要根据总账科目和明细科目余额分析计算填列,如"长期借款"项目,根据"长期借款"总账科目余额扣除"长期借款"科目所属的明细科目中反映的将于一年内到期的长期借款部分分析计算填列。又如"长期债权投资"项目、"长期待摊费用"项目,也要分别根据"长期债权投资"科目和"长期待摊费用"科目的期末余额,减去一年内到期的长期债权投资和一年内摊销的数额后的金额计算。

三、利润表

1. 利润表的概念

利润表是反映企业一定会计期间(如月度、季度、半年度或年度)生产经营成果的会计报表。企业一定会计期间的经营成果既可能表现为盈利,也可能表现为亏损,因此,利润表也被称为损益表。它全面揭示了企业在某一特定时期实现的各种收入、发生的各种费用、成本或支出,以及企业实现的利润或发生的亏损情况。

企业利润表是根据"收入-费用=利润"的基本关系来编制的,其具体内容取决于收入、费用、利润等会计要素及其内容,利润表项目是收入、费用和利润要素内容的具体体现。从反映企业经营资金运动的角度看,它是一种反映企业经营资金动态表现的报表,主要提供有关企业经营成果方面的信息,属于动态会计报表。利润表的具体结构见表12-3。

2012年度利润表 表12-3

编报单位:A施工企业　　　　　　　　　　　　　　　　　　　　单位:万元

项　目	本期金额	上期金额
一、营业收入	49000	37500
减:营业成本	27500	22500
营业税金及附加	2450	1875
销售费用	1750	1575
管理费用	2750	2450
财务费用	195	165
资产减值损失		
加:公允价值变动收益(损失以"-"填列)	100	80
投资收益(损失以"-"填列)	350	245
其中:对联营企业和合营企业的投资收益		
二、营业利润(亏损以"-"填列)	14805	9260
加:营业外收入	165	195
减:营业外支出	95	165
其中:非流动资产处置损失		
三、利润总额(亏损总额以"-"填列)	14875	9290
减:所得税费用	4910	3065
四、净利润(净亏损以"-"填列)	9965	6225

2. 企业利润表的编制步骤和内容

利润表有单步式结构表和多步式结构。目前,我国企业的利润表采用多步式格式,分以下三个步骤编制。

第一步:以营业收入为基础,计算营业利润。

营业利润=营业收入-营业成本-营业税金及附加-销售费用-管理费用-财务费用-

资产减值损失＋公允价值变动收益(－公允价值变动损失)＋
投资收益(－投资损失)

其中，　　　　　营业收入＝主营业务收入＋其他业务收入

营业成本＝主营业务成本＋其他业务成本

第二步：以营业利润为基础，计算利润总额。

利润总额＝营业利润＋营业外收入－营业外支出

第三步：以利润总额为基础，计算净利润。

净利润＝利润总额－所得税费用

3.利润表项目的填列方法

利润表各项目均需填列"本期金额"和"上期金额"两栏。

利润表"上期金额"栏内各项数字，应根据上年度利润表"本期金额"栏内所列数字填列。上年度利润表与本年度利润表的项目名称和内容不一致的，应对上年度利润表项目的名称和数字按本年度的规定进行调整。

利润表"本期金额"栏内各项数字，除"每股收益"项目外，应当按照相关科目的发生额分析填列。

(1)"营业收入"项目，根据"主营业务收入"、"其他业务收入"科目的发生额分析计算填列。

(2)"营业成本"项目，根据"主营业务成本"、"其他业务成本"科目的发生额计算分析填列。

(3)"营业税金及附加"项目，反映企业经营主要业务应负担的营业税、消费税、城市维护建设税、资源税、土地增值税和教育费附加等。本项目应根据"营业税金及附加"科目的发生额分析填列。

(4)"其他业务利润"项目，反映企业除主营业务以外取得的收入，减去所发生的相关成本、费用以及相关税金及附加等的支出后的净额。本项目应根据"其他业务收入"、"其他业务支出"科目的发生额分析填列。

(5)"销售费用"项目，反映企业在销售商品过程中发生的费用。本项目应根据"销售费用"科目的发生额分析填列。

(6)"管理费用"项目，反映企业发生的管理费用。本项目应根据"管理费用"科目的发生额分析填列。

(7)"财务费用"项目，反映企业发生的财务费用。本项目应根据"财务费用"科目的发生额分析填列。

(8)"投资收益"项目，反映企业以各种方式对外投资所取得的收益。本项目应根据"投资收益"科目的发生额分析填列；如为投资损失，以"－"填列。

(9)"营业外收入"项目和"营业外支出"项目，反映企业发生的与其生产经营无直接关系的各项收入和支出。这两个项目应分别根据"营业外收入"科目和"营业外支出"科目的发生额分析填列。

(10)"利润总额"项目，反映企业实现的利润总额。如为亏损总额，以"－"填列。

(11)"所得税"项目，反映企业按规定从本期损益中减去的所得税。本项目应根据"所得税"科目的发生额分析填列。

(12)"净利润"项目，反映企业实现的净利润。如为净亏损，以"－"填列。

任务四 施工企业偿债能力分析

施工企业总结和评价企业财务状况与经营成果的分析指标通常包括偿债能力分析、获利能力指标、资产使用效率指标和发展能力指标。

企业的偿债能力是指企业用其资产偿还长期债务与短期债务的能力。企业偿债能力是反映企业财务状况和经营能力的重要标志。企业偿债能力分析是企业财务分析的重要组成部分。重在分析企业偿还到期债务的承受能力或保证程度，包括偿还短期债务和长期债务的能力。

一、短期偿债能力分析

短期偿债能力是指企业偿还短期债务的能力。所谓短期债务，又称流动负债，是指在一年内或超过一年的一个营业周期内到期的债务。这种债务一般需要现金或其他流动资产偿还，可见短期偿债能力一般都是通过流动资产和流动负债之间的比较来计算并判断的。企业的短期偿债能力的评价，对企业和企业的债权人都是很重要的。

1. 短期偿债能力分析的主要指标

短期偿债能力分析的主要指标有：流动比率、速动比率、现金比率、现金流动负债率。

（1）流动比率

流动比率是流动资产与流动负债的比率，用公式表示为：

$$流动比率 = \frac{流动资产}{流动负债}$$

它表明企业每一元流动负债有多少流动资产作为偿还保证，反映企业用可在短期内转变为现金的流动资产偿还到期流动负债的能力。一般情况下，流动比率越高，说明企业短期偿债能力越强，债权人的权益越有保证。一般认为 2∶1 的比例比较适当。流动比率过低，表明企业可能难以按期偿还债务。流动比率过高，表明企业流动资产占用较多，会影响资金的使用效率和企业的筹资成本，进而影响获利能力。

在运用该指标分析公司短期偿债能力时，还应结合存货的规模大小、周转速度、变现能力和变现价值等指标进行综合分析。如果某一公司虽然流动比率很高，但其存货规模大、周转速度慢，有可能造成存货变现能力弱、变现价值低，那么，该公司的实际短期偿债能力就要比指标反映得弱。

【做中学 12-3】 根据资产负债表（表 12-2）的资料，

期初流动比率 = 10110 ÷ 5185 = 1.95

期末流动比率 = 12790 ÷ 5830 = 2.19

（2）速动比率

速动比率是企业速动资产与流动负债的比率，计算公式为：

$$速动比率 = \frac{速动资产}{流动负债}$$

表示每一元流动负债有多少速动资产作为偿还的保证，进一步反映流动负债的保障程度。

其中,速动资产是指流动资产减去变现能力较差且不稳定的存货、预付账款、待摊费用等后的余额。因此,速动比率较流动比率更加准确,可靠地评价企业资产的流动性及其偿还短期债务的能力。一般情况下,速动比率越高,说明企业偿还流动负债的能力越强。通常认为,速动比率为1:1较为适当。速动比率小于1,表明企业面临很大的偿债风险。速动比率大于1,表明企业会因现金及应收账款占用过多而增加企业的机会成本。

【做中学12-4】 根据资产负债表(表12-2)的资料,

期初速动比率=(10110－2685－650)÷5185＝1.31

期末速动比率=(12790－2900－810)÷5830＝1.56

在运用该指标分析公司短期偿债能力时,应结合应收账款的规模、周转速度和其他应收款的规模,以及它们的变现能力进行综合分析。如果某公司速动比率虽然很高,但应收账款周转速度慢,且它与其他应收款的规模大、变现能力差,那么该公司较为真实的短期偿债能力要比该指标反映得差。

由于预付账款、待摊费用、其他流动资产等指标的变现能力差或无法变现,所以,如果这些指标规模过大,那么在运用流动比率和速动比率分析公司短期偿债能力时,还应扣除这些项目的影响。

(3)现金比率

现金比率是指现金流资产与流动负债的比率,用公式表示为:

$$现金比率 = \frac{货币资金 + 短期投资}{流动负债}$$

现金比率,表示每一元流动负债有多少现金及现金等价物作为偿还的保证,反映企业可用现金及变现方式清偿流动负债的能力。该指标能真实地反映企业实际的短期偿债能力,该指标值越大,反映企业的短期偿债能力越强。

(4)现金流动负债比率

现金流动负债比率,是企业一定时期的经营现金净流量同流动负债的比率,计算公式为:

$$现金流动负债率 = \frac{年经营现金净流量}{年末流动负债} \times 100\%$$

该指标是从现金流入和流出的动态角度对企业实际偿债能力进行考察。它可以从现金流量角度来反映企业当期偿付短期负债的能力。该指标越大,表明企业经营活动产生的现金净流量较多,能够保障企业按时偿还到期债务。但也不是越大越好,太大则表示企业流动资金利用不充分,收益能力不强。

由于有利润的年份不一定有足够的现金来偿还债务,所以利用收付实现制为基础的现金流动负债率指标,能充分体现企业经营活动所产生的现金净流量可以在多大程度上保证当期流动负债的偿还,直观地反映出企业偿还流动负债的实际能力。

2. 企业提高或降低短期偿债能力的途径

能提高公司短期偿债能力的因素主要有:

(1)公司可动用的银行贷款指标。银行已同意、但公司尚未办理贷款手续的银行贷款限款,可以随时增加公司的现金,提高公司的支付能力。

(2)公司准备很快变现的长期资产。由于某种原因,公司可能将一些长期资产很快出售变成现金,以增加公司的短期偿债能力。

(3)公司偿债的信誉。如果公司的长期偿债能力一贯很好,即公司信用良好,当公司短期偿债方面暂出现困难时,公司可以很快地通过发行债券和股票等方法来解决短期资金短缺,提高短期偿债能力。这种提高公司偿债能力的因素,取决于公司自身的信用状况和资本市场的筹资环境。

以上三个方面的因素,都能使公司流动资产的实际偿债能力高于公司财务报表中所反映的偿债能力。

能降低公司短期偿债能力的因素主要有:

(1)或有负债。或有负债是指有可能发生的债务。这种负债,按照我国《公司会计准则》是不作为负债登记入账,也不在财务报表中反映的。只有已办贴现的商业承兑汇票,作为附注列示在资产负债表的下端。其余的或有负债包括售出产品可能发生的质量事故赔偿、诉讼案件和经济纠纷案可能败诉并需赔偿等。这些或有负债一经确认,将会增加公司的偿债负担。

(2)担保责任引起的负债。公司有可能以自己的一些流动资产为他人提供担保,如为他人向银行等金融机构借款提供担保,为他人购物担保可为他人履行有关经济责任提供担保等。这种担保有可能成为公司的负债,从而增加公司的偿债负担。这两个方面的因素会减少公司的偿债能力,或使公司陷入债务危机之中。

二、长期偿债能力分析

长期偿债能力是指企业偿还长期债务的能力。衡量企业长期偿债能力主要看企业资金结构是否合理、稳定,以及企业长期盈利能力的大小。

1. 长期偿债能力分析的主要指标

长期偿债能力的主要指标有:资产负债率、产权比率、已获利息倍数、长期资产适合率。

(1)资产负债率

资产负债率又称负债比率,是指企业负债总额对资产总额的比率,计算公式为:

$$资产负债率=\frac{负债总额}{资产总额}$$

该指标反映企业资产对债权人权益的保障程度。一般情况下,资产负债率越小,说明企业长期偿债能力越强。保守的观点认为资产负债率不应高于 50%,而国际上通常认为资产负债率等于 60% 时较为适当。从债权人来说,该指标越小越好,这样企业偿债越有保证。从企业所有者来说,该指标过小表明企业对财务杠杆利用不够;如果此项比率较大,从企业所有者来说,利用较少的自有资金投资,形成较多的生产用资产,不仅扩大了生产经营规模,而且在经营状况良好的情况下,还可以利用财务杠杆作用,得到较多的投资利润。企业的经营决策者应当将偿债能力指标与获利能力指标结合起来分析。

【做中学 12-5】 根据资产负债表(表 12-2)的资料,

期初资产负债率=6235÷16900×100%=36.89%

期末资产负债率=7445÷20850×100%=35.71%

运用该指标分析长期偿债能力时,应结合总体经济状况、行业发展趋势、所处市场环境等综合判断。资产负债率存在显著的行业差异,因此,分析该比率时应注重与行业平均数的比较。分析时还应同时参考其他指标值。

(2)产权比率

产权比率也称资本负债率,是指企业负债总额与所有者权益总额的比率,计算公式为:

$$产权比率 = \frac{负债总额}{所有者权益}$$

该指标反映企业所有者权益对债权人权益的保障程度。一般情况下,产权比率越低,说明企业长期偿债能力越强。债权人权益的保障程度越高,承担的风险越小,但企业不能充分地发挥负债的财务杠杆效应。所以,企业在评价产权比率适度与否时,应从提高获利能力与增加偿还债务能力两个方面综合进行,即在保障债务偿还安全的前提下,应尽可能提高产权比率。

【做中学 12-6】 根据资产负债表(表 12-2)的资料,

期初产权比率=6235÷10665=0.58

期末产权比率=7445÷13405=0.56

产权比率与资产负债率对评价偿债能力的作用基本相同,两者的主要区别是:资产负债率侧重于分析债务偿付安全性的物质保障程度;产权比率则侧重于揭示财务结构的稳健程度以及自有资金对偿债风险的承受能力。

(3)已获利息倍数

已获利息倍数,是指企业一定时期息税前利润与利息支出的比率,计算公式为:

$$已获利息倍数 = \frac{息税前利润}{利息费用}$$

"利息费用"是指本期发生的全部应付利息,不仅包括在当期财务费用中反映的利息费用,还包括计入固定资产成本的资本化利息费用。资本化利息虽然不在损益表中扣除,但仍然是要偿还的。息税前利润总额是指利润总额与利息支出的合计数,即

$$息税前利润总额 = 利润总额 + 利息支出$$

【做中学 12-7】 根据资产负债表(表 12-2)的资料,

期初利息保障倍数=(9290+165)÷165=57.30

期末利息保障倍数=(14857+195)÷195=77.28

该指标不仅反映了企业获利能力的大小,而且反映了获利能力对债务偿付的保障程度,它既是企业举债经营的前提依据,也是衡量企业长期偿债能力大小的重要标志。一般情况下,已获利息倍数越高,说明企业长期偿债能力越强,国际上通常认为,该指标为 3 时较为适当。从长期看,企业若要维持正常偿债能力,已获利息倍数至少应当大于 1,该比率越高,通常表示企业不能偿付债务利息的可能性就越小,企业长期偿债能力就越强。如果小于 1,企业面临亏损、偿债的安全性与稳定性下降的风险。

事实上,如果企业在偿付利息费用方面表现良好,企业可能永不需要偿还债务本金。因为当旧债到期时,企业有能力重新筹集到资金。

但是,由于非付现成本的存在,短期内指标值偶尔小于 1,也不一定就无力偿债。

因此,为了考察企业偿付利息能力的稳定性,一般应计算 5 年或 5 年以上的利息偿付倍数。保守起见,应选择 5 年中最低的利息偿付倍数值作为基本。

2. 企业长期偿债能力的影响因素

分析一个企业长期偿债能力，主要是为了确定该企业偿还债务本金和支付债务利息的能力。影响企业长期偿债能力的因素有企业的资本结构和企业的获利能力两个方面。

(1) 企业的资本结构

资本结构是指企业各种资本的构成及其比例关系。在西方资本结构理论中，由于短期债务资本的易变性，而将其作为营业资本管理。西方的资本结构仅指各种长期资本的构成及其比例关系。在我国，从广义上理解资本结构的概念更为恰当。原因有二：一是我国目前企业的流动负债比例很大，如果单纯从长期资本的角度分析，难以得出正确的结论；二是从广义的角度理解资本结构这一概念，已为我国官方文件所运用，国家进行的"优化资本结构"工作就是如此。

企业筹资的渠道和方式尽管有多种，但企业全部资本归结起来不外乎是权益资本和债务资本两大部分。

权益资本和债务资本的作用不同。权益资本是企业创立和发展最基本的因素，是企业拥有的净资产，它不需要偿还，可以在企业经营中永久使用。同时权益资本也是股东承担民事责任的限度，如果借款不能按时归还，法院可以强制债务人出售财产偿债，因此权益资本就成为借款的基础。权益资本越多，债权人越有保障；权益资本越少，债权人蒙受损失的可能性越大。在资金市场上，能否借入资金以及借入多少资金，在很大程度上取决于企业的权益资本实力。

由于单凭自有资金很难满足企业的需要，实际中很少有企业不利用债务资本进行生产经营活动的，负债经营是企业普遍存在的现象。从另一个角度看，债务资本不仅能从数量上补充企业资金的不足，而且由于企业支付给债务资本的债权人收益（如债券的利息），国家允许在所得税前扣除，就降低了融资资金成本。同时由于负债的利息是固定的，不管企业是否盈利以及盈利多少，都要按约定的利率支付利息。这样，如果企业经营的好，就有可能获取财务杠杆利益。这些都会使企业维持一定的债务比例。企业的债务资本在全部资本中所占的比重越大，财务杠杆发挥的作用就越明显。一般情况下，负债筹资资金成本较低，弹性较大，是企业灵活调动资金余缺的重要手段。但是，负债是要偿还本金和利息的，无论企业的经营业绩如何，负债都有可能给企业带来财务风险；可见，资本结构对企业长期偿债能力的影响一方面体现在权益资本是承担长期债务的基础；另一方面体现在债务资本的存在可能带给企业财务风险，进而影响企业的偿债能力。

企业的资本结构是影响企业长期偿债能力的重要因素。在实际工作中，企业主要存在如下三种融资结构。

① 保守型融资结构。这是指在资本结构中主要采取权益资本融资，且在负债融资结构中又以长期负债融资为主。在这种融资结构下，企业对流动负债的依赖性较低，从而减轻了短期偿债的压力，财务风险较低；同时权益资本和长期负债融资的成本较高，企业的资金成本较大。可见，这是一种低财务风险、高资金成本的融资结构。

② 中庸型融资结构。这是指在资本结构中，权益资本与债务资本融资的比重主要根据资金的使用用途来确定，即用于长期资产的资金由权益资本融资和长期负债融资提供，而用于流动资产的资金主要由流动负债融资提供，使权益资本融资与债务资本融资的比重保持在较为

合理的水平上。这种结构是一种中等财务风险和资金成本的融资结构。

③风险型融资结构。这是指在资本结构中主要(甚至全部)采用负债融资,流动负债也被大量长期资产所占用。显然,这是一种高财务风险、低资金成本的融资结构。

(2)企业的获利能力

企业能否有充足的现金流入供偿债使用,在很大程度上取决于企业的获利能力。企业对一笔债务总是负有两种责任:一是偿还债务本金的责任;二是支付债务利息的责任。短期债务可以通过流动资产变现来偿付,因为大多数流动资产的取得往往以短期负债为其资金来源。而企业的长期负债大多用于长期资产投资,在企业正常生产经营条件下,长期资产投资形成企业的固定资产能力,一般来讲,企业不可能靠出售资产作为偿债的资金来源,而只能依靠企业生产经营所得。另外,企业支付给长期债权人的利息支出,也要从所融通资金创造的收益中予以偿付。可见,企业的长期偿债能力是与企业的获利能力密切相关的。一个长期亏损的企业,正常生产经营活动都不能进行,保全其权益资本肯定是困难的事情,保持正常的长期偿债能力也就更无保障了。一般来说,企业的获利能力越强,长期偿债能力越强;反之,则长期偿债能力越弱。如果企业长期亏损,则必须通过变卖资产才能清偿债务,最终要影响投资者和债权人的利益。因此,企业的盈利能力是影响长期偿债能力的重要因素。

(3)此外,应该特别指出,现金流量状况决定了偿债能力的保证程度。

(4)影响长期偿债能力的其他因素

①长期资产。资产负债表中的长期资产主要包括固定资产、长期投资和无形资产。将长期资产作为偿还长期债务的资产保障时,长期资产的计价和摊销方法对长期偿债能力的影响最大。

a.固定资产。资产的市场价值最能反映资产偿债能力。事实上,报表中,这资产的结果。报表中固定资产的价值是采用历史成本法计量的,不反映资产的市场价值,因而不能反映资产的偿债能力。固定资产的价值受三个因素的影响:固定资产的入账价值;固定资产折旧;固定资产减值准备。

b.长期投资。长期投资包括长期股权投资、长期债权投资。报表中长期投资的价值受两个因素的影响:长期投资的入账价值;长期投资减值准备。

c.无形资产。资产负债表上所列的无形资产同样影响长期资产价值。

②长期负债。在资产负债表中,属于长期负债的项目有长期借款、应付债券、长期应付款、专项应付款和其他长期负债。在分析长期偿债能力时,应特别注意以下问题:

a.会计政策和会计方法的可选择性,使长期负债额产生差异。分析时应注意会计方法的影响,特别是中途变更会计方法对长期负债的影响。

b.应将可转换债券从长期负债中扣除。

c.有法定赎回要求的优先股也应该作为负债。

③长期租赁。融资租赁是由租赁公司垫付资金,按承租人要求购买设备,承租人按合同规定支付租金,所购设备一般在合同期满转归承租人所有的一种租赁方式。因而企业通常将融资租赁视同购入固定资产,并把与该固定资产相关的债务作为企业负债反映在资产负债表中。

不同于融资租赁,企业的经营租赁不在资产负债表上反映,只出现在报表附注和利润表的租金项目中。当企业经营租赁量比较大,期限比较长或具有经常性时,经营租赁实际上就构成了一种长期性筹资。因此,必须考虑这类经营租赁对企业债务结构的影响。

④或有事项。或有事项是指过去的交易或事项形成的一种状态,其结果须通过未来不确定事项的发生或不发生予以证实。或有事项分为或有资产和或有负债。或有资产是指过去交易或事项形成的潜在资产,其存在要通过未来不确定事项的发生或不发生予以证实。

产生或有资产会提高企业的偿债能力;产生或有负债会降低企业的偿债能力。因此,在分析企业的财务报表时,必须充分注意有关或有项目的报表附注披露,以了解未在资产负债表上反映的或有项目,并在评价企业长期偿债能力时,考虑或有项目的潜在影响。同时,应关注有否资产负债表日后的或有事项。

⑤承诺。承诺是企业对外发出的将要承担的某种经济责任和义务。企业为了经营的需要,常常要作出某些承诺,这种承诺有时会大量的增加该企业的潜在负债或承诺义务,却没有通过资产负债表反映出来。因此,在进行企业长期偿债能力分析时,报表分析者应根据报表附注及其他有关资料等,判断承诺变成真实负债的可能性;判断承诺责任带来的潜在长期负债,并作相应处理。

⑥金融工具。金融工具是指引起一方获得金融资产并引起另一方承担金融负债或享有所有者权益的契约。与偿债能力有关的金融工具主要是债券和金融衍生工具。

任务五 盈利能力分析

盈利能力又称获利能力,是指企业正常经营赚取利润的能力,是企业生存发展的基础。这种能力的大小通常以投入产出的比值来衡量。企业利润额的多少不仅取决于公司生产经营的业绩,而且还取决于生产经营规模的大小、经济资源占有量的多少、投入资本的多少以及产品本身价值等条件的影响。不同规模的企业之间或在同一企业的各个时期之间,仅对比利润额的多少,并不能正确衡量企业获利能力的优劣。为了排除上述因素的影响,必须从投入产出的关系上分析企业的获利能力。

企业盈利能力分析包括企业盈利能力一般分析和股份公司税后利润分析。反映施工企业获利能力的指标通常有工程项目的毛利率、工程项目净利率、成本费用利润率、总资产报酬率等指标。

一、盈利能力一般分析

1. 工程项目毛利率

工程项目毛利率(Gross Profit Margin)是工程项目毛利与工程项目收入的百分比,其中工程项目的毛利是工程项目收入减去与工程项目收入相对应的工程项目成本之间的差额,用公式表示为:

$$工程项目毛利率 = \frac{工程收入 - 工程成本}{工程收入} \times 100\%$$

该公式表示每一元工程项目收入扣除工程项目成本后，有多少钱可以用以各项期间费用和形成盈利。工程项目毛利率是施工企业计算工程项目净利率的最初基础，没有足够大的毛利率，施工企业便不能盈利。

工程毛利是施工企业在扣除期间费用和所得税额之前的盈利额，该指标越大，说明施工企业获取毛利越多，补偿期间费用的空间就会越大，企业的盈利也会增多。如果工程项目毛利很低，表明施工企业没有足够多的毛利额，补偿期间费用后的盈利水平就会不高；也可能无法补偿期间费用，出现亏损局面。通过该指标可以预测施工企业的盈利能力。

【做中学 12-8】 根据资产负债表（表12-2）和利润表（表12-3）的资料，

期初工程毛利率 $=(37500-22500)\div 37500\times 100\% =40\%$

期末工程毛利率 $=(49000-27500)\div 49000\times 100\% =43.88\%$

工程毛利率的计算，有利于工程项目收入和工程项目成本的对比分析，分析工程项目毛利率指标便能剔除不同所得税率，以及不同期间费用耗费水平所带来的不可比因素的影响。

2. 工程项目净利率

工程项目净利率是指施工企业净利润占工程项目收入的百分比，其计算公式如下：

$$工程项目净利率 = \frac{净利润}{工程收入} \times 100\%$$

工程项目净利率表示企业每一元工程项目收入净额所能实现的利润净额为多少，用以衡量企业在一定时期的工程项目收入获取的能力。工程项目净利率与净利润成正比，与工程收入成反比。施工企业在提高工程收入的同时，必须更多地增加净利润，才能提高工程项目净利率。该指标反映施工企业工程收入的盈利水平。

一般而言，工程项目净利率的指标越大，说明企业的盈利能力越强。一个企业如果能保持良好的持续增长的销售净利率，说明该企业的财务状况是好的，但并不能绝对地说工程项目净利率越大越好，还必须看企业的销售增长情况和净利润的变动情况。

施工企业在进行工程项目净利率分析时，可以对连续几年的指标数值进行分析，从而测定该施工企业净利率的发展变化趋势；也同样应将企业的指标数值与其他施工企业指标数值或同行业平均水平进行对比，以具体评价该企业净利率水平的高低。

从工程项目净利率的指标关系看，企业在增加工程项目收入额的同时，必须相应地获得更多的净利润，才能使净利率保持不变或有所提高。分析工程项目净利率的升降变动，可以促使企业在增加工程项目收入的同时，注意改进经营管理，提高盈利水平。但是，盲目扩大生产和规模未必会为企业带来真正的收益。因此，分析者应关注在企业每增一元销售收入的同时，销售净利率的增减程度，由此来考察销售收入增长的效益。

【做中学 12-9】 根据资产负债表（表12-2）和利润表（表12-3）的资料，

期初工程净利率 $=6225\div 37500\times 100\% =16.6\%$

期末工程净利率 $=9965\div 49000\times 100\% =20.33\%$

这里的净利润，在我国会计制度中是指税后利润。营业净利率这一指标反映每一元营业收入带来的净利润的多少，衡量营业收入的收益水平。从营业净利率的指标关系看，净利润与营业净利率成正比关系，而营业收入与营业净利率成反比关系。企业在增加营业收入的同时，必须相应地获得更多的净利润,才能使营业净利率保持不变或有所提高。因此,企业在扩大营业额的同时,必须注意改进经营管理,提高盈利水平。

3. 成本费用利润率

成本费用利润率是企业一定期间的利润总额与成本、费用总额的比率。成本费用利润率指标表明每付出一元成本费用可获得多少利润,体现了经营耗费所带来的经营成果。该指标越高,反映企业的经济效益越好。计算公式为:

$$成本费用利润率 = \frac{利润总额}{成本费用总额} \times 100\%$$

其中,成本费用总额=营业成本+营业税金及附加+销售费用+管理费用+财务费用

该指标越高,表明企业为取得利润而付出的代价越小,成本费用控制得越好,获利能力越强。

同利润一样,成本费用的计算口径也可以分为不同的层次,比如主营业务成本、营业成本等,在评价成本费用开支效果时,应当注意成本费用与利润之间在计算层次和口径上的对应关系。

4. 总资产报酬率

总资产报酬率也叫投资报酬率,是指企业资产总额中平均每一百元所能获得的纯利润。该指标是衡量企业运用所有投资资源所获经营成效的指标,总资产报酬率越高,则表明企业越善于运用资产;反之,则资产利用效果越差。公式表示为:

$$总资产报酬率 = \frac{息税前利润}{平均资产总额} \times 100\%$$

或

$$总资产报酬率 = \frac{利润总额 + 利息支出}{平均资产总额} \times 100\%$$

利润总额指企业实现的全部利润,包括企业当年营业利润、投资收益、补贴收入、营业外支出净额等项内容,如为亏损,则用"-"表示。

利息支出是指企业在生产经营过程中实际支出的借款利息、债权利息等。

利润总额与利息支出之和为息税前利润,是指企业当年实现的全部利润与利息支出的合计数,数据取自企业《利润及利润分配表》。

其中,息税前利润总额=利润总额+利息费用=净利润+所得税+财务费用

平均资产总额是指企业资产总额年初数与年末数的平均值,数据取自企业《资产负债表》。

$$平均资产总额 = \frac{资产总额年初数 + 资产总额年末数}{2}$$

总资产报酬率是一个综合性的指标,反映了企业总资产的盈利能力,反映了利润的多少与企业规模、经营水平的综合效果。可以运用该项指标与企业自身的历史资料和同行业企业进行比较,找出差异。

【做中学 12-10】 根据资产负债表(表 12-2)和利润表(表 12-3)的资料,该企业 2012 年度的总资产报酬率为:

$$2012年总资产报酬率 = \frac{14875 + 195}{20850 + 16900} \times 2 \times 100\% = 79.84\%$$

从以上计算结果可以看到,该企业 2012 年度总资产报酬率比较低,反映出企业资产综合利用效率较低。

5. 净资产收益率

净资产收益率是净利润与平均净资产的百分比,也称净值报酬率或权益报酬率。净资产收益率反映的是企业所有者权益的投资报酬率,是所有财务比率中综合性最强、最具代表性的一个指标。该指标通用性强,适应范围广,不受行业局限,在国际上的企业综合评价中使用率非常高。通过对该指标的综合对比分析,可以看出企业获利能力在同行业中所处的地位,以及与同类企业的差异水平。一般认为,净资产收益率越高,企业自有资金获取收益的能力越强,运营效益越好,对企业投资人和债权人权益的保证程度越高。计算公式为:

$$净资产收益率 = \frac{税后利润}{所有者权益}$$

【做中学 12-11】 根据资产负债表(表 12-2)和利润表(表 12-3)的资料,该企业 2012 年度的净资产收益率为:

$$2012 年净资产收益率 = \frac{9965}{20850 + 16900} \times 2 \times 100\% = 82.80\%$$

从上述计算可以看出,该企业 2012 年的净资产收益率比较低,企业盈利能力不高。对于上市公司而言,该公式的分母"平均净资产"也可以换成"年末净资产"。因为股份制企业在增加股份时,新股东一般要超面值缴入资本并获得同股同权的地位,所以期末的股东对本年的利润拥有同等的权利。同时,这样计算也可以和每股收益、每股净资产等指标的计算保持一致。

二、股份公司税后利润分析

股份公司税后利润分析所用的指标很多,主要有每股利润、每股股利和市盈率。

1. 每股利润

股份公司中的每股利润(Earnings Per Share, EPS)是指普通股每股税后利润。该指标中的利润是利润总额扣除应缴所得税的税后利润,如果发行了优先股还要扣除优先股应分的股利,然后除以流通股数,即发行在外的普通股平均股数。计算公式为:

$$普通股每股利润 = \frac{税后利润 - 优先股股利}{流通股数}$$

2. 每股股利

每股股利(Dividends Per Share, DPS)是指企业股利总额与流通股数的比率。

股利总额是用于对普通股分配现金股利的总额,流通股数是企业发行在外的普通股股份平均数。计算公式为

$$每股利润 = \frac{股利总额}{发行在外普通股股数}$$

每股股利是反映股份公司每一普通股获得股利多少的指标。

每股股利的高低,一方面取决于企业获利能力的强弱,同时,还受企业股利发放政策与利

润分配需要的影响。如果企业为扩大再生产,增强企业的后劲而多留,则每股股利就少;反之,则多。

3. 市盈率

市盈率,又称价格——盈余比率(Price-Earning Ratio,P/E),是普通股每股市场价格与每股利润的比率。它是反映股票盈利状况的重要指标,也是投资者对从某种股票获得 1 元利润所愿支付的价格。计算公式为

$$市盈率 = \frac{普通股每股市场价格}{普通股每股利润}$$

该项比率越高,表明企业获利的潜力越大;反之,则表明企业的前景并不乐观。股票投资者可将对市盈率的比较,用作投资选择的参考。

任务六　资产使用效率分析

资产使用效率分析又称营运能力分析,一般是通过企业生产经营资金周转速度有关的指标来反映资产的营运能力,表明施工企业管理人员经营管理、运用资金的能力。企业生产经营资金周转的速度越快,表明企业资金利用的效果越好,效率越高,企业管理人员的经营能力越强。

一、企业营运能力分析主要指标

反映企业营运能力的指标有很多,下面主要介绍几种常见的指标,具体包括流动资产周转率、应收账款周转率、存货周转率、固定资产周转率和总资产周转率五个方面。

1. 分类资产周转率

(1)流动资产周转率

流动资产周转率是指企业一定时期内的主营业务收入与流动资产平均余额的比率,即企业流动资产在一定时期内(通常为一年)的周转次数。流动资产周转率反映企业流动资产运用效率的指标。计算公式为:

$$流动资产周转率(次数) = \frac{主营业务收入}{流动资产平均余额}$$

$$流动资产平均余额 = \frac{期初流动资产总额 + 期末流动资产总额}{2}$$

$$流动资产周转天数 = \frac{计算期天数}{流动资产周转率}$$

其中,计算期天数通常为 360 天。

该指标反映了企业对流动资产的使用效率,指标数值越大,每一次流动资金的周转时间就会越短,说明企业流动资产的周转效率越快,越能节约资金投入,资产运用效率越好,进而使企业的偿债能力和盈利能力增强;反之,周转速度就慢,需要补充资金周转,会降低盈利能力。当然,企业要想提高资产周转率,也要从公式的分子和分母中寻找解决办法。

相对而言,流动资产是流动性较强、风险较小的资产,资产质量好坏与其密切相关。总资产运用效率的高低,关键取决于流动资产周转率的高低。流动资产周转率指标不仅反映流动

资产的运用效率,同时也影响着企业的盈利水平。

【做中学 12-12】 根据资产负债表(表 12-2)和利润表(表 12-3)的资料,该企业 2012 年度的流动资产周转率为:

$$2012\text{ 年流动资产周转率} = \frac{49000}{20850+16900} \times 2 = 4.28$$

(2)固定资产周转率

固定资产周转率是指企业一定时期的主营业务收入与固定资产平均净值的比率。它是反映企业固定资产周转状况、衡量固定资产运用效率的指标。计算公式为:

$$\text{固定资产周转率} = \frac{\text{营业收入}}{\text{固定资产平均余额}}$$

$$\text{固定资产平均余额} = \frac{\text{期初固定资产余额} + \text{期末固定资产余额}}{2}$$

$$\text{固定资产周转天数} = \frac{360}{\text{固定资产周转率}}$$

一般而言,固定资产周转率越高,表明企业固定资产利用越充分,企业固定资产投资得当,固定资产结构布局合理,能够较充分地发挥固定资产使用效率,企业的经营活动越有效;反之,则表明固定资产使用效率不高,提供生产经营成果不多,企业固定资产营运能力较差。

【做中学 12-13】 根据资产负债表(表 12-2)和利润表(表 12-3)的资料,该企业 2012 年度的固定资产周转率为:

$$2012\text{ 年固定资产周转率} = \frac{37500}{5650+6280} \times 2 = 6.29$$

(3)长期投资周转率

长期投资的数额与营业收入之间的关系不一定很明显,因此很少计算长期投资的周转率。

$$\text{长期投资周转率} = \frac{\text{营业收入}}{\text{长期投资平均余额}}$$

$$\text{长期投资周转天数} = \frac{360}{\text{长期投资周转率}}$$

2. 单项资产周转率

单项资产周转率,是指根据资产负债表左方项目分别计算的资产周转率。其中最重要和最常用的是应收账款周转率和存货周转率。

(1)应收账款周转率

应收账款周转率是指一定时期营业收入与应收账款平均余额的比率。它反映的是应收账款转为现金的平均次数。应收账款的周转天数是指从企业取得应收账款的权利收回款项、转换为现金所需要的时间。计算公式为:

$$\text{应收账款周转率(次数)} = \frac{\text{主营业务收入净额}}{\text{应收账款平均余额}}$$

$$\text{应收账款平均余额} = \frac{\text{期初应收账款总额} + \text{期末应收账款总额}}{2}$$

$$\text{应收账款平均余额} = \frac{\text{计算期天数}}{\text{应收账款周转率}}$$

一般来说,应收账款周转率越高越好。应收账款周转率越高,说明其收账速度越快,资产的流动性越强,短期偿债能力越强,能减少坏账费用和坏账损失;反之,说明营运资金过多呆滞在应收账款上,影响正常资金周转及偿债能力。

【做中学 12-14】 根据资产负债表(表 12-2)和利润表(表 12-3)的资料,该企业 2012 年度的应收账款周转率为:

$$2012年应收账款周转率 = \frac{49000}{3885+3500} \times 2 = 13.27$$

应收账款的周转率,要与企业经营方式结合考虑。以下几种情况使用该指标不能反映实际情况:①季节性经营的企业;②大量使用分期收款结算方式的企业;③大量使用现金结算销售;④年末大量销售或年末销售大幅下降的企业。

企业在采用该指标分析时,应注意以下几个问题:

①从理论上讲,应收账款周转率越快越好,但实际工作中应收账款周转率多快为好,没有一个统一标准。分析时可与本企业历史水平或行业水平对比,从而对本期应收账款周转率作出判断。

②影响应收账款周转率的因素是多方面的,如企业的信用政策、客户故意拖欠、客户财务困难等。企业应仔细分析应收账款周转率变动的原因,针对不同原因采用相应的措施。

③计算应收账款平均余额时,应尽可能采用详细的资料,如各月或各季平均数,这样可使计算结果更接近实际。

(2)存货周转率

存货周转率是反映企业存货在一定时期内周转速度的指标,它表示企业存货在一定时期内(通常为一年)周转的次数。该指标的计算方法有两种:一是以成本为基础的存货周转率,即存货周转率是企业一定时期的主营业务成本与存货平均余额的比率,主要用于流动性分析;二是以收入为基础的存货周转率,即存货周转率是企业一定时期的主营业务收入与存货平均余额的比率,主要用于盈利性分析。计算公式为:

$$成本基础的存货周转率(次数) = \frac{主营业务成本}{存货平均余额}$$

$$成本基础的存货周转率(次数) = \frac{主营业务收入}{存货平均余额}$$

$$存货平均余额 = \frac{期初存货总额 + 期末存货总额}{2}$$

$$存货周转天数 = \frac{计算期天数}{存货周转率}$$

成本基础的存货周转率运用较为普遍,因为与存货直接相关的是主营业务成本,两者之比可以更切合实际地表现存货周转状况。

【做中学 12-15】 根据资产负债表(表 12-2)和利润表(表 12-3)的资料,该企业 2012 年度的存货周转率为:

$$2012年存货周转率 = \frac{49000}{2900+2685} \times 2 = 17.55$$

收入基础的存货周转率维护了资产运用效率比率各指标计算上的一致性。按收入计算存货周转率,作用主要是应收账款周转率相对应,计算企业的营业周期。

企业营业周期是指从取得存货开始到销售存货并收回现金为止的这段时间。计算公式为：
$$营业周期=存货周转天数+应收账款周转天数$$

营业周期的长短,说明资金周转速度的快慢。

一定时期内存货周转率是衡量公司销货能力强弱和存货是否过多或短缺的指标。其比率越高,说明存货周转速度越快,公司控制存货的能力越强,利润率越大,营运资金投资于存货上的金额越小。反之,则表明存货过多,不仅使资金积压,影响资产的流动性,还增加仓储费用与产品损耗。

在计算存货周转率指标时,还应注意以下两个问题：

(1)存货管理是企业资产管理的重要内容之一,企业在分析存货周转率指标时,应尽可能结合存货批量因素、季节性变化因素等情况对该指标加以理解,同时对存货的结构以及影响存货周转率的重要指标进行分析,通过进一步计算原材料周转率或某种存货周转率,从不同角度、环节上找出存货管理中的问题,在满足企业生产经营需要的同时,尽可能减少经营占用资金,提高存货的管理水平。

(2)存货周转率也非越快越好。一方面,存货周转率较慢,是企业资产运用效率欠佳的表现；但另一方面,存货周转过快,有可能会因为存货储备不足而影响生产的正常进行,特别是那些供应较为紧张的存货。

3.总资产周转率

总资产周转率是指企业一定时期的主营业务收入与资产总额的比率,说明企业的总资产在一定时期内(通常为一年)周转的次数。计算公式为：

$$总周转率(次数)=\frac{主营业务收入}{平均资产总额}$$

$$总资产平均余额=\frac{期初资产总额+期末资产总额}{2}$$

$$总资产周转天数=\frac{计算期天数}{总周转率}$$

【做中学 12-16】 根据资产负债表(表 12-1)和利润表(表 12-2)的资料,该企业 2012 年度的总资产周转率为：

$$2012年总资产周转率=\frac{49000}{20850+16900}\times 2=2.60$$

总资产周转速度反映了企业全部资产运用效率,即在一定时期内实现的主营业务收入的多少。总资产周转率越高,周转次数越多,而且企业资产结构合理,企业全部资源得到了充分利用,表明总资产使用效率越好,其结果必然会给企业带来更多的收益,使企业的盈利能力、偿债能力都得到提高。反之,则表明企业利用全部资产进行经营活动的能力差、效率低,最终还将影响企业的盈利能力。如果企业总资产周转率长期处于较低状态,企业则应采取适当措施提高各项资产的利用程度,对那些确实无法提高利用率的多余、闲置资产及时进行处理,提高总资产周转率。

如果企业的总资产率突然上升,而企业的收入与以往持平,则有可能是企业本期报废了大量固定资产造成的,并不能说明企业资产利用效率提高,在进行总资产周转率分析时,也应以企业以前年度的水平作为参照进行对比分析,从中找出差距,挖掘企业潜力,提高资产利用效率。

二、影响资产周转率的主要因素

一般而言,影响资产周转率的因素包括:企业经营周期的长短、企业的资产构成及其质量、资产的管理力度,以及企业所采用的财务政策等。

(1)企业所处行业及其经营背景。

(2)企业经营周期长短。

(3)企业资产的构成及其质量。

(4)资产管理的力度和企业采用的财务政策。

任务七　财务综合分析

一、综合分析的意义

利用财务比率可以分析企业某一方面的财务状况,例如企业的偿债能力、资产管理水平、企业获利能力等,但是,难以全面评价企业的财务状况和经营成果,不能揭示一个指标对其他指标的影响。由于企业的经济活动是一个有机整体,其各项财务指标是紧密相连的,并且相互影响、不可分割,要想对企业的财务状况、经营成果和现金流量有一个总体的评价和业绩考核,就必须将企业的理财活动作为一个大系统,从全局出发,进行全面、系统、综合性的分析。这就是综合分析。

所谓财务综合分析,就是以企业的财务会计报告及其他有关资料为主要依据,将反映企业理财活动的各项财务分析指标作为一个整体,对企业的财务状况、经营成果和营运能力等的变动进行系统、全面、综合的剖析、解释和评价,以便全方位地了解企业经营的理财状况,客观解释企业取得的成绩或存在的不足,准确地预测企业未来发展趋势,从而对企业经济效益的优劣作出准确的评价。

财务综合分析的特点,主要体现在财务指标体系的要求上。一个健全综合有效的财务分析指标体系,必须具备三个基本要求。

(1)指标要素齐全适当

对企业综合分析评价的指标要涵盖企业的营运能力、偿债能力和盈利能力等方面,满足多方面分析的要求。

(2)主要指标和辅助指标功能匹配

在进行综合分析时,一方面,在确立营运能力、支付能力诸方面评价的主要指标和次要指标的同时,要进一步明晰总体结构中各项指标的主辅地位;另一方面,不同范围的主要指标所反映企业的经营状况、财务状况的不同侧面与不同层次的信息的有机统一,应当能够全面翔实地揭示出企业经营理财的实绩。

(3)满足多方信息需要

这要求评价指标体系能够提供多层次、多角度的信息资料,既能满足企业内部管理决策的需要,又能满足外部信息使用者和实施宏观管理的需要。

进行财务综合分析的方法很多,常用的财务综合分析方法主要有杜邦财务分析体系和沃尔比重评分法。比较广泛使用的是杜邦财务分析体系。

二、杜邦财务分析体系

杜邦财务分析体系(the Du Pont System,简称杜邦体系),是以获利能力为企业的核心能力,以净资产收益率为核心财务指标,根据获利能力比率、资产管理比率和债务比率三者之间的内在联系,对企业的财务状况、经营成果进行综合、系统的分析和评价的一种方法。杜邦财务分析体系是一种比较实用的财务比率分析体系。这种分析方法首先由美国杜邦公司的经历创造出来,故称之为杜邦分析体系。

杜邦模型最显著的特点是将企业中各项财务指标和财务活动看做一个相互联系的有机体,对系统内部相互联系的各因素综合起来加以分析。它以净资产收益率为主线,将企业一定时期的财务状况和经营成果全面联系起来,层层分解,构成一个完整的分析体系。如图12-1所示,杜邦体系中包括以下几种主要的指标关系。

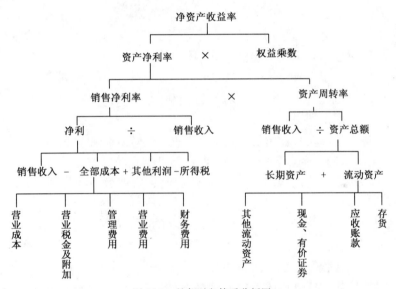

图 12-1 杜邦财务体系分析图

在杜邦体系分析中,包含了几个主要的指标关系,可以分成两个层次。

第一层次:

$$净资产收益率 = \frac{净利润}{净资产} = \frac{净利润}{总资产} \times \frac{总资产}{净资产} = 总资产净利率 \times 权益乘数$$

$$总资产净利率 = \frac{净利润}{总资产} = \frac{净利润}{营业收入} \times \frac{营业收入}{总资产} = 总资产周转率 \times 营业净利率$$

以上关系表明,影响净资产收益率最重要的因素有三个,即

$$净资产收益率 = 营业净利率 \times 总资产周转率 \times 权益乘数$$

第二层次:

$$营业净利率 = \frac{净利润}{营业收入} = \frac{总收入 - 总成本费用}{营业收入}$$

$$总资产周转率 = \frac{营业收入}{总资产} = \frac{营业收入}{流动资产 + 非流动资产}$$

杜邦财务分析体系为进行企业综合财务分析提供了极具价值的财务信息。

(1)净资产收益率是一个综合性最强的财务指标,是整个分析系统的起点和核心。它通过影响指标因素的层层分解,并研究彼此间的依存关系,从而揭示企业的获利能力及原因。该指标的高低反映了投资者净资产获利能力的大小,其高低变化是由总资产净利率和反映企业所有者权益结构比重的权益乘数两个因素决定的,而总资产净利率又受营业净利率和总资产周转率大小的影响,所以,综合起来讲,净资产收益率是由营业净利率、总资产周转率及权益乘数决定的。

(2)总资产净利率是营业净利率与总资产周转率的乘积,是财务成果和资产运营的综合反映,要提高总资产收益率,必须增加营业收入,降低资金占用额。

(3)业主权益乘数是反映资本结构的指标,也是反映企业偿债能力的指标,权益乘数表示企业的负债程度,权益乘数越大,表示企业的负债程度越高。计算公式为:

$$权益乘数 = \frac{1}{1 - 资产负债率}$$

其中,资产负债率是全年的平均资产负债率,不同于在偿债能力分析中提到的年末资产负债率,是全年平均负债总额与全年平均资产总额的比值。

(4)营业净利率反映了企业净利润与销售收入的关系。要提高利润率,必须增加营业收入,降低成本费用,这两条途径一方面可以提高营业利润率,另一方面也可以提高总资产周转率,最终使净资产收益率得到提高。

(5)总资产周转率是反映企业营运能力最重要的指标,是企业资产经营的结果,是实施净资产收益率最大化的基础。企业总资产由流动资产和非流动资产组成,流动资产体现企业的偿债能力和变现能力,非流动资产体现企业的经营规模、发展潜力和盈利能力。各类资产的收益性有很大的区别,如现金、应收账款几乎没有收益。所以,资产结构是否合理以及营运效率的高低是企业资产经营的核心问题,最终影响到企业的经营业绩。

通过杜邦体系自上而下的分析,不仅可以揭示出企业各项财务指标间的结构关系,查明各项主要指标变动的影响因素,而且为决策者优化经营理财状况,提高企业经营效益提供了思路。值得指出的是,杜邦财务分析体系提供的是一种方法,即将财务比率逐层分解,而不是去建立一些新的财务指标。实施当中企业可以根据需要,将另外一些财务比率进行分解,达到解释财务状况变化的目的。

三、沃尔比重评分法

沃尔比重评分法也称财务比率综合评分法,最早是在20世纪初,由亚历山大·沃尔选择七项财务比率对企业的信用水平进行评分所使用的方法。这种方法是通过对选定的几项财务比率进行评分,计算出综合得分并据此评价企业的综合财务状况的。它解决了人们在进行财务分析时遇到的困难,即让人们在计算出财务比率之后,能够判断它是偏高还是偏低。

沃尔将流动比率、产权比率、固定资产比率、存货周转率、应收账款周转率、固定资产周转率、自由资金周转率七项财务比率用线性关系结合起来,并分别给定各自的分数比重,然后通过与标准比率进行比较,确定各项指标的得分及总体指标的累计分数,从而对企业的信用水平作出评价。现在使用沃尔比重评分法不能照搬他的七项指标,而要把偿债能力、运营能力、获利能力和发展能力各项指标考虑进去。一般采用沃尔评分法应遵循如下程序。

(1)选定评价本企业财务状况的财务比率。在选择财务比率时,需要把反映企业偿债能力、营运能力和获利能力的三大类财务比率包括在内,并且选择能够说明问题的重要财务比率。

(2)根据各项财务比率的重要程度,确定其标准评分值,即重要性系数。各项财务比率的标准评分值之和应等于100分。各项财务比率评分值的确定应根据企业经营活动的性质、企业生产经营的规模、市场形象和分析者的分析目的等因素来确定。

(3)确定各项财务比率的标准值。财务比率的标准值是指各项财务比率在本企业现实条件下最理想的数值,亦即最优值。财务比率的标准值,通常可以参照同行业的平均水平,并经过调整后确定。

(4)计算企业在一定时期内各项财务比率的实际值,并计算各财务比率实际值与标准值的关系比率。

(5)计算各项财务比率的实际得分。企业财务状况的综合得分反映了企业财务状况是否良好。如果综合得分等于或接近100分,说明企业的财务状况是良好的,达到了预先选定的标准;如果综合得分远低于100分,就说明企业财务状况较差,应当采取适当的措施加以改善;如果综合得分大大超过100分,就说明企业的财务状况很理想。

标准比率应以本行业的平均数为基础,适当进行理论修正。在给每个指标评分时,应规定上限和下限,以减少个别指标异常对总分造成不合理的影响。上限可定为正常评分值的1.5倍,下限定为正常评分值的1/2。此外,给分时不采用"乘"的关系,而采用"加"或"减"的关系来处理,以克服沃尔比重评分法的缺点。新方案在最后的管理报告中给出了单项指标的评分等级,使管理者在分析问题时一目了然,不仅注意总体,而且顾及了个体,不至于以偏概全。

◄项目小结►

本项目主要阐述财务分析的方法。首先,介绍了财务分析的基本方法,包括趋势分析法、比率分析法和因素分析法;其次,讲述了一系列的财务分析指标,主要包括偿债能力指标、盈利能力指标、资产管理能力指标;再次,讲述了两个综合分析企业财务的方法,即杜邦财务分析体系和沃尔比重评分法。

技能训练

一、填空题

1. 财务分析开始于(　　)。

2. 企业投资者进行财务分析的根本目的是关心企业的（　　）。

3. 一般认为流动比率保持在（　　）左右比较合适。

4. 一般而言,企业资产负债率越高说明企业的偿债能力越（　　）。

5. 总资产报酬率是指（　　）平均总资产之间的比率。

6. （　　）是反映盈利能力的核心指标。

二、单项选择题

1. 企业债权人进行财务分析最直接的目的是分析企业的（　　）。
   A. 盈利能力　　　　B. 营运能力　　　　C. 偿债能力　　　　D. 发展能力

2. 评价企业资产经营效率的主要财务指标是（　　）。
   A. 盈利能力　　　　B. 偿债能力　　　　C. 营运能力　　　　D. 发展能力

3. 可以预测企业未来的财务分析是（　　）。
   A. 水平分析　　　　B. 纵向分析　　　　C. 趋势分析　　　　D. 比率分析

4. 在杜邦财务分析体系中,假设其他情况相同,下列说法错误的是（　　）。
   A. 权益乘数大,则财务风险大　　　　B. 权益乘数等于资产负债率的倒数
   C. 权益乘数等于资产权益率的倒数　　D. 权益乘数大,则净资产收益率大

5. 若企业流动比率大于1,则下列说法正确的是（　　）。
   A. 速动比率大于1　　　　　　　　　B. 营运资金大于0
   C. 资产负债率大于1　　　　　　　　D. 短期偿还债能力绝对有保障

6. 若某公司的权益乘数为2,则该公司借入资本与权益资本的比率为（　　）。
   A. 1∶1　　　　　B. 2∶1　　　　　C. 1∶2　　　　　D. 1∶4

7. 一般认为,资产负债率大于（　　），表明企业已经资不抵债,视为达到破产的警戒线。
   A. 50%　　　　　B. 0　　　　　　C. 100%　　　　　D. 200%

8. 某企业有关资料为显示,流动负债为50万元,速动比率为1.5,流动比率为2.5,销售成本为80万元,则该企业的年末存货周转率为（　　）。
   A. 1.2次　　　　B. 1.6次　　　　C. 2次　　　　　D. 3次

9. 衡量上市公司营利性最重要的财务指标是（　　）。
   A. 净利率　　　　B. 每股收益　　　C. 每股净资产　　　D. 市净率

三、多项选择题

1. 属于财务分析工作的有（　　）。
   A. 盈利能力分析　　　　　　　　　B. 财务现金流量预测
   C. 偿债能力分析　　　　　　　　　D. 不确定性分析

2. 财务分析的作用在于（　　）。
   A. 评价企业的过去　B. 预测企业的未来　C. 评估企业的未来　D. 可以进行全面分析

3. 下列分析技术中,用于动态分析的有（　　）。
   A. 结构分析　　　　B. 水平分析　　　C. 趋势分析　　　　D. 比率分析

4. 某企业的利润表上显示盈利很好,但不能偿还债务,应检查的财务比率是（　　）。

A. 资产负债率　　　B. 流动比率　　　C. 存货周转率　　　D. 应收账款周转率
5. 一般认为速动资产包括(　　)。
　A. 存货　　　B. 现金　　　C. 应收票据　　　D. 交易性金融资产
6. 下列反映企业营运能力的指标有(　　)。
　A. 总资产收益率　　　　　　　B. 固定资产收益率
　C. 流动资产周转率　　　　　　D. 存货周转率
7. 应收账款周转率越高越好，它表明(　　)。
　A. 收款快　　　B. 减少坏账损失　　　C. 资产流动性高　　　D. 销售收入增加
8. 反映企业盈利能力的指标有(　　)。
　A. 营业利润　　　B. 利息保障倍数　　　C. 净资产收益率　　　D. 成本利润率
9. 反映上市公司的市场价值的指标有(　　)。
　A. 每股收益　　　B. 市盈率　　　C. 股利支付率　　　D. 每股净资产
10. 属于财务综合分析法的方法有(　　)。
　A. 杜邦财务分析体系法　　　　B. 沃尔比重评分法
　C. 趋势分析法　　　　　　　　D. 偿债能力分析法

四、判断题

1. 财务分析的基础是会计报表。　　　　　　　　　　　　　　　　　　(　　)
2. 财务分析的第一步是收集和整理分析信息。　　　　　　　　　　　　(　　)
3. 每股收益越高，股东分红越多。　　　　　　　　　　　　　　　　　(　　)
4. 在其他条件不变的情况下，增加存货会使流动比率和速动比率同时变小。(　　)
5. 流动比率越大，短期债务的偿还能力绝对有保障。　　　　　　　　　(　　)
6. 存货周转率的年周转次数增大，一定反映了企业经营能力的提高。　　(　　)
7. 资产周转次数越多，周转天数越长，说明资产周转速度越快。　　　　(　　)
8. 固定比率一般认为应高于10，若低于此比率，则表明企业要么是资本不足，要么是固定资产过度膨胀。　　　　　　　　　　　　　　　　　　　　　　　　　(　　)
9. 利息保障倍数是衡量企业偿还短期债务能力的指标。　　　　　　　　(　　)
10. 影响市盈率高低的因素既有证券市场的供求关系，又有公司本身的获利能力。(　　)

五、实务题

[实训1] 新科技公司是一家化工原料生产企业，目前正处于免税期。该公司2001年的销售额为62500万元，比上年增长28%。有关的财务比率见表12-4。

财务比率　　　　　　　　　　　　　　　　　　　　　　　　表12-4

财务比率	2000年行业平均数	2000年本公司实际数	2001年本公司实际数
应收账款回收期(天)	35	36	36
存货周转率(次)	2.5	2.59	2.11
销售毛利率	38.00%	40.00%	40.00%

续上表

财 务 比 率	2000年 行业平均数	2000年 本公司实际数	2001年 本公司实际数
销售营业利润率(息税前)	10.00%	9.60%	10.63%
销售利润率	3.73%	2.40%	3.82%
销售净利率	6.27%	7.20%	6.81%
总资产周转率	1.14	1.11	1.07
固定资产周转率	1.4	2.02	1.82
资产负债率	58.00%	50.00%	61.30%
已获利息倍数	2.68	4	2.78

(1)运用杜邦财务分析原理,比较2000年公司与同行业平均的净资产收益率,定性分析其差异的原因。

(2)运用杜邦财务分析原理,比较本公司2001年与2000年的净资产收益率,定性分析其变化的原因。

[实训2]　A施工企业简要资产负债表和利润及利润分配表见表12-5和表12-6。

资 产 负 债 表　　　　　　　　　　　表12-5

编制单位:A施工企业　　　2012年12月31日　　　　　　　　单位:万元

资　　产	年初数	年末数	负债及所有者权益	年初数	年末数
银行存款	26000	41500	短期借款	6000	26000
应收账款	40000	35000	应付账款	4000	2000
存货	20000	30000	长期借款	30000	20000
固定资产净值	64000	61000	实收资本(股本)	100000	100000
			盈余公积	6000	9350
			未分配利润	4000	10150
资产总额	150000	167500	负债及所有者权益总额	150000	167500

利 润 表　　　　　　　　　　　表12-6

编制单位:A施工企业　　　2012年度　　　　　　　　单位:万元

项　　　目	本年累计数
一、营业收入	126000
减:营业成本、营业税金及附加、费用	56700
管理费用	20300
财务费用(利息费用16000)	17000
加:投资收益	7000
二、营业利润润(亏损以"－"填列)	59000
加:营业外收入	4000
减:营业外支出	1000
三、利润总额(亏损以"－"填列)	56000
减:所得税费用(所得税按25%计算)	14000

续上表

项　　目	本年累计数
四、净利润(亏损以"-"填列)	42000
加:年初未分配利润	4000
可供分配利润	46000
减:提取盈余公积	4200
应付利润	28000
年末未分配利润	13800

假设该施工企业同行业的各项比率的平均水平如表12-7所示。

(1)计算该施工企业本年度的流动比率、速动比率、营运资金、存货周转率、应收账款周转率、总资产周转率、资产负债率、已获利息倍数和净资产报酬率。

(2)试根据(1)的计算结果对该施工企业财务状况作出简要评价。

表12-7

比率名称	同行业平均水平	比率名称	同行业平均水平
流动比率	2	总资产周转率	2
速动比率	1	资产负债率	40%
存货周转率	6次	已获利息倍数	3
应收账款周转天数	10次	净资产报酬率	20%

六、简答题

1. 简述财务分析的目的。
2. 试述企业偿债能力分析。
3. 试述企业周转状况分析。
4. 如何进行企业的盈利能力分析?
5. 财务分析的主要内容有哪些?
6. 如何评价企业的短期偿债能力?
7. 如何评价企业的长期偿债能力?
8. 盈利能力、营运能力和偿债能力之间的关系是什么?
9. 杜邦财务分析体系主要反映哪些财务比率?它们之间的关系是什么?

附 录

附录 1 复利终值系数表

计算公式：$F=(1+i)^n$

n\j	1%	2%	3%	4%	5%	6%	7%	8%	9%	10%	11%	12%	13%	14%	15%	16%	17%	18%	19%	20%	21%	22%	23%	24%	25%	26%	27%	28%	29%	30%
1	1.0100	1.0200	1.0300	1.0400	1.0500	1.0600	1.0700	1.0800	1.0900	1.1000	1.1100	1.1200	1.1300	1.1400	1.1500	1.1600	1.1700	1.1800	1.1900	1.2000	1.2100	1.2200	1.2300	1.2400	1.2500	1.2600	1.2700	1.2800	1.2900	1.3000
2	1.0201	1.0404	1.0609	1.0816	1.1025	1.1236	1.1449	1.1664	1.1881	1.2100	1.2321	1.2544	1.2769	1.2996	1.3225	1.3456	1.3689	1.3924	1.4161	1.4400	1.4641	1.4884	1.5129	1.5376	1.5625	1.5876	1.6129	1.6384	1.6641	1.6900
3	1.0303	1.0612	1.0927	1.1249	1.1576	1.1910	1.2250	1.2597	1.2950	1.3310	1.3676	1.4049	1.4429	1.4815	1.5209	1.5609	1.6016	1.6430	1.6852	1.7280	1.7716	1.8158	1.8609	1.9066	1.9531	2.0004	2.0484	2.0972	2.1467	2.1970
4	1.0406	1.0824	1.1255	1.1699	1.2155	1.2625	1.3108	1.3605	1.4116	1.4641	1.5181	1.5735	1.6305	1.6890	1.7490	1.8106	1.8739	1.9388	2.0053	2.0736	2.1436	2.2153	2.2889	2.3642	2.4414	2.5205	2.6014	2.6844	2.7692	2.8561
5	1.0510	1.1041	1.1593	1.2167	1.2763	1.3382	1.4026	1.4693	1.5386	1.6105	1.6851	1.7623	1.8424	1.9254	2.0114	2.1003	2.1924	2.2878	2.3864	2.4883	2.5937	2.7027	2.8153	2.9316	3.0518	3.1758	3.3038	3.4360	3.5723	3.7129
6	1.0615	1.1262	1.1941	1.2653	1.3401	1.4185	1.5007	1.5869	1.6771	1.7716	1.8704	1.9738	2.0820	2.1950	2.3131	2.4364	2.5652	2.6996	2.8398	2.9860	3.1384	3.2973	3.4628	3.6352	3.8147	4.0015	4.1959	4.3980	4.6083	4.8268
7	1.0721	1.1487	1.2299	1.3159	1.4071	1.5036	1.6058	1.7138	1.8280	1.9487	2.0762	2.2107	2.3526	2.5023	2.6600	2.8262	3.0012	3.1855	3.3793	3.5832	3.7975	4.0227	4.2593	4.5077	4.7684	5.0419	5.3288	5.6295	5.9447	6.2749
8	1.0829	1.1717	1.2668	1.3686	1.4775	1.5938	1.7182	1.8509	1.9926	2.1436	2.3045	2.4760	2.6584	2.8526	3.0590	3.2784	3.5115	3.7589	4.0214	4.2998	4.5950	4.9077	5.2389	5.5895	5.9605	6.3528	6.7675	7.2058	7.6686	8.1573
9	1.0937	1.1951	1.3048	1.4233	1.5513	1.6895	1.8385	1.9990	2.1719	2.3579	2.5580	2.7731	3.0040	3.2519	3.5179	3.8030	4.1084	4.4355	4.7854	5.1598	5.5599	5.9874	6.4439	6.9310	7.4506	8.0045	8.5948	9.2234	9.8925	10.6045
10	1.1046	1.2190	1.3439	1.4802	1.6289	1.7908	1.9672	2.1589	2.3674	2.5937	2.8394	3.1058	3.3946	3.7072	4.0456	4.4114	4.8068	5.2338	5.6947	6.1917	6.7275	7.3046	7.9259	8.5944	9.3132	10.0857	10.9153	11.8059	12.7614	13.7858
11	1.1157	1.2434	1.3842	1.5395	1.7103	1.8983	2.1049	2.3316	2.5804	2.8531	3.1518	3.4786	3.8359	4.2262	4.6524	5.1173	5.6240	6.1759	6.7767	7.4301	8.1403	8.9117	9.7489	10.6571	11.6415	12.7080	13.8625	15.1116	16.4622	17.9216
12	1.1268	1.2682	1.4258	1.6010	1.7959	2.0122	2.2522	2.5182	2.8127	3.1384	3.4985	3.8960	4.3345	4.8179	5.3503	5.9360	6.5801	7.2876	8.0642	8.9161	9.8497	10.8722	11.9912	13.2148	14.5519	16.0120	17.6053	19.3428	21.2362	23.2981
13	1.1381	1.2936	1.4685	1.6651	1.8856	2.1329	2.4098	2.7196	3.0658	3.4523	3.8833	4.3635	4.8980	5.4924	6.1528	6.8858	7.6987	8.5994	9.5964	10.6993	11.9181	13.2641	14.7491	16.3863	18.1899	20.1752	22.3588	24.7589	27.3948	30.2875
14	1.1495	1.3195	1.5126	1.7317	1.9799	2.2609	2.5785	2.9372	3.3417	3.7975	4.3104	4.8871	5.5348	6.2613	7.0757	7.9875	9.0075	10.1472	11.4198	12.8392	14.4210	16.1822	18.1414	20.3191	22.7374	25.4207	28.3957	31.6914	35.3393	39.3738
15	1.1610	1.3459	1.5580	1.8009	2.0789	2.3966	2.7590	3.1722	3.6425	4.1772	4.7846	5.4736	6.2543	7.1379	8.1371	9.2655	10.5387	11.9737	13.5895	15.4070	17.4494	19.7423	22.3140	25.1956	28.4217	32.0301	36.0625	40.5648	45.5877	51.1859

续上表

n\j	1%	2%	3%	4%	5%	6%	7%	8%	9%	10%	11%	12%	13%	14%	15%	16%	17%	18%	19%	20%	21%	22%	23%	24%	25%	26%	27%	28%	29%	30%
16	1.1726	1.3728	1.6047	1.8730	2.1829	2.5404	2.9522	3.4259	3.9703	4.5950	5.3109	6.1304	7.0673	8.1372	9.3576	10.7480	12.3303	14.1290	16.1715	18.4884	21.1138	24.0856	27.4462	31.2426	35.5271	40.3579	45.7994	51.9230	58.8079	66.5417
17	1.1843	1.4002	1.6528	1.9479	2.2920	2.6928	3.1588	3.7000	4.3276	5.0545	5.8951	6.8660	7.9861	9.2765	10.7613	12.4677	14.4265	16.6722	19.2441	22.1861	25.5473	29.3844	33.7584	38.7402	44.4089	50.8510	58.1652	66.4615	75.8639	86.5042
18	1.1961	1.4282	1.7024	2.0258	2.4066	2.8543	3.3799	3.9960	4.7171	5.5599	6.5436	7.6900	9.0243	10.5752	12.3755	14.4625	16.8790	19.6733	22.9005	26.6233	30.9127	35.8490	41.5233	48.0386	55.5112	64.0722	73.8698	85.0707	97.8620	112.4554
19	1.2081	1.4568	1.7535	2.1068	2.5270	3.0256	3.6165	4.3157	5.1417	6.1159	7.2633	8.6128	10.1974	12.0557	14.2318	16.7765	19.7484	23.2144	27.2516	31.9480	37.4043	43.7359	51.0733	59.5676	69.3889	80.7311	93.8147	108.8901	126.2422	146.1920
20	1.2202	1.4859	1.8061	2.1911	2.6533	3.2071	3.8697	4.6610	5.6044	6.7275	8.0623	9.6463	11.5231	13.7435	16.3665	19.4608	23.1056	27.3930	32.4294	38.3376	45.2593	53.3576	62.8206	73.8641	86.7362	101.7211	119.1446	139.3798	162.8524	190.0496
21	1.2324	1.5157	1.8603	2.2788	2.7860	3.3996	4.1406	5.0338	6.1088	7.4002	8.9492	10.8038	13.0211	15.6676	18.8215	22.5745	27.0336	32.3238	38.5910	46.0051	54.7637	65.0963	77.2694	91.5915	108.4200	128.1683	151.3137	178.4062	210.0796	247.0645
22	1.2447	1.5460	1.9161	2.3699	2.9253	3.6035	4.4304	5.4365	6.6586	8.1403	9.9336	12.1003	14.7138	17.8610	21.6447	26.1864	31.6293	38.1421	45.9233	55.2061	66.2641	79.4175	95.0413	113.5735	135.5253	161.4922	192.1683	228.3600	271.0027	321.1839
23	1.2572	1.5769	1.9736	2.4647	3.0715	3.8197	4.7405	5.8715	7.2579	8.9543	11.0263	13.5523	16.6266	20.3616	24.8915	30.3762	37.0062	45.0076	54.6487	66.2474	80.1795	96.8894	116.9008	140.8312	169.4066	203.4809	244.0538	292.3008	349.6435	417.5391
24	1.2697	1.6084	2.0328	2.5633	3.2251	4.0489	5.0724	6.3412	7.9111	9.8497	12.2392	15.1786	18.7881	23.2122	28.6252	35.2364	43.2973	53.1090	65.0320	79.4968	97.0172	118.2051	143.7881	174.6310	211.7582	256.3853	309.9485	374.1445	451.1801	542.8008
25	1.2824	1.6406	2.0938	2.6658	3.3864	4.2919	5.4274	6.8485	8.6231	10.8347	13.5855	17.0001	21.2305	26.4619	32.9190	40.8742	50.6578	62.6686	77.3881	95.3962	117.3905	144.2101	176.8595	216.5420	264.6978	323.0454	393.6344	479.0653	582.1824	705.6410
26	1.2953	1.6734	2.1566	2.7725	3.5557	4.5494	5.8074	7.3964	9.3992	11.9182	15.0799	19.0401	23.9905	30.1666	37.8568	47.4141	59.2697	73.9490	92.0918	114.4755	142.0429	175.9364	217.5369	268.5121	330.8722	407.0373	499.9157	613.0438	751.4155	919.4319
27	1.3082	1.7069	2.2213	2.8834	3.7335	4.8223	6.2139	7.9881	10.2451	13.1100	16.7387	21.3249	27.1093	34.3899	43.5353	55.0004	69.3455	87.2598	109.5893	137.3706	171.8719	214.6421	267.5704	332.9550	413.5903	512.8670	634.8829	784.6447	969.3259	1195.5000
28	1.3213	1.7410	2.2879	2.9987	3.9201	5.1117	6.6488	8.6271	11.1671	14.4210	18.5799	23.8839	30.6335	39.2045	50.0656	63.8004	81.1342	102.9666	130.4112	164.8447	207.9651	261.8637	329.1115	412.8642	516.9879	646.2124	806.3140	1004.0165	1250.4205	1554.1500
29	1.3345	1.7758	2.3566	3.1187	4.1161	5.4184	7.1143	9.3173	12.1722	15.8631	20.6237	26.7499	34.6158	44.6931	57.5755	74.0085	94.9271	121.5005	155.1893	197.8136	251.6377	319.4737	404.8072	511.9516	646.2349	814.2276	1024.0165	1285.1411	1613.0424	2020.3950
30	1.3478	1.8114	2.4273	3.2434	4.3219	5.7435	7.6123	10.0627	13.2677	17.4494	22.8923	29.9599	39.1159	50.9502	66.2118	85.8499	111.0647	143.3706	184.6753	237.3763	304.4816	389.7579	497.9129	634.8199	807.7936	1025.9257	1301.5088	1647.8716	2083.0931	2619.9956

附录 2 复利现值系数表

计算公式：$P=F(1+i)^{-n}$

n \ j	1%	2%	3%	4%	5%	6%	7%	8%	9%	10%	11%	12%	13%	14%	15%	16%	17%	18%	19%	20%	21%	22%	23%	24%	25%	26%	27%	28%	29%	30%
1	0.9901	0.9804	0.9709	0.9615	0.9524	0.9434	0.9346	0.9259	0.9174	0.9091	0.9009	0.8929	0.8850	0.8772	0.8696	0.8621	0.8547	0.8475	0.8403	0.8333	0.8264	0.8197	0.8130	0.8065	0.8000	0.7937	0.7874	0.7813	0.7752	0.7692
2	0.9803	0.9612	0.9426	0.9246	0.9070	0.8900	0.8734	0.8573	0.8417	0.8264	0.8116	0.7972	0.7831	0.7695	0.7561	0.7432	0.7305	0.7182	0.7062	0.6944	0.6830	0.6719	0.6610	0.6504	0.6400	0.6299	0.6200	0.6104	0.6009	0.5917
3	0.9706	0.9423	0.9151	0.8890	0.8638	0.8396	0.8163	0.7938	0.7722	0.7513	0.7312	0.7118	0.6931	0.6750	0.6575	0.6407	0.6244	0.6086	0.5934	0.5787	0.5645	0.5507	0.5374	0.5245	0.5120	0.4999	0.4882	0.4768	0.4658	0.4552
4	0.9610	0.9238	0.8885	0.8548	0.8227	0.7921	0.7629	0.7350	0.7084	0.6830	0.6587	0.6355	0.6133	0.5921	0.5718	0.5523	0.5337	0.5158	0.4987	0.4823	0.4665	0.4514	0.4369	0.4230	0.4096	0.3968	0.3844	0.3725	0.3611	0.3501
5	0.9515	0.9057	0.8626	0.8219	0.7835	0.7473	0.7130	0.6806	0.6499	0.6209	0.5935	0.5674	0.5428	0.5194	0.4972	0.4761	0.4561	0.4371	0.4190	0.4019	0.3855	0.3700	0.3552	0.3411	0.3277	0.3149	0.3027	0.2910	0.2799	0.2693
6	0.9420	0.8880	0.8375	0.7903	0.7462	0.7050	0.6663	0.6302	0.5963	0.5645	0.5346	0.5066	0.4803	0.4556	0.4323	0.4104	0.3898	0.3704	0.3521	0.3349	0.3186	0.3033	0.2888	0.2751	0.2621	0.2499	0.2383	0.2274	0.2170	0.2072
7	0.9327	0.8706	0.8131	0.7599	0.7107	0.6651	0.6227	0.5835	0.5470	0.5132	0.4817	0.4523	0.4251	0.3996	0.3759	0.3538	0.3332	0.3139	0.2959	0.2791	0.2633	0.2486	0.2348	0.2218	0.2097	0.1983	0.1877	0.1776	0.1682	0.1594
8	0.9235	0.8535	0.7894	0.7307	0.6768	0.6274	0.5820	0.5403	0.5019	0.4665	0.4339	0.4039	0.3762	0.3506	0.3269	0.3050	0.2848	0.2660	0.2487	0.2326	0.2176	0.2038	0.1909	0.1789	0.1678	0.1574	0.1478	0.1388	0.1304	0.1226
9	0.9143	0.8368	0.7664	0.7026	0.6446	0.5919	0.5439	0.5002	0.4604	0.4241	0.3909	0.3606	0.3329	0.3075	0.2843	0.2630	0.2434	0.2255	0.2090	0.1938	0.1799	0.1670	0.1552	0.1443	0.1342	0.1249	0.1164	0.1084	0.1011	0.0943
10	0.9053	0.8203	0.7441	0.6756	0.6139	0.5584	0.5083	0.4632	0.4224	0.3855	0.3522	0.3220	0.2946	0.2697	0.2472	0.2267	0.2080	0.1911	0.1756	0.1615	0.1486	0.1369	0.1262	0.1164	0.1074	0.0992	0.0916	0.0847	0.0784	0.0725
11	0.8963	0.8043	0.7224	0.6496	0.5847	0.5268	0.4751	0.4289	0.3875	0.3505	0.3173	0.2875	0.2607	0.2366	0.2149	0.1954	0.1778	0.1619	0.1476	0.1346	0.1228	0.1122	0.1026	0.0938	0.0859	0.0787	0.0721	0.0662	0.0607	0.0558
12	0.8874	0.7885	0.7014	0.6246	0.5568	0.4970	0.4440	0.3971	0.3555	0.3186	0.2858	0.2567	0.2307	0.2076	0.1869	0.1685	0.1520	0.1372	0.1240	0.1122	0.1015	0.0920	0.0834	0.0757	0.0687	0.0625	0.0568	0.0517	0.0471	0.0429
13	0.8787	0.7730	0.6810	0.6006	0.5303	0.4688	0.4150	0.3677	0.3262	0.2897	0.2575	0.2292	0.2042	0.1821	0.1625	0.1452	0.1299	0.1163	0.1042	0.0935	0.0839	0.0754	0.0678	0.0610	0.0550	0.0496	0.0447	0.0404	0.0365	0.0330
14	0.8700	0.7579	0.6611	0.5775	0.5051	0.4423	0.3878	0.3405	0.2992	0.2633	0.2320	0.2046	0.1807	0.1597	0.1413	0.1252	0.1110	0.0985	0.0876	0.0779	0.0693	0.0618	0.0551	0.0492	0.0440	0.0393	0.0352	0.0316	0.0283	0.0254
15	0.8613	0.7430	0.6419	0.5553	0.4810	0.4173	0.3624	0.3152	0.2745	0.2394	0.2090	0.1827	0.1599	0.1401	0.1229	0.1079	0.0949	0.0835	0.0736	0.0649	0.0573	0.0507	0.0448	0.0397	0.0352	0.0312	0.0277	0.0247	0.0219	0.0195

续上表

j\n	1%	2%	3%	4%	5%	6%	7%	8%	9%	10%	11%	12%	13%	14%	15%	16%	17%	18%	19%	20%	21%	22%	23%	24%	25%	26%	27%	28%	29%	30%
16	0.8528	0.7284	0.6232	0.5339	0.4581	0.3936	0.3387	0.2919	0.2519	0.2176	0.1883	0.1631	0.1415	0.1229	0.1069	0.0930	0.0811	0.0708	0.0618	0.0541	0.0474	0.0415	0.0364	0.0320	0.0281	0.0248	0.0218	0.0193	0.0170	0.0150
17	0.8444	0.7142	0.6050	0.5134	0.4363	0.3714	0.3166	0.2703	0.2311	0.1978	0.1696	0.1456	0.1252	0.1078	0.0929	0.0802	0.0693	0.0600	0.0520	0.0451	0.0391	0.0340	0.0296	0.0258	0.0225	0.0197	0.0172	0.0150	0.0132	0.0116
18	0.8360	0.7002	0.5874	0.4936	0.4155	0.3503	0.2959	0.2502	0.2120	0.1799	0.1528	0.1300	0.1108	0.0946	0.0808	0.0691	0.0592	0.0508	0.0437	0.0376	0.0323	0.0279	0.0241	0.0208	0.0180	0.0156	0.0135	0.0118	0.0102	0.0089
19	0.8277	0.6864	0.5703	0.4746	0.3957	0.3305	0.2765	0.2317	0.1945	0.1635	0.1377	0.1161	0.0981	0.0829	0.0703	0.0596	0.0506	0.0431	0.0367	0.0313	0.0267	0.0229	0.0196	0.0168	0.0144	0.0124	0.0107	0.0092	0.0079	0.0068
20	0.8195	0.6730	0.5537	0.4564	0.3769	0.3118	0.2584	0.2145	0.1784	0.1486	0.1240	0.1037	0.0868	0.0728	0.0611	0.0514	0.0433	0.0365	0.0308	0.0261	0.0221	0.0187	0.0159	0.0135	0.0115	0.0098	0.0084	0.0072	0.0061	0.0053
21	0.8114	0.6598	0.5375	0.4388	0.3589	0.2942	0.2415	0.1987	0.1637	0.1351	0.1117	0.0926	0.0768	0.0638	0.0531	0.0443	0.0370	0.0309	0.0259	0.0217	0.0183	0.0154	0.0129	0.0109	0.0092	0.0078	0.0066	0.0056	0.0048	0.0040
22	0.8034	0.6468	0.5219	0.4220	0.3418	0.2775	0.2257	0.1839	0.1502	0.1228	0.1007	0.0826	0.0680	0.0560	0.0462	0.0382	0.0316	0.0262	0.0218	0.0181	0.0151	0.0126	0.0105	0.0088	0.0074	0.0062	0.0052	0.0044	0.0037	0.0031
23	0.7954	0.6342	0.5067	0.4057	0.3256	0.2618	0.2109	0.1703	0.1378	0.1117	0.0907	0.0738	0.0601	0.0491	0.0402	0.0329	0.0270	0.0222	0.0183	0.0151	0.0125	0.0103	0.0086	0.0071	0.0059	0.0049	0.0041	0.0034	0.0029	0.0024
24	0.7876	0.6217	0.4919	0.3901	0.3101	0.2470	0.1971	0.1577	0.1264	0.1015	0.0817	0.0659	0.0532	0.0431	0.0349	0.0284	0.0231	0.0188	0.0154	0.0126	0.0103	0.0085	0.0070	0.0057	0.0047	0.0039	0.0032	0.0027	0.0022	0.0018
25	0.7798	0.6095	0.4776	0.3751	0.2953	0.2330	0.1842	0.1460	0.1160	0.0923	0.0736	0.0588	0.0471	0.0378	0.0304	0.0245	0.0197	0.0160	0.0129	0.0105	0.0085	0.0069	0.0057	0.0046	0.0038	0.0031	0.0025	0.0021	0.0017	0.0014
26	0.7720	0.5976	0.4637	0.3607	0.2812	0.2198	0.1722	0.1352	0.1064	0.0839	0.0663	0.0525	0.0417	0.0331	0.0264	0.0211	0.0169	0.0135	0.0109	0.0087	0.0070	0.0057	0.0046	0.0037	0.0030	0.0025	0.0020	0.0016	0.0013	0.0011
27	0.7644	0.5859	0.4502	0.3468	0.2678	0.2074	0.1609	0.1252	0.0976	0.0763	0.0597	0.0469	0.0369	0.0291	0.0230	0.0182	0.0144	0.0115	0.0091	0.0073	0.0058	0.0047	0.0037	0.0030	0.0024	0.0019	0.0016	0.0013	0.0010	0.0008
28	0.7568	0.5744	0.4371	0.3335	0.2551	0.1956	0.1504	0.1159	0.0895	0.0693	0.0538	0.0419	0.0326	0.0255	0.0200	0.0157	0.0123	0.0097	0.0077	0.0061	0.0048	0.0038	0.0030	0.0024	0.0019	0.0015	0.0012	0.0010	0.0008	0.0006
29	0.7493	0.5631	0.4243	0.3207	0.2429	0.1846	0.1406	0.1073	0.0822	0.0630	0.0485	0.0374	0.0289	0.0224	0.0174	0.0135	0.0105	0.0082	0.0064	0.0051	0.0040	0.0031	0.0025	0.0020	0.0015	0.0012	0.0010	0.0008	0.0006	0.0005
30	0.7419	0.5521	0.4120	0.3083	0.2314	0.1741	0.1314	0.0994	0.0754	0.0573	0.0437	0.0334	0.0256	0.0196	0.0151	0.0116	0.0090	0.0070	0.0054	0.0042	0.0033	0.0026	0.0020	0.0016	0.0012	0.0010	0.0008	0.0006	0.0005	0.0004

附录 3 年金终值系数表

计算公式：$F = \dfrac{(1+i)^{n-1}}{i}$

n \ j	1%	2%	3%	4%	5%	6%	7%	8%	9%	10%	11%	12%	13%	14%	15%	16%	17%	18%	19%	20%	21%	22%	23%	24%	25%	26%	27%	28%	29%	30%
1	1.0000	1.0000	1.0000	1.0000	1.0000	1.0000	1.0000	1.0000	1.0000	1.0000	1.0000	1.0000	1.0000	1.0000	1.0000	1.0000	1.0000	1.0000	1.0000	1.0000	1.0000	1.0000	1.0000	1.0000	1.0000	1.0000	1.0000	1.0000	1.0000	1.0000
2	2.0100	2.0200	2.0300	2.0400	2.0500	2.0600	2.0700	2.0800	2.0900	2.1000	2.1100	2.1200	2.1300	2.1400	2.1500	2.1600	2.1700	2.1800	2.1900	2.2000	2.2100	2.2200	2.2300	2.2400	2.2500	2.2600	2.2700	2.2800	2.2900	2.3000
3	3.0301	3.0604	3.0909	3.1216	3.1525	3.1836	3.2149	3.2464	3.2781	3.3100	3.3421	3.3744	3.4069	3.4396	3.4725	3.5056	3.5389	3.5724	3.6061	3.6400	3.6741	3.7084	3.7429	3.7776	3.8125	3.8476	3.8829	3.9184	3.9541	3.9900
4	4.0604	4.1216	4.1836	4.2465	4.3101	4.3746	4.4399	4.5061	4.5731	4.6410	4.7097	4.7793	4.8498	4.9211	4.9934	5.0665	5.1405	5.2154	5.2913	5.3680	5.4457	5.5242	5.6038	5.6842	5.7656	5.8480	5.9313	6.0156	6.1008	6.1870
5	5.1010	5.2040	5.3091	5.4163	5.5256	5.6371	5.7507	5.8666	5.9847	6.1051	6.2278	6.3528	6.4803	6.6101	6.7424	6.8771	7.0144	7.1542	7.2966	7.4416	7.5892	7.7396	7.8926	8.0484	8.2070	8.3684	8.5327	8.6999	8.8701	9.0431
6	6.1520	6.3081	6.4684	6.6330	6.8019	6.9753	7.1533	7.3359	7.5233	7.7156	7.9129	8.1152	8.3227	8.5355	8.7537	8.9775	9.2068	9.4420	9.6830	9.9299	10.1830	10.4423	10.7079	10.9801	11.2588	11.5442	11.8366	12.1359	12.4423	12.7560
7	7.2135	7.4343	7.6625	7.8983	8.1420	8.3938	8.6540	8.9228	9.2004	9.4872	9.7833	10.0890	10.4047	10.7305	11.0668	11.4139	11.7720	12.1415	12.5227	12.9159	13.3214	13.7396	14.1708	14.6153	15.0735	15.5458	16.0324	16.5339	17.0508	17.5828
8	8.2857	8.5830	8.8923	9.2142	9.5491	9.8975	10.2598	10.6366	11.0285	11.4359	11.8594	12.2997	12.7573	13.2328	13.7268	14.2401	14.7733	15.3270	15.9020	16.4991	17.1189	17.7623	18.4300	19.1229	19.8419	20.5880	21.3612	22.1635	22.9949	23.8577
9	9.3685	9.7546	10.1591	10.5828	11.0266	11.4913	11.9780	12.4876	13.0210	13.5795	14.1640	14.7757	15.4157	16.0853	16.7858	17.5185	18.2847	19.0859	19.9234	20.7989	21.7139	22.6700	23.6690	24.7125	25.8023	26.9385	28.1293	29.3692	30.6641	32.0150
10	10.4622	10.9497	11.4639	12.0061	12.5779	13.1808	13.8164	14.4866	15.1929	15.9374	16.7220	17.5487	18.4197	19.3373	20.3037	21.3215	22.3931	23.5213	24.7089	25.9587	27.2738	28.6574	30.1128	31.6433	33.2529	34.9455	36.7235	38.5926	40.5561	42.6195
11	11.5668	12.1687	12.8078	13.4864	14.2068	14.9716	15.7836	16.6455	17.5603	18.5312	19.5614	20.6546	21.8143	23.0445	24.3493	25.7329	27.1999	28.7551	30.4035	32.1504	34.0013	35.9620	38.0388	40.2379	42.5661	45.0307	47.6388	50.3985	53.3178	56.4053
12	12.6825	13.4121	14.1920	15.0258	15.9171	16.8699	17.8885	18.9771	20.1407	21.3843	22.7132	24.1331	25.6502	27.2707	29.0017	30.8502	32.8239	34.9311	37.1802	39.5805	42.1416	44.8737	47.7877	50.8950	54.2077	57.7386	61.5013	65.5100	69.7800	74.3270
13	13.8093	14.6803	15.6178	16.6268	17.7130	18.8821	20.1406	21.4953	22.9534	24.5227	26.2116	28.0291	29.9847	32.0887	34.3519	36.7862	39.4040	42.2187	45.2445	48.4966	51.9913	55.7459	59.7788	64.1097	68.7596	73.7506	79.1066	84.8529	91.0161	97.6250

续上表

n\j	1%	2%	3%	4%	5%	6%	7%	8%	9%	10%	11%	12%	13%	14%	15%	16%	17%	18%	19%	20%	21%	22%	23%	24%	25%	26%	27%	28%	29%	30%
14	14.9474	15.9739	17.0863	18.2919	19.5986	21.0151	22.5505	24.2149	26.0192	27.9750	30.0949	32.3926	34.8827	37.5811	40.5047	43.6720	47.1027	50.8180	54.8409	59.1959	69.0100	74.5280	80.4961	86.9495	109.6868	14.9474	15.9739	17.0863	18.2919	19.5986
15	16.0969	17.2934	18.5989	20.0236	21.5786	23.2760	25.1290	27.1521	29.3609	31.7725	34.4054	37.2797	40.4175	43.8424	47.5804	51.6595	56.1101	60.9653	66.2607	72.0351	78.3305	85.1922	92.6694	100.8151	109.6868	16.0969	17.2934	18.5989	20.0236	21.5786
16	17.2579	18.6393	20.1569	21.8245	23.6575	25.6725	27.8881	30.3243	33.0034	35.9497	39.1899	42.7533	46.6717	50.9804	55.7175	60.9250	66.6488	72.9390	79.8502	87.4421	95.7799	104.9345	114.9834	126.0101	138.1085	17.2579	18.6393	20.1569	21.8245	23.6575
17	18.4304	20.0121	21.7616	23.6975	25.8404	28.2129	30.8402	33.7502	36.9737	40.5447	44.5008	48.8837	53.7391	59.1176	65.0751	71.6730	78.9792	87.0680	96.0218	105.9306	116.8937	129.0201	142.4295	157.2534	173.6357	18.4304	20.0121	21.7616	23.6975	25.8404
18	19.6147	21.4123	23.4144	25.6454	28.1324	30.9057	33.9990	37.4502	41.3013	45.5992	50.3959	55.7497	61.7251	68.3941	75.8364	84.1407	93.4056	103.7403	115.2659	128.1167	142.4413	158.4045	176.1883	195.9942	218.0446	19.6147	21.4123	23.4144	25.6454	28.1324
19	20.8109	22.8406	25.1169	27.6712	30.5390	33.7600	37.3790	41.4463	46.0185	51.1591	56.9395	63.4397	70.7494	78.9692	88.2118	98.6032	110.2846	123.4135	138.1664	154.7400	173.3540	194.2535	217.7116	244.0328	273.5558	20.8109	22.8406	25.1169	27.6712	30.5390
20	22.0190	24.2974	26.8704	29.7781	33.0660	36.7856	40.9955	45.7620	51.1601	57.2750	64.2028	72.0524	80.9468	91.0249	102.4436	115.3797	130.0329	146.6280	165.4180	186.6880	210.7584	237.9893	268.7853	303.6008	342.9447	22.0190	24.2974	26.8704	29.7781	33.0660
21	23.2392	25.7833	28.6765	31.9692	35.7193	39.9927	44.8652	50.4229	56.7645	64.0025	72.2651	81.6987	92.4699	104.7684	118.8101	134.8405	153.1385	174.0210	197.8474	225.0256	256.0176	291.3469	331.6055	377.4648	429.6809	23.2392	25.7833	28.6765	31.9692	35.7193
22	24.4716	27.2990	30.5368	34.2480	38.5052	43.3923	49.0057	55.4568	62.8733	71.4027	81.2143	92.5026	105.4910	120.4360	137.6316	157.4150	180.1721	206.3448	236.4385	271.0307	310.7813	356.4432	408.8755	469.0565	538.1011	24.4716	27.2990	30.5368	34.2480	38.5052
23	25.7163	28.8450	32.4529	36.6179	41.4305	46.9958	53.4361	60.8933	69.5319	79.5430	91.1479	104.6029	120.2048	138.2970	159.2764	183.6014	211.8013	244.4868	282.3618	326.2369	377.0454	435.8607	503.9165	582.6298	673.6264	25.7163	28.8450	32.4529	36.6179	41.4305
24	26.9735	30.4219	34.4265	39.0826	44.5020	50.8156	58.1767	66.7648	76.7898	88.4973	102.1742	118.1552	136.8315	158.6586	184.1678	213.9776	248.8076	289.4945	337.0105	392.4842	457.2248	532.7501	620.8174	723.4611	843.0329	26.9735	30.4219	34.4265	39.0826	44.5020
25	28.2432	32.0303	36.4593	41.6459	47.7271	54.8645	63.2490	73.1059	84.7009	98.3471	114.4133	133.3339	155.6196	181.8708	212.7930	249.2140	292.1045	342.6035	402.0425	471.9811	554.2422	650.9551	764.6054	898.0914	1054.7912	28.2432	32.0303	36.4593	41.6459	47.7271
26	29.5256	33.6709	38.5530	44.3117	51.1135	59.1564	68.6765	79.9544	93.3240	109.1818	127.9988	150.3339	176.8501	208.3327	245.7120	290.0883	342.7627	405.2721	479.4305	567.3773	671.6330	795.1653	941.4657	1114.6338	1319.4893	29.5256	33.6709	38.5530	44.3117	51.1135
27	30.8209	35.3443	40.7096	47.0842	54.6691	63.7058	74.4838	87.3508	102.7231	121.0999	143.0786	169.3740	200.8406	238.4988	283.5688	337.5024	402.0323	479.2211	571.5220	681.8528	813.6795	971.1016	1159.7014	1383.1457	1650.3612	30.8209	35.3443	40.7096	47.0842	54.6691
28	32.1291	37.0512	42.9309	49.9576	58.4026	68.5281	80.6977	95.3388	112.9682	134.2099	159.8173	190.6989	227.9499	272.8892	327.1041	392.5028	471.3781	566.4809	681.1116	819.2233	985.5489	1185.7440	1426.5719	1716.1002	2063.9515	32.1291	37.0512	42.9309	49.9576	58.4026
29	33.4504	38.7922	45.2189	52.9663	62.3227	73.6398	87.3465	103.9659	124.1354	148.6309	178.3972	214.5828	258.5834	312.0937	377.1697	456.3032	552.5121	669.4475	811.5228	984.0680	1193.5122	1447.6077	1755.6885	2128.9648	2581.9394	33.4504	38.7922	45.2189	52.9663	62.3227
30	34.7849	40.5681	47.5754	56.0849	66.4388	79.0582	94.4608	113.2832	136.3075	164.4940	199.0209	241.3327	293.1992	356.7868	434.7451	530.3117	647.4391	790.9480	966.7122	1181.8816	1445.1507	1767.0813	2160.4907	2640.9163	3227.1743	34.7849	40.5681	47.5754	56.0849	66.4388

附录 4 年金现值系数表

计算公式：$F = \dfrac{1-(1+i)^{-n}}{i}$

n	1%	2%	3%	4%	5%	6%	7%	8%	9%	10%	11%	12%	13%	14%	15%	16%	17%	18%	19%	20%	21%	22%	23%	24%	25%	26%	27%	28%	29%	30%
1	0.9901	0.9804	0.9709	0.9615	0.9524	0.9434	0.9346	0.9259	0.9174	0.9091	0.9009	0.8929	0.8850	0.8772	0.8696	0.8621	0.8547	0.8475	0.8403	0.8333	0.8264	0.8197	0.8130	0.8065	0.8000	0.7937	0.7874	0.7813	0.7752	0.7692
2	1.9704	1.9416	1.9135	1.8861	1.8594	1.8334	1.8080	1.7833	1.7591	1.7355	1.7125	1.6901	1.6681	1.6467	1.6257	1.6052	1.5852	1.5656	1.5465	1.5278	1.5095	1.4915	1.4740	1.4568	1.4400	1.4235	1.4074	1.3916	1.3761	1.3609
3	2.9410	2.8839	2.8286	2.7751	2.7232	2.6730	2.6243	2.5771	2.5313	2.4869	2.4437	2.4018	2.3612	2.3216	2.2832	2.2459	2.2096	2.1743	2.1399	2.1065	2.0739	2.0422	2.0114	1.9813	1.9520	1.9234	1.8956	1.8684	1.8420	1.8161
4	3.9020	3.8077	3.7171	3.6299	3.5460	3.4651	3.3872	3.3121	3.2397	3.1699	3.1024	3.0373	2.9745	2.9137	2.8550	2.7982	2.7432	2.6901	2.6386	2.5887	2.5404	2.4936	2.4483	2.4043	2.3616	2.3202	2.2800	2.2410	2.2031	2.1662
5	4.8534	4.7135	4.5797	4.4518	4.3295	4.2124	4.1002	3.9927	3.8897	3.7908	3.6959	3.6048	3.5172	3.4331	3.3522	3.2743	3.1993	3.1272	3.0576	2.9906	2.9260	2.8636	2.8035	2.7454	2.6893	2.6351	2.5827	2.5320	2.4830	2.4356
6	5.7955	5.6014	5.4172	5.2421	5.0757	4.9173	4.7665	4.6229	4.4859	4.3553	4.2305	4.1114	3.9975	3.8887	3.7845	3.6847	3.5892	3.4976	3.4098	3.3255	3.2446	3.1669	3.0923	3.0205	2.9514	2.8850	2.8210	2.7594	2.7000	2.6427
7	6.7282	6.4720	6.2303	6.0021	5.7864	5.5824	5.3893	5.2064	5.0330	4.8684	4.7122	4.5638	4.4226	4.2883	4.1604	4.0386	3.9224	3.8115	3.7057	3.6046	3.5079	3.4155	3.3270	3.2423	3.1611	3.0833	3.0087	2.9370	2.8682	2.8021
8	7.6517	7.3255	7.0197	6.7327	6.4632	6.2098	5.9713	5.7466	5.5348	5.3349	5.1461	4.9676	4.7988	4.6389	4.4873	4.3436	4.2072	4.0776	3.9544	3.8372	3.7256	3.6193	3.5179	3.4212	3.3289	3.2407	3.1564	3.0758	2.9986	2.9247
9	8.5660	8.1622	7.7861	7.4353	7.1078	6.8017	6.5152	6.2469	5.9952	5.7590	5.5370	5.3282	5.1317	4.9464	4.7716	4.6065	4.4506	4.3030	4.1633	4.0310	3.9054	3.7863	3.6731	3.5655	3.4631	3.3657	3.2728	3.1842	3.0997	3.0190
10	9.4713	8.9826	8.5302	8.1109	7.7217	7.3601	7.0236	6.7101	6.4177	6.1446	5.8892	5.6502	5.4262	5.2161	5.0188	4.8332	4.6586	4.4941	4.3389	4.1925	4.0541	3.9232	3.7993	3.6819	3.5705	3.4648	3.3644	3.2689	3.1781	3.0915
11	10.3676	9.7868	9.2526	8.7605	8.3064	7.8869	7.4987	7.1390	6.8052	6.4951	6.2065	5.9377	5.6869	5.4527	5.2337	5.0286	4.8364	4.6560	4.4865	4.3271	4.1769	4.0354	3.9018	3.7757	3.6564	3.5435	3.4365	3.3351	3.2388	3.1473
12	11.2551	10.5753	9.9540	9.3851	8.8633	8.3838	7.9427	7.5361	7.1607	6.8137	6.4924	6.1944	5.9176	5.6603	5.4206	5.1971	4.9884	4.7932	4.6105	4.4392	4.2784	4.1274	3.9852	3.8514	3.7251	3.6059	3.4933	3.3868	3.2859	3.1903
13	12.1337	11.3484	10.6350	9.9856	9.3936	8.8527	8.3577	7.9038	7.4869	7.1034	6.7499	6.4235	6.1218	5.8424	5.5831	5.3423	5.1183	4.9095	4.7147	4.5327	4.3624	4.2028	4.0530	3.9124	3.7801	3.6555	3.5381	3.4272	3.3224	3.2233

续上表

n \ j	1%	2%	3%	4%	5%	6%	7%	8%	9%	10%	11%	12%	13%	14%	15%	16%	17%	18%	19%	20%	21%	22%	23%	24%	25%	26%	27%	28%	29%	30%
14	13.0037	12.1062	11.2961	10.5631	9.8986	9.2950	8.7455	8.2442	7.7862	7.3667	6.9819	6.6282	6.3025	6.0021	5.7245	5.4675	5.2293	5.0081	4.8023	4.6106	4.4317	4.2646	4.1082	3.9616	3.8241	3.6949	3.5733	3.4587	3.3507	3.2487
15	13.8651	12.8493	11.9379	11.1184	10.3797	9.7122	9.1079	8.5595	8.0607	7.6061	7.1909	6.8109	6.4624	6.1422	5.8474	5.5755	5.3242	5.0916	4.8759	4.6755										
16	14.7179	13.5777	12.5611	11.6523	10.8378	10.1059	9.4466	8.8514	8.3126	7.8237	7.3792	6.9740	6.6039	6.2651	5.9542	5.6685	5.4053	5.1624	4.9377	4.7296										
17	15.5623	14.2919	13.1661	12.1657	11.2741	10.4773	9.7632	9.1216	8.5436	8.0216	7.5488	7.1196	6.7291	6.3729	6.0472	5.7487	5.4746	5.2223	4.9897	4.7746										
18	16.3983	14.9920	13.7535	12.6593	11.6896	10.8276	10.0591	9.3719	8.7556	8.2014	7.7016	7.2497	6.8399	6.4674	6.1280	5.8178	5.5339	5.2732	5.0333	4.8122										
19	17.2260	15.6785	14.3238	13.1339	12.0853	11.1581	10.3356	9.6036	8.9501	8.3649	7.8393	7.3658	6.9380	6.5504	6.1982	5.8775	5.5845	5.3162	5.0700	4.8435										
20	18.0456	16.3514	14.8775	13.5903	12.4622	11.4699	10.5940	9.8181	9.1285	8.5136	7.9633	7.4694	7.0248	6.6231	6.2593	5.9288	5.6278	5.3527	5.1009	4.8696										
21	18.8570	17.0112	15.4150	14.0292	12.8212	11.7641	10.8355	10.0168	9.2922	8.6487	8.0751	7.5620	7.1016	6.6870	6.3125	5.9731	5.6648	5.3837	5.1268	4.8913										
22	19.6604	17.6580	15.9369	14.4511	13.1630	12.0416	11.0612	10.2007	9.4424	8.7715	8.1757	7.6446	7.1695	6.7429	6.3587	6.0113	5.6964	5.4099	5.1486	4.9094										
23	20.4558	18.2922	16.4436	14.8568	13.4886	12.3034	11.2722	10.3711	9.5802	8.8832	8.2664	7.7184	7.2297	6.7921	6.3988	6.0442	5.7234	5.4321	5.1668	4.9245										
24	21.2434	18.9139	16.9355	15.2470	13.7986	12.5504	11.4693	10.5288	9.7066	8.9847	8.3481	7.7843	7.2829	6.8351	6.4338	6.0726	5.7465	5.4509	5.1822	4.9371										
25	22.0232	19.5235	17.4131	15.6221	14.0939	12.7834	11.6536	10.6748	9.8226	9.0770	8.4217	7.8431	7.3300	6.8729	6.4641	6.0971	5.7662	5.4669	5.1951	4.9476										
26	22.7952	20.1210	17.8768	15.9828	14.3752	13.0032	11.8258	10.8100	9.9290	9.1609	8.4881	7.8957	7.3717	6.9061	6.4906	6.1182	5.7831	5.4804	5.2060	4.9563										
27	23.5596	20.7069	18.3270	16.3296	14.6430	13.2105	11.9867	10.9352	10.0266	9.2372	8.5478	7.9426	7.4086	6.9352	6.5135	6.1364	5.7975	5.4919	5.2151	4.9636										
28	24.3164	21.2813	18.7641	16.6631	14.8981	13.4062	12.1371	11.0511	10.1161	9.3066	8.6016	7.9844	7.4412	6.9607	6.5335	6.1520	5.8099	5.5016	5.2228	4.9697										
29	25.0658	21.8444	19.1885	16.9837	15.1411	13.5907	12.2777	11.1584	10.1983	9.3696	8.6501	8.0218	7.4701	6.9830	6.5509	6.1656	5.8204	5.5098	5.2292	4.9747										
30	25.8077	22.3965	19.6004	17.2920	15.3725	13.7648	12.4090	11.2578	10.2737	9.4269	8.6938	8.0552	7.4957	7.0027	6.5660	6.1772	5.8294	5.5168	5.2347	4.9789										

参 考 文 献

[1] 郭复初.财务管理学[M].成都:西南财经大学出版社,2001.
[2] 王化成.财务管理教学案例分析[M].北京:中国人民大学出版社,2005.
[3] 贺志东.建筑施工企业财务管理[M].广东:广东省出版集团广东经济出版社,2010.
[4] 王成庆.财务管理学[M].北京:中国财政经济出版社,2006.
[5] 刘立强.中级财务管理[M].北京:企业管理出版社,2007.
[6] 贾成海.管理会计[M].北京:电子工业出版社,2008.
[7] 财政部会计资格评价中心.中级会计资格——财务管理[M].北京:中国财政经济出版社,2009.
[8] 乔红.财务管理[M].成都:西南财经大学出版社,2009.
[9] 中国注册会计师协会.财务成本管理[M].北京:中国财政经济出版社,2009.
[10] 罗昌宏,陈宏桥.财务管理教程[M].武汉:武汉大学出版社,2008.
[11] 赵润华.财务管理[M].北京:北京交通大学出版社,2009.
[12] 俞文青.施工企业财务管理(第二版)[M].2版.上海:立信会计出版社,2004.
[13] 张学英,韩艳华.工程财务管理[M].北京:北京大学出版社,2009.
[14] 叶晓更.工程财务管理案例分析[M].北京:中国建筑出版社,2011.